VIDA, OBRA E ÉPOCA DE
PAULO SETÚBAL
um homem de alma ardente

FERNANDO JORGE

VIDA, OBRA E ÉPOCA DE
PAULO SETÚBAL
um homem de alma ardente

2ª EDIÇÃO, REVISTA E AMPLIADA

GERAÇÃO EDITORIAL

VIDA, OBRA E ÉPOCA DE PAULO SETÚBAL
UM HOMEM DE ALMA ARDENTE

Copyright © 2003 by Fernando Jorge

2ª edição – abril de 2008

Editor e Publisher
Luiz Fernando Emediato

Diretora Editorial
Fernanda Emediato

Capa
Alan Maia

Revisão do autor

CIP-BRASIL – CATALOGAÇÃO NA FONTE
(CÂMARA BRASILEIRA DO LIVRO - BRASIL)

Jorge, Fernando
  Vida, obra e época de Paulo Setúbal / um homem de alma ardente.
Belo Horizonte: Geração Editorial, 2008.

  Bibliografia
  ISBN 978-85-7509-101-2

  1. Setúbal, Paulo, 1893-1937 - Ficção. 2. Setúbal, Paulo, 1893-1937
- Crítica e interpretação. I. Título.

03-6933.   CDD: 869.98

Índices para catálogo sistemático

1. Escritores brasileiros : Vida e obra : Literatura brasileira   869.98

GERAÇÃO EDITORIAL

ADMINISTRAÇÃO E VENDAS
Rua Pedra Bonita, 870
CEP: 30430-390 – Belo Horizonte – MG
Telefax: (31) 3379-0620
Email: leitura@editoraleitura.com.br

EDITORIAL
Rua Major Quedinho, 111 – 20º andar
CEP: 01050-030 – São Paulo – SP
Tel.: (11) 3256-4444 – Fax: (11) 3257-6373
Email: producao.editorial@terra.com.br
www.geracaoeditorial.com.br

2008
Impresso no Brasil
Printed in Brazil

Sumário

Confiteor 11

Obras de Fernando Jorge 15

I

O menino Paulo e seu Chico,
o perfeito cristão 17

II

Um jovem tatuiense sob a influência
dos filósofos e dos poetas rebeldes 29

III

Paulo se atira à vida
"com sofreguidão" 45

IV

"Apenas um pouco fraco do pulmão"... 59

V

As golfadas de sangue da Grande Guerra
chocam o hipersensível doutor Paulo Setúbal . . .73

VI

Ânsia de viver, de mandar às favas a
lembrança das horas negras 89

VII

"Veja, Lobato, como isto é bom!" 107

VIII

Paulo aceita o currupira e adere
ao Verde-Amarelismo 125

IX

Depois da revolução do Isidoro, o exuberante
Paulo Setúbal conclui *A Marquesa de Santos* . . .143

X

A marquesa e o príncipe dão muito
dinheiro a um romancista pobre 165

XI

Paulo recupera a "couraça de ouro da fé" 187

XII

Um escritor brilha na tribuna parlamentar 207

XIII

A eloqüência magnética do
deputado Paulo Setúbal .225

XIV

O novo romance de Paulo e as fraudes
eleitorais no tempo da República Velha 241

XV

José Bonifácio não era assim
tão virtuoso e tão pacato... 259

XVI

Setúbal reinicia a sua luta heróica
e calada contra a tuberculose 277

XVII

Os pródromos da Revolução
Constitucionalista de 1932 297

XVIII

O heroísmo comovente do
escritor Paulo Setúbal 313

XIX

A guerra cívica dos paulistas
chega ao fim e Setúbal
lança dois livros 331

XX

"O meu paulistismo não briga
com o meu brasileirismo" 351

XXI

A "grande noite fulgurante" de
um poeta, cronista e romancista 369

XXII

"Todo ele era espiritualidade,
renúncia, resignação" 389

XXIII

A professora Dor o ensinou
a conhecer a vida, os homens
e a si mesmo 407

Bibliografia 427

Depoimentos orais 437

Agradecimento 439

Índice Onomástico 441

CONFITEOR

*D*om Bernardo Botelho Nunes, ex-politécnico, monge e professor de religião no Colégio de São Bento, nos anos cinqüenta, foi quem me apresentou a Paulo Setúbal, via *Confiteor*, talvez a mais sublime autobiografia de um literato brasileiro. Motivo: Dom Bernardo considerava Paulo Setúbal exemplo de católico, e *Confiteor*, a reedição das *Confissões* de Santo Agostinho, obra prima da Cristandade. Neste mesmo colégio, nesta mesma década, outros três professores, Domingos Marmo (Português), Henrique Vailati Filho (História), e Miguel Mastrobuono (Português e História), iniciavam-nos na leitura dos romances históricos de Paulo Setúbal, a começar por *A Marquesa de Santos*, o grande campeão de retiradas na Biblioteca.

Meu segundo contato com Setúbal aconteceu em 1993, ano do centenário de seu nascimento, quando a revista *IMPRENSA* dedicou um encarte especial ao escritor e jornalista.

Paulo Setúbal volta a ser pauta para mim quando, em 2002, planejávamos lançar uma coleção de fotobiografias de jornalistas-escritores e o nome de Setúbal encabeçava a lista. Mas os tempos bicudos do biênio 2002/3 postergaram o projeto. O escritor Fernando Jorge, colunista da revista *IMPRENSA* ("Língua portuguesa"), ao saber do adiamento, propôs-se o desafio de escrever então a biografia de Setúbal, cuja pesquisa estava quase finalizada. De fato, há quarenta anos ele vinha se preparando para ela. Luiz Fernando Emediato, da Geração Editorial, aceitou publicá-la e lançá-la ainda em 2003.

Confesso que sempre considerei projetos de biografia, quaisquer que fossem, audácia para Dom Quixote nenhum botar defeito. O desafio está no mergulho que o biógrafo, obrigatoriamente, fará na alma do biografado, passando ao leitor suas intimidades, inclusive as fragilidades. E não se fica só nisso. Ninguém é um. Todo mundo é meio, dizia Roberto Drummond, grande conhecedor da alma humana. Isso porque o homem se integraliza com sua família, sua tribo e seu entorno geográfico temporal. Em suma, vale a definição de Ortega y Gasset: o homem é ele e suas circunstâncias.

Confesso, contudo, que encarar a biografia de um escritor, aí já se trata de audácia e temeridade. O desafio torna-se um labirinto. Além da gesta do biografado, há que se examinar a obra dele com distanciamento científico exigido pelas leis da crítica literária.

Por último, confesso que biografar um autor que se autobiografou é caminhar para uma audácia dantesca, semelhante à descida aos infernos. O inferno que todo nós outros somos, no dizer de Sartre, é mais cruel quando narrado na primeira pessoa. O biógrafo vai lidar com um discurso em que se conjuga o "verbo" *eu* em todas suas implicações ideológicas e psicológicas. A biografia vira um exercício de metalinguagem. E se a religião entra em cena, como em *Confiteor*, fantasmas se entrechocam num subtexto de matrizes culturais herdadas pelo biografado e em voltagens metafísicas. Haja audácia. *"De l'audace, encore de l'audace, et toujours de l'audace!"*.

É com esse gesto de audácia que Fernando Jorge entrega aos leitores *Vida, obra e época de Paulo Setúbal, um homem de alma ardente*. É um título que contraria os títulos *cleans* de nossos dias. Embora barroco, propositadamente, revela-se nele o tamanho do desafio a ser vencido e a complexidade da empreitada. Biografado e biógrafo, da primeira à última página, revisitam as décadas de 20 e 30, na emergente São Paulo dos bandeirantes, que já se comporta como a metrópole mundial que em breve seria.

A importância destas duas décadas ladeadas pelas guerras mundiais de 14-18 e 39-45, fica mais clara hoje. À medida que o tempo se afasta, vemos conjunturas que importam ressaltar. Na política, a Revolta dos Tenentes pauta a mudança da República Velha para o estado moderno fundado por Getúlio Vargas, na tensão entre a vanguarda comunista e a sedução nazi-fascista. Na economia, é tempo de substituição das importações e de criação da indústria nacional, tendo São Paulo como o maior parque fabril do país. Na literatura, a Semana de Arte Moderna de 1922 sinaliza um Brasil que quer se libertar da mãe francesa para ir ao cinema e cair no jazz da noiva americana. Na religião, sinais tímidos, como o Centro Dom Vital, prenunciam o *aggiornamento* futuro da Igreja Católica. Na sociedade civil, entre a elite dos barões do café e o proletariado formado por caipiras quase escravos e por ex-escravos fugidos dos cafezais, surge uma classe média que sonha com o separatismo paulista ensaiado na Revolução Constitucionalista de 32. Isso sem falar nos imigrantes europeus, que mudam a correlação do acesso à riqueza e à cultura, jamais vista na história da cidade.

Paulo Setúbal e Fernando Jorge, biografado e biógrafo, movem-se com competência neste cenário revisitado. Eles têm muitos pontos em comum. Egressos das Arcadas da São Francisco, herdaram o caldo cultural do liceu napoleônico com pitadas românticas e parnasianas, além do código estético da *Belle Époque*. Isso facilita muito o diálogo entre eles, principalmente no que tange o rigor das estruturas literárias e a postura jurídico-moral. Amam a poesia. São apaixonados por São Paulo, embora o biógrafo seja fluminense de Petrópolis. São viciados em ler e escrever. Apreciam as reuniões literárias. Brigam por suas preferências e preferidos, a ponto de perderem o amigo, mas não o mote. Afinal, são almas ardentes, apaixonadas.

O mais importante nesta comunhão biografado-biógrafo é que ambos são também pesquisadores disciplinados e respeitadores das fontes. Neste particular reside a importância e a consistência de *Vida, obra e época de Paulo Setúbal, um homem de alma ardente*. "A grande contribuição de Setúbal foi ter romanceado nossa história, baseado em documentos. Ele fez grandes pesquisas que demandam tempo e dedicação... Não inventava nada", dizia Wladimir Araújo, no encarte de 93, acima referido. Semelhante aos romances de Paulo Setúbal, a biografia dele foi planejada e construída por Fernando Jorge para ser um trabalho de referência. As pesquisas feitas para *Bilac* (1964), *Santos Dumont* (1977), *Getúlio Vargas* (1987), e *A Academia do fardão e da confusão* (1999), de sua autoria, são a base da investigação da obra ora prefaciada. Foram ainda feitas entrevistas exclusivas, nestes anos, com Júlio de Mesquita Filho, Léo Vaz, Ataliba Nogueira, Galeão Coutinho, René Thiollier, Aureliano Leite, Manuel Vitor, Cassiano Ricardo, Agrippino Grieco, Paulo Duarte, Guilherme de Almeida e Menotti del Picchia. Os depoimentos referem-se tanto ao Setúbal político como ao escritor e acadêmico. Fernando Jorge recebeu do próprio doutor Olavo Setúbal, primogênito do biografado, a coletânea dos discursos pronunciados pelo deputado Paulo Setúbal na Assembléia Legislativa de São Paulo, de 1927 a 1928, coletânea essa que lhe fora presenteada pelos deputados paulistas quando foi prefeito de São Paulo. Já os arquivos de Tatuí, cidade natal de Setúbal, Lajes (SC) e Campos do Jordão (SP), cidades onde esteve por vários anos em tratamento de saúde, foram rastreados rigorosamente na busca de fatos esclarecedores e inéditos para a compreensão da vida de Setúbal. Os arquivos da Academia Paulista e da Academia Brasileira de Letras, assim como dos jornais paulistanos, foram objetos de buscas sistemáticas, dada a grande presença de Paulo Setúbal no noticiário, como escritor vitorioso que foi e como cronista diuturno na imprensa da cidade. A exegese dos escritos de Setúbal foi feita criteriosamente, examinando-se as várias edições de todas as suas obras, algumas revistas e aumentadas, exceto *Confiteor*, por se tratar de obra póstuma e inacabada.

Vida, obra e época de Paulo Setúbal, um homem de alma ardente, certamente terá vida longa. Paulo Setúbal, mestre do romance histórico, foi campeão de vendas no incipiente mercado editorial, nos anos 20 e 30 do século passado, com a marca de meio milhão de exemplares em apenas dez anos, fazendo a fortuna de seus editores. Já nesse século XXI, no primeiro trimestre de 2002, suas obras *A Marquesa de Santos* e *As maluquices do imperador* inspiraram a minissérie da TV Globo, *O Quinto dos Infernos*, de Carlos Lombardi, com grande sucesso de audiência. Paulo Setúbal sempre foi um autor de grandes públicos. Esta biografia vem, pois, sinalizar ao MEC e aos editores de textos escolares o potencial pedagógico que as obras de Paulo Setúbal têm, pela própria vocação do romance histórico, na criação do hábito da leitura e na transmissão de conhecimentos formais das raízes pátrias nos currículos escolares. Talvez também isso explique a oportunidade deste lançamento.

SINVAL DE ITACARAMBI LEÃO,
EDITOR E DIRETOR RESPONSÁVEL
DA REVISTA IMPRENSA.

OBRAS DE FERNANDO JORGE

ENSAIO:

As mãos na ciência, na história e na arte. Edições Discubra, São Paulo, 1958, 4ª edição.

CRÔNICAS:

Água da fonte. Livraria Martins Editora, São Paulo, 1959.
As sandálias de Cristo. Bruno Buccini Editor, Rio de Janeiro, 1964.

ROMANCE:

O grande líder. Geração Editorial, 2003, 5ª edição.

BIOGRAFIAS:

O Aleijadinho, sua vida, sua obra, seu gênio. Martins Fontes, São Paulo, 2006, 7ª edição.
Vidas de grandes pintores do Brasil. Livraria Martins Editora, São Paulo, 1954.
Vida e poesia de Olavo Bilac. Novo Século, São Paulo, 2007, 5ª edição.
As lutas, a glória e o martírio de Santos Dumont. Geração Editorial, São Paulo, 2007, 5ª edição.
Getúlio Vargas e o seu tempo (Um retrato com luz e sombra). T. A. Queiroz Editor, São Paulo, volumes I e II, 1987 e 1994.
Vida e obra do plagiário Paulo Francis. Geração Editorial, São Paulo, 2ª edição, 1997.
Vida, obra e época de Paulo Setúbal, um homem de alma ardente. Geração Editorial, São Paulo, 2ª edição, 2008.
Geisel, o presidente da abertura. Lazuli e Companhia Editora Nacional, São Paulo, 5ª edição, 2008.

HISTÓRIA E PESQUISAS:

Os 150 anos da nossa Independência. Edições MM, São Paulo, 1972.

As diretrizes governamentais do presidente Ernesto Geisel (Subsídios e documentos para a história do Brasil contemporâneo). Edição do Autor, São Paulo, 1976.

Cale a boca, jornalista! (O ódio e a fúria dos mandões contra a imprensa brasileira). Editora Novo Século, São Paulo, 2008, 5ª edição.

Lutero e a Igreja do pecado. Editora Mercuryo, São Paulo, 1992, 2ª edição.

Pena de morte: sim ou não? (Os crimes hediondos e a pena capital). Editora Novo Século, São Paulo, 2008, 10ª edição.

A Academia do fardão e da confusão, Geração Editorial, São Paulo, 1999.

DICIONÁRIOS:

Dicionário de sinônimos e antônimos. Edições MM, São Paulo, 1976 (em colaboração com a profª Amália A. Santalúcia).

Dicionário de verbos da língua inglesa. Edições MM, São Paulo, 1976 (em colaboração com a profª Amália A. Santalúcia).

Dicionário de sinônimos e antônimos. Editora Formar, São Paulo, 1978.

Dicionário de dificuldades do idioma nacional. Editora Formar, São Paulo, 1984.

EM PREPARO:

Getúlio Vargas e o seu tempo (Um retrato com luz e sombra). Volume III (1925-1954).

I

O MENINO PAULO E SEU CHICO, O PERFEITO CRISTÃO

O capitão Antônio de Oliveira Leite Setúbal nascera em Porto Feliz, a antiga Freguesia de Nossa Senhora Mãe dos Homens de Araritaguaba, um dos principais núcleos de São Paulo. Desse lugar partiam as monções dos bandeirantes, pelo rio Tietê abaixo, em demanda das selvas de Góias e Mato Grosso, à procura de índios, ouro, esmeraldas, pedras preciosas.

Francisco de Oliveira Leite Setúbal, o pai do capitão, exercia o cargo de vereador na Câmara Municipal de Porto Feliz, quando estourou nas províncias de São Paulo e de Minas Gerais a Revolução Liberal de 1842. Estourou em conseqüência da oposição dos liberais ao fechamento da Câmara temporária, à criação do Conselho de Estado, à reforma do Código de Processo Criminal. Reunidos na cidade de Sorocaba, os rebeldes declararam que o doutor José da Costa Carvalho, Barão de Monte Alegre e presidente da província de São Paulo, estava destituído das suas funções. Para o substituir foi nomeado o coronel Rafael Tobias de Aguiar, brigadeiro honorário do Império. Rafael organizou uma coluna de 1.500 homens e antes de partir, casou-se com a Marquesa de Santos, de quem já tinha seis filhos. A marquesa iria tornar-se a principal personagem do romance mais célebre de Paulo Setúbal.

No dia 18 de maio de 1842, Francisco compareceu à sessão extraordinária da Câmara Municipal de Porto Feliz, a fim de aprovar, com os seus companheiros, o levante de Sorocaba. Este ato de bravura lhe custou depois o cargo.

Membro de uma família abastada, o filho de Francisco tinha boa cultura, mas em vez de continuar nos seus estudos, preferiu dedicar-se ao comércio. Desposou, em segundas núpcias, a jovem Maria Teresa de Almeida Nobre, que era sua sobrinha.

Antônio resolveu se estabelecer na localidade de Tatuí, a 38 quilômetros de distância de Porto Feliz. Lá, naquela "boca de sertão", ele abriu um sortido armazém de secos e molhados, no qual se abasteciam os viajantes, as tropas e os boiadeiros.

Segundo informam os *Apontamentos históricos, geográficos estatísticos e noticiosos da Província de São Paulo*, obra póstuma de Azevedo Marques, publicada em 1879 pelo Instituto Histórico e Geográfico Brasileiro, sob os auspícios do imperador Dom Pedro II, segundo informam esses apontamentos, a cidade de Tatuí, apelidada de "A cidade da ternura", possuía "12.111 almas, sendo 1.059 escravos". De modo geral essa gente se entregava ao cultivo do algodão, dos cereais e à criação de gado.

No dia 1º de janeiro de 1893, no ano da Revolta de Armada e da Revolução Federalista do Rio Grande do Sul, nasceu numa casa da rua General Carneiro, na singela Tatuí (hoje rua 11 de Agosto), um filho do capitão Antônio e da senhora Maria Teresa. O menino obteve este nome: Paulo de Oliveira Leite Setúbal.

Viera à luz num casarão que ocupava quase uma quadra inteira da rua. Casarão repleto de janelas, com salas enormes, assoalho de tábuas largas, beirais compridos. Junto da residência, um vasto pomar coberto pelas sombras de grandes árvores folhudas, onde abundavam os araçás, as limas, as laranjas, as goiabas, as jabuticabas.

A família dos Setúbal é de origem portuguesa. Informa o volume II do *Dicionário das famílias brasileiras*, de Carlos Eduardo de Almeida Barata e Antônio Henrique da Cunha Bueno, que Francisco de Oliveira "perpetuou em seus descendentes o seu nome de família, *Oliveira*, unido ao nome do seu local de nascimento, *Setúbal*, originando-se, daí, a família *Oliveira Setúbal*". Todavia, esclarece o mesmo dicionário, lentamente caiu em desuso o nome original da família, *Oliveira*, e passou a ser usado apenas o nome *Setúbal*.

Homem íntegro, o comerciante Antônio de Oliveira Setúbal logo se tornou muito popular em Tatuí. Acordava bem cedo e atendia a todos no armazém. Sempre quis dar segurança e conforto à esposa e aos filhos. Convencera-se de que, após a sua morte, nada faltaria à família.

Paulo estava com quatro anos de idade, quando Antônio faleceu no dia 27 de dezembro de 1897. O seu pai tinha 57 anos. Quantos 7 no fim dessa existência!

Após o término do custoso inventário, a viúva de Antônio verificou que o marido só lhe deixara um nome limpo e "o estrito para viver pobremente". Dona Mariquinha, além disso, foi vítima de pessoas desonestas, pois os devedores de Antônio se recusaram a honrar os seus compromissos. Mas ela não se entregou ao desânimo, ao choro das criaturas fracas. Resolveu lutar, empreender um labor tenaz e silencioso. Dotada de briosa modéstia, a senhora Maria Teresa nunca pedia nada a ninguém. Trabalhava sem parar, cozinhava, varria a casa, lavava a sua própria roupa, a dos filhos e a de outras pessoas. Mulher da raça dessas antigas e virtuosas criaturas anônimas, dispostas a realizar qualquer trabalho honrado, qualquer nobre sacrifício, em prol da criação e da educação dos filhos. A vida não lhe infundia medo. Paulo Setúbal evocou-a no livro *Confiteor*:

"Que corajosa e brava que era! Passou do muito farto para o muito escasso com belo destemor. E foi vivendo Deus sabe como. Vivendo e criando a penca de filhos, que eram nove."

Sim, eram nove. Cinco do sexo masculino, Paulo, Ademar, Laerte, João, Antônio. E quatro meninas, Clarice, Eurídice, Francisca, Bernardina.

Paulo começou a estudar na escola de Francisco Evangelista Pereira de Almeida, o seu Chico Pereira, "um apagado professor de escola primária". Este seu primeiro professor morava na sua rua, numa casinha modestíssima, baixa, de cor azul, com uma porta, duas janelas, tristes quartos atijolados, desguarnecida varanda de telha-vã. Notou o menino que todas as manhãs, na hora do almoço, entravam na casa do seu Chico uns homens descalços, esmolambados. Viviam em Tatuí ao deus-dará. E Paulo ainda notou: durante o entardecer também outros homens de pé no chão, maltrapilhos, entravam calados naquela casinha. Todos iam até a cozinha, na qual havia uma compri-

19

da mesa de peroba, negra e nua, onde em pratos toscos, de folha, o professor alimentava esses miseráveis.

O menino soube que seu Chico não se casara e vivia com três irmãs velhas e solteiras. Ele as sustentava, mas o resto do seu pouco dinheiro era gasto na alimentação dos pobres de Tatuí.

Comovido, o menino Paulo Setúbal via o professor, de roupa puída e bengala na mão, passar ao entardecer pelas ruas da cidadezinha. As pessoas o cumprimentavam, respeitosamente:

– Boa tarde, seu Chico, boa tarde.

Ao anoitecer, o menino soube, seu Chico ia para o Asilo São Vicente de Paulo. Lá se achavam uns velhinhos doentes, bem esqueléticos, desprovidos de recursos. O asilo era obra de seu Chico. Logrou erguê-lo após arrecadar as primeiras dádivas, porém isto lhe deu muito trabalho. Dezenas de velhinhos encarquilhados se abrigaram no asilo e todas as tardes, sem jamais faltar, seu Chico visitava os infelizes. E sempre com uma velha *Bíblia* na mão. Aqueles pobrezinhos, contou Paulo no seu livro *Confiteor*, quando ouviam o relógio grande de bater cinco horas, diziam num tom firme:

– Seu Chico está aí.

De fato estava. O professor, após entrar, punha o chapéu e a bengala num canto. E ia fazendo perguntas. Mais dispostos, os velhinhos o cercavam:

"Eram uns cambaleantes trapos humanos, enrugados, macerados, olhos empapuçados, varados de doenças que se não curam. Uns feridentos, outros encatarrados, outros com barriga dágua, todos com grossas veias saltadas no pescoço."

Ele saudava os anciãos, cujos nomes ficaram na memória de Paulo, desde a sua infância. Saudava o Anastácio, o Libório, o negro Belarmino, o Zeca Ruivo, o Pega-Boi:

"Seu Chico ouvia a todos. E que paciência! Consolava a todos, tinha uma palavra boa para todos, prometia tudo a todos."

Em seguida, cercado pelos velhinhos, sentava-se à beira de uma cama e abria a sua velha *Bíblia* de folhas amarelecidas. Todos os dias lia trechos do livro sagrado. Fez isto por dezenas de anos.

Os velhinhos ouviam, formulavam perguntas e o professor respondia. Enquanto ele falava, "meneavam a cabeça, suspiravam, esperançavam-se, às vezes choravam". E quando o sino do asilo batia às sete horas, seu Chico se levantava e dava as despedidas:

– Boa noite, meus amigos.

– Boa noite, seu Chico.

Ele punha o seu chapéu e agarrava a sua bengala, mas antes de sair, não se esquecia de recomendar:

– Tome cuidado com a friagem, Libório. Cubra-se bem esta noite, Zeca. Eu trago amanhã a malva para o cozimento.

Assim Paulo Setúbal, no seu livro de memórias, reproduziu estas palavras do professor, carinhosamente dirigidas aos velhinhos. E conta que no dia seguinte, às cinco horas da tarde, outra vez o seu Chico aparecia no asilo. As cenas se repetiam. Durante anos e anos ele visitou o asilo São Vicente de Paulo. Nunca deixou de ir. Seu Chico foi envelhecendo, andava "curvo e acabadinho". As suas três irmãs morreram.

Então, sentindo-se "solitário na vida", ele vendeu a sua modestíssima casinha baixa, pintada de azul, com uma porta e duas janelas. Tatuí inteira achou que o velho professor não estava regulando bem. Ele quis cuidar do seu dinheiro, mas não abriu uma caderneta na Caixa Econômica, não pôs a soma da venda da casinha a render juros. Paulo esclarece:

"Seu Chico andou pelos caminhos e pelos ranchos de minha terra. Viu aí os desgraçados. Os que tinham a panela vazia sobre o fogão apagado. Os que não sabiam onde se abrigar nos dias de chuvarada. Os que não possuíam um pano sequer para se cobrir nas noites de geada. E seu Chico distribuiu o dinheiro da sua casa aos pobres."

Paulo acrescenta que ele deu esse dinheiro às escondidas, evangelicamente. Devido a este fato, "seu Chico ficou pobre, pobre, mais pobre de que o último pobre do seu asilo". A cidade de Tatuí assombrou-se, julgou que ele perdera a razão. E um dia, quando o relógio grande do asilo bateu as cinco horas, os velhinhos disseram:

– Seu Chico está aí.

Sim, estava. Naquele dia, entretanto, ele não entrou sozinho. Um jovem o acompanhava, carregando uma canastra. O professor recebeu o cumprimento de um velhinho:
– Boa tarde, seu Chico.
– Boa tarde, Libório, como vai a dor da cacunda?
Os velhinhos foram se sentando em redor do seu Chico. Ele pediu ao jovem que o acompanhava:
– João, acomode a canastra debaixo daquela cama.
O rapaz fez isto e foi embora. Seu Chico abriu a sua velha *Bíblia* e começou a ler um trecho para os velhinhos. Leu até às sete horas, quando o sino do asilo tocou. Mas ele não se ergueu, a fim de pegar o chapéu e a bengala. Limitou-se a dizer:
– Meus irmãos, vamos dormir.
Os velhinhos se espantaram e seu Chico explicou:
– Vamos dormir, meus irmãos. Eu fico aqui. Porque de hoje em diante, não sei se vocês sabem, eu vou morar no asilo com vocês...
Ele permaneceu no asilo. Continuou a cuidar dos velhinhos, ajudando-os a "morrer na paz do Senhor". Viu os últimos momentos do Libório, do Zeca Ruivo, do Pega-Boi. Aqueceu as suas almas com as palavras de Jesus, encerradas na *Bíblia*.

Paulo Setúbal, no *Confiteor*, afirmou que "seu Chico, por sua vez, irá um dia encontrar-se com eles" (o livro foi escrito quando o professor ainda estava vivo). E Paulo acrescentou: após sair da vida, seu Chico ouvirá "violinos ardentes, derramando harpejos", verá "caçoilas de jaspe queimando essências, anjos resplandecentes a voar com asas de prata, rosas tombando do alto, muitas rosas", todas essas coisas iluminadas por um grande sol cegante. Nesse estado de encantamento, seu Chico caminhará etéreo, por um chão pavimentado de

Professor Francisco Evangelista Pereira, o "seu Chico".

lazúli. Assim, cheio de emoção, e como um místico visionário, Paulo descreve a caminhada do professor pelas veredas do Além:

"Bandos de homens e de mulheres, com resplendores à cabeça, risonhamente, exultantemente, agitando palmas e arremessando flores, abrem alas para que passe o velhinho do Asilo de São Vicente. Boa tarde, seu Chico. Boa tarde, seu Chico. E seu Chico lá vai, glorioso. Lá vai, lá vai... Ao fim do caminho, com surpresa, eis que o humilde professor divisa, junto a fulgentíssimo trono, uma casinhola baixa, pintada de azul, com uma porta e duas janelas. É a casinhola que seu Chico vendeu para dar o dinheiro aos pobres. Ele entra na sua casinhola chã. Que deslumbramento! Tudo, lá dentro, a refulgir... Tudo de ouro, só ouro, as paredes de ouro, a varanda telha-vã com telhas de ouro, as alcovas ladrilhadas de ouro, até a cozinha, com mesa de peroba, toda cintilante de ouro vivo."

Sempre nessa linguagem espontânea, cálida, onde sentimos as palpitações de sua alma terna, Paulo mostra o reencontro de seu Chico com os pobres do Asilo São Vicente de Paulo. Diante do professor, acrescenta, surgirá Jesus Cristo, trazendo nas mãos um feixe de luz, com o qual circunda a cabeça branca do velho. O Nazareno declara que construiu aquela morada fulgurosa para o seu Chico, porque ele, Jesus, teve fome e o velho lhe deu de comer, ficou sedento e o professor lhe deu de beber, andou sem abrigo e seu Chico o recolheu, esteve nu e o mestre do menino Paulo Setúbal o vestiu, tombou enfermo e seu Chico não deixou de ir visitá-lo.

Ainda segundo a narrativa de Paulo, o velho, espantado, perguntará a Jesus quando havia feito tudo isto. O Salvador explicaria:

"– Em verdade, Chico, em verdade o digo: todas as vezes que você fez estas coisas a um destes meus irmãos pequeninos, a mim o fez. Viva, pois, de hoje em diante, e para toda a eternidade, na casa que eu construí e preparei para você. Viva nela com a *minha* paz..."

A finíssima sensibilidade de Paulo, a singular delicadeza do seu espírito emotivo, brilham, ou melhor, reverberam no fim da sua narrativa:

"Nisto o relógio bate cinco horas. Então a um gesto de Jesus, um anjo, todo branco, aparece revoando na casa de seu Chico. Aparece ali, na cozinha, junto à tosca mesa de peroba, trazendo nas asas de prata um opulento estojo borrifado de pedrarias. Jesus toma daquele estojo. Abre-o. Dentro está um livro. É aquele livro velho que seu Chico leu durante cinqüenta anos. E Jesus, sorrindo, mansamente, passa o livro velho às mãos do seu eleito:

– Santo Chico, são cinco horas. Pode principiar a leitura..."

Quem lê as memórias póstumas de Paulo Setúbal, intituladas *Confiteor*, onde ele conta esta história, logo se convence de que a imensa bondade do seu primeiro mestre lhe causou um profundo impacto emocional. O seu Chico assumiu o aspecto, para ele, de fiel seguidor dos ensinamentos da *Bíblia*.

Na gênese de uma alma sensível, estruturando-a, penetram as fortes impressões que nela ficam gravadas. Francisco Evangelista de Almeida, o seu Chico, modesto professor de escola primária, fazia jus a um dos seus sobrenomes – Evangelista — e tornou-se, para o menino Paulo Setúbal, a imagem do perfeito cristão.

* * *

Depois de ter sido aluno na escola do seu Chico, o filho da senhora Maria Teresa entrou para o Grupo Escolar de Tatuí. Ele iria dizer, já adulto, que achava "coisa proveitosa a gente freqüentar escolas populares", viver junto dos filhos das pessoas pobres. Era bom estar com "o filho do carroceiro, o filho da lavadeira, o filho do roceiro, o filho do ferrador..." Socialismo bem democrático. Essa convivência lhe exibia a inflexível realidade da vida, pois esta se apresenta como de fato é e não como nós queremos que seja.

Menino ingênuo, Paulo declamava poesias singelas nas festas de sábado do Grupo Escolar. Chegou a recitar estes versos:

> *"Uma gotinha de orvalho*
> *Da rósea pétala pendeu.*
> *Disse ao Sol: ó astro lindo,*
> *Anseio pelo teu erguer!"*

Aluno do professor Adauto, que o incentivava a ler versos em voz alta, Paulo recitou, com menos de dez anos de idade, o poema "O melro" de Guerra Junqueiro, diante do inspetor escolar:

> *"O melro, eu conheci-o:*
> *Era negro, vibrante, luzidio,*
>> *Madrugador jovial;*
>> *Logo de manhã cedo*
> *Começava a soltar, d'entre o arvoredo*
> *Verdadeiras risadas de cristal.*
>
> *E assim que o padre cura abria a porta*
>> *Que dava para o passal,*
> *Repicando umas finas ironias,*
>> *O melro, d'entre a horta,*
>> *Dizia-lhe: 'Bons dias!'*
>> *E o velho padre cura*
>> *Não gostava daquelas cortesias."*

O poema de Guerra Junqueiro é longo, mas a memória excelente do garoto não o traía.

Bonito, alourado, de faces cor-de-rosa e doces olhos azuis, Paulo ganhou o apelido de Niteza, que é o substantivo *boniteza*, sem a primeira sílaba. Ele vivia declamando versos, sempre cercado de meninas sorridentes. Logo se tornou o mirim orador oficial da sua classe e de todos os alunos do Grupo Escolar.

Situada em região de clima quente com inverno seco, a cidade de Tatuí ficaria gravada para sempre não apenas na memória de Paulo Setúbal, mas também no seu coração. Tatuí, na língua tupi, significa "tatu pequeno", segundo o pesquisador Antônio Geraldo da Cunha, ou "rio dos tatus", conforme nos elucida o professor Silveira Bueno.

Paulo gostava de percorrer as ruas poeirentas da sua cidade, de contemplar "o seu casario baixo e pobre, os seus muros de taipa, os seus lampiões de querosene, a escola do seu Chico Pereira", o casarão repleto de janelas da rua General Carneiro, onde ele, filho de um honrado comerciante, havia nascido. Só no ano de 1909, na época em que o alagoano Albuquerque Lins governou São Paulo, só nesse ano, Tatuí passou a ser servida por uma iluminação mais moderna, a iluminação a gás. Dois anos depois, quando o presidente do Brasil era o marechal Hermes da Fonseca, o aproveitamento hidroelétrico do rio Sorocaba possibilitou a chegada da luz elétrica.

Apesar dessas deficiências, ou por causa disso mesmo, o garoto Paulo Setúbal queria bem a Tatuí. Continuava a andar pelos seus tranqüilos arredores sem morros, pelos seus largos campos floridos. Total liberdade. Nunca se esqueceu das roças de feijão de sua terra natal, dos seus "milharais embonecados," dos "risonhos algodoais" que no meio do ano, em junho, sob os pálidos raios solares, amadureciam plenamente brancos, ostentando uma alvura adamantina.

Ele não ignorava, porém, o passado de Tatuí, lugar outrora de acirradas lutas de natureza política. O mando, ali, fora disputado a tiros de trabuco e ocorreram vários assassinatos. As pessoas, escreveu Paulo, assemelhavam-se a "onças acuadas" e se dividiam "em duas greis que se odiavam".

Paulo, a fim de obedecer às tradições do catolicismo, teve de fazer a primeira comunhão. Ensinaram-lhe o Padre Nosso, a doutrina dos Evangelhos e o informaram: comungar é acolher Jesus Cristo, presente no sacramento da Eucaristia. Os padres diziam, e ainda dizem, que a má comunhão é a que é realizada em estado de pecado mortal. Ela entrega o Salvador ao diabo, como Judas Iscariotes o entregou aos seus inimigos, valendo-se de um beijo pérfido. Se fizesse, portanto, a comunhão em estado de graça, sem nenhum pecado mortal, e em jejum desde a meia-noite, o menino Paulo de Oliveira Leite Setúbal receberia o Cristo todo inteiro, seu corpo, seu sangue, sua alma, sua divindade.

A mãe lhe deu uma roupa nova. E no dia da primeira comunhão, metido nessa roupa, tendo no braço vistosa fita branca, o menino entrou na igreja, onde alguém pôs na sua mão uma vela acesa:

"Oh, aquele laço de fita branca e aquela vela de cera queimando... Foi o que me impressionou. E foi tudo o que, do ato tão sério, ficou gravado para todo o sempre em minha lembrança."

No entanto, a impressão havia sido muito mais profunda. Convém acentuar: no âmago do menino Paulo Setúbal já palpitava, como aliás nunca deixou de palpitar, um sincero e indestrutível espírito religioso. Esse espírito iria sofrer as fortes influências das doutrinas evolucionistas e materialistas, mas permaneceu religioso, apesar de tudo. Há um episódio interessante, que nos prova isto. Depois da sua primeira comunhão, o filho da viúva Maria Teresa passou a rezar todos os dias. E fervorosamente, como ele disse no livro *Confiteor*. Por qual motivo? O menino de alma pura, cândida, pedia a Nossa Senhora que lhe concedesse uma única felicidade, a maior da sua vida de criatura inocente: "que a Morena e a Manteiga não se embrenhassem no mato". Afinal de contas, as duas eram suas coleguinhas, lá no Grupo Escolar do professor Adauto? Não, a Morena e a Manteiga eram apenas duas vacas, presenteadas à mãe de Paulo, como pagamento de uma dívida.

No terreno da casa do menino não havia forragem suficiente para alimentar as duas vacas. Elas tinham de ficar no pasto do seu Galdino, que se localizava na saída de Tatuí. Paulo conduzia as duas de manhã e as trazia de tarde. Não era difícil levá-las, mas tocar as vacas, ao entardecer, quanto sacrifício, quanto heroísmo! Ambas se encafuavam num mato cerrado, perigoso, cheio de cobras.

A Morena e a Manteiga foram o tormento do menino Paulo Setúbal. Ele pedia à Rainha do Céu o favor de as encontrar sem dificuldade. Certo dia, ao ir buscá-las, sentiu-se tão agoniado que entrou numa igreja. Aproximou-se do altar, vergou os joelhos e levantou para a imagem da Virgem Santíssima os seus olhos suplicantes. Nossa Senhora sorria no nicho, carregando o Menino Jesus nos braços, e com um manto azul-celeste recamado de estrelas prateadas, um esplendor a cintilar na sua cabeça. O menino implorou:

– Minha Nossa Senhora, ajudai-me! Fazei que eu encontre a Morena e a Manteiga sem custo. Que elas não se escondam no mato. Concedei-me o que vos peço, minha Nossa Senhora, que eu, aqui diante do vosso altar, vos faço esta promessa: eu, quando ficar homem, serei padre!

De maneira arrebatada, mas com sinceridade absoluta, o menino repetiu:

– Eu, quando ficar homem, serei padre!

As duas vacas, entretanto, continuaram a se afundar naquele mato traiçoeiro, infestado de cobras. E a luta do menino prosseguiu, a sua angústia não cessou.

Este episódio, não há dúvida, se mostra a alma impulsiva e ardente de Paulo Setúbal, também revela a força oculta de um irreprimível sentimento religioso. Sentimento que teria crescido e se avigorado – é uma hipótese – diante do magnífico exemplo da vida do boníssimo Chico Pereira.

II

UM JOVEM TATUIENSE SOB A INFLUÊNCIA DOS FILÓSOFOS E DOS POETAS REBELDES

*S*eu Chico Pereira, e os outros professores do menino Paulo Setúbal, aconselharam muito a mãe deste a enviá-lo a São Paulo, para ele continuar a estudar. O problema era difícil. Dona Maria Teresa tinha poucos recursos. Um dos seus filhos já estava estudando na capital, mas à custa de bastante sacrifício.

Que fazer? A viúva não hesitou, vendeu o resto dos poucos bens, ajuntou estoicamente algum dinheiro e foi trabalhar, como intrépida guerreira, na severa cidade de São Paulo, a qual, segundo a frase de Paulo, "é a mais dura, a mais fria, a mais materialista das cidades do Brasil".

Depois de prestar na Paulicéia os exames de admissão, o menino começa a estudar no Ginásio de Nossa Senhora do Carmo, situado na velha rua do Carmo, escola dos irmãos maristas. Ele morou primeiro numa casa da rua Tabatinguera, no quarteirão mais antigo da cidade, e em seguida noutra casa, localizada na rua das Flores, próxima do ginásio.

Ao longo de seis anos, todos os dias, Paulo ia a pé do lar até a escola. E a capital, ainda cercada de matas, era uma cidade úmida, tristonha, coberta de garoa, cujos lampiões de gás, nos enregelantes invernos de sol bem anêmico, ficavam acesos até as nove horas da manhã. Cidade das compridas e lentas procissões religiosas, onde as beatas de roupas escuras desfilavam com mantilhas pretas nas cabeças curvadas. Moças românticas, sonhadoras, tocavam nos pianos importados da França ou da Alemanha (pianos Pleyel, Bechstein, Gérard, etc.), as melodias de Chopin, Liszt, Mozart, Schubert. Cidade da pobre e colonial Igreja da Sé, no largo da Sé, dotada de uma só torre. Na sua frente estacionavam os tílburis de aluguel, veículos de duas rodas, cuja corrida apenas custava dez tostões.

Junto do seu colega e amigo íntimo Domingos de Azevedo Filho, o jovem Paulo Setúbal procurava, até altas horas, entregar-se aos prazeres da vida noturna da capital. Eram tão íntimos que passavam as férias numa fazenda de Tietê, pertencente a um homem chamado Claudino. O fazendeiro às vezes se irritava com as travessuras de ambos, segundo nos informa um amigo de Paulo, o jornalista Manuel Vitor, líder católico e redator do *Correio Paulistano*, no período de 1914 a 1928.

Tanto Domingos como Paulo gostavam de pegar as deliciosas mangas da despensa de dona Maria Teresa, a fim de saboreá-las. Faziam isto de modo sorrateiro. Conta Manuel Vitor que os dois amigos, "sempre meio marotos", davam calote provisório no italiano instalado na porta do colégio, vendedor do "quebra-queixo", doce muito duro em forma de quadradinhos, exposto num tabuleiro. Quando Domingos e Paulo estavam sem dinheiro, saíam pela porta dos fundos do ginásio, pois assim podiam adiar o pagamento do doce...

O inquieto rapaz de Tatuí, no Ginásio de Nossa Senhora do Carmo, aprofundou-se no estudo das letras clássicas, das humanidades, então consideradas como instrumento de educação moral. Entretanto, segundo ele informou no livro *Confiteor*, as suas idéias religiosas se enfraqueceram. Havia convivido, em Tatuí, com garotos rudes, desbocados, capazes de descrever fatos chocantes, porém os meninos de São Paulo eram diferentes dos moleques tatuienses:

"Eles nem só *sabiam*, mas *faziam* coisas feias. Eram meninos, não é preciso dizer mais, que já freqüentavam casas de meretrizes. Eu, até ali, era ingênuo e casto. Mas contaminei-me logo."

Confessaria também mais tarde, o filho de dona Mariquinha:

"A carnalidade afogou no seu nascedouro aquela sementinha de religião que despontava tímida dentro de mim."

O colégio católico deixou de influenciá-lo. Rezava nos intervalos das aulas a Ave-Maria, como os seus companheiros; ouvia, todos os dias, a lição de ensinamento religioso, dada pelos padres maristas. Contudo, a sua fé se rompera. Aqueles bons maristas podiam falar à vontade das doçuras celestiais, pois na opinião dele, Paulo Setúbal, "não havia céu mais doce do que as mulheres."

Uma circunstância de enorme força, e assaz decisiva, mais vigorosa do que a nefasta influência dos seus companheiros de escola, iria arrastá-lo, "sem tropeços", para a perda da fé. Os fatos aqui expostos foram narrados pelo próprio Setúbal no livro *Confiteor*.

Nessa época um irmão mais velho de Paulo, estudante de Direito, dormia no pequeno quarto deste, alumiado por um bico de gás. Quarto pobre, onde os amigos do seu irmão se reuniam à noite. Dos doze aos dezessete anos, Paulo ouviu ali, irrompendo das bocas desdenhosas dos jovens acadêmicos, as "insolências" e os "vitupérios" de vários pensadores ateus. Aqueles rapazes falavam sobre o determinismo e o livre-arbítrio, inspirados na doutrina filosófica que afirma que o curso dos acontecimentos não se origina de um poder oculto ou de uma vontade superior, como a dos deuses, mas da lei do efeito e da casualidade. Defendiam o pleno exercício da ação, o uso total da vontade, pois o homem é o único senhor do seu próprio destino...

Conforme narrou Paulo, esses estudantes se referiam sem parar ao filósofo alemão Immanuel Kant. Volta e meia dissertavam sobre as "categorias" e o "imperativo categórico" (Kant chamava de "imperativo categórico" o dever imposto por si mesmo). Também usavam, a toda hora, a palavra *transcendental*, isto é, mostravam-se adeptos do *transcendentalismo*, da tendência filosófica de considerar a intuição, a inspiração e o conhecimento como fontes da cultura. Apoiavam, portanto, o método transcendental de Kant, que investiga a possibilidade da objetividade do conhecimento. E Paulo ouvia as teorias dos outros filósofos, as doutrinas de Spinoza, de Rousseau, de Schopenhauer. Ouvia sobretudo a doutrina do inglês Herbert Spencer, analisada sob o aspecto materialista ou mecanicista. Eles, os estudantes reunidos no quarto de Paulo, andavam "encharcadíssimos de Spencer e de evolucionismo". Não devemos esquecer que o referido filósofo via a formação do mundo, e todos os fenômenos físicos e mentais, como um processo de desenvolvimento natural, sujeito a causas puramente mecânicas, às leis imperativas da natureza. Para Spencer, a crença nos valores sobrenaturais é apenas um estado rudimentar do progresso intelectual do homem.

Bem violento foi o impacto dessas doutrinas na alma de Paulo Setúbal, do menino que humilde, ansioso, ajoelhado em frente de um altar, havia prometido, a Nossa Senhora, ser padre quando se tornasse adulto.

Os amigos do irmão de Paulo, "fogosos e entusiasmados", liam em voz alta os trechos "mais amalucados" do livro *Assim falava Zaratustra*, de Friedrich Nietzsche. Este filósofo, convém acentuar, a fim de o leitor ver outro forte impacto na alma do menino, este filósofo propunha a completa liberdade de ação, o ateísmo radical, pois Deus, para ele, era um estorvo, impedia o homem de mandar em si próprio. Nietzsche pregou "a morte de Deus", achava que a moral cristã é a "moral dos débeis", combatia o predomínio dos valores espirituais. A vontade, na sua opinião, devia sobrepor-se à moral e assim surgiriam os "homens dominadores" (*Herrenmenschen*), até o vitorioso aparecimento do "super-homem", com a sua permanente "vontade de poder e domínio".

Nietzsche

Conhecemos a filosofia de Nietzsche – não é preciso divulgá-la – mas imaginem o efeito de tais idéias no cérebro de um menino ingênuo, vibrátil, impressionável. Ali ficavam os estudantes de Direito, no modesto quarto de Paulo, elogiando o perturbador Nietzsche, filósofo que execrava o Cristianismo, no qual via uma "imensa e profunda perversão". Talvez eles tenham lido em voz alta, diante do menino de Tatuí, estes diabólicos conselhos do *Assim falava Zaratustra*:

"Vós deveis ser daqueles cujos olhos procuram sempre um inimigo, o *vosso* inimigo. E nalguns de vós se descobre ódio à primeira vista.

'Vós deveis procurar o vosso inimigo e fazer a vossa guerra, uma guerra por vossos pensamentos. E se o vosso pensamento sucumbe, a vossa lealdade, porém, deve cantar vitória.

'Deveis amar a paz como um meio de novas guerras, e mais a curta paz do que a prolongada.

'Não vos aconselho o trabalho, mas a luta. Não vos aconselho a paz, mas a vitória. Seja o vosso trabalho uma luta! Seja a vossa paz uma vitória!"

Influenciado por Nietzsche, o menino Paulo Setúbal, aluno de ginásio, exclamava "enfaticamente", diante dos seus companheiros de classe:

– O pecado é belo, a violência é bela, tudo o que afirma a vida é belo!

Após dizer isto, e a fim de chocar, baseado numa blasfêmia de Voltaire, ele descrevia a morte de Cristo da seguinte maneira:

– É Deus crucificando a Deus para aplacar a cólera de Deus.

Quem lê o *Confiteor* de Paulo, um belo e expressivo livro de memórias, logo passa a admirar a coragem, a honestidade e a sinceridade do seu autor. A total ausência de hipocrisia do nosso memorialista nos comove, porque a franqueza de Paulo Setúbal é a mesma que aparece nas *Confissões* de Santo Agostinho, obra onde o Doutor da Graça evoca os erros da sua mocidade, bem como a sua conversão ao Cristianismo.

O ponto de partida da teologia agostiniana é o "crer para conhecer" (*crede ut intelligas*). Paulo, entretanto, ainda não havia chegado a este estágio. Deus ainda não se apresentara a ele, como se apresentou em frente de Santo Agostinho, com o aspecto de um ser fora do tempo, de o Eterno, de causa subsistente, de razão da inteligência, de fundamento e de fim da ordem lógica e da ordem moral. Leiam estas palavras de Paulo, ao rememorar as suas blasfêmias no Ginásio de Nossa Senhora do Carmo:

"Crua perversidade a minha... Havia, é claro, entre os meus companheiros de ano, muitíssimos que eram ainda simples e ingênuos, que eram crentes, que não tinham filósofos ateus no seu quarto. Estes ouviam aquelas horrendas coisas e arregalavam largamente os olhos. Eu sabia que os encandalizava. Sabia, e, pedante, comprazia-me satanicamente em chocá-los."

A franqueza de Paulo, no seu *Confiteor*, não é menos sincera do que a de Santo Agostinho nas suas *Confissões*. Leiam estas palavras do mais célebre dos padres latinos:

"Quero recordar as minhas torpezas passadas e as depravações carnais da minha alma, não porque as ame, mas para Vos amar, ó meu Deus. É por amor do Vosso amor que, amargamente, chamo à memória os caminhos viciosos... lodosa concupiscência da minha carne... Miserável de mim! Fervia em borbotões, seguindo o ímpeto da minha torrente, abandonando-Vos, e transgredia todos os mandamentos... amei o meu pecado. Amei, não aquilo a que era arrastado, senão a mesma queda... Que sentimento era aquele da minha alma? Sem dúvida, um sentimento muitíssimo vergonhoso, e ai de mim que o mantinha!"

Ambos são livros pungentes, o *Confiteor* de Paulo Setúbal e as *Confissões* do Bispo de Hipona. E nos dois o leitor vê os estremecimentos do remorso. Tanto a primeira como a segunda obra, foram escritas quando os seus autores passaram a crer em Jesus, na humanidade do filho do Onipotente.

Inimigo implacável da religião cristã, o filósofo Voltaire encantou o menino Paulo:

"Eu me importava apenas em saber o que dizia Voltaire. Por que eu já ouvira, nas noitadas flamantes do meu quarto, falar com fascinação do homem genial de Ferney, e de *Candide*, e de *Zaire*, e de *Mérope*, e, acima de tudo, daquele famoso e satânico estribilho *écrasez l'infame* ["esmagai a infame"], com que Arouet chuçava os seus comparsas para a guerra contra a Igreja."

O filósofo francês – Paulo não ignorava este fato – quis libertar o mundo das visões cristãs ortodoxas. Ele via o homem como um produto da natureza e não unicamente de Deus. Não acreditava na imortalidade da alma e cético, sarcástico, garantiu na sua *Épitre à l'auteur des trois imposteurs*, obra de 1771:

"Si Dieu n'existait pas, il faudrait l'inventeur."

("Se Deus não existisse, seria necessário inventá-lo.").

Bem antes de Voltaire parir tal frase, é certo, o arcebispo anglicano Tillotson já havia declarado mais ou menos isto, num sermão de 1694. E antes do arcebispo, na Antiguidade Clássica, o poeta Ovídio escreveu este verso na *Ars amandi*:

"Expedit esse deos: et ut expedit, esse putemus"

("Convém que os deuses existam, e, posto que convém, acreditamos que existem").

Voltaire duvidou da existência de Deus, ao saber do seguinte: no dia de Todos os Santos, em 1º de novembro de 1755, quando centenas de pessoas estavam nas igrejas de Lisboa, para comemorar a data, um terremoto destruiu metade da capital portuguesa. Decerto Paulo ficou conhecendo essa reação do filósofo.

Voltaire

Uma biografia não deve ser esquemática. As minúcias e às vezes até certa erudição, podem ajudar realmente o leitor a compreender o biografado de modo mais profundo, do ponto de vista psicológico. É melhor pecar por excesso de informações do que por falta delas, embora o biógrafo corra o risco de se tornar didático, professoral.

* * *

Paulo não entendia muito os filósofos, como ele próprio confessou, mas não é preciso entendê-los para sofrer as suas influências. Os fanáticos, a História o demonstra, contentam-se com pouco. Quantos loucos se inspiraram em mensagens nebulosas, quantos!

Vários poetas nacionais e estrangeiros, líricos, românticos, parnasianos, etc, seduziram Paulo. Ele os "amava de coração", mas três o influenciaram bastante: Guerra Junqueiro, Antero de Quental e Alfred de Musset. Aliás, eram os ídolos dos adolescentes daquele tempo.

Guerra Junqueiro

Dois livros do português Guerra Junqueiro, *A morte de D. João*, de 1874, e *A velhice do Padre Eterno*, de 1885, maravilharam o rapazinho Paulo Setúbal, bem como os membros do "cenáculo" do seu quarto. No primeiro, o poeta nascido em Freixo de Espada à Cinta, dotado de extraordinário talento verbal, exibe em versos satíricos as suas fúlgidas imagens, as cenas escandalosas da vida do lúbrico D. João Tenório. E não faltam, nesse poema de versos flamejantes, as diatribes contra o Criador:

*"Despótico, cruel, sanguíneo, intransigente,
Arrojou sobre nós a eterna maldição,
Transmitiu-nos à alma o vírus da serpente,
Produziu Torquemada e fez a Inquisição.*

*Espalhou pelo mundo os lívidos terrores,
Inventou Satanás; do amor fez um pecado...
Malditos sejais vós, ó bíblicos doutores!
Maldito sejas tu, ó velho Deus castrado."*

Estes versos retumbantes de Abílio Manuel de Guerra Junqueiro, nos quais há mais verbalismo que emoção, abalavam os rapazes daquela época. Junqueiro, apesar de tudo, era um grande poeta, como provou no seu livro *Os simples*, publicado em 1892, obra altamente inspirada, cheia da mais autêntica e pura poesia:

"Ó velhinha santa, minha boa amiga,
Reza o teu rosário, move os lábios teus!
A oração é ingênua? Vem de crença antiga?
Não importa! reza minha boa amiga,
Que orações são línguas de falar com Deus!"

Todavia, os imperecíveis versos de *Os simples* não despertavam na alma de Paulo o entusiasmo fervente, gerado pela leitura de *A morte de D. João* e de *A velhice do Padre Eterno*. Ele e os seus companheiros, mergulhados nas páginas desses livros, soltavam "risadas homéricas", adorando os sarcasmos arrasadores de Guerra Junqueiro, desferidos contra a Igreja Católica.

Paulo confessou, no seu livro de memórias, que não havia "coisa mais deliciosa", para ele e os freqüentadores do quarto, do que "as piadas do Junqueiro". E a piada mais saboreada por todos era a história narrada no poema "A Semana Santa", do livro *A velhice do Padre Eterno*. O início do poema é assim:

"Não podendo dormir no horror da sepultura,
Na podridão escura
Da terra imunda e fria,
Voltaire despedaçando o féretro chumbado,
E cingindo o lençol ao corpo esverdeado,
Ressuscitou um dia."

Depois de ressuscitar, o filósofo trocou o seu lençol mortuário por uma roupa moderna e foi à procura do Cristo. Ao encontrá-lo, Voltaire lhe disse:

"Nós vamos passear juntos, de braço dado,
Mas vestirás primeiro um fraque bem talhado
De fino pano inglês,
E hás de pôr na cabeça este chapéu redondo,
Para ficar gentil, para ficar hediondo
Como qualquer burguês."

Voltaire, no poema, aconselha o Salvador, metido num fraque, a arranjar um casamento e aprender a ter juízo. Mostra-lhe os padres devassos, beijadores de "carnes prostituídas". Num determinado instante, o filósofo informa:

> *"Morrendo o velho Deus, o velho Deus tirano,*
> *Este mundo burguês, católico-romano,*
> *Encontrou-se sem fé, sem dogma, sem moral;*
> *A justiça era ele, o Padre Onipotente;*
> *Esse padre já morreu; ficou-nos simplesmente*
> *Um único evangelho – o Código Penal."*

Junto dos companheiros, Paulo ria "a bom rir, gostosamente", quando declamavam as outras poesias de Guerra Junqueiro, nas quais o poeta despejou os ácidos corrosivos dos seus flamejantes sarcasmos. Nomes dessas poesias: "Circular", "Resposta ao Sílabus", "A bênção da locomotiva", "Como se faz um monstro".

Inúmeras vezes, Paulo recitou as bombásticas estrofes do poema "A caridade e a justiça", um dos mais famosos de Junqueiro, classificado pelo jovem de "blasfêmia nua". E ao longo de toda a sua vida, ele guardou na memória o epílogo dramático do poema. Jesus, no Calvário, pregado à cruz e morrendo, diz a Judas Iscariotes:

> *"Traidor, concedo-te o perdão,*
> *Além de meu carrasco, és ainda meu irmão."*

Judas, ao ouvir a voz de Jesus, ergue-se "viril, soberbo, extraordinário", e responde:

> *"– Não aceito a tua compaixão.*
> *A justiça dos bons consiste no perdão.*
> *Um justo não perdoa. A justiça é implacável,*
> *A minha ação é infame, hedionda, miserável;*
> *Preguei-te nessa cruz, vendi-te aos fariseus.*
> *Pois bem, sendo eu um monstro e sendo tu um Deus,*

Vais ver como esse monstro, ó pobre Cristo nu,
É maior do que Deus, mais justo do que tu:
À tua caridade humanitária e doce,
Eu prefiro o dever terrível! E enforcou-se."

Além da influência de Guerra Junqueiro, que abalou os seus sentimentos religiosos, o jovem Paulo Setúbal sofreu forte influência de outro grande poeta português: Antero de Quental. Ele ficava em êxtase quando se punha a declamar estes versos de um soneto do "Rouxinol de Ponta Delgada":

"Mas a Idéia quem é? quem foi que a viu,
Jamais, a essa encoberta peregrina?
Quem lhe beijou a sua mão divina?
Com seu olhar de amor quem se vestiu?"

O soneto termina desta maneira:

"E entanto, ó alma triste, alma chorosa,
Tu não tens outra amante em todo o mundo
Mais do que essa fria virgem desdenhosa!"

Um soneto de Antero, intitulado "O palácio da ventura", é o retrato perfeito da angústia de sua alma:

"Sonho que sou um cavaleiro andante.
Por desertos, por sóis, por noite escura,
Paladino do amor, busco anelante
O palácio encantado da Ventura!

Mas já desmaio, exausto e vacilante,
Quebrada a espada já, rota a armadura...
E eis que súbito o avisto, fulgurante
Na sua pompa e aérea formosura!

Com grandes golpes bato à porta e brado:
Eu sou o Vagabundo, o Deserdado...
Abri-vos, portas de ouro, ante meus ais!

Abrem-se as portas de ouro, com fragor...
Mas dentro encontro só, cheio de dor,
Silêncio e escuridão – e nada mais!"

Antero de Quental

Alma atormentada por uma angústia metafísica, que o impeliu a suicidar-se com dois tiros de revólver, em 11 de setembro de 1891, Antero de Quental ficou marcado pelas leituras dos textos de Schopenhauer e Hartmann, dois mestres do pessimismo. De tanto pensar, de tanto procurar uma solução para as suas dúvidas transcendentais, ele chegou a uma filosofia que vê na Morte o único meio de alcançar a paz, o repouso, a eliminação do sofrimento:

"Que místicos desejos me enlouquecem?
Do Nirvana os abismos aparecem,
A meus olhos, na muda imensidade!

Nesta viagem pelo ermo espaço
Só busco o teu encontro e o teu abraço,
Morte! irmã do Amor e da Verdade!"

Antero, o poeta idolatrado por Paulo Setúbal, amou a Morte como se ela fosse a mais irresistível das mulheres e assim a definiu:

"Funérea Beatriz de mão gelada...
Mas única Beatriz consoladora!"

De modo seguro, fez esta promessa em outro belo soneto:

"Dormirei no teu seio inalterável,
Na comunhão da paz universal,
Morte libertadora e inviolável!"

No quarto de Paulo, quando ele e os seus amigos dissertavam sobre a profundidade do torturado Antero de Quental, logo um dos rapazes declamava estes versos do grande poeta:

"Só quem teme o Não-ser é que se assusta
Com teu vasto silêncio mortuário,
Noite sem fim, espaço solitário,
Noite da morte, tenebrosa e augusta..."

A admiração de Paulo e dos seus companheiros os obrigava a ouvir, embevecidos, os versos "soturnos como um cantochão" do suicida:

"Talvez seja pecado procurar-te
Mas não sonhar contigo e adorar-te,
Não-ser, que és o Ser único absoluto."

Esses rapazes no quarto de Paulo, e ele próprio, não escondiam a enorme admiração pelas estrofes onde Antero negava a existência de Deus:

"Já provamos os frutos da verdade...
Ó Deus grande, ó Deus forte, ó Deus terrível,
Não passas duma vã banalidade!"

Alfred de Musset, o romântico poeta francês da descrença, do patético amor infeliz, era outro ídolo do jovem Paulo Setúbal, que sabia de cor a sua poesia *"Nuit de mai"* ("Noite de maio"). Paulo declamou-a diversas vezes. E ele gostava muito, também, do poema no qual Musset evoca o arrebatado Jacques Rolla:

> *"Ce n'etait pas Rolla que gouvernait sa vie.*
> *C'étaient ses passions. Et il les laissait aller*
> *Comme un pâtre assoupi regarde l'eau couler."*

> ("Não era Rolla que governava sua vida.
> Eram as suas paixões. E ele as deixava andar
> Como um pastor sonolento vê a água correr.")

Os versos de Musset dirigidos a Jesus Cristo entusiasmaram Paulo e ele os recitava com emoção, tal como os freqüentadores do seu quarto. Todos se sentiam enlevados, diante da coragem do autor de *Lorenzacio*:

> *"O Christ, je ne suis pas de ceux que la prière*
> *Dans tes temples muets amène à pas tremblants:*
> *Je ne suis pas de ceux qui vont à ton calvaire.*
> *En se frappant le coeur, baiser tes pieds sanglants;*

> *Et je reste debout sous tes sacrés portiques,*
> *Quand ton peuple fidèle, autour des noirs arceaux,*
> *Se courbe en murmurant sous le vent des cantiques,*
> *Comme au soufle du nord un peuple de roseaux."*

> ("Ó Cristo, eu não sou desses a quem a oração
> Nos teus templos mudos conduz com passos trêmulos:
> Eu não sou desses que vão ao teu calvário,
> Batendo no coração, beijar os teus pés ensangüentados;

> E permaneço de pé sob os teus pórticos sagrados,
> Quando teu povo fiel, em redor dos negros arcos,
> Curva-se murmurando sob o vento dos cânticos,
> Como ao sopro do norte um grupo de caniços.")

Só bem depois – Paulo confessou no seu livro *Confiteor* – ele veio a saber que Voltaire e Alfred de Musset haviam se reconciliado com Cristo:

"Mas essas coisas, meu amigo, eu só as soube mais tarde. Essas coisas, quando eu as li, já me não valeram de muito. Com as leituras que havia feito, más e heréticas, eu me tornara um ímpio."

De fato Paulo tornou-se um ímpio, porém só nas palavras, na superfície. O substrato da sua alma, sem que ele percebesse, continuou religioso, e até algo místico. Episódios posteriores vão nos provar isto. Podemos comparar a uma cera maleável o espírito de um menino ingênuo, nascido na humilde Tatuí.

A São Paulo garoenta do início do século XX era uma cidade acanhada, melancólica, onde os estudantes não praticavam esportes, não conheciam as drogas, a televisão, os jogos eletrônicos. Eles viviam entupidos de literatura, sobretudo de literatura francesa. Liam vorazmente e se entediavam, mas tinham a impressão de sair da rotina, quando se entregavam à leitura das obras de poetas, escritores e filósofos rebeldes. Os insultos dessa gente, as suas irreverências, as suas blasfêmias, as suas críticas apocalípticas, conseguiam tirá-los daquele ramerrão insuportável. Além disso o conformismo não é uma característica da juventude. Esta quer o exótico, a novidade, detesta as idéias convencionais. Indaguemos: o que valeria o ouro, se todos só gostassem da prata?

Alfred de Musset

III

Paulo se atira à vida "com sofreguidão"

*D*ona Mariquinha era uma "excelente mãe católica" e Paulo pertencia a uma escola "perfeitamente católica". Nos intervalos das aulas dessa escola, obedecendo aos rituais da Igreja do papa Pio X, o rapaz continuava a rezar, todos os dias, uma Ave-Maria. E como bom católico, ainda ouvia as lições de catecismo dos irmãos maristas. Esse catolicismo forte, dominador, não o impedia de ser mesmo um ímpio:

"Absolutamente ímpio. Pois, meu amigo, que importava lá tudo isso, o lar, o colégio, a reza, o ensinamento cristão para o pedante que apregoava aos quatro ventos, com ufania, fanfarronamente, insolentemente, que 'o pecado é belo, a violência é bela, tudo o que afirma a vida é belo'?"

No fim de seis anos, Paulo concluiu o seu curso de ginásio. Antes do fim do curso, porém, os irmãos maristas conseguiram obter uma mercê do prior da Ordem Terceira do Carmo: os quatro ou cinco melhores alunos da escola seriam convidados para se tornarem irmãos dessa ordem, com o direito de não pagar nenhum dos emolumentos da praxe. Paulo foi o primeiro convidado. Aceitou logo, revelando "inconsciente ligeireza". Vamos dar-lhe a palavra:

"Aquilo, para mim, para a minha mentalidade leviana, não significava nenhum ato religioso. Absolutamente. Aquilo era uma espécie de medalha de ouro com que se galardoavam os esforços de bom estudante. Aceitei a medalha de ouro. Tornei-me assim – verdadeira irrisão dos fados! – tornei-me assim irmão do Carmo."

Quando chegou o dia do ingresso de Paulo na Ordem, ao vestir o hábito de noviço e ao ver-se em frente do altar, ele se sentiu "muito tocado pela avassaladora religiosidade do ambiente". Sob o peso de incontrolável emoção, arrependeu-se e chorou. Enquanto as suas lágrimas corriam, turvando-lhe os olhos, fez propósitos "altos, santos":

"Pensei seriamente em levar avante os meus deveres de cristão. Em renunciar aquelas impiedades que andavam esfervilhando dentro de mim. Em ser bom. Em ser humilde. Em ser cristão. Cristão como minha mãe era cristã."

A alma de Paulo se agitou, durante vários dias. No entanto, como ele narra no *Confiteor*, usando uma linguagem bíblica, a semente "tombara em chão pedregoso onde havia pouca terra". Segundo a sua imagem, ela, a semente, conseguira brotar, mas essa pouca terra, e mais o sol, queimou-lhe a raiz.

Ele começou, alguns dias depois, a faltar ao seu noviciado. Ocorreu o retorno à leitura dos poetas e filósofos céticos, a substituição da doutrina de Jesus, "boa para mulheres e para fracos", pela doutrina de Nietzsche, que despreza o saber, os dogmas aceitos, a religião, o Cristianismo, pondo acima de tudo isto a "vontade de poder", única lei do super-homem anticristão. Uma obra do filósofo germânico continuou a perturbá-lo, o livro *Assim falava Zaratustra*, no qual há estas afirmativas:

"Percorreste o caminho que medeia do verme ao homem, e ainda em vós resta muito do verme. Noutro tempo fostes macaco, e hoje o homem é ainda mais macaco do que todos os macacos."

* * *

Tanto Paulo como o seu irmão Laerte iam sempre a Tietê, cidade vizinha de Tatuí, para visitar Maria Francisca, a irmã de ambos, ali residente. Naquele lugar, a antiga Freguesia da Santíssima Trindade de

Pirapora do Curuçá, duas poesias de Paulo apareceram no semanário *O Tietê*, nos anos de 1908 e 1909. Uma, a primeira, tem o nome de "Soneto" e eis o seu começo:

> *"Vendo-a passar, assim, tão meiga e pura,*
> *cheia de graça, tímida e singela,*
> *cuidai que essa criança doce e bela*
> *é a candidez tornada criatura?"*

A segunda poesia, com o título de "O frade", dedicada à sua irmã Maria Francisca, é tão romântica quanto a primeira. Vejam esta passagem:

> *"Outrora ele seguira o fogo de uma estrela,*
> *Que se perdeu então nas brumas do caminho,*
> *E o louco sonhador não mais tornou a vê-la,*
> *E nunca mais sentiu sua doce luz de arminho."*

Continuava forte, intenso, na alma de Paulo, o amor aos versos dos grandes poetas. No teatro Carlos Gomes de Tietê, em 25 de janeiro de 1909, realizou-se um espetáculo para socorrer as vítimas do terremoto que destruiu a cidade de Messina e outras terras da Calábria, em 28 de dezembro de 1908. Laerte, o irmão de Paulo, segundo-anista de Direito, proferiu um discurso no seu camarote, e Paulo declamou no palco o "Fiel" de Guerra Junqueiro, onde estes versos brilham logo no início do poema:

> *"Na luz do seu olhar tão lânguido, tão doce,*
> *Havia o que quer que fosse*
> *Dum íntimo desgosto:*
> *Era um cão ordinário, um pobre cão vadio,*
> *Que não tinha coleira e não pagava imposto.*
> *Acostumado ao vento e acostumado ao frio,*
> *Percorria de noite os bairros da miséria*
> *À busca dum jantar.*
> *E ao ver surgir da Lua a palidez etérea*

O velho cão uivava uma canção funérea,
Triste como a tristeza ossiânica do mar."

Versos melodiosos, como os de Guerra Junqueiro e Antero de Quental, alimentavam o lírico coração do jovem. Ele também queria poetar assim, com muita emoção, com muito sentimento. O seu estro nunca teria a impassibilidade da musa destes versos da parnasiana Francisca Júlia:

"Musa! um gesto sequer de dor ou de sincero
Luto jamais te afeie o cândido semblante!
Diante de um Jó, conserva o mesmo orgulho, e diante
De um morto, o mesmo olhar e sobrecenho austero."

Há um fato curioso, em relação a Paulo. As suas concepções materialistas, nascidas da leitura de filósofos agnósticos, não se chocavam com os seus sentimentos românticos.

Mas ele estava decidido, de modo firme, a ser advogado. Matriculou-se então, no ano de 1910, na famosa Faculdade de Direito do Largo de São Francisco da capital paulista, em cujos bancos se assentaram poetas insignes como Castro Alves, Olavo Bilac, Raimundo Corrêa, Álvares de Azevedo, Fagundes Varella e Vicente de Carvalho.

Paulo Setúbal aos 17 anos

A ânsia de obter o diploma de doutor em leis o levou a requerer, logo no primeiro ano, embora não houvesse freqüentado as aulas, a concessão de prestar exame de segunda época. Tal regalia era permitida naquele tempo.

Paulo não teve férias, no fim do ano, mergulhou dia e noite na leitura dos livros jurídicos, com o objetivo de conhecer o Direito Romano e a Filosofia do Direito.

Uma tarde ele estava lendo um texto sobre o conceito de *equitas* no Direito Romano, exposto num livro do professor Reynaldo Porchat. De súbito, no meio da leitura, acudiu-lhe à memória a promessa que fizera em Tatuí, na igreja, diante da imagem de Nossa Senhora:

– Eu, quando for homem, serei padre!

A lembrança desse fato o perturbou. Depois de tirar os olhos do livro, a promessa lhe veio ao cérebro, repetidas vezes. Ele, tornando-se homem, devia ser padre. Nossa Senhora ouviu as suas palavras... Fizera a promessa sob a condição de encontrar a Morena e a Manteiga, as duas "endiabradas vacas", mas Paulo não as achou no pasto do seu Galdino. Embora não tivesse conseguido o que queria, o jovem não deu "a menor atenção ao inadimplemento da cláusula contratual". Só evocava e sentia a beleza daquela promessa:

– Eu, quando for homem, serei padre!

Sem poder continuar a leitura, fechou o livro sobre Direito Romano. A idéia o perseguiu durante toda a tarde:

– Quando ficar homem, serei padre. Sim, vou ser padre. Por que não? Vou ser padre.

No seu quarto, à noite, essa obsessão não o largou: vou ser padre, vou ser padre, vou ser padre... Atormentado por ela, não pôde dormir. Revirou-se a noite inteira no leito. Como já acentuamos no capítulo primeiro desta biografia, nunca deixou de palpitar, no âmago de Paulo Setúbal, um sincero e vibrátil espírito religioso, contra o qual nada valeram os pensamentos dos filósofos ateus, as afirmativas das doutrinas evolucionistas e materialistas de Haeckel, de Darwin e de Spencer.

Amanheceu. Bem cedo, ele pulou da cama, dizendo a si próprio, de maneira segura:

– Vou ser padre.

Decidido, inabalável como o Napoleão que usou, na campanha da Itália, o caminho perigoso dos Alpes, da grande garganta de Saint-Bernard, o jovem Paulo Setúbal foi ao Ginásio de Nossa Senhora do Carmo. Lá ele falou com o diretor dessa escola, o irmão Exuperâncio. Este se surpreendeu, enquanto ouvia o rapaz, mas logo o convidou a ir, na mesma hora, até a avenida Tiradentes, onde funcionava o Seminário Diocesano. O padre Maximiano os atendeu, pacientemente. Ele era o reitor do seminário e mostrou-se reservado, cheio de cautela. Todavia, estabeleceu um compromisso: naquele mesmo dia, no período da tarde, iria levá-los à presença do arcebispo metropolitano, D. Duarte Leopoldo.

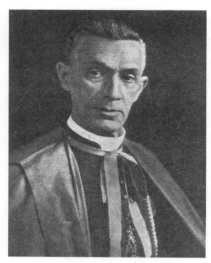

Dom Duarte Leopoldo e Silva, primeiro arcebispo de São Paulo

Paulo e o irmão Exuperâncio foram ao Palácio Arquiepiscopal. Homem repleto de bondade, D. Duarte era amigo da família do rapaz e nutria muita estima pela mãe de Paulo, uma católica exemplar. Acolheu com carinho as suas palavras, apoiou a sua decisão, "facilitou tudo." Não ocultou o seu júbilo. Setúbal ouviu os conselhos do arcebispo, que o abençoou. As lágrimas deslizaram pelo rosto do filho de dona Mariquinha.

Emocionadíssimo, o rapaz saiu do Palácio. Voltou ao Seminário e falou de novo com o reitor Maximiano. Recebeu a lista do enxoval, das roupas que teria de usar, matriculando-se sob o número 18. Ele precisava regularizar alguns papéis, antes de apresentá-los, e voltar ao Seminário no prazo de dez dias, a fim de participar de um retiro espiritual.

Comunicou à mãe a sua decisão. Dona Mariquinha sentiu-se profundamente feliz:

"Ter um filho padre, um filho sacerdote da sua religião, um eleito do seu Cristo, era dádiva imensa, graça divina, gosto supremo que ela dizia não merecer."

Entretanto, só a mãe ficou alegre, pois os amigos de Paulo, os seus companheiros de quarto, admiradores do anticristo Friedrich Nietzsche, zombaram daquele sonho. Viram neste uma insanidade:

– Padre? Você está de miolo mole, rapaz! Padre? Você?

As risadas sucediam-se. Um dos irmãos de Paulo, o mais velho e que exercia o papel de chefe da família Setúbal, combateu "de maneira cabal e terminante" o desejo do mano:

– Padre? Você está louco? Isto é bom para os pobres de espírito. Mas você? Largue mão de bobagem, menino! Trate de ser advogado, isto sim, trate de casar-se, de ser homem, de dar jeito na vida. O que é que vale um padre? Nada. O que é um padre? Um castrado. Ouviu bem? Um castrado!

A palavra *castrado* gravou-se de modo bem vivo na alma de Paulo, como ele revela no *Confiteor*. E esta palavra se conservou dura e cruel no seu íntimo, até o momento de encontrá-la na "boca divina" de Jesus Cristo:

"...porque há castrados que assim nasceram do ventre de suas mães; há castrados que foram castrados pelos homens; mas há castrados que a si mesmo se castram por amor de mim. Quem pode ser capaz disso, seja."

Influenciado talvez pela reação dos seus companheiros, pelas suas chacotas, pelas impiedosas palavras do seu irmão, por uma fé ainda vacilante, o rapaz logo começou a perder aquele ardor religioso. O ímpeto evaporou-se.

Dez dias mais tarde, quando teve início no Seminário Diocesano o retiro espiritual, e se fez a chamada dos novos seminaristas, Paulo, o número 18, não respondeu. Como poderia responder? Ele se achava a longa distância, lá no seu quarto, absorto na leitura dos livros jurídicos, adotados pela gloriosa Faculdade de Direito do largo de São Francisco.

* * *

Paulo entrou, segundo as suas próprias palavras, num "curioso estado de alma". Envergonhado, ele não conseguia pôr os pés numa igreja. Olhar a imagem de Cristo ou a de um santo, causava-lhe "estranho mal-estar". Tinha a impressão que os olhos de ambos, ao se cruzarem com os seus, "exprobavam duramente" a sua fraqueza. Ele abaixava a vista.

Querendo libertar-se dessa angústia, sufocar o remorso, decidiu não mais pisar em nenhuma igreja:

"Deixei então, definitivamente, de comparecer ao noviciado do Carmo. Larguei mão de todas *aquelas carolices*, como dizia. Nada mais de missa, nada mais de padre. O mundo era belo. Havia nesse mundo teatros, bailes, restaurantes. Havia também muitas mulheres, oh, muitas mulheres."

E Paulo, segundo as suas próprias palavras, atirou-se "à vida com sofreguidão". Farreou loucamente, junto de "companheiros descabeçados:

"Atirei-me, sobretudo, às mulheres."

Os estudantes da Faculdade de Direito iam em grupos à rua Libero Badaró, onde as prostitutas viviam em casas baixas, quase sempre de duas janelas e uma porta. Muitas eram francesas. As mais belas recebiam o amparo de senhores graves, respeitáveis, que lhes montavam moradia. Uma dessas mulheres, chamada Margarida, tinha um palacete e o seu amante, querendo homenageá-la, mandou esculpir, como ornato das janelas, margaridas em argamassa. Fato evocado por Jorge Americano, no livro *São Paulo naquele tempo* (*1895-1915*).

A capital atraía as "polacas", isto é, as prostitutas judias, controladas por uma rede internacional de cafetões. Elas desembarcavam em Santos, oriundas da Europa Oriental, principalmente da Polônia. Mas o mulherengo Paulo Setúbal não ignorava que a maioria das meretrizes estrangeiras era composta de russas, italianas, alemãs, francesas, espanholas, inglesas e austríacas. Convém frisar: em 1914 a polícia registrou, na cidade de São Paulo, 186 prostitutas nascidas na Rússia, segundo informa um relatório do doutor Eloy de Miranda Chaves, secretário da Justiça e da Segurança Pública.

Tendo se atirado à vida "com sofreguidão", e sobretudo às mulheres, como ele disse e já registramos, o jovem de Tatuí veio a conhecer vários episódios da existência de muitas dessas mundanas. Eis um dos tais episódios. Bela e fatal, a condessa Lina Bani morava na Vila Tedesco, sob a proteção de sua cafetina. Um professor de esgrima, doidamente apaixonado pela condessa, ao ver-se desprezado por ela, não quis mais viver, estourou os seus miolos com um tiro de revólver.

Severo, moralista, intransigente, o delegado Bandeira de Melo adotou medidas drásticas, a fim de combater o lenocínio no bairro do Brás. Ele mandava prender as prostitutas, quase todas negras, e aplicar nelas duchas de água fria. Diversas vezes as infelizes, após serem surradas, ficavam com a cabeça raspada. Para se vingarem do doutor Bandeira de Melo, saíam da delegacia cantando:

> *"Ô dotô Bandalho de Merda é homi muinto canáia,*
> *pega cabeça de nega e manda rapá a návaia!"*

Paulo Setúbal, ao transformar-se num mulherengo, começou a ler um livro realista, nada romântico: o livro da vida.

* * *

Depois de prestar os seus exames, o filho de dona Mariquinha foi aprovado e matriculou-se no segundo ano da Faculdade de Direito. A vitória o alegrou, trouxe um pouco de paz à sua alma atormentada. Ele enfrentou o período de trote, do qual nenhum calouro escapa, mas no fim desse período obteria um atestado dos veteranos, com a seguinte quadra:

> *"Nem tudo que reluz é ouro,*
> *nem todo sopapo é murro,*
> *nem todo burro é calouro,*
> *mas todo calouro é burro."*

Inúmeras vezes, no pátio da Faculdade, o calouro Paulo Setúbal ouviu estes gritos, lançados pelos veteranos:

– Sangue! Sangue! Queremos sangue de caloooooouro! Sangue! Caloooooouro!

A "mãe dos calouros", criatura que Paulo guardou para sempre na sua memória, era o bedel Pedro, o Pedrão, indivíduo barrigudo, alto e obeso, de voz fininha, pele cor de bronze, negros cabelos luzidios, pequenos olhos maliciosos. Esse mastodonte, sempre de pé junto à cátedra, e suando em bicas, incumbia-se da chamada:

– Senhor Paulo de Oliveira Setúbal!

– Presente.

– Senhor José Soares de Melo!

– Presente.
– Senhor Júlio de Mesquita Filho!
– Presente.
– Senhor Alcebíades Delamare!
Um colega deste responde:
– Ausente.

A Faculdade de Direito de São Paulo, no largo de São Francisco

Paulo se embevecia diante da sedutora figura de Reynaldo Porchat, o professor de Direito Romano. Orador notável, provido de voz soberba, melodiosa, bem timbrada, cheia de bemóis e em menor escala de sustenidos, como escreveu Francisco Pati, esse mestre de estatura mediana usava um elegante *pince-nez* e era, nos grandes dias da Faculdade, nas cerimônias solenes, "a mais alta expressão da cátedra universitária". As palavras, segundo ainda nos informa Francisco Pati, "jorravam-lhe dos lábios em catadupas". Nas noites de festa, quando os estudantes o descobriam no meio da assistência, logo gritavam:

– Fala o Porchat! Fala o Porchat!

O professor, conforme o depoimento do referido memorialista, fazia-se de rogado. Balançava a cabeça, sacudindo os ombros, porém cedia. E ao assomar à tribuna, sob palmas estrepitosas, as suas palavras iniciais eram estas:

– A mocidade quer que eu fale: aqui estou. A mocidade manda.

Durante quinze, ou vinte, ou trinta minutos, ele os deixava suspensos, extasiados. Verbos, substantivos e adjetivos, frases proferidas num português impecável, resplandeciam na sua boca.

Reynaldo Porchat, nascido em 1868, foi propagandista da República e tornou-se, com o conselheiro Antônio Prado, um dos fundadores do Partido Democrático. Além de ser autor de obras jurídicas, como os livros *Curso elementar de Direito Romano* e *Da retroatividade das leis civis*, aquele de 1907 e este de 1909, o professor Porchat versejava. Os estudantes sabiam de cor a sua poesia "Lição de francês", na qual um poeta ensina a mulher amada a pronunciar, de modo correto, o verbo *beijar* no idioma de Flaubert (*baiser*), aplicando um beijo nos seus lábios.

Paulo, no *Confiteor*, declara que Porchat, mais tarde, iria ser para ele um "grande e estremecido amigo".

Carente de dinheiro, o filho da dona Mariquinha virou professor do Ginásio Arquidiocesano e da Escola de Comércio do Brás. Lecionava à noite e no período da manhã. Entretanto, não se sentia satisfeito. Como lhe sobejasse algum tempo livre em cada dia transcorrido, "nutriu o sonho dourado de ser jornalista".

Informa Francisco Pati no livro *O espírito das Arcadas*, onde descreve os episódios mais curiosos da vida dos estudantes e dos professores da Faculdade de Direito de São Paulo, nos primeiros anos do século XX:

"As redações dos jornais estavam cheias de estudantes e o jornalismo de então nada tinha de comum com o de hoje. Predominava nas folhas paulistanas a nota essencialmente literária."

Paulo tornou-se colaborador da revista *O Pirralho*, fundada por Oswald de Andrade e cujo primeiro número apareceu na cidade de São Paulo, no dia 12 de agosto de 1911, após o marechal Hermes da Fonseca ter sido eleito presidente da República. A sede da revista se localizava na rua 15 de Novembro, bem no centro nervoso da Paulicéia. Era uma publicação que exibia as caricaturas de Voltolino (Lemmo Lemmi), os textos irreverentes de Oswald de Andrade e os versos satíricos do Juó Bananére, pseudônimo do engenheiro Alexandre Marcondes Machado, autor do livro *La divina increnca*, escrito num dialeto ítalo-brasileiro.

O jovem de Tatuí chegou a ocupar, embora por pouco tempo, o cargo de diretor de *O Pirralho*, segundo nos esclarece esta nota da própria revista:

"Acaba de se dar uma importante transferência no *Pirralho*. Nosso bom amigo Oswaldo Júnior afasta-se temporariamente, partindo para Caxambu em companhia dos seus excelentes pais. Assume a direção da revista o nosso distinto colaborador Paulo Setúbal."

O Pirralho. Edição de 1º de fevereiro de 1913

O Pirralho vivia em apertos financeiros e os seus colaboradores não recebiam nenhum pagamento. Paulo queria mesmo ser jornalista, mas como diz o velho provérbio, "um saco vazio não se mantém de pé".

Algum tempo depois um jornalzinho teve a colaboração de Paulo: o semanário *Gavroche*, dirigido por Baby de Andrade. Tinha 24 páginas e era humorístico e literário.

No dia 24 de agosto desse ano de 1911 – o ano em que Paris aplaudiu o bailarino russo Nijinski no balé "O espectro da rosa" – apareceu na capital paulista um "vespertino atrevido". Esse jornal se chamava *A Tarde*. Com o ímpeto da mocidade, Paulo foi à sede do novo jornal. Subiu as escadas do prédio onde ele se instalara e apresentou-se ao seu diretor. Informou que era estudante de Direito e que desejava trabalhar na redação. Aceitaria exercer as funções de crítico literário... Homem prático, o diretor o examinou "de alto a baixo", tamborilando os dedos na mesa. E depois de dizer que na redação não havia vaga, fez esta pergunta:

– O senhor quer ser revisor?

Paulo respondeu, sem vacilar:

– Perfeitamente. Já que não há vaga na redação...

Em seguida o diretor acrescentou:

– Pois o lugar é seu. Pode começar amanhã.

Teve início no outro dia o trabalho do jovem, mas ele não gostou de ficar no porão do vespertino. Paulo de Oliveira Leite Setúbal, um poeta, um aluno da gloriosa Faculdade de Direito de São Paulo, jogado ali naquele porão, corrigindo as provas de anúncios, de propagandas comerciais! Não, ele não merecia isto! O diretor de *A Tarde* precisava receber a prova do seu valor.

Então Paulo escolheu três das suas poesias e copiou-as com o maior cuidado, para a letra ficar bem legível, clara, bonita. Tomou coragem e entrou no gabinete do diretor. Ao entregar os versos, pediu desculpas pela audácia, rogando que lhe dissesse "alguma coisa sobre aquelas poesiasinhas". Obteve esta resposta:

– Deixe a versalhada aí, rapaz. Depois eu verei isso.

Soou mal, nos ouvidos do estudante, o substantivo *versalhada*, palavra que a pessoa culta emprega quando designa os versos de péssima qualidade. Resignado, ele colocou as três poesias em cima da mesa e saiu do gabinete.

Automáticos como bonecos mecânicos, os dias foram passando. Desgostoso, convicto de que o trabalho de revisor não lhe servia, não estava à altura da sua capacidade, Paulo resolveu abandoná-lo.

O jornal ia festejar, com um número especial, o seu primeiro aniversário. E as provas desse número caíram nas mãos do revisor que era o companheiro de Paulo. Ao vê-las, o revisor arregalou os olhos, repleto de assombro. Houve o seguinte diálogo entre ele e Paulo, conforme este narrou:

– Como é que você se chama?

– Ora essa! Você diz o meu nome a toda hora.

– Paulo Setúbal?

– Naturalmente.

O revisor, mais uma vez, examinou as provas, tornou a olhar o companheiro e insistiu, ainda demonstrando enorme surpresa:

– Mas você é Paulo Setúbal mesmo?

Também espantado, Paulo reagiu:

– Mas é claro que sim. O que é que há?

Aí o revisor mostrou as provas junto dos originais. Num tipo doze, com grande título sobre duas colunas abertas, "vistosamente enfeitadas de vinhetas", destacava-se uma das poesias do rapaz de Tatuí.

Paulo e o seu companheiro se deslumbraram. Ali, naquele porão, o filho da viúva Mariquinha saboreou o primeiro triunfo literário de sua vida.

Ele decidiu ir até o gabinete do diretor, a fim de lhe agradecer a publicação da poesia, mas não pôde realizar o intento porque o homem, que conversava na sala da redação, mal o avistou, foi logo declarando:

– Fez muito bem em aparecer. Ia mandar chamá-lo. Queria comunicar-lhe que, de agora em diante, o senhor passa a trabalhar na redação. A sua mesa é aquela. Amanhã determinarei a seção que ficará a seu cargo.

Decorridos vários anos, já no fim de sua curta vida, Paulo confessou:

"Muitas alegrias tive depois na minha existência. Mas não tive jamais alegria tão radiosa como a que tive naquela tarde. Subira por mim. Por meu esforço."

IV

"APENAS UM POUCO FRACO DO PULMÃO"...

Disposto a festejar sua vitória, Paulo foi com os seus amigos ao Café-Restaurant Progredior, que estava situado no andar térreo de um prédio da rua da Imperatriz. Ali, nessa "grande confeitaria da moda", ricamente ornada de largos espelhos *biseautés* e de artísticas decorações, nas quais se viam formas femininas semidesnudas, ele se expandiu, riu, falou à vontade, alegrou-se ainda mais, esvaziou copos e copos de chopes.

Paulo freqüentava o Progredior, informa Cícero Marques no livro *Tempos passados...* Tinha como companheiros, naquele vasto salão onde brilhava uma "orquestra magnífica", o jornalista Moacyr Piza e o agitado Porchatzinho, estudante do Direito bem míope, de baixa estatura, sempre de fraque preto.

Moço que conciliava o seu romantismo com o seu "materialismo", Paulo ouvia, nesse típico café da *Belle-Époque*, as melodiosas serenatas de Schubert e Gounod. E também os agudos nítidos e vibrantes do tenor Boccanera, enquanto o Camarão, um velho e popular garçom, ia servindo os copos de chopes à rapaziada. Cícero Marques conta que volta e meia os clientes reclamavam:

– Chega, Camarão, não me mate com o excesso de bebida, não ponha mais!

Rua Quinze de Novembro, em São Paulo, na primeira década do século XX

Já era noite velha quando Paulo, após se mostrar tão feliz, voltou para a sua casa. Mas começou a se sentir muito indisposto. Ao acordar no dia seguinte, não conseguiu levantar-se, pois tinha febre, dor de cabeça. Dona Mariquinha chamou o médico, que submeteu o jovem a um exame minucioso, auscultando-lhe demoradamente o pulmão. O doutor soltou estas palavras, diante da mãe de Paulo:

– Coisa sem importância, minha senhora. Trata-se apenas, no momento, de uma pequena gripe. A febre abaixará logo. Quando abaixar, avise-me, eu virei do novo. Quero examiná-lo melhor.

Depois o médico se afastou e Paulo percebeu que ele, na sala de jantar, passou a conversar em voz baixa com a sua mãe. Escreveu uma receita, antes de partir.

Quando a dona Mariquinha voltou ao quarto do filho, este também percebeu: ela havia chorado. A viúva pegou na mão do Paulo, acariciou o doente, dirigiu-se a ele "com muita e enternecida brandura".

O rapaz estranhou aquele excesso de carinho. Decerto os olhos avermelhados de dona Mariquinha, aquelas ternuras, revelavam apenas a intensidade do amor materno... E aflição, por ver o filho de cama, atormentado pela febre alta. Paulo, no livro *Confiteor*, salienta que a sua família se alvoroçou:

"Correram os meus irmãos a visitar-me. Todos eles, tal como minha mãe, mostraram-se exageradamente ternos para comigo. Muita doçura quando me falavam. Muito compungimento quando me olhavam. Às vezes, saindo do quarto, quedavam-se na sala a cochichar. Eu reparei naquilo."

Incapaz de pôr travas na língua, Paulo quis saber:

– Mas que diabo têm vocês? Que é que há? O médico achou alguma coisa grave?

A senhora Maria Teresa de Almeida Nobre, mulher franca, corajosa, resolveu apresentar a verdade ao filho, porém de maneira suave:

– Não é nada de grave. Você está apenas um pouco fraco do pulmão...

Estas cinco palavras, "um pouco fraco do pulmão", eram um eufemismo para substituir o terrível sabstantivo "tuberculose". Sim, a palavra "tuberculose" aterrorizava, pois essa moléstia, também chamada de tísica, de febre héctica, de "doença do peito", de "doença magra", de doença ruim", de "peste branca", já havia matado milhares de pessoas, durante séculos. Todos a temiam e no Brasil ela gostava de tirar a vida dos poetas, como fizera com Castro Alves, Casimiro de Abreu, Augusto dos Anjos, Cruz e Sousa, Álvares de Azevedo.

Após ouvir as duas frases de sua mãe, Paulo compreendeu, num relance, o significado dos olhos vermelhos desta, a "comiseração dolorida" dos seus irmãos. Naquela época, quando qualquer pessoa vinha a saber que estava tuberculosa, tal fato correspondia a receber uma sentença de morte. Ele ficou aturdido, mas anos mais tarde iria explicar:

"Não por medo de morrer. Isso não me aturdia muito. O que me aturdia, o que me magoava, o que me feria no mais sensível do coração, era ver-me, de um dia para outro, coagido a deixar o meu Direito, a deixar as aulas que dava, a deixar o meu sonhado jornal. Oh, o jornal... E logo no primeiro dia em que ia trabalhar na redação? Que má sorte! Caiporismo dos diabos"...

O médico, depois de alguns dias, auscultou com um aparelho os pulmões de Paulo. E garantiu, em frente de dona Mariquinha, que ele recuperaria a saúde, se ficasse seis meses fora, no campo, em repouso absoluto, comendo bem, respirando um ar puro:

– Daqui a seis meses, afianço-lhe, o seu filho voltará curado.

As palavras do médico não convenceram muito o enfermo. Ele as considerou um simples encorajamento, uma consolação. Indagou a si próprio: quem conseguia escapar dela, do abraço mortífero da escaveirada tuberculose? Além disso, todos continuaram a fitá-lo "com aqueles mesmos olhos deplorativos", a tratá-lo "com aquelas mesmas branduras compassivas". Carinhos aplicados a um doente perdido, a um condenado à morte... Encheu-se de amargor, de revolta:

"Custara-me tanto o subir um pouco na vida. Custara-me tanto o subir sozinho, filho de viúva, sem sombra a que me acoitasse. E vai um dia, zás-fraco do pulmão! Não me conformava. Insurgia-me contra o destino. Ou melhor, confessemos com franqueza, insurgia-me contra Deus."

Paulo fez várias perguntas a si mesmo. Quis saber por que Deus o golpeara de modo tão bárbaro. O Criador não é a máxima expressão da infinita bondade, da total misericórdia? Se Deus era o seu pai celeste, por que lhe arruinara a vida? E se era também o justo, por que foram inúteis os seus suados esforços? As perguntas não paravam:

"Por que é que Deus... Por que, por que, por quê?"

De sua alma jorrava o fel, e essa alma se sentia rebelada contra a mão impiedosa que nela infligiu a dor, a angústia. Ele escreveu, anos depois:

"Ah, o quanto me faltou, nessa hora agoniada, uma formação cristã mais sólida!"

Em tal momento dramático, ele ainda não tinha visto a dor como um veículo de aprimoramento espiritual e nem havia ocorrido, como disse no *Confiteor*, o encontro consigo mesmo. A sua alma torturada não ouvia a palavra de Cristo, que poderia dar-lhe força, paz, resignação, embora no seu íntimo, adormecida, palpitasse uma religiosidade cheia de misticismo.

Continuou bem intenso, entretanto, no jovem tuberculoso, o amor aos prazeres do mundo. Os seus olhos, como afirmou, não se achavam erguidos para o Céu, mas voltados "mesquinhamente" para a terra. E o sangue tépido, borbulhando nas suas veias, pedia-lhe com avidez os gozos da mocidade, as noitadas nos bares, as rodadas de chopes, os restaurantes alegres, as lindas e irresistíveis mulheres.

Paulo teve raiva de Deus, porque o Onipotente lhe tirava todas essas coisas. A fúria do enfermo era a prova de que não se entregara, de maneira total, às teorias dos filósofos materialistas. Se tinha raiva de Deus, como confessou, é porque Deus existia para ele. Nós não podemos odiar o que não existe. O ódio, à semelhança de qualquer caçador feroz, precisa de um alvo, e este alvo é o seu alimento.

* * *

Querendo defender-se da "peste branca", o povo se valia das crendices e das meizinhas. Eis as plantas usadas pelo sertanejo contra essa moléstia, consoante o professor Dias da Rocha: a babosa, o agrião, o gonçalo-alves, a mangabeira, a aroeira-do-campo, a vassourinha-de-botão. No estado de Santa Catarina davam ao tuberculoso, em jejum, um chá de erva-cidreira com oito gotas de leite do pinhão-bravo. E no Nordeste o obrigavam a engolir, todos os dias, banha derretida de cascavel. Mas o remédio mais exótico, popular em diversas regiões do Brasil, era a costela amassada do cachorro. Metiam os pedaços menores da costela numa vasilha, onde havia leite de jumenta preta. Esse leite, colocado num fogão até ferver, tinha de ser ingerido ainda morno pelo doente...

A cura da tuberculose assumia o aspecto de um problema difícil, complexo. Imensa expectativa, nas primeiras décadas do século XX, pairava em torno dessa cura, ou melhor, dessa esperança. Robert Koch (1843-1910), médico e bacteriologista alemão, alcançou a máxima glória científica com a descoberta, em 1882, do bacilo da tuberculose (bacilo de Koch). Coube-lhe também a glória de descobrir a tuberculina, no ano de 1890, substância extraída dos bacilos mortos, geradores da doença, e empregada no diagnóstico de algumas de suas formas. Graças à tuberculina, tornou-se possível saber se uma pessoa já tinha sido contaminada.

Koch fez outras descobertas notáveis, como a do bacilo vírgula, ou vibrião da cólera, logrando provar que a esplenite ovina é causada por uma bactéria. Infelizmente a cura da tuberculose ainda estava distante.

Jovem bem informado, Paulo Setúbal conhecia os estragos da "doença do peito". Flagelo dos núcleos populosos, das pessoas pobres, subnutridas, da tísica vinha a terça parte do obituário de cidades como Recife, Salvador, Rio de Janeiro e São Paulo. Segundo o doutor Paula Cândido, a incidência da moléstia em nosso país era de dez, por mil habitantes. Afrânio Peixoto, no livro *Um século de cultura sanitária*, publicado em 1923, forneceu estes dados:

"... a tuberculose campeia entre nós: o Rio é das cidades do mundo em que mais se morre de tuberculose: 4.500 óbitos por ano, numa cidade de pouco mais de 1.100.000 habitantes. Ora, adotando o cálculo médio de sete tuberculosos bacilíferos por cada um que morre, temos, na metrópole, 31.500 tuberculosos ativos, que promovem a infecção dos predispostos e acessíveis..."

Professor da Faculdade Nacional de Medicina, o erudito Afrânio Peixoto chegou à seguinte conclusão, naquele ano de 1923:

"Os meios de luta são parcos e anódinos: não temos sequer hospitais especializados, nem sanatórios de altitude... As estações climáticas se vão corrompendo, pela disseminação do contágio... É alarmante e não move os que devem e podem..."

Muitos médicos se empenhavam nessa luta, como em Minas Gerais o doutor Eduardo de Menezes, sempre liderando campanhas e produzindo vacinas. Expoente máximo da peleja contra a tuberculose, foi o médico Clemente Ferreira (1857-1947), fundador, no ano de 1899, da Associação Paulista de Sanatórios Populares para Tuberculosos. Outro que participou incansavelmente desse combate: Antônio Cardoso Fontes, sucessor de Carlos Chagas na direção do Instituto Oswaldo Cruz. Ele demonstrou as granulações do vírus da doença e realizou várias pesquisas sobre a filtrabilidade desse vírus. Devido aos seus trabalhos a respeito da biologia do bacilo de Koch, o doutor Fontes ganhou em 1912 um diploma de honra na capital da Itália, durante a realização do Primeiro Congresso Internacional de Tuberculose.

Terminada a leitura dos dados aqui apresentados, o leitor pode deduzir como era dura, heróica, tenaz, a luta contra a "peste branca". Participava de tal luta, de certo modo, a fim de defender a vida do filho, a senhora Maria Teresa de Almeida Nobre.

* * *

Na companhia da mãe, Paulo voltou à terra natal. O historiador Manuel Augusto Vieira Neto, ainda menino, viu em Tatuí o seu pai amparar um jovem que não se sentia bem. A cena ocorreu no repleto salão de festas do Clube Recreativo. Moças e rapazes cercavam o jovem, dando-lhe as maiores atenções, enquanto pessoas de "fisionomias apiedadas cochichavam pelos cantos". Esse jovem, "que andava doente", era o estudante Paulo Setúbal, recém-chegado da capital paulista. Manuel Augusto contou isto em 1960, numa conferência.

O amor de Paulo por Tatuí não diminuía. Certa vez, ao lado do amigo Domingos de Azevedo Filho, ele fez de charrete um passeio pela cidadezinha. Durante o passeio, quando Domingos disse que Tatuí era meio atrasada, Paulo não se conteve e aplicou um tapa no chapéu de palha do amigo. Um veículo vinha atrás da charrete e esmagou o chapéu caído...

Mas a vida tranqüila, o ar puro da terra natal, a farta alimentação, ajudaram o moço a se fortalecer, a exibir nas faces a cor do bem-estar físico. E versejava:

> *"Como um caboclo bem rude,*
> *Eu vivo aqui, nesta paz,*
> *Recuperando a saúde,*
> *Que eu esbanjei, quanto pude,*
> *Nas tonteiras de rapaz."*

Nesta poesia, intitulada "Vida campônia" e inserida depois no livro *Alma cabocla*, ele descreveu a sua vida rústica, o seu reencontro com a natureza, o seu dia-a-dia em Tatuí, a "Cidade da Ternura":

> *"Mal brilha o primeiro raio*
> *Da aurora rubra e louçã,*
> *Eu monto em fogoso baio,*
> *E alegre, e lépido, saio*
> *Pelo esplendor da manhã.*
>
> *Lord, o meu bravo cachorro*
> *Vem pela estrada a saltar:*
> *E a várzea, e os pastos, e o morro,*
> *Tudo, a galope, eu percorro,*
> *Numa alegria sem par."*

A poesia "Vida campônia" é autobiográfica, registra as sensações de um enamorado da natureza, das coisas simples. Fala dos "cheiros de manacás", das "vespas, cor de ouro brunido, lantejouladas de luz", dos caboclos no eito, desbastando os frutos do juazeiro, da estimulante e deliciosa rotina de um convalescente:

> *"Apeio. E então, vivo e moço,*
> *No claro terno de brim,*
> *Vou eu, com grande alvoroço,*
> *Sentar-me à mesa do almoço*
> *Que espera apenas por mim.*
>
> *Risonha, a fumaça voa*
> *Em densos, cálidos véus:*
> *É o lombo, é a fava, é a leitoa,*
> *– Toda a cópia, farta e boa,*
> *Dos nossos ricos pitéus!"*

Graças às pesquisas da advogada Leila Salum Menezes da Silva, hoje sabemos que Paulo Setúbal, nessa época, ia de vez em quando a Tietê, para visitar uma irmã, os tios e um cunhado. Ali freqüentou clubes e bailes. Segundo Leila informa na sua biografia de Paulo, o jornal *O Tietê* publicou uma poesia do rapaz, com o título de "O teu vestido", na edição do dia 26 de maio de 1912. É poesia singela, romântica, talvez autobiográfica, e portanto bem característica do estilo de Paulo. Começa desta maneira:

> *"Daquele sonho de criança,*
> *Daquele amor todo esperança,*
> *Que floresceu em nosso caminho,*
> *Ficou-me, sempre, na lembrança,*
> *O teu vestido azul-marinho...*
>
> *Quantas carícias me dizias,*
> *No ardente olhar que me volvias,*

Às escondidas, de mansinho,
Naquela reza, em que vestias,
O teu vestido azul-marinho!"

São versos melodiosos, espontâneos, nos quais o poeta não esconde os sentimentos de sua alma delicada, emotiva, hipersensível:

"Porém, um dia te zangaste;
Eu te falei... Tu nem me olhaste!
Mas te beijei, com tal carinho,
Que tu, chorando, me perdoaste,
Com teu vestido azul-marinho...

No último adeus que me disseste,
No último abraço que me deste,
Quando partiste deste ninho,
Ias vestindo, anjo celeste,
O teu vestido azul-marinho!

Cresceste; não és mais aquela
De outrora, alegre e tagarela,
Como bulhento passarinho.
Tudo te falta, minha bela,
Pois te falta o vestido azul-marinho."

A simbologia do vestido azul-marinho, nestes versos, é muito expressiva, interessante, pois ele, o vestido, representa a pureza e a simplicidade de um juvenil amor extinto. Poesias desse tipo não agradam aos complicados, aos amantes dos versos que se assemelham a equações algébricas, a gélidos raciocínios cartesianos. Grandes poetas, no entanto, escreveram poesias singelas. Basta citar Goethe, autor da embaladora "A canção de Mignon", e também desta quadra, traduzida do alemão por Manuel Bandeira:

*"Como vem da cana o sumo
Que os paladares adoça,
Flua assim da minha pena,
Flua o amor o quanto possa,"*

Segundo a pesquisadora Leila Salum, a poesia "O teu vestido" causou "profunda impressão" num amigo de Paulo. Usando o pseudônimo de Alair, esse amigo lhe enviou um pequeno texto, publicado no jornal *O Tietê*, com o seguinte conselho:

"Modifica, caro amigo, o excessivo afeto do teu coração; as mulheres querem desprezo. Ergue a fronte para o alto e contempla o céu. Assim vencerás. E purpurino ser-te-á o vestido azul do mar."

Conselho inútil, pois o coração de Paulo, naturalmente, incontrolavelmente, transbordava de afeto pelas mulheres. Aliás, se quisermos obedecer às leis da lógica, convém salientar que o Alair só poderia *erguer* a fronte para o alto e nunca para baixo...

O jovem Paulo Setúbal

Em São Paulo, depois de examinar o rapaz, o médico declarou à dona Mariquinha: ele estava curado. O pulmão do poeta clareara e na radiografia não se via nenhuma infiltração. Além disso, ao auscultar o peito de Paulo, o facultativo não ouviu o menor ruído. Portanto, se fosse do interesse do moço, a retomada do trabalho não o prejudicaria, mas seria melhor, mais prudente, a fim de consolidar a cura, que ele se beneficiasse, durante alguns meses, de um clima de altitude, como, por exemplo, o de Campos do Jordão, cidade situada a 1.700 metros acima do nível do mar.

A vida nos "Alpes paulistas" era caríssima. Todo o dinheiro de dona Mariquinha se esgotara. Mulher forte, ela decidiu, porém, que o filho haveria de ir, de qualquer jeito. Como? E a idosa e corajosa senhora, sem vacilações, abriu a sua velha cômoda, examinou os seus guardados e diante dos olhos surpresos de Paulo retirou do meio de várias bugigangas uma caixinha coberta de veludo azul. No interior da caixinha repousava um anel com bonita pedra rara. Esse anel, um objeto muito amado pela viúva, uma lembrança muito querida, tinha sido um presente que o pai de Paulo lhe dera:

"Minha mãe, até ali, guardara-o com ciúme e enamoradamente."

Chegara a hora de se desfazer daquele mimo, daquela prova de amor. Primeiro a saúde e a vida do filho! Ela saiu do lar modesto, da casa número 23 da rua das Flores, e vendeu o anel tão caro ao seu coração. E com o dinheiro da venda, Paulo pôde partir no rumo de Campos do Jordão.

A viúva, de modo heróico, criava e defendia os nove filhos, enfrentando "aperturas que não se contam". Os parentes do seu falecido esposo possuíam riquezas, "o fausto e a pompa dos grandes", como frisou Paulo no capítulo XIV do *Confiteor*, onde ele assim evocou a intrépida dona Mariquinha:

"Mas nunca, em meio às tuas duras vicissitudes, acossada rudemente por necessidades as mais mesquinhas, nunca soube ninguém que tu te dobraste a bater à porta dourada dos parentes que podiam tudo. Tu nunca solicitaste um só favor para ti, mãe. Tu nunca solicitaste um só favor para os teus filhos. Tinhas a boca lindamente fechada por santa sobranceria. Sobranceria, que é hoje tua glória e é hoje o orgulho dos que têm o teu sangue."

Algumas vezes, informa o autor de *Confiteor*, um carro parava diante de sua casa. Do veículo descia "uma grandiosa matrona", trajada de gorgorão, que era um tecido caro de seda ou de lã. E exibindo uma corrente de ouro, ela entrava majestosamente no lar pobre, a fim de visitar "a prima Maria Teresa". Paulo observou:

"Os parentes ricos não se demoram em casa de parentes pobres. A matrona saía logo."

Logo que saía, a prima pobre se atirava ao seu rude trabalho, lavando a roupa, passando esta a ferro, cozinhando, esfregando o chão. E também ia à feira, onde regateava. As luzes da casa eram apagadas cedo, para fazer economia. Dona Mariquinha sempre poupava. Emocionado, o filho produziu estas linhas:

"Ah, mãe, ainda tenho no ouvido, agora, neste mesmo momento em que escrevo, o rumor da máquina de costura, plac-plac, que lá ia pela noite morta, plac-plac, plac-plac, cozendo as roupas com que nos vestias. Com as migalhas que poupavas, tão escassas, nos vestia com tão primorosa dignidade! Outros podiam ir à escola mais luxuosamente entrajados do que nós; nenhum mais asseado, mais decente."

Depois de descrever os extremos cuidados de dona Mariquinha, a sua preocupação com a higiene dos filhos, Paulo acrescentou:

"Oh, minha brava e corajosa mãe..."

* * *

Campos do Jordão, em 1913, não era a cidade sofisticada de hoje, dos festivais de inverno, dos concertos de música clássica, dos cafés e restaurantes finos da Vila Capivari. As suas montanhas já ostentavam florestas e bosques de araucárias, mas ela ainda tinha o aspecto de uma Suíça rústica, "de feio arranchamento de casotas de madeiras, toscas, acocoradas lá acima como um bando de cabras selvagens".

Exigia sacrifício físico a ida a essa cidade paulista, "coisa de arrebentar fundilhos e desconjuntar ossos", como Paulo escreveu.

Foi num dia de sol inclemente que ele chegou a Campos do Jordão, montado sobre um jumento trotador, após percorrer caminhos tortos, cheios de buracos, olhando as rochas, os pinheiros, as matarias, os riachos, as quedas d'água, os despenhadeiros, os cenários de uma natureza fecunda.

Alojou-se num hotelzinho. E ali conheceu um rapaz gaúcho, chamado Barbosa, tocador de violão e filho do dono de uma estância. Os dois logo se instalaram numa das típicas casas de madeira da região.

Paulo Setúbal estava com dezenove anos. Sentia-se forte, bem disposto, curado da tuberculose, e o ar penetrante daquelas montanhas, rico de oxigênio, esquentou-lhe o sangue. Resolveu se divertir à beça. Nada de sono, de repouso! A mocidade cobrou os seus direitos.

Mal amanhecia, ele pulava da cama, assobiando. De polainas, com um chicote na mão, depois de colocar os arreios num cavalo alugado, varava as grimpas ornadas de pinheiros, sob um sol esplêndido, um céu de azul puríssimo. Ouvia o vozerio das baitacas, o zumbido das vespas assanhadas, "tontas no ar cheiroso". Contemplava, deslumbrado, a paineira do morro grande, carregada de flores cor-de-rosa.

Viajou assim por todos aqueles lugares. Ia às festas, aos ranchos dos sitiantes, às casas-grandes dos fazendeiros, movido pela ânsia de gozar a vida:

"Dinheiro vinha-me de casa, do anel, escasso é verdade, mas suficiente para as minhas patuscadas que não custavam muito. Que mais queria eu?"

Inebriado, sem pensar no desprendimento de sua mãe, na venda daquela jóia tão amada por ela, Paulo só desejava farrear, ser feliz, entregar-se a todos os prazeres.

Certa vez houve um baile de caboclos num dos pequenos sítios das redondezas de Campos do Jordão. Paulo foi a essa festa, onde também se dançava fora da casa, em terreiro avermelhado por "estrepitosas fogueiras", debaixo do som das "sanfonas roufenhas". E dentro da moradia os pares valsavam numa sala repleta de fumaça, iluminada por dois frouxos lampiões de querosene. Ouvia-se o "choro repinicado dos pinhos langorosos".

Um bando de moças brincalhonas estava ali, vindo de fazenda próxima. Paulo conversou com uma jovem morena, de negros olhos pestanudos. Ele a ela começaram a dançar no meio daquela gente xucra, malcheirosa, como Paulo informou no capítulo XV do *Confiteor*.

Alegre, extrovertida, separada do marido, a moça viera do Rio de Janeiro, a fim de permanecer durante alguns meses em Campos do Jordão. Ela foi franca: aquele baile era sórdido e ele "valsava hediondamente mal". Envergonhada, não podia ficar ali, teria de ir embora.

Paulo gostou da jovem de temperamento esfuziante, mas ela se despediu. O filho de dona Mariquinha não se afastou do baile, pois pretendia divertir-se a valer. E sambou a noite inteira...

No dia seguinte, continuou a levar a mesma vida, percorrendo as matarias cobertas de pinheiros. Entretanto, numa noite chuvosa, quando os trovões ribombavam, Paulo ouviu, dentro da casinhola onde morava, um súbito pateado de cavalo. Depois de também escutar o rumor de passos na escada de fora, violentas batidas em sua porta ecoaram. Ele se apressou a abri-la. Sob a luz mortiça de um lampião, viu um vulto de capote e botas, com um enorme chapéu de abas largas. Paulo recuou, mas o vulto, após empurrar de modo ligeiro a porta, entrou na casinhola. Ao ver o espanto do rapaz, a figura soltou uma espetacular gargalhada. Logo ele reconheceu, pela gargalhada, a jovem morena, de negros olhos pestanudos.

Teve início, então, o fogoso caso entre Paulo e essa mulher de sangue escaldante:

"Vivi meses com ela, desmioladamente atolado no charco. E perdi a cabeça. Não havia mais sombra de dever no meu coração. Que me importava a mim que minha mãe, para solidificar a minha cura, estivesse lá longe, no casebre da rua das Flores, angustiada, trabalhando como escrava, a mandar-me o dinheiro do anel? Que importava lá isso, Deus meu? Eu só queria saber da mulher de olhos negros e pestanudos. Mais nada."

Entontecido, faminto de prazeres, sentindo-se abrasado por aquela paixão carnal, pelo diabólico encanto de uma impetuosa criatura submissa às ordens da sexualidade desgovernada, Paulo voltou a achar, como aconteceu nos seus tempos de ginásio, de fiel leitor das obras de Nietzsche, "que a vida é bela, o pecado é belo, tudo o que afirma a vida é belo".

V

AS GOLFADAS DE SANGUE DA GRANDE GUERRA CHOCAM O HIPERSENSÍVEL DOUTOR PAULO SETÚBAL

*P*aulo afirmou, no *Confiteor*, que a "carnalidade" havia afogado, nele, "a fé, a sensibilidade". Entretanto, depois de alguns meses, ocorreu o epílogo da sua história com a mulher de olhos negros e pestanudos. Fogueira extinta. Nunca mais a viu. Ele voltou a São Paulo, a fim de continuar a seguir o curso de Direito.

Antes de se formar, Paulo teve a ousadia de emitir um parecer sobre um "caso intricadíssimo de esbulho". A informação é do professor Alcântara Machado. E este também narra que quem lhe pagou a consulta foi uma namorada, aplicando no seu rosto dois beijos "estaladinhos e doces".

O rapaz bacharelou-se em 1914, no ano em que se iniciou a Primeira Grande Guerra Mundial, após o assassinato na cidade de Sarajevo, da Bósnia, do herdeiro do trono do Império Austro-Húngaro, o arquiduque Francisco Ferdinando, e de sua esposa, a duquesa Sofia von Hohenberg. A guerra causou profunda impressão no espírito de Paulo, como o leitor verá.

Devido à interferência de um bondoso juiz de Direito, o jovem conseguiu, embora interinamente, o cargo de promotor público da capital paulista. Cargo muito cobiçado.

Encerrada a interinidade, o secretário da Justiça o nomeou, por decisão própria, para uma segunda e depois terceira interinidade. Isto

O assassinato em Sarajevo do arquiduque Francisco Ferdinando e de sua esposa, a duquesa Sofia von Hohenberg

obrigou Paulo a permanecer, durante cerca de dois anos, no Ministério Público da capital.

Mais tarde, recordando-se desse tempo, ele confessou que eram escassos os seus conhecimentos de Direito. Não lhe faltava a audácia, porém. Enfrentou, seguro de si, os advogados mais experientes. Nunca o fracasso o humilhou e por causa de tanto brilho, do amplo sucesso, ofereceram ao rapaz o cargo efetivo de promotor público.

O filho da viúva Mariquinha, apesar de ser pobre, recusou o cargo. Paulo sabia que todos os seus colegas desejavam obter essa elevada posição, mas ela não o atraiu:

"Eu queria soltar as velas do meu barco ao vento do lago. Ser advogado de nome, rasgar um sulco largo no mundo forense, bater-me nos grandes prélios judiciários, ganhar dinheiro à larga, enriquecer, enriquecer, eis o sonho que aguilhoava os meus vinte e dois anos ardentes e fantasistas."

Sim, Paulo não aceitou a cadeira efetiva de promotor público. Ele abriu um escritório de advocacia e este logo se encheu de clientes. Não foi uma boa e radiosa estrela que o ajudou. Foi o seu brilho, o seu trabalho, a sua inteligência, a sua simpatia magnética. E o cobiçado dinheiro lhe veio às mãos, de maneira abundante. As portas dos clubes aristocráticos e da fechada sociedade da capital se escancararam, para permitir o ingresso daquele advogado moço, vitorioso, em cuja alma flamejava a ambição de sempre vencer, de sempre transpor todos os obstáculos.

A primeira defesa que ele fez, informa Leila Salum, foi junto do seu colega Marrey Júnior. Uma jovem havia matado um dentista que a seduzira. Após ter sido presa, ela deu à luz na cadeia. Sutil conhecedor da natureza humana, Paulo combinou com a ré para esta provocar o choro da criança, durante o julgamento. E quando isto aconteceu, ele recitou uma poesia, dedicada ao nenê. Conseguiu deste modo tocar no coração dos jurados, que absolveram a moça às quatro horas da madrugada.

José Adriano Marrey Júnior era um advogado hábil. Nascera em Minas Gerais, no ano de 1885, na cidade de Itamarandiba, do alto Jequitinhonha. Estudou primeiro em Teófilo Otoni e depois na Pauliceia, tendo nesta concluído o seu curso de Direito em 1906, na Faculdade do largo de São Francisco. O escritório de advocacia de Marrey Júnior se localizava no distrito de Santa Ifigênia, onde ele também exercia as funções de juiz de paz.

Ao contrário de Paulo, esse causídico tinha a ambição de ingressar na política. Logo se tornou vereador na Câmara Municipal de São Paulo e exerceu, mais tarde, o mandato de deputado estadual.

Naquele escritório, em vez de falar sobre os vaivéns da política, esta "arte de nos servirmos das pessoas" ("*La politique est l'art de se servir des gens*", frase do teatrólogo Henry de Montherlant), o doutor Paulo Setúbal preferia tecer comentários a propósito da nova construção em estilo gótico do

Marrey Júnior

Mosteiro de São Bento, iniciada em 1910, por iniciativa do abade Miguel Kruse e conforme o projeto do arquiteto Richard Berni, de Munique.[*] Amante do passado, o jovem doutor sabia que o mosteiro fora construído em 1598 num sítio histórico, no local da antiga taba do cacique Tibiriçá, pai de Bartira, a esposa de João Ramalho. Seu fundador, o monge beneditino Maurício Teixeira, era discípulo do padre José de Anchieta. E um fato aguçava o interesse de Paulo pelo templo: o ban-

---
[*] Depoimento oral do escritor Galeão Coutinho, amigo de Paulo.

deirante Fernão Dias Pais, o "Caçador de Esmeraldas", propôs em 1650, aos religiosos, erguer à sua custa um novo mosteiro, desde que, na capela-mor, houvesse uma sepultura para si e mais duas para os seus descendentes. Atenderam o desejo. Os restos mortais do bandeirante e de sua mulher, dona Maria Garcia Rodrigues Betim, estão depositados até hoje na nave central do mosteiro.

Em 1928, Paulo lembrou-se desse episódio, quando lançou o romance histórico *A bandeira de Fernão Dias*, publicado pela Companhia Editora Nacional.

* * *

Paulo era um dos freqüentadores do Café Guarani, situado defronte da travessa do Comércio da capital paulista, em cuja larga e movimentada porta um obeso preto velho, de cachenê, funcionava como leão-de-chácara.

O Guarani tinha um vasto salão com cadeiras austríacas, mesas de mármore e compridos bancos laterais, protegidos por espaldares de couro. Uma orquestra, no fundo, tocava as valsas de Johann Strauss e de Franz Lehar. Ambiente romântico, bem típico da Belle Époque. Lá se reuniam, declara Afonso Schmidt no seu livro *São Paulo de meus amores*, médicos, advogados, jornalistas famosos, políticos de prestígio, e sobretudo estudantes.

Após a meia-noite, terminados os espetáculos nos teatros Santana, São José e Politeama, o café enchia-se de famílias. Paulo via, no centro do salão, o Quinzinho Garoa, moço louro, alto e magro, ao lado do Ricardito, isto é, do poeta Ricardo Gonçalves. E distinguia, perto deste, o Monteiro Lobato, rapaz moreno, de bigodinho triangular, raspado nos cantos da boca, espessas sobrancelhas negras, idênticas a duas taturanas (lagartas-de-fogo), que formavam contraste com a fileira branca dos seus pequeninos dentes. Cícero Marques evocou essas figuras no livro *Tempos passados...*, onde também nos mostra outros freqüentadores do café Guarani, como o jornalista Amadeu Amaral, de *O Estado de S. Paulo*, e o caricaturista Voltolino, que desenhava as suas charges nas mesas de mármore.

Surgiu na "cidade da garoa", em 6 de março de 1914, a revista ilustrada *A Cigarra*, dirigida pelo jornalista Gelásio Pimenta, natural de Campinas. O doutor Paulo Setúbal pertenceu ao corpo dos colaboradores desse quinzenário, no qual o leitor podia admirar as caricaturas de Voltolino e ler as produções de Coelho Neto, Olavo Bilac, Alberto de Oliveira, Vicente de Carvalho. Além de literária, *A Cigarra* era mundana. Retratou vários aspectos da sociedade paulista daquele tempo. Gelásio Pimenta, homem muito magro, assemelhava-se a desgraciosa ave pernalta e por causa disso um número da sua revista exibiu o desenho de uma cegonha, com os seguintes versos:

"Uma cegonha triste e macilenta
À beira da lagoa, eternamente em pé,
Será por acaso o Gelásio Pimenta?
É."

Havia entre Paulo e Gelásio o que Goethe chamava de "afinidades eletivas". Com efeito, vários fatos só poderiam uni-los. Gelásio era "um exemplo de trabalho", acentuou Luís Correia de Melo, pois se fizera pelo seu "próprio esforço". Paulo Setúbal também. Nascido em 1879, o magérrimo Gelásio fora revisor no *Diário Oficial*. Paulo trabalhou como revisor do vespertino *A Tarde*. Gelásio sentia inclinação pelas letras, pelas pesquisas históricas, escreveu um ensaio sobre o compositor Alexandre Levy e tornou-se membro do Instituto Histórico e Geográfico de São Paulo. Setúbal tinha a mesma inclinação. Como o tatuiense, o campineiro porfiou contra a tuberculose, doença que iria tirar-lhe a vida em Campos do Jordão, no dia 20 de setembro de 1924.

A carreira próspera, o abrasador sangue de sua mocidade, os prazeres materiais, impeliram Paulo a afastar-se do Catolicismo. Os padres assumiram o aspecto, diante dos seus olhos, de uma "negra e tenebrosa espécie de gente". Passou a detestá-los, vendo neles criaturas que a fim de "subjugar as almas", recorriam ao misticismo e ao terror:

"Deus desaparecera de minha vida. Desaparecera totalmente. Igreja? Não mais pisei a nave de uma só. Missa? Nunca mais. Nem mesmo as de sétimo dia. Reza? Oh, que coisa ridícula... Nunca mais disse uma 'ave-maria'. E padre? De padre nem é bom falar."

O kaiser Guilherme II. Caricatura de uma carta de baralho italiano

Outro fato aumentou a descrença do jovem advogado: a Grande Guerra. A Europa ia encharcar-se de sangue. Em agosto de 1914, o conflito se espalhara, pois vinte milhões de homens, de oito países, já lutavam nas frentes de combate. Guilherme II, o imperador da Alemanha, exigiu que as tropas russas se afastassem das proximidades do território austríaco, mas o tzar Nicolau II, além de não aceitar esse ultimato, colocou quatro milhões de soldados em estado de alerta. O kaiser declarou guerra à Rússia. Depois, ignorando a neutralidade da Bélgica, os exércitos germânicos invadiram este país e a França. Logo os soldados alemães chegaram ao Marne, porém os franceses os contiveram. No curto período de três semanas, as tropas das nações aliadas, isto é, da França, da Bélgica, da Grã-Bretanha, sofreram 250 mil baixas e as da Alemanha um pouco mais.

Surpreso e atento, Paulo acompanhava a evolução da hecatombe. Deus lhe aparecia com um cachimbo na boca, assistindo lá do alto a esse espetáculo onde os raivosos cristãos se entrematavam... E o rapaz fez estas perguntas:

"De que valiam preces? De que valiam missas? De que valiam desagravos e promessas? De nada."

Se Deus é o amor e a misericórdia, disse a si próprio, ele impediria o prosseguimento daquela sangueira. Evocando a sua crise espiritual, usou a franqueza:

"Que importava lá a palavra do Cristo? Eu não acreditava mais em Cristo. Não acreditava mais naquele Cristo amorável de minha mãe. Nem naquele Cristo ingênuo de minha infância."

Paulo tinha esta nova religião: ganhar dinheiro. Religião que lhe concedia o direito de freqüentar os clubes da elite, de cear nos restaurantes de luxo, de possuir mulheres belas e caras. Portanto, quanto mais demandas entrassem no seu escritório de advocacia, mais rico ele ficaria:

"... dinheiro, para que eu pudesse dar largas a todas as paixões desenfreadas que ardiam dentro de mim. E o dinheiro não me faltava. E a vida me era fácil e deleitosa. E eu me julgava um triunfador..."

A Grande Guerra, ele constatou, parecia uma fera indomável, ébria de sangue. Instigados pelo general Foch, que exaltava o arrojo dos soldados do seu país, centenas de milhares de jovens franceses, metidos em vistosas calças vermelhas, lançaram-se nas mais loucas arremetidas contra os canhões e as metralhadoras do inimigo. Esses jovens se tornaram um alvo perfeito para a mira dos súditos de Guilherme II. Há uma estatística impressionante. Do

General Ferdinand Foch

um milhão e meio de soldados da pátria de Joana D'Arc que tombaram na Primeira Grande Guerra Mundial, a metade morreu dessa maneira, no decorrer dos quatro meses iniciais da carnificina. Johann Christoph Friedrich Schiller, na sua obra *Die Jungfrau von Orleans*, não errou ao sustentar:

"*Os próprios deuses lutam em vão contra a estupidez.*"

("Mit der Dummheit kämpfen Götter Selbst vergebens.").

Milhares de cadáveres putrefatos, estirados nos lamacentos campos de batalha, nutriam o ceticismo de Paulo. Aquelas mortes assassinaram a sua fé em Deus. Esta fé, contudo, por seu intermédio, ainda voltaria a ter vida, como Eliseu na *Bíblia* ressuscita o filho da sunamita; Elias, o filho da viúva de Sarepta; Jesus Cristo, o amigo Lázaro e a filha de Jairo.

Provavelmente o ceticismo de Paulo cresceu quando ele soube que as forças aliadas, compostas de soldados ingleses, franceses, australianos, neozelandeses, perderam mais de 200.000 homens em 1915, ao enfrentar os turcos nas íngremes encostas da península de Galípoli, para defender o estreito dos Dardanelos, situado entre o mar Egeu e o mar de Mármara. Aliás, nesse choque, as baixas dos turcos foram maiores. Daí se conclui que o referido ataque dos aliados causou o aniquilamento de quase meio milhão de homens... Sem dúvida se achavam soltas as duas bestas do Apocalipse, a de dez chifres e sete cabeças, emergida do mar, e a de dois chifres, semelhante a um cordeiro, porém capaz de rugir como um dragão, emergida da terra. Paulo registrou no *Confiteor*:

"A guerra lá estava implacável, imensa, arrepiante, devoradora, a espedaçar tudo, a subverter tudo, a engolir tudo na sua bárbara voragem catastrófica. Deus lá em cima, indiferente, muçulmanamente cachimbo à boca..."

Primeira Grande Guerra Mundial.
Cadáver de um soldado

Esta revolta de Paulo contra a guerra, no seu âmago, era um forte sentimento cristão, pois a raiva, a violência, o destempero, inúmeras vezes ocultam o amor retorcido, atormentado, a fé que se sente traída. Se ele não abominasse aquela matança, estaria crendo no diabo e não em Deus... O ódio, dependendo das situações, pode ser o amor pelo avesso, a paixão transformada numa das três Fúrias que nasceram do sangue de Saturno, derramado quando lhe cortaram os divinos testículos.

Nesse ano de 1915, esclareceu o professor Silveira Bueno em artigo publicado no jornal *A Gazeta* (edição de 25-7-1961), o doutor Paulo Setúbal foi na capital paulista o "poeta da moda". Todos conheciam o seu belo poema "O Avanhandava" e nenhuma "menina casadoira" ignorava a sua célebre poesia "A caneta", na qual Setúbal, "romântico, rompia liricamente namoro antigo, devolvendo à amada a caneta de ouro com que fora presenteado."

Paulo tinha sólido prestígio junto às mulheres. Ele se distinguia, não ficava apagado no meio dos "rapazes finos" daquele tempo. As moças admiravam a inteligência do moço de Tatuí, como prova esta carta de "uma solteirona", divulgada em 1915 num dos números de *A Cigarra*:

"Quero casar-me com um rapaz que possua:

Os cabelos de V. Carvalho F.; os lindos olhos de Afonso Martines; o nariz do Catta Preta; a boca de Diogo da Silva N.; os lindos dentes do Ademar Toledo; a tez corada do Osmar Vilaça; as lindas mãos e unhas do Tito Pais de Barros; a altura de Jorge Araújo; os pezinhos do Edgard Vidigal; o andar e a elegância de J. Passaláqua; a inteligência do Paulo Setúbal... Se não encontrar um noivo nestas condições, não me casarei nem a pau. Deus me livre! É preferível ficar solteirona toda a vida... E tenho um pressentimento que essa será a minha horrível sina."

*   *   *

Insistentes, perturbadoras, as visões dos gozos do mundo, das "pompas do demônio", continuavam a alvoroçar a alma de Paulo. Ele poderia dizer como lorde Henry Wolton, um dos personagens do romance *O retrato de Dorian Gray*, de Oscar Wilde:

"A única maneira de nos libertarmos de uma tentação é entregar-se a ela."

(*"The only way to get rid of a temptation is to yeld to it."*).

Nas barbaridades da Grande Guerra o ceticismo pouco profundo de Paulo encontrava um abundante alimento. De modo ininterrupto lhe vinha esta pergunta à cabeça inquieta: por que Deus, com o seu cachimbo na boca, não punha um fim a tamanha orgia de sangue? Duas batalhas em território francês horrorizaram o hipersensível doutor

Paulo Setúbal: as de Verdun e do Somme, ambas travadas no ano de 1916. Morreram, ao longo da primeira, mais de 282.000 alemães e mais de 315.000 franceses. Durante a segunda, perderam a vida cerca de 100.000 franceses, 420.000 ingleses e 450.000 alemães. Total das perdas nos dois confrontos: mais de um milhão e meio de defuntos!

Soldados ingleses conduzindo prisioneiros alemães, durante a batalha do Somme, em 1916

A bacanal de sangue ocorria também no ar e no mar. Um aviador, o alemão Manfred von Richtofen, conhecido como "Barão Vermelho", por causa da cor do seu triplano Fokker, abateu oitenta aviões em dois anos de pelejas aéreas. No entanto, ele acabou morrendo na batalha do Somme. E um submarino do país do general Ludendorff, o U20, afundou o transatlântico Lusitania, que ia de Liverpool para Nova York. Das 1.959 pessoas a bordo da majestosa embarcação, 1.109 sucumbiram.

Paulo disse a um dos seus amigos, o jornalista Galeão Coutinho:

– Que monstruosidade! Os soldados europeus me dão a impressão de serem antropófagos, imitadores dos nossos carniceiros índios tupinambás, descritos por Jéan de Léry no livro *Histoire d'un voyage fait en la terre du Brésil*. Como se não fossem suficientes aquelas matanças em Verdun e no Somme, agora os aviadores estão ensangüentan-

O afundamento do Lusitânia

do o céu da Europa, à maneira dos abutres, das aves de rapina que abatem as suas vítimas em pleno vôo! Imagine, Galeão, o desgosto do Santos Dumont ao ver isto! E os submarinos dos alemães, tingindo de sangue o oceano Atlântico, assemelham-se a ferozes tubarões famintos.[*]

Galeão Coutinho

Galeão Coutinho nascera em Minas Gerais, no ano de 1897. Filho de um alfaiate português, foi registrado na cidade fluminense de Pádua, com o nome de Salisbury Galeão Coutinho, porque quando ele veio ao mundo, na época em que a Turquia declarou guerra à Grécia, o heráldico lorde Robert Arthur Talbot Gascoyne-Cecil, terceiro marquês de Salisbury, era o primeiro-ministro do Império Britânico. O pai de Galeão, admirador fanático do estadista inglês, quis fazer do filho um comerciante, mas o jovem pretendia ser jornalista. Galeão resolveu mudar-se para São Paulo,

---
(*) Depoimento oral de Galeão Coutinho, registrado em 16 de outubro de 1950 no diário do autor desta biografia.

onde se tornou redator de *A Tribuna*, de Santos. Miúdo, trêfego e sarcástico, dotado de fartos e rebeldes cabelos brancos, a todo momento soltava estridentes gargalhadas. Iria publicar em 1920 um livro de versos, intitulado *Parque antigo*. E ainda não havia escrito o seu famoso romance *Memórias de Simão, o caolho*.

Criaturas extrovertidas, apreciadoras de uma boa conversa, Paulo Setúbal e Galeão Coutinho se davam muito bem. Eles tinham o hábito de comentar na livraria Teixeira da rua São João, freqüentada pelos dois, as obras de Balzac, Eça de Queiroz e Guerra Junqueiro.

Wenceslau Braz governava o Brasil, quando os submarinos alemães torpedearam os nossos navios. Francófilo convicto, Rui Barbosa iniciou uma campanha para o seu país entrar na guerra, fato ocorrido no dia 26 de outubro de 1917. Rui, antes dessa data, já manifestara a sua indignação contra a Alemanha, por esta ter penetrado na Bélgica, violando assim os tratados internacionais, vistos pelo kaiser como "desprezíveis farrapos de papel". Em 14 de abril desse ano de 1917, num discurso proferido da janela da sobreloja do *Jornal do Commercio*, situado na avenida Rio Branco da capital federal, a "Águia de Haia" havia afirmado:

"Esta causa [a dos Aliados], a causa que se debate nesta guerra, é a causa da emancipação das nações opressas, não é a da escravização das nações livres. A ela somos compelidos, reduzidos, arrastados."

Sem esconder o seu desencanto, a sua amargura, Paulo acompanhava a marcha do conflito:

"Nós, os de longe, os do 'pays de là-bas', como tão desdenhosamente apodavam os europeus aos sul-americanos, nós contemplávamos com pasmo, sob o clarão sinistro daqueles incêndios, a carnagem ululante, selvagem, verdadeiramente furiosa, dos arrogantes hipercivilizados de além-Atlântico."

Pouco depois da entrada do Brasil na guerra, dois navios nossos foram torpedeados pelos submarinos da Alemanha: o Acari e o Guaíba. Isto aconteceu numa das ilhas do arquipélago de Cabo Verde, na hora em que as duas embarcações se abasteciam de carvão, antes de rumar para o Havre. Revoltado, o doutor Paulo Setúbal desabafou-se, junto de Galeão Coutinho:

– Quanta covardia, quanta estupidez, eles não eram navios de guerra! Veja, o Acari, que perdeu dois homens, pertencia à empresa Comércio, e o Guaíba ao Lloyde Brasileiro![*]

Paulo aplaudiu a reação do governo de Wenceslau Braz. Sob as ordens do contra-almirante Pedro Max Fernando de Frontin, uma divisão naval brasileira, composta de dois cruzadores e quatro destróieres, não tardou a ajudar a esquadra britânica a patrulhar as águas do continente africano, ao longo do Atlântico equatorial. A hegemonia dos mares, recordemos, estava nas mãos da Inglaterra, mas a Alemanha, que havia declarado o "bloqueio sem restrições", possuía uma frota bem agressiva, na qual se destacavam, na guerra de corso, as poderosas belonaves Emden, Karlsruhe e Koenigsberg, cujas proezas ficaram lendárias.

Veio o mês de março de 1918. A pátria do kaiser desfechou, na frente ocidental, uma ofensiva maciça. Os aviadores germânicos bombardearam Paris, causando a morte de muitas pessoas e a destruição de centenas de prédios. Depois um imenso exército de três milhões de soldados alemães tomou várias cidades francesas e no curto período de uma semana, infligiu às forças britânicas a perda de 77.650 homens.

Então os Estados Unidos se uniram aos países que lutavam contra o império de Guilherme II. Comandadas pelo general John Pershing, um veterano das campanhas do México e das Filipinas, as tropas norte-americanas chegaram à França. Pegos de surpresa na linha de frente, no dia 21 de abril de 1918, magotes de soldados ianques tropeçaram em cargas de dinamite, morrendo estraçalhados. E mais soldados do general Pershing, decorridos alguns dias, mergulharam de maneira trágica no sono da noite sem horas. Isto aconteceu quando tentavam impedir, ao lado dos franceses, a invasão alemã no Somme, no Aivre e no Oise. Tombaram sob os mortíferos efeitos dos gases asfixiantes, lançados pelas forças de Ludendorff.

Imaginemos o estarrecimento do emotivo doutor Paulo Setúbal, em frente desses fatos. Aquela idéia fixa continuou a torturá-lo: se Deus é o amor e a misericórdia, por que ele não estancava essas golfadas de sangue?

(*) Depoimento oral de Galeão Coutinho.

Soldado inglês atingido por gás alemão, na guerra de 1914-1918

No período de apenas três meses, os germânicos perderam cerca de um milhão de homens, nas linhas do Vesle e do Marne. As suas tropas, exaustas, começaram a se amotinar, a querer fugir das trincheiras abarrotadas de ratos e de lama, de onde saía o penetrante cheiro enjoativo dos cadáveres apodrecidos. Oficiais alemães, em Berlim, divergiam publicamente dos seus superiores, quanto aos planos de uma futura ofensiva.

Aniquilando a resistência do inimigo, os exércitos dos Aliados fizeram milhares de prisioneiros no fim de outubro, mas antes que a guerra acabasse na Europa, em 11 de novembro de 1918, com a assinatura do armistício, os combatentes dos dois lados caíam enfermos, prostrados por vômitos incessantes, febre violenta, distúrbios respiratórios e digestivos, enfraquecimento geral.

Essa doença recebeu o nome de "Gripe Espanhola", devido à virulência do seu ataque na Espanha, cujo rei foi uma de suas primeiras vítimas. Transmitida pelos soldados às populações civis, espalhou-se rapidamente. Para impedir a propagação da epidemia, a cidade de São Francisco, nos Estados Unidos, decretou o uso obrigatório da máscara cirúrgica. Aqui no Brasil, na cidade do Rio de Janeiro, só num mês – o de outubro de 1918 – ela matou 5.676 pessoas. Seriam 17.000 no Rio, em poucas semanas.

A capital de São Paulo, nesse ano trágico, tinha 528.295 habitantes. Pois bem, em apenas quatro dias foram sepultados na referida capital, por causa da gripe, 8.000 cadáveres. Informação do historiador Aureliano Leite, no seu livro *Subsídios para a história da civilização paulista* (Edição Saraiva, São Paulo, 1954, páginas 288 e 289).

Os defuntos eram empilhados nas calçadas, à espera do serviço funerário. Este não conseguia dar conta de tanto trabalho. Como os mortos se multiplicavam, empestando o ar, e ninguém queria ficar perto deles, nem os coveiros, porque todos tinham medo de até nos rápidos contactos pegar a doença, as autoridades obrigavam os presos a enterrá-los nos cemitérios.

Implacável, em sucessivas ondas destruidoras, a gripe liquidou mais de 40 milhões de seres humanos no planeta Terra, informa Gina Kolata, especialista em microbiologia e repórter de ciência do jornal *The New York Times*. A infecção alastrou-se pela África e pela Ásia. Na China e na Índia, jogados nas ruas, os cadáveres apavoravam os vivos. E em Tânger, no Marrocos, os cortejos fúnebres entupiam as estradas, como intermináveis procissões da voraz senhora Morte.

O paulista Rodrigues Alves, eleito presidente do Brasil, foi atingido pela gripe. Muito debilitado, sem poder assumir o cargo, abriga-se em Guaratinguetá, a fim de recuperar a saúde. Quando se sente melhor, depois do Natal de 1918, volta ao Rio de Janeiro, porém a "Gripe Espanhola" é renitente, não o larga, e ele falece no dia 16 de janeiro de 1919.

* * *

Apesar de ter virado um cético, do ponto de vista religioso, Paulo Setúbal acreditava em si próprio. Mostrou o seu justo orgulho no capítulo XVI do *Confiteor*:

"Entre o começo da minha vida e o planalto a que chegara, havia imenso caminho andado. Para mim, não há dúvida, aquilo já era triunfo e triunfo grande."

Mas a fatalidade o alcançou em cheio, pois foi derrubado pela "Gripe Espanhola". Ela, ao atacá-lo, valeu-se da mais nociva de suas formas: da terrível "gripe pneumônica". Paulo ficou entre a vida e a morte.

Como o seu estado sempre piorava, tornando-se desesperador, o médico advertiu a família, que se apressou a chamar um sacerdote, para este lhe administrar os últimos sacramentos. O doente se recusou com energia a receber o padre e anos depois teve a honesta coragem de confessar:

"Não quis saber de padre no meu quarto. Nada de confissão, nem de comunhão, nem de extrema-unção. Fora dali com a Igreja! Fora com aqueles engambelamentos beatos! Esse meu obstinamento em reconciliar-me com o Cristo, obstinamento em hora assim tão grave, pinta bem o quanto, por esse tempo, meu coração andava endurecido. Eu perdera a fé. Distanciara-me em definitivo de Jesus. Nem resquício mais de religião dentro de mim. Eu era, naquele instante, um puro ateu."

Iludia-se. A brasa de sua fé religiosa permanecia intacta, acesa, aparentemente morta. Um sopro poderia reavivá-la, dar-lhe a cor rubra da paixão, a incandescência dos sentimentos fervorosos. E de onde viria esse sopro? Viria da dor, da angústia, do desencanto, da experiência, da certeza de que todos os bens materiais são transitórios.

VI

ÂNSIA DE VIVER, DE MANDAR ÀS FAVAS A LEMBRANÇA DAS HORAS NEGRAS

A "Gripe Espanhola" levou o pânico à cidade de São Paulo, como eu narrei no segundo volume da minha obra *Getúlio Vargas e o seu tempo*, publicada pela Editora T.A. Queiroz. Todos os teatros, todos os cinemas e todas as escolas da Paulicéia se fecharam. Famílias com dez, quinze ou vinte membros eram inteiramente dizimadas, e os cidadãos caíam nas ruas, espichavam-se, à maneira de moscas quando morrem sob um jato de inseticida. Sucumbiam na capital paulista, numa cidade que como já vimos tinha pouco mais de meio milhão de habitantes, cerca de quinhentas a seiscentas pessoas por dia. Jorge Americano evocou a gripe fatídica no seu livro *São Paulo nesse tempo* (*1915-1935*):

"Havia recomendações de toda a sorte. Não freqüentar ajuntamentos humanos. Não visitar casa onde houvesse doente, fosse de que moléstia fosse. Pela menor sensação de mal-estar, guardar o leito. Ao primeiro espirro, guardar o leito. Evitar indigestões e alimentos pesados. Suprimir abraços, beijos e apertos de mão. Trocar toda a roupa, desinfetar as mãos e banhar-se ao chegar da rua. 'Começa por dor de cabeça' – 'Não! Começa por tontura'. 'Isto é castigo de Deus'. 'Isto é conseqüência da guerra, a todas as guerras seguiu-se a peste'."

No livro *Memórias de um jornalista* (Editora Unitas, São Paulo, 1933, páginas 174 e 175), o repórter Antônio Figueiredo descreveu essa época macabra da urbe fundada pelos jesuítas:

"A noite era o pavor. As ruas sem transeuntes, apagados os anúncios luminosos... passam os automóveis da Cruz Vermelha e, de vez em quando, os caminhões da Segurança Pública, com silvos sinistros."

Figueiredo conta que os próprios guarda-civis se escondiam, "inalando drogas preservativas".

Pilhas de cadáveres se amontoavam nos necrotérios. E no hospital Deodoro do Rio de Janeiro, do bairro da Glória, os defuntos formavam uma pilha de dois metros de altura. Tanto nas calçadas do Rio como nas de São Paulo, dezenas de mortos apodreciam insepultos. Exauridos, por mais que trabalhassem, os marceneiros não eram capazes de produzir as centenas de caixões encomendados pelas funerárias.

Monteiro Lobato enviou de São Paulo para Godofredo Rangel, no dia 14 de novembro de 1918, uma carta onde ele teceu o seguinte comentário sobre a monstruosa gripe:

"O que tem por aqui e no Rio é um rosário de horrores e tragédias. Aquelas infernais pestes da Idade Média deviam ser assim. Só quem agüentou o lance num centro populoso como este, pode fazer idéia."

O enfermo atacado pela doença na sua forma pneumônica – a de Paulo Setúbal – falecia de modo rápido e abrupto, mas a morte poupou o rapaz nascido em Tatuí. Ele conseguiu erguer-se da cama.

Fraco, mal convalescido, Setúbal logo quis voltar ao seu antigo ritmo de vida. São Paulo, a "Londres das neblinas finas" do verso de Mário de Andrade, oferecia-lhe muitas atrações, embora ainda apresentasse curiosos aspectos provincianos. Estavam à espera do convalescente, se a "Gripe Espanhola" sumisse, os chás elegantíssimos no *tea-room* da Casa Alemã; o Moulin Rouge, café-concerto existente no largo do Paissandu; o Cassino Antarctica, "teatro brejeiro" da rua Anhangabaú, construído nos fins de 1913; as corridas do Grande Prêmio no prado da Mooca, com as senhoras enfiadas em vestidos de cerimônia e os homens de fraque, exibindo lustrosas cartolas pretas; a Casa Garraux, sortida livraria da rua Quinze de Novembro, onde o dono também vendia champanha francesa, vinhos das melhores safras, chocolates suíços e caros objetos de arte; a sempre cheia Brasserie Paulista, na rua São Bento, fornecedora de deliciosos e bem quentinhos croquetes de camarão; o magnífico bar do Teatro Municipal, verdadeira confeitaria de luxo, ponto de encontro dos políticos, dos jornalistas, das mundanas, da mocidade da época, e no qual, estimuladas por altas doses de bebidas alcoólicas, não faltavam, após a meia-noite, as discussões fúteis, as absurdas lutas corporais.

O médico de Paulo vetou a sua permanência na capital. E disse, de maneira enérgica, que ele devia ir para um lugar de melhor clima.

João Batista Setúbal, irmão mais velho de Paulo, casado com a filha de um estancieiro, morava na cidade de Lajes, em Santa Catarina. Ele enviou ao convalescente uma carta, a fim de convidá-lo a passar um certo tempo ali, pois o ar de Lajes era puro, saudável.

Paulo aceitou o convite. No capítulo XVII do *Confiteor*, sua obra póstuma, descreveu o que sentiu:

"Adeus, São Paulo! Adeus, salões e clubes! Adeus, amigos e noitadas! Adeus, meu querido e triunfante escritório de advoca-

O Moulin Rouge, café-concerto no largo do Paissandu da capital paulista

cia! Adeus, esforços e trabalho e vitórias da minha mocidade! Lá foi tudo água abaixo... Ia eu de novo, com as mãos abanando, recomeçar a minha vida em terra estranha, longe do meu estado, numa cidade que eu nunca vira, boca de sertão perdida rusticamente entre píncaros de serra."

Depois de ter escrito estas linhas, ele acrescentou:

"Amarguei no meu coração, com muito fel, esse estraçalhamento dos meus sonhos. Como é desesperadora, amigo, a revolta dum coração materialista. Dum coração que não crê em Deus. Dum coração que põe a sua única mira em ambições e gozos da terra. Eu conheci de perto, naquela hora, essa revolta. Eu a *vivi*."

A revolta de fato o dilacerou, mas enganava-se, supondo que a sua crença no Criador estava morta. Nem sempre a veemência de uma negação, o repúdio de uma fé, expressam a descrença total. E Paulo era poeta. Ser poeta, em nossa opinião, é não ser materialista. E não ser materialista é acreditar em Deus ou aproximar-se dele.

Durante a viagem no vaporzinho que o levava a Santa Catarina, o filho de dona Mariquinha não parou de declamar estes versos do poema "Palavras ao mar", de Vicente de Carvalho:

> *"Também eu ergo às vezes*
> *Imprecações, clamores e blasfêmias*
> *Contra essa mão desconhecida e vaga*
> *Que traçou meu destino... Crime absurdo*
> *O crime de nascer! Foi o meu crime.*
> *E eu expio-o vivendo, devorado*
> *Por esta angústia do meu sonho inútil.*
> *Maldita a vida que promete e falta,*
> *Que mostra o céu prendendo-nos à terra,*
> *E, dando as asas, não permite o vôo!"*

Situada num planalto ao norte do rio das Caveiras, a cidade de Lajes havia sido pouso de tropeiros, de bandeirantes, e causou ótima impressão em Paulo. Ela se acha no alto de uma colina, a 900 metros de altitude. Com cerca de três mil moradores em 1919, foi elevada à categoria de vila no ano de 1771, tendo recebido o nome de Nossa Senhora dos Prazeres das Lajes. A ex-vila que possuía esse nome, revelador de singela fé religiosa, acolheu um jovem advogado irreligioso...

Lajes não pôde escapar dos botes da "Gripe Espanhola". Esta fez ali muitas vítimas, mas logo a peste iria sair da cidadezinha. No ano de 1919 – o da chegada de Paulo – a bruxa má já se afastava de Lajes, para se tornar a desagradável lembrança de um pesadelo.

A hospitalidade dos lajianos encantou o convalescente. Ele disse no *Confiteor*:

"Eu, por acaso, mal me instalei, fiquei sendo o único advogado formado da terra. Fui, sem delongas, procurado para tratar de alguns inventários. Entrei com o pé direito no foro. Tratei dos inventários, fui feliz, ganhei fama."

Paulo, nas suas primeiras semanas em Lajes, viveu num estado de quase isolamento, sob o domínio da tristeza e do desânimo, mas aos poucos foi se adaptando à cidade. Simpático, extrovertido, dono de uma prosa colorida, "entrecortada a todo instante de superlativos e exclamações", como salientou Nereu Corrêa, ele não tardou a fazer muitos amigos.

Apareceu no jornal *O Planalto*, na sua edição do dia 17 de fevereiro de 1919, o primeiro anúncio do seu escritório de advocacia:

"Dr. Paulo Setúbal – Advogado – Formado pela Academia de Direito de São Paulo.

Aceita causas cíveis, comerciais, orfanológicas, em qualquer instância do país. Incumbe-se de legalização de posse e demais questões de terras. Trabalha perante o júri, neste foro e nos circunvizinhos.

Escritório: rua Benjamin Constant – Lajes."

Como o serviço não lhe faltava, passou a "trabalhar sem tréguas", a ganhar bastante dinheiro, mas esse dinheiro desaparecia de suas mãos. Por quê? Devido a um fato bem simples: ele aprendera a jogar, havia adquirido "a paixão torturante das cartas".

Jogava-se muito em Lajes, um lugar onde os endinheirados tropeiros de mulas e compradores de gado se reuniam, ostentando as botas compridas, os trabucos à cinta, os grandes anéis de brilhantes nos dedos, os maços de notas nos cintões de couro. Paulo evocou-os no seu livro de memórias.

Entregue a essa loucura, o tatuiense varava noites e noites no interior de tascas enfumaçadas e fedorentas. Obcecado, com as cartas na mão, num só lanço às vezes apostava o ganho inteiro de uma demanda. E tais noites de jogatina eram encerradas nos casebres de prostitutas asquerosas. Sob os tetos esburacados desses casebres, Paulo, os tropeiros e os boiadeiros devoravam sardinhas portuguesas de lata e bebiam copázios de champanha Moët & Chandon, na companhia das analfabetas "mulherinhas de estrada", metidas em vestidos amarrotados de babado e que para dar mais vida às suas caras murchas, utilizavam-se da tinta extraída de um vermelho papel de seda.

Inimigo da hipocrisia, Paulo teve a honesta coragem de evocar tudo isto no *Confiteor*. Só os fariseus, condenados por Jesus Cristo, gostam de esconder os seus pecados, o que levou o Nazareno a compará-los a sepulcros brancos de formosa aparência, porém repletos de ossos dos mortos e de toda espécie de matéria podre.

* * *

O fascínio de Paulo pelo jogo, fascínio subjugador de tantas almas nobres, como a de Dostoiewski, não foi capaz de eliminar do seu coração o amor à natureza. Montado num cavalo, ele contemplava embevecido as encantadoras paisagens de Lajes e percorria as intermináveis coxilhas ondeantes. Perto das fogueiras, bebendo nas cuias toscas o amargo chimarrão fervente, com o auxílio das bombas de prata, o moço de Tatuí ouvia as narrativas dos tropeiros, as histórias cheias de aventuras e de façanhas dessa gente rude. E, inúmeras vezes, assistia "à lida brava dos rodeios" nas extensas campanhas onde os bois se aglomeravam, as furiosas correrias atrás das reses desgarradas, dos peões de bombacha e chiripá, de chapéu de barbicacho amarrado no queixo, correrias acompanhadas pelos latidos e pelas arremetidas dos cães ferozes, no rastro do gado fujão:

– Laça! Laça! Laça!

Graças a Nereu Corrêa, membro da Academia Catarinense de Letras, hoje dispomos de boa documentação sobre a sua permanência em Lajes. Após efetuar minuciosa pesquisa nos jornais lajianos, Nereu lançou no ano de 1978 o livro *Paulo Setúbal em Santa Catarina*, do qual extraímos as informações que agora vamos apresentar. São desonestos os biógrafos que não se referem a Nereu quando evocam essa fase da vida do escritor paulista.

Dois jornais existiam em Lajes: *O Planalto* e *O Lageano*. Neste último apareceu, na edição do dia 25 de janeiro de 1919, um artigo de Paulo em forma de carta, dirigido a uma "senhora respeitável", no qual ele descreve a sua viagem de Florianópolis até Lajes, de automóvel:

"Ao longo do caminho, esparsa de lado a lado, bordando-o graciosamente, toda uma enfiada de pequenas cidades, de lugarejos risonhos, de violetas claras, sorrindo no verde da paisagem, como pombas de pombais arrulhantes."

Num outro trecho do comprido artigo, o tatuiense descreve o seu êxtase quando viu, nas terras lajianas, um soberbo bosque de araucárias:

"E súbito, ao pôr do sol, na cinza violácea do crepúsculo, na última lomba, que se erguia como último elo, distende-se ante nós, com as suas umbrelas altas, com os seus velhos troncos, nodosos e patriarcais, o mais belo, o mais suntuoso, o mais admirável bosque de pinheiros que me foi dado contemplar!"

Repleto de entusiasmo, maravilhado, ele acrescentou:

"Tão poético, tão lindo, que eu chafurdado no automóvel, os olhos escancarados, a boca aberta, só podia lançar ao meu vizinho as exclamações do Jacinto, no burro do Sancho, subindo a estrada de Tormes: Que beleza! Que beleza!"

Paulo evoca no artigo o Jacinto, o "Príncipe da Grã-Ventura", personagem central da novela *A cidade e as serras*, obra póstuma do português Eça de Queiroz, publicada em 1901, um ano após o falecimento desse escritor.[*] O texto do brasileiro parece conter a mesma filosofia do deslumbrado Jacinto diante da natureza, ao dizer isto para o seu amigo Zé Fernandes, no capítulo IX da novela:

"Nós, desgraçados, não podemos suprimir o pensamento, mas certamente o podemos disciplinar e impedir que ele se estonteie e se esfalfe, como na fornalha das cidades, ideando gozos que nunca se realizam, aspirando a certezas que nunca se atingem!... E é o que aconselham estas colinas e estas árvores à nossa alma, que vela e se agita: – que viva na paz dum sonho vago e nada apeteça, nada tema, contra nada se insurja, e deixe o mundo rolar, não esperando dele senão um rumor de harmonia, que a embale e lhe favoreça o dormir dentro da mão de Deus."

(*) Aliás, no livro de Eça, quem surge montado no burro do Sancho (capítulo VIII) é o Zé Fernandes e não o Jacinto.

A sedutora natureza de Lajes talvez tenha reconciliado Paulo com o Criador, sem ele perceber. Quantas vezes, devido às circunstâncias especiais, a fé se insinua em nosso espírito, como uma presença invisível e persuasiva!

Eça de Queiroz

É clara, no artigo em forma de carta do jovem advogado, a marca do estilo de Eça de Queiroz. Os intelectuais brasileiros das duas primeiras décadas do século XX, eis um fato inegável, sofreram forte influência da maneira de escrever do autor de *Os Maias*. Acentua Brito Broca, no ensaio *A vida literária no Brasil – 1900*: o irônico Eça "não foi somente uma grande influência na literatura brasileira; foi também moda literária, que se iniciou por volta de 1878, quando se divulgou aqui *O primo Basílio*". Este fascínio exercido pelo notável romancista, ao longo de mais de trinta anos, não era maléfico, em nossa opinião, sobretudo no que diz respeito à sua forma de empregar os adjetivos, pois Eça de Queiroz deu cor e plasticidade ao nosso idioma, tirou dele o linguajar duro, pesado, dos cronistas e historiadores portugueses dos séculos XV e XVI. Compare-se, por exemplo, o estilo maleável de Eça, onde há ritmo, musicalidade, sucessão de frases imprevistas, com o estilo prolixo e excessivamente metafórico de Gomes Eanes de Azurara, historiador luso do século XV, autor da soporífera *Crônica de el-rei D. João I*.

Poesias do doutor Paulo Setúbal também começaram a aparecer nos dois jornais de Lajes. *O Lageano* publicou uma bem romântica, intitulada *On revient toujours...*, na edição do dia 8 de fevereiro de 1919, e *O Planalto*, na edição do dia 18 desse mês, ofereceu aos seus leitores um poema humorístico de Paulo, o "Bilhete da praia". Extraímos deste último a seguinte passagem:

"Um poeta todo imerso
Nos deliciosos laços
Duma paixão que o peito lhe ferira,
Tenta apanhar, nas malhas do seu verso,
Uma graciosa e pálida banhista,
Para poder, sem grandes embaraços,
Pagar o hotel, quebrar a lira,
E ser capitalista ..."

Depois de escrever um artigo sobre um assunto prosaico, a proibição da entrada da carne do gado zebu na Inglaterra, publicado na edição do dia 15 de fevereiro de *O Lageano* (a medida foi adotada por dois países), Paulo pôde ler no referido jornal a sua poesia "Despedida":

"Com que desdém, quando partiste,
Tu me fitaste e eu te fitei!
Olhamo-nos... Sorri. Sorriste.
E ali, sem uma frase triste,
Tu me abraçaste e eu te abracei.
Que frio adeus! Que despedida!
Nem te mostraste comovida,
Nem comovido eu me mostrei...

Sem um soluço, sem um pranto,
Tu me deixaste e eu te deixei...
Mas hoje vemos – com que espanto!
Que nunca tu choraste tanto,
Que tanto assim nunca chorei,
Como nesse áspero minuto,
Em que a sorrir... de olhar enxuto,
Tu me abraçaste e eu te abracei!"

Esta poesia melodiosa, de excelente cadência, revela espontaneidade na arte de versejar, de exprimir delicados sentimentos ocultos.

Um artigo de Paulo foi publicado no jornal *O Planalto*, a respeito da candidatura de Rui Barbosa à presidência da República. Nesse artigo ele citou o "maravilhoso discurso" de Rui, pronunciado na Faculdade de Direito do largo de São Francisco, ouvido por Paulo e pelos demais acadêmicos, peça oratória que recebeu o título de "Oração da saudade". O baiano, "sob os estrepitosos entusiasmos duma mocidade delirante", havia evocado os seus "belos tempos de rapaz, vividos sob as arcadas da gloriosa escola paulista". Discurso "engrinaldado de suavíssima poesia".

Nereu Corrêa, comentando o artigo, observou com precisão que nele já encontramos alguns traços característicos do estilo de Paulo, como o abuso dos advérbios terminados em *mente*, o gosto pelo emprego dos superlativos, a adjetivação de natureza enfática, quase sempre anteposta ao substantivo. Contudo, apesar de enaltecer o mestre da *Réplica*, como Nereu salienta, o doutor Paulo Setúbal não deixou de criticá-lo, pois Rui sabia muito, mas sabia "apenas o que os outros ensinaram". Faltava-lhe uma idéia nova. E no campo do Direito, embora fosse dono de imensa cultura jurídica, não criara uma teoria própria, exclusivamente sua. Quanto à ação de Rui na área da Filosofia, a análise de Paulo também não o poupava:

"Qual a sua doutrina da causa primária, como entende o fenômeno das idéias inatas, como resolve a questão da finalidade do homem? Sua excelência[*] não engendrou doutrina alguma."

Em seguida Paulo garantiu que no campo da religião o espírito de Rui ia mudando "ao léu da moda", pois o baiano havia sido anticlerical, quando fundou a Loja Maçônica e combateu o papa, fora positivista, quando as idéias de Augusto Comte se disseminaram, e naquele ano de 1919, além de ter aderido à doutrina de São Tomás de Aquino, a qual procura conciliar o Aristotelismo com o Cristianismo, ele, Rui, professava a fé católica, apostólica, romana.

Análise passionalmente fria, reveladora de boa cultura jurídica, filosófica e religiosa. Paulo chega até a censurar o autor da "Oração dos moços", porque Rui adotara, no setor da História, "a esdrúxula teoria

---

[*] Paulo Setúbal usou no artigo a abreviatura "S.Exa", sempre substituida neste capítulo por "sua excelência".

de Carlyle", isto é, a tese do escritor inglês, exposta no livro *On heroes and hero-worship*, publicado em 1841, que assegura que a História é feita pelos homens excepcionais. Em resumo, Paulo via, como a maior deficiência de Rui, a falta do poder criativo, mas desejando ser imparcial, assim concluiu o seu artigo:

"O que sua excelência é, sejamos justos, é um formidável erudito, um *Larousse* ambulante, um armazém de conhecimentos, um expoente vivo da cultura brasileira, e como não há, no momento político, outra individualidade que tenha como sua excelência o seu prestígio, a sua popularidade, a sua cultura, o seu passado, a sua mentalidade, Rui Barbosa, o campeão de Haia, é ainda o único homem capaz de, na tremenda hora internacional, dirigir com brilho os destinos do país. Sagrar nas urnas o nome do venerando baiano é, no momento, uma grande obra patriótica."

Rui Barbosa

Rui candidatava-se, pela quarta vez, ao cargo supremo. Favorito do eleitorado independente, não tinha o respaldo do governo federal e dos governos estaduais. Na convenção nacional do Partido Republicano Conservador, efetuada no dia 25 de fevereiro, saiu vitorioso, como candidato à presidência, o paraibano Epitácio Pessoa. Apoiado por São Paulo e Minas Gerais, ele recebeu 139 votos, contra 42 dados a Rui. Este não quis comparecer à convenção e negou a sua validade.

Dez anos atrás, o senador Rosa e Silva se recusara a prestigiar a candidatura de Rui à presidência da República, mas em 1919 passou a lhe dar apoio. Rosa e Silva chegou a declarar ao gaúcho Pinheiro Machado, líder do Partido Republicano Conservador:

– Com o Rui, nem para o céu!

Estamos diante de um fato incontestável. Paulo Setúbal podia vê-lo: nos estados a política era dirigida por chefões que acima de tudo se preocupavam em defender os seus mandos. No Pará existia o Laurismo, dos seguidores de Lauro Sodré; em Santa Catarina o Hercilismo, dos seguidores de Hercílio Luz; em Minas Gerais o Bernardismo, dos seguidores de Artur Bernardes; no Rio Grande do Sul o Borgismo, dos seguidores de Antônio Augusto Borges de Medeiros...

Cabe agora indagar se o doutor Paulo foi justo, ao fazer a análise da personalidade de Rui Barbosa. De nossa parte há uma certeza: Setúbal possuía idéias firmes. Aqui não queremos criticar ou elogiar o ilustre baiano, porque vultos da sua estatura sempre causam polêmicas, são examinados pela óptica de cada um. Mas os ruistas poderão opor, às afirmativas de Paulo, várias objeções. Rui só sabia "o que os outros ensinaram"? Bem, se não nos ensinam, como vamos adquirir a cultura? Ele não criou no campo do Direito uma teoria nova? Ora, todo jurisconsulto notável é obrigado a criá-la? Também não engendrou nenhuma doutrina no campo da Filosofia? Desde quando o homem da lei precisa inventar teorias filosóficas como um Kant, um Nietzsche, um Heidegger, um Henri Bergson? E mudar do ponto de vista religioso não é às vezes um progresso? Não tinha poder criativo o homem que escreveu belas páginas literárias, como "A paixão da verdade", "A rebenqueida", "A couve e o carvalho", "O sertão e o mar", "O grito da justiça ferida", "O estouro da boiada"?

Percorrendo o artigo de Paulo sobre Rui Barbosa, os leitores podiam ou não apoiar o seu julgamento. Todavia, sob tal aspecto, a opinião do escritor Nereu Corrêa merece o nosso respeito:

"O que nos surpreende nesse artigo é que o autor, conhecido como um temperamental apaixonado, incapaz de nuancizar as tintas, tanto no terreno das idéias como na linguagem, de que o seu estilo é o melhor exemplo, precisamente em face de uma figura polêmica, como Rui Barbosa, diante do qual era difícil uma atitude de meio-termo, sobretudo entre os jovens – assume uma posição equilibrada, de um severo juiz que antes de proferir o seu veredito pesa em balança de precisão todos os prós e os contras."

* * *

Um conto de Paulo, intitulado "A aventura de Pierrette", apareceu na edição do dia 1º de março de 1919 do jornal *O Lageano*. Setúbal narra a história de dois jovens, marido e mulher, que se desentendem nas vésperas da terça-feira de carnaval. Ela, a linda Margarida, fantasiada de *pierrete*, e ele, o doutor Barbosa, de hussardo,[*] vão mascarados ao mesmo baile carnavalesco, porém sem um saber do outro. Ambos, no baile, repelem as ousadias de um bruto dominó negro. Sai uma briga e os três são presos. O delegado enfia a *pierrete* e o hussardo no infecto quartinho de um sargento do xadrez e ali, quando os dois tiram as máscaras, descobrem as verdadeiras identidades:

"... nessa terça-feira de carnaval, naquele imundo quarto de sargento, sobre a dura enxerga da cama de ferro, Margarida e Barbosa, unidos um ao outro, de pazes feitas, dormiram na Polícia Central a mais bela noite da sua vida de casados"...

História simples, onde há sutil e romântico erotismo. Paulo jamais se atreveria a imitar o escritor Júlio Ribeiro, que com o seu romance *A carne*, publicado em 1888, desejou escandalizar a sociedade do seu tempo, indignando o advogado Alfredo Pujol e o padre Senna Freitas. Na opinião de Pujol, o livro *A carne* era autêntica pornografia e Senna o rotulou de "carne pútrida, exibida 3$000 a posta, nos açougues literários de São Paulo".

Sim, do ponto de vista literário, Paulo não queria cair nos excessos do realismo de Júlio Ribeiro. Ele, como Eça de Queiroz, ambicionava colocar "sob a nudez forte da verdade o manto diáfano da fantasia".

Mas depois do seu intenso sofrimento, causado pela "Gripe Espanhola" que quase lhe arrebatou a vida, Paulo só tinha um propósito: viver, esquecer os maus momentos, divertir-se. E seguindo este ideal, participou de um bródio em Lajes, servido entre chalaças e ditos espirituosos, ao som de uma orquestra de flautas, violinos e cavaquinhos.

O animado carnaval da cidade, no ano de 1919, obteve a adesão do jovem doutor. Se as leu, supomos, Paulo endossou estas duas frases de Machado de Assis, publicadas na edição do dia 4 de fevereiro de 1894 de *A Semana*:

(*) Cavaleiro húngaro. Na França e na Alemanha era um soldado da cavalaria ligeira.

"É crença minha que, no dia em que o deus Momo for de todo exilado deste mundo, o mundo acaba. Rir não é só *le propre de l'homme*, é ainda uma necessidade dele."

Houve um baile à fantasia no Clube 1º de Julho. Foi sob os lânguidos compassos do tango, quando o salão do clube já estava abarrotado de carnavalescos, que Paulo entrou "flamante de mocidade e de simpatia, todo azul e branco, entre rendas, arminhos e cetins, como a própria encarnação da mocidade em flor e em festa". Assim *O Lageano* começou a descrever o baile. Sempre com esta linguagem, o jornal mostra o impacto provocado pela chegada de Paulo:

"...voltam-se cabeças curiosas; fisionomias iluminam-se num sorriso acolhedor e travessos corações tremem... tremem num presságio de assalto irresistível."

Doze pares de pierrôs e colombinas, segundo o jornal, entraram no salão. A assistência aplaudiu, depois de abrir alas. Enquanto o barulho aumentava, outro grupo apareceu, cantando e empunhando guitarras e violões. Ressoaram os vivas entusiásticos, todos se agitavam, a confusão crescia. Serpentinas e confetis eram arremessados e também os esguichos dos lança-perfumes. Comprimindo o olho alvejado por um desses esguichos, Paulo exclamou:

– São duchas!

Amigo de Paulo, o doutor Walmor Ribeiro respondeu:

– São mangueiras, mas não apagam este incêndio de alegria.

Walmor, além de fazendeiro, havia se formado em medicina. Homem culto, dominava bem o francês e realizara diversas viagens à Europa. Mais tarde, em 1920, foi eleito deputado estadual e tornou-se, no ano de 1926, vice-presidente de Santa Catarina.

Na sua ânsia de viver, de mandar às favas a lembrança das horas negras que atravessara, Paulo se esqueceu das recomendações médicas. E continuou a escrever, a versejar. Dois artigos seus, publicados em maio de 1919, talvez sejam, como frisou Nereu Corrêa, os primeiros de Paulo sobre a história do Brasil. Esses trabalhos evocam a descoberta do nosso país e num deles, tecendo comentários em torno da carta de Pero Vaz de Caminha, o autor defende a seguinte tese: a descoberta do Brasil deve ser comemorada no dia 2 de maio, pois nesta data Pedro Álvares Cabral tomou oficialmente posse da nova terra.

Paulo adoeceu nessa época, teve de ficar no leito. Os seus pulmões, enfraquecidos pela "Gripe Espanhola", resistiriam a um novo ataque da tuberculose?

Em julho, ele fez uma rápida visita a Florianópolis, na companhia do sogro do seu mano João Setúbal.

Mescla de poeta, advogado, orador e escritor, Paulo lançava no papel, de modo quase ininterrupto, versos românticos e prosa eloqüente sobre vários assuntos. Escreveu um artigo para elogiar a nova matriz de Lajes, "vasta construção, moldada no mais escrupuloso estilo gótico". E em cerimônia realizada no Círculo Lageano, promovida pela Congregação da Doutrina Cristã, a jovem Iolanda Costa declamou uma poesia do tatuiense. Após ouvi-la, emocionado e sem se conter, Paulo fez um discurso de improviso, que prendeu a atenção do auditório. Também disse, com muita arte, o seu monólogo "Lulu e Bebé".

Paulo Setúbal

Entretanto, se a paixão pelo jogo de cartas ainda o absorvia, prejudicando-lhe a saúde frágil, o equilíbrio emocional, isto não o forçava a abandonar a sua atividade de advogado. Benquisto em Lajes, pai de dez filhos, José Félix de Oliveira fora barbaramente assassinado por um cabo de polícia. A família da vítima exigiu a condenação do criminoso e contratou o doutor Paulo Setúbal.

Ele gostava de discursar. No dia 7 de setembro, data da independência do Brasil, solta o verbo numa solenidade do Clube 1º de Julho. Informa um dos jornais de Lajes:

"O ilustre conferencista dissertou sobre o acontecimento com uma erudição admirável. Percorrendo diversos pontos históricos, desde o domínio da Espanha sobre a Península Ibérica até os nossos dias, sua excelência soube empolgar o auditório"...

*   *   *

Permanecia firme, profundo, o amor de Paulo pela mãe. Dedicou-lhe um belo soneto em homenagem ao seu aniversário, poesia que foi publicada na edição do dia 28 de setembro de *O Lageano*:

> *"Eu, minha mãe, que neste mundo inteiro,*
> *Colhi somente venenosas flores,*
> *Quero, a teu lado, amigo e verdadeiro,*
> *Seguir-te os passos, mitigar-te as dores.*
>
> *Quero dormir meu sono derradeiro*
> *Na mesma campa em que dormir tu fores.*
> *Ser teu ideal, teu certo companheiro*
> *Nesse país de sombras e pavores...*
>
> *É que eu, oh minha mãe e meu carinho,*
> *Bendigo a mão que em minha estrada planta*
> *Fundos pesares do mais fundo espinho.*
>
> *Só por sentir que me perfuma e encanta,*
> *Única rosa aberta em meu caminho,*
> *O teu amor de mãe piedosa e santa!"*

Poesia digna de ser analisada psicologicamente. Apaixonado pela vida, o autor exprime o desejo, apesar disso, de ficar morto ao lado da mãe. Longe do mundo, lá naquele "país de sombras e pavores", não quer ter outra companhia. E ele, o homem que se proclamava ateu, mostra um conformismo cristão quando bendiz a mão cruel, plantadora na sua estrada de "fundos pesares do mais fundo espinho". Há nessa poesia a antevisão de uma existência curta? Paulo Setúbal, ao escrevê-la, já sentia junto de si a presença da Morte, da "deusa de olhos de lince"? Nota-se, logo no primeiro verso do soneto, o desencanto do poeta. A descrença em relação às coisas materiais, estimulada pelo sofrimento, freqüentes vezes ilumina o caminho que conduz o agnóstico à espiritualidade.

Outras poesias de Paulo vão aparecendo nos jornais lajianos, como "Gatinha", "Num leque", "Tristezas de Feliciano", "Vendo-te passar". Meio erótico e meio jocoso é este soneto do nosso poeta, intitulado "Desejo rubro":

> *"Se um dia comprasse, como escrava,*
> *Nas feiras de Stambul, uma otomana,*
> *Dessas que têm o sangue ardendo em lava,*
> *Pulseiras d'oiro e argolas de sultana,*
>
> *Faria dela a mártir que imolava*
> *Ao meu furor e à minha raiva insana:*
> *Tanto a batia e tanto a torturava,*
> *Té que ela odiasse a minha mão tirana!*
>
> *E quando a visse, a uivar, trêmulo o gesto,*
> *Feroz, punhal na mão, olhar congesto,*
> *Saltar diante de mim, arfando o peito,*
>
> *De beijos e carícias a cobria,*
> *De tantos beijos que ela enfim cairia*
> *Comigo a estortegar no mesmo leito."*

Para dar valor a esta poesia é necessário deixar de lado as suas imperfeições técnicas, a metrificação incorreta, o uso de "Stambul", "d'oiro" e "Té", em vez de "Istambul", "de ouro" e "Até". Tudo isto não tem importância. O que vale realmente é admirar a graça desse soneto, o seu final imprevisto, as colocações dos verbos "uivar" e "estortegar", o primeiro empregado em relação a um ser humano, a uma escrava turca, mas bem próprio das hienas, dos chacais, dos lobos, dos cães, das cadelas...

105

VII

"Veja, Lobato, como isto é bom!"

 Nas duas folhas de Lajes sempre apareciam as poesias e os artigos de Paulo. Sobre Guiomar Novais, a primeira grande pianista brasileira de fama internacional, ele escreveu um texto publicado na edição do dia 25 de novembro de 1919 de *O Lageano*. Texto onde o talento descritivo de Paulo se evidencia:

"É preciso ouvir, como eu ouvi, esse esquisito e inconfundível temperamento artístico, que é a nossa divina patrícia, sentada ao piano, toda de branco, com um palor emocionante na face, um torpor lânguido nos olhos, um frenesi trêfego no dedo, aureolada por uma inspiração que vem do alto, toda palpitante, radiosa, incomparável, transmitindo aos ouvintes aquela forte emotividade de que se sente possuída, para nunca mais, nunca mais na vida, apagar-se-nos da memória a figura genial dessa encantadora Guiomar Novais..."

Ele não exagerava. De fato a pianista merecia os seus elogios. Intérprete sutilíssima de Chopin, ela havia causado profunda impressão em Claude De-

Guiomar Novais

bussy, quando o autor do *Prélude à l'après-midi d'un faune* a ouviu tocar no Conservatório Nacional francês.

Paulo fizera, no dia 5 do referido mês de novembro, uma conferência intitulada "A felicidade no casamento". Segundo *O Lageano*, ele arrebatou "a seleta assistência", com "palavra fácil e sonora". Nereu Corrêa, no livro *Paulo Setúbal em Santa Catarina*, reproduziu a notícia de *O Planalto* sobre o episódio.

Adotando um tom bem natural, Paulo disse no início que não iria pronunciar uma conferência. Esta "é coisa muito bonita", acrescentou, porém desejava vê-la de longe, assim como nós queremos ver um leão forte e soberbo na jaula, atrás das grades. Informa *O Planalto*: a platéia emitiu um protesto contra a modéstia do orador.

Sem nunca abandonar a despretensão, ele chamou a conferência de "simples palestra". E durante o seu decorrer, elucidou, iria ter o ensejo de declamar algumas poesias de assunto ligado ao tema escolhido. Moço solteiro, não esconderia a sua opinião a respeito do casamento, de um estado que ainda não quisera abraçar...

A palestra, intercalada de versos, prendeu até o fim a atenção do auditório. Sobre essa conferência há uma passagem curiosa, evocada por Otavinho Silveira e descrita por Nereu Corrêa. Figura popular em Lajes, o cidadão Jesuino se casara com uma mulher cujo peso ultrapassava os cem quilos. E ele se sentia feliz, junto daquela gordura opulenta, monumental. Dizia até que o que mais admirava na sua esposa, o que mais o seduzia, eram as suas banhas.

Se na opinião de uns, assegurou o conferencista Paulo Setúbal, algo constitui uma desgraça, na opinião de outros é motivo de felicidade. E Paulo concluiu:

– Vejam só, meus senhores, para o nosso amigo Jesuino a felicidade está nas dez arrobas de unto da dona Bibiana.

Achava-se presente no auditório, conta Nereu Corrêa, uma senhora cujas banhas pulavam da sua cadeira. Ela parecia não ter gostado da frase. Percebendo logo isto, o conferencista passou a elogiar as mulheres gordas...

O discurso de Paulo que produziu maior efeito em Lajes, salienta Nereu, foi o da Procissão do Encontro, uma cerimônia religiosa efetuada diante da catedral. Paulo deu a todos a impressão de ser um eloqüente orador sacro. Como podemos constatar, o seu "ateísmo" não possuía alicerces firmes, assemelhava-se à insegura casa construída sobre a areia do capítulo sétimo do Evangelho de São Mateus.

Quase todas as tardes, ainda segundo as informações do autor acima citado, o doutor Paulo Setúbal ia tomar chimarrão na farmácia do culto e verboso Otavinho Silveira. Ali encontrava vários amigos: o doutor Nereu de Oliveira Ramos, formado pela Faculdade de Direito de São Paulo; o doutor Cândido de Oliveira Ramos, seu parente, formado pela Faculdade de Medicina do Rio de Janeiro e que no desempenho de sua profissão havia prestado serviços ao exército sérvio, durante a Primeira Grande Guerra; o doutor Walmor Argemiro Ribeiro Branco, primeiro lajiano a formar-se em medicina; o jornalista Manuel Tiago de Castro, redator de *O Lageano*.

Entretanto, diversas vezes, Paulo varava as noites, até o raiar do dia, jogando pôquer como um alucinado. Decerto ele não conhecia estas palavras do médico e poeta inglês Nathaniel Cotton, falecido em 1788:

"O jogador é um ladrão de sua fortuna, do seu tempo, da sua liberdade e de sua saúde."

("Who games, is felon of his wealth,
his time, his liberty, his health.").

Revelou Otavinho Silveira a Nereu Corrêa que Hercílio Luz, governador de Santa Catarina, quis nomear o doutor Paulo Setúbal para exercer as funções de promotor da comarca de Lajes, mas os maiores amigos de Paulo o aconselharam a recusar o cargo. Esses amigos, inclusive o próprio Otavinho, eram adversários de Hercílio. Portanto, se aceitasse o convite, o filho de Tatuí ficaria numa situação delicada. Ele não aceitou, e talvez por outro motivo.

* * *

Depois de ter permanecido em Lajes durante mais de um ano, Paulo resolveu voltar à capital paulista, no mês de janeiro de 1920. Fretou um automóvel para os três dias de viagem até Florianópolis, juntamente com um estancieiro e um comprador de gado, que nessa viagem ia ficar ao lado da mulher. Três dias difíceis, o veículo seria obrigado a percorrer uma estrada sinuosa, buraquenta, e também a subir e a descer morros. Antes de partir, combinaram o seguinte: cada um deles pagaria os gastos de um dos dias da viagem.

Chovera muito, na noite do primeiro dia, e a estrada se tornara, como frisa Paulo no *Confiteor*, "um barreiro pegajoso e exasperante". Sacolejando-se, o automóvel mal podia andar. Às vezes o empurravam, outras vezes era preciso trocar os pneus.

Todos se sentiam num inferno. Persistente como uma velha ranheta, a água continuava a jorrar do céu. O chofer tentou acender os faróis do carro, mas estes não funcionaram. Lentas, a custo, as rodas deslizavam no barro mole, enquanto do firmamento caía um chuvisqueiro gelado, tão gelado que parecia penetrar até na medula dos ossos. Paulo recordou:

"E eis que escureceu de todo. Noite preta. Em que altura estávamos nós? Não sabíamos ao certo. Nem sabíamos como encontrar pouso. Pouso onde? Em que lugar? E o chuvisqueiro tombando, e o frio, e a noite preta em derredor."

De súbito, no meio de áspera subida, o motor do carro parou. Só havia um jeito: meter os pés na lama, caminhar pela estrada afora. Fizeram isto, escalaram morros, à procura de um pouso. Duas horas de andança. Certa luzinha tremeluzia ao longe. Paulo e os outros pularam uma cerca de arame, entrando num pasto cheio de água. Transidos de frio, exaustos, bateram na porta de uma casa miserável.

Um casal de caboclos os acolheu, duas criaturas esfarrapadas. Segundo o texto de Paulo, eram "a indigência viva", pois só possuíam como leito um colchão roto. Ali no interior do casebre os viajantes viram, como os sinais de uma comovente pobreza, palhas de milho, arreios gastos e amarfanhados. E não havia nenhuma comida:

"Apenas a mulher (com uma boa vontade enternecedora, coitada, envergonhada por não ter coisa alguma, pedindo mil desculpas) correu à cozinha, arremessou na cuia um punhado de erva mofada e velha, preparou o amargo e trouxe-nos, muito solícita, a cuia e a chaleira de água fervendo. Bebemos aquela chocha água, esverdeada e quente. Foi, porém, naquele instante, grande festa para os nossos estômagos enregelados o chimarrão detestável."

Paulo e os demais trataram de se acomodar. O estancieiro e a sua mulher deitaram-se no colchão roto dos dois caboclos. Estes, para cuidar dos viajantes, não quiseram dormir, ficaram de pé, atiçando o fogo. Aliás, eles nem tinham um canto para dormir.

Quando tudo ainda estava muito escuro, de madrugada, após pegar um cabresto, o caboclo se dirigiu até o pasto, montou no seu matungo e foi a um lugar. Trouxe pó de café, açúcar mascavo, um canecão de leite e três tigelinhas de louça. Sua esposa preparou o café com leite. Paulo iria gravar na memória essa refeição:

"Oh, aquele café com leite, depois daquela noite, naquele rancho abrigador! *Quo te carmine dicam?*, com que poema eu te cantarei, café com leite inesquecido, café com leite adoçado com açúcar mascavo, pretejado com café ralíssimo, e, no entanto o mais delicioso, o mais saboroso, o mais gostoso café com leite que já bebi na minha vida inteira."

Nesse momento de puro prazer, depois de noite tão tenebrosa, os viajantes ouviram, vindo da estrada, o ronco do motor do automóvel. O chofer, depois de dormir no veículo, conseguira deixar o motor em boas condições. Havia chegado a hora da partida. Homem idoso, alto e magro, de "olhos impressionantemente parados", o riquíssimo estancieiro que devia pagar as despesas conforme fora combinado, fez esta pergunta ao caboclo:

– Então quanto é a pousada, moço?

Surpreso, o dono do casebre respondeu:

– Quanto é a pousada? Nossa... então a gente vai cobrá de vancê uma dormida no rancho? Não fale nisso, sior. A gente é povre, veve aqui no mato, não tem nada, mas o rancho tá aberto pra quem quisé.

Como o velho insistia em querer saber o preço da pousada, o caboclo reafirmou:

– Não tem que pagá nada, sior. Pagá o quê? Vancê nem fale nisso que vancê avexa a gente.

Ao ouvir estas frases, o riquíssimo estancieiro enfiou a mão no seu bolso, tirando dele uma bolsazinha. Abriu-a e escolheu um níquel de pouco valor, a fim de entregá-lo a quem lhe concedera generosa hospitalidade:

– Pois então guarde isto para você...

Ferveu o sangue de Paulo Setúbal. Ele se acercou do velho e protestou:

– Que é isto? Quatrocentos réis? Não pode ser, é uma miséria. O senhor tenha paciência, carece dar mais alguma coisa a este pobre homem.

Álgido, insensível, o velho limitou-se a dizer:

– Não vejo porquê...

A avareza do sujeito indignou o doutor Paulo e ele perdeu a calma: "Num assomo, muito fogosamente, atirei à cara do velho, por entre desaforos descabelados e crus, toda a sopitosa revolta que me sacudiu naquele momento. Em vão. O homem não teve um gesto de repúdio. Nem um só músculo se lhe estremeceu. Ouviu impassível, absolutamente imperturbável, com aqueles seus olhos parados, mortos, desdenhosamente pousados em mim."

Eis as únicas palavras do sovina, ouvidas por Paulo:

– Se o senhor acha que é pouco, dê mais.

Tranqüilo, o velho saiu da choupana onde um casal de caboclos esfarrapados o acolheu com carinho, numa noite de frio enregelante e de forte temporal. Paulo registrou no capítulo XVIII do *Confiteor*:

"Nunca mais, no correr da minha vida, eu pude me esquecer desse homem de olhos parados."

O episódio aqui descrito mostra como o espírito de Paulo era nobre, generoso, dotado de senso de justiça, inimigo dos atos infames, das ingratidões, de qualquer mesquinharia. E ele que aos vinte e dois anos só desejava "ganhar dinheiro à larga, enriquecer, enriquecer", pôde analisar, no procedimento do "homem de olhos parados", a vileza oriunda da brutal paixão pelo dinheiro.

*   *   *

Regressando à capital paulista, no começo de 1920, o jovem advogado trouxe de Lajes muitas poesias, ali escritas. Decidiu ajuntá-las a outras, compostas em Tatuí, mas precisava encontrar um editor. Lembrou-se de Monteiro Lobato, que à semelhança dele, Setúbal, era do interior de São Paulo, pois nascera em Taubaté, numa chácara do avô.

Pragmático e ao mesmo tempo sonhador, Lobato promovia uma revolução na indústria livreira. Já editara diversas obras de autores novos. Ele soube enfrentar, a partir de 1918, o sério problema da distribuição de livros, no tempo em que as livrarias brasileiras não passavam de trinta. Quase todas nas grandes cidades. Monteiro Lobato usou a estratégia de solicitar, aos 1.300 agentes postais do país, o nome e os endereços dos armazéns, dos bazares, das farmácias, das papelarias e das bancas de jornal. Ajudado pelos amigos, conse-

Monteiro Lobato

guiu bom número de outros nomes e endereços, à maneira de quem monta um plano em prol da sobrevivência do livro. As pessoas começaram a receber cartas com estas palavras:

"Vossa senhoria tem o seu negócio montado, e quanto mais coisas vender, maior será o lucro. Quer vender também uma coisa chamada 'livro'? Vossa senhoria não precisa inteirar-se do que essa coisa é. Trata-se de um artigo comercial como qualquer outro: batata, querosene ou bacalhau. É uma mercadoria que não precisa examinar, nem saber se é boa... O conteúdo não interessa a vossa senhoria, e sim ao seu cliente, o qual dele tomará conhecimento através das nossas explicações nos catálogos, prefácios, etc. E como vossa senhoria receberá esse artigo em consignação, não perderá coisa alguma no que propomos. Se vender os tais 'livros', terá uma comissão de 30%, se não vendê-los, no-los devolverá pelo Correio, com o porte por nossa conta. Responda se topa ou não topa."

Deu um ótimo resultado. Os pontos-de-venda, em pouco tempo, subiram para mais de mil. Até lojas de ferragens passaram a vender livros, menos os açougues, porque Monteiro Lobato não queria que os seus livros ficassem "manchados de sangue"... As edições, antes, custavam a se esgotar, não ultrapassando os 400 ou 500 exemplares. Pularam para três mil e logo se esgotavam. Lobato entusiasmou-se:

"Isto é o melhor negócio que existe! Dizem que o Brasil não lê! Uma ova! A questão é saber levar a edição até o nariz do leitor, aqui, ou em Mato Grosso, no Rio Grande do Sul, no Acre, na Paraíba, onde quer que ele esteja, sequioso por leituras... Livro cheirado é livro comprado, e quem compra, lê."

O autor de *Cidades mortas* causou escândalo quando resolveu anunciar as suas edições pelos jornais, porque como salientou Nelson Palma Travassos, ninguém acreditava que o livro também fosse "mercadoria anunciável".

As quinze obras iniciais da editora de Lobato iriam alcançar, em apenas um ano, a tiragem de quase 60 mil exemplares. Várias ganharam renome, como o ensaio *Populações meridionais do Brasil*, de Oliveira Viana, e os romances *O professor Jeremias*, de Léo Vaz, e *Madame Pommery*, de Hilário Tácito.

Inquieto, dinâmico, Lobato preferia lançar obras inéditas, de novos autores. Ele não ignorava que centenas desses trabalhos estavam metidos em gavetas, à espera de um editor. A preferência de Lobato fez a sua editora receber enorme quantidade de pacotes de papel, enviados de todas as regiões do país. Isto o levou a dizer:

"Creio que a nossa firma soltou toda a produção literária do Brasil que estivera encalhada, ou se conservara inédita durante muito tempo."

Paulo Setúbal estava bem informado, a respeito do sucesso da editora de Monteiro Lobato. E tomou a decisão de visitar o taubateano no seu escritório da *Revista do Brasil*, situado na rua Boa Vista. O admirável contista dos *Urupês* assim descreveu o encontro de ambos:

"Entrou aos berros, com um pacote de versos em punho – *Alma cabocla*. Era a primeira vez que nos víamos, mas Setúbal tratou-me como a um conhecido de mil anos. Entrou explodindo e permaneceu a explodir, durante toda a hora que lá passou."

Lobato mostra o impacto gerado por essa explosão:

"O serviço do escritório interrompeu-se. Alarico Caiuby, o correspondente, largou da máquina e veio 'assistir'. Antônio, o menino filósofo, abandonou a trancinha de barbante que costumava fazer – e veio 'assistir'. E se os outros empregados não fizeram o mesmo, foi porque o pessoal da *Revista do Brasil* naquele tempo se reduzia a esses dois."

Segundo Lobato, todos ficaram "num enlevo, a assistir àquele faiscamento recém-chegado do interior, cheirando a natureza, numa euforia sem intermitência", e não houve discussões sobre a publicação do livro de versos. Monteiro Lobato nem quis mandar efetuar a leitura das poesias, a fim de ver se eram de qualidade. Ele declarou: o entusiasmo de Setúbal, o seu ímpeto, "a tremenda força da sua simpatia irradiante, inundante e avassalante, fez que sem nenhum exame os originais voassem daquele escritório para a tipografia". Paulo, cheio de ardor, recitou alguns dos seus versos, precedendo-os de exclamações iguais a esta:

– Veja, Lobato, como isto é bom!

O escritor contentou-se desse modo e ao ouvir as estrofes, não viu no poeta "a menor sombra de falsa modéstia".

Impresso nas oficinas do jornal *O Estado de S. Paulo*, ilustrado com bicos de pena de Antônio Paim, o livro *Alma cabocla* esgotou-se no espaço de um mês. A edição foi de três mil exemplares, grande naquela época e que em nossos dias é o número dos lançamentos de quase todas as editoras. Paulo dedicou a obra à sua mãe:

"A ti, minha mãe, que és a melhor das mães, estes despretensiosos versos da nossa terra e da nossa gente."

Tais versos, claros, singelos, melodiosos, espontâneos, emocionaram os críticos e os leitores. Membro da Academia Brasileira de Letras, o baiano Afrânio Peixoto confessou:

Página de rosto do livro
Alma Cabocla

"Acabo a leitura desse livro, entre encantado e comovido... Nesse pequeno volume há mais poesia que numa dezena de volumes enfáticos, de tantos dos nossos versos brasileiros, feitos a poder de vocabulário e rimas estravagantes."

Dois críticos bem conhecidos elogiaram a obra, Tristão de Athayde (pseudônimo de Alceu Amoroso Lima) e Osório Duque Estrada. O primeiro frisou, num artigo de *O Jornal*, que o amor e a terra eram os dados essenciais da poesia de Paulo Setúbal, dotada "de uma claridade sedutora, de uma verdade cristalina". Tristão via, nos seus versos, "o amor como afeição, a terra como paisagem". Severo ao extremo, apelidado de "Guarda Noturno da Literatura Brasileira", o temível Duque Estrada pôs de lado a sua virulência e admitiu, depois de ler o livro:

Desenho do livro *Alma Cabocla*.

"Aqui está um real e autêntico poeta que, embora sem a palheta rica dos grandes pintores, consegue falar à alma, despertar sentimentos delicados e interpretar a verdadeira poesia da natureza."

No fim do seu comentário, após reproduzir uma poesia de Paulo, o crítico escreveu:

Osório Duque Estrada

"Repito o que afirmei no princípio: *Alma cabocla* é um livro verdadeiramente encantador e digno dos mais francos e sinceros aplausos."

Paulo tentava renovar, disse o professor João Ribeiro, a poesia um pouco fora de moda dos cantos de Fagundes Varela, das estrofes de "A cachoeira de Paulo Afonso", escritas por Castro Alves, dos versos ingênuos de Bruno Seabra e talvez das rimas do luso Tomás

Ribeiro do *Dom Jaime*, poema romântico em nove cantos, aparecido no ano de 1862.

Mas a *Alma cabocla* não recebeu apenas louvores. Alguns intelectuais modernistas não aprovaram as suas poesias simples, cadenciadas, onde as vogais soam melodiosamente. O crítico Sérgio Milliet, do grupo de Oswald de Andrade e Mário de Andrade, futuro participante da Semana de Arte Moderna de 1922, iria condenar esse livro de Paulo, anos mais tarde, porque os seus versos se caracterizam pela "pobreza de invenção". Afirmativa discutível, pois o que é, a rigor, a "invenção" na poesia? Ela não pode ser também o verso fácil, sincero, descomplicado? Goethe, o maior poeta da Alemanha e um dos maiores do mundo, já citado no capítulo IV desta biografia, só produziu versos correntios, nos quais a naturalidade impera, como podemos ver até nas traduções desses versos para o português, feitas por João Ribeiro e Manuel Bandeira.

Um artigo do jornal *O Planalto*, de Lajes, publicado na sua edição do dia 24 de junho de 1920, enalteceu a linguagem fluente, ao alcance de todos, das poesias do livro de Paulo. Agradecendo, o poeta enviou uma carta a Aníbal Ataíde, o diretor da folha:

"*Você nem sabe o prazer que me deu a crítica literária de* O Planalto *sobre a* Alma cabocla.

Entre tanto palavrório que se tem escrito a respeito do meu livrinho, aquelas colunas me souberam com especial agrado. E isso porque foi aí, nessa remota Lajes, entre os ócios da minha vilegiatura, que compus aqueles

Poesia do livro *Alma Cabocla*, com a própria letra de Paulo Setúbal

versos, que meditei, martelei aquelas pobres poesias, de que os jornais hoje clangoram com tanta fúria.

Você bem sabe que eu sou uma pessoa inteiramente despretensiosa, sem sombras de vaidade literária, e que aí fiz aquelas rimas, apenas e tão somente para matar o tempo."

Nereu Corrêa acentuou, ao reproduzir esta carta: Paulo não escreveu todos os versos do seu livro em Lajes. Aliás, já havíamos informado isto. É interessante observar, porém, como ele já revela na carta a sua proficiência no manejo da língua portuguesa. Olhem o uso que fez do verbo *saber*, no sentido de uma coisa possuir gosto ou sabor:

"... aquelas colunas me *souberam* com especial agrado."

O verbo *saber*, assim empregado, é de sintaxe correta, plena de vernaculidade, como podemos provar com estes exemplos:

"Aquilo não *sabe* a mel nem a abelha" (Cândido de Figueiredo).

"Era uma infusão descorada que *sabia* a malva e a formiga" (Eça de Queiroz).

"Querem que os limões, que naturalmente são azedos, sejam doces e *saibam* a açúcar" (Frei Heitor Pinto).

A palavra *vilegiatura*, substantivo feminino, designa a temporada dos citadinos na praia, no campo, em locais de recreio, durante a estação calmosa, isto é, no decorrer da parte quente do ano. Ao dizer, portanto, que ele na cidade de Lajes se achava em vilegiatura, Paulo nos dá a leve impressão de ter desejado ocultar o real motivo da sua permanência na Princesa da Serra.

Hoje o nosso idioma se abastarda cada vez mais, devido à falta de cultura de escritores, professores, jornalistas, radialistas, apresentadores de programas de televisão. Essa falta de cultura gera os seus vocabulários limitados. Pensando neste fato, olhem o belo emprego do verbo *clangorar* na carta do poeta Paulo Setúbal:

"... meditei, martelei aquelas pobres poesias, de que os jornais hoje *clangoram* com tanta fúria."

Paulo foi feliz, pois o verbo intransitivo *clangorar* (soar de modo agudo, estridente) provém do substantivo masculino *clangor*, aplicável ao duro e penetrante som de certos instrumentos metálicos, como a trompa e a corneta.

Paulo Setúbal na década de 1920

Quem lê *Alma cabocla* se convence de que ele é um livro autobiográfico. Os seus versos são reveladores:

> *"Minha terra... Ai, com que abalo,*
> *Com que sincera emoção,*
> *Eu, dando rédea ao cavalo,*
> *Margeio este fundo valo,*
> *– Caminho do meu torrão!*
>
> *Tudo, no ar, festa e brilho!*
> *E é com a alma a vibrar,*
> *Que eu corto as roças de milho,*
> *Por este sinuoso trilho*
> *Que à minha terra vai dar.*
>
> *Ninhos... flores... que tesouro!*
> *Que alegria vegetal!*
> *À luz do sol, quente e louro,*
> *Com seus penachos cor de ouro*
> *– Como é lindo o milharal!"*

As emoções da sua despedida de Tatuí ou de Lajes, após a recuperação da saúde, Paulo também as descreveu:

> *"E ai! que tristeza me invade*
> *Nesta sonora manhã!*
> *Com que mordente saudade,*
> *Volto ao horror da cidade,*
> *Ao pó da vida malsã!*
>
> *Deixar o campo, as charruas,*
> *Todo este encanto rural,*
> *Para entediar-me nas ruas,*
> *Sabendo as vis falcatruas*
> *Que fez o ministro tal...*

*Em vez da caça às perdizes,
Da espera junto aos mundéus,
Vir, como outros infelizes,
Tratar no foro com juízes,
E ouvir nas grades os réus!*

*E eu, detestando isso tudo,
Num desalento cruel,
Tenho o desejo sanhudo
De espedaçar o canudo
Com a carta de bacharel."*

Outra foto de Paulo Setúbal na década de 1920

Logo ganharam fama os sentimentos vibrantes dos versos de *Alma cabocla*. Inspirado em tais versos, o músico Luís Cardoso compôs peças delicadas e rapazes e moças, impregnados de romantismo, viviam declamando a poesia "Foi nesse grande amor", cujo início é assim:

> *"Foi nesse grande amor, quase noivado,*
> *Que floresceu o sonho mais dourado*
> *Das tuas ambições, dos meus desejos.*
> *Mas ai! Tanta afeição, tantas loucuras,*
> *O idílio que tecemos entre juras,*
> *O poema que sonhamos entre beijos,*
>
> *Toda essa história ingenuamente bela,*
> *Essa gentil, romântica novela,*
> *Que ainda de saudade se perfuma,*
> *– Tudo isto se desfez num só momento,*
> *Como um rosal onde batesse o vento,*
> *E as rosas despencassem uma a uma!"*

Ficaram muito populares estes versos. Mocinhas românticas gostavam de colocá-los nas páginas dos seus álbuns e eram decorados e recitados, na capital paulista, por dezenas de estudantes da Faculdade de Direito do largo de São Francisco. Uma poesia de Paulo, entretanto, alcançou amplo sucesso, tornou-se tão famosa quanto as quadras de "A flor e a fonte", de Vicente de Carvalho. Merece ser evocada:

> *"Dos lábios que me beijaram,*
> *Dos braços que me abraçaram,*
> *Já não me lembro, nem sei...*
> *São tantas as que me amaram!*
> *São tantas as que eu amei!*
>
> *Mas tu – que rude contraste!*
> *Tu, que jamais me beijaste,*
> *Tu, que jamais abracei,*

Só tu, nesta alma ficaste,
De todas as que eu amei..."

A poesia aqui exposta, "Só tu", é idêntica à suave canção, pode ser cantada. Verdadeira obra-prima, tem a mesma beleza e sonoridade da "Cantiga" do português João Roiz de Castelo Branco, inserida no *Cancioneiro geral* de Garcia de Rezende, uma coleção de poesias dos séculos XV e XVI. Leiam os versos de Roiz:

"Senhora, partem tão tristes
Meus olhos por vós, meu bem,
Que nunca tão tristes vistes
Outros nenhuns por ninguém.

Tão tristes, tão saudosos,
Tão doentes da partida,
Tão cansados, tão chorosos,
Da morte mais desejosos,
Cem mil vezes que da vida.
Partem tão tristes os tristes,
Tão fora de esperar bem,
Que nunca tão tristes vistes
Outros nenhuns por ninguém."

É inegável, as duas poesias, a de Paulo Setúbal e a de Roiz, estão no mesmo nível, pois brotaram espontaneamente dos corações de ambos, com a latejante emoção dos amores sinceros. Quando o versejador enxerta sentimentos falsos numa ode ou num soneto, a poesia se evapora, só aparece a artificialidade, o esforço para encaixar a rima. Ora, esta artificialidade não existe nos versos do autor de *Alma cabocla*.

Há ou não há a influência de *Os simples*, livro de Guerra Junqueiro lançado em 1892, nas composições bucólicas de Paulo? Na obra do poeta português e no livro do poeta brasileiro vemos a singeleza, o amor aos humildes, a exaltação aos sentimentos puros e autênticos. Se Paulo sofreu a influência das poesias líricas de *Os simples* (e influência não é plágio), convém observar que Junqueiro, por sua vez, foi neste seu livro influenciado pela leitura de *La légende des siécles*, coletânea poética de Victor Hugo em dois volumes, publicados no ano de 1859.

VIII

PAULO ACEITA O CURRUPIRA E ADERE AO VERDE-AMARELISMO

Um texto do número 63 da *Revista do Brasil*, de março de 1921, informa que do livro *Alma cabocla*, de Paulo Setúbal, foram vendidos os seis mil exemplares das duas seguidas edições. Era uma bela vendagem naquela época, em curto espaço de tempo. Hoje também seria inegável sucesso editorial.

A "poesia roceira" de Paulo, declarou o escritor Plínio Salgado, tinha "um sabor de fruta cheirosa e uma carícia de manhã ensolarada". Plínio se referiu à alma delicada e emotiva do filho de Tatuí. Além disso o considerava um "lírico regional, sem competidor no seu gênero".

Depois da revolta do Forte de Copacabana, em julho de 1922, contra o governo de Epitácio Pessoa, o mineiro Artur da Silva Bernardes, apelidado de "Seu Mé", venceu o fluminense Nilo Peçanha nas eleições presidenciais, embora uma jocosa marcha carnavalesca houvesse garantido:

Plínio Salgado

*"Ai, Seu Mé!
Ai, Seu Mé!
Lá no Palácio das Águias, olé,
Não hás de pôr o pé."*

Os partidários de Nilo deram o apelido de "Seu Mé" a Bernardes, porque achavam que ele exibia a cara de um carneiro. Freire Jr. e Careca (Luiz Nunes Sampaio), os autores da marcha, chegaram a ser presos.

Paulo acompanhava esses fatos e se divertia. Ele não queria saber de política, nunca desejou, até aquele momento, candidatar-se a qualquer cargo eletivo, mas gostava de ficar bem informado, de soltar risadas, após ouvir as frases pomposas dos deputados verborrágicos. O seu amigo Galeão Coutinho me disse que Setúbal tinha o hábito de sempre citar esta afirmativa do poeta italiano Arturo Graf, inserida no livro *Ecce homo*, de aforismos e parábolas, lançado em 1908:

"A política é freqüentemente a arte de fazer andar de braço dado a verdade e a mentira, de modo que quem as vê passar, não sabe distinguir qual é a mentira e qual é a verdade."

(*"La politica comune è troppo spesso l'arte di mandare innanzi a braccetto la verità e la menzogna, per modo che chi le vede passare non sappia distinguere quale sia la menzogna e quale la verità."*).

Realizou-se no Teatro Municipal de São Paulo, durante as noites dos dias 13, 15 e 17 de fevereiro do 1922, a célebre e barulhenta Semana de Arte Moderna, com a participação dos escritores Graça Aranha, Plínio Salgado, Sérgio Milliet, Oswald de Andrade, Mário de Andrade, Menotti del Picchia, Ronald de Carvalho, Ribeiro Couto e Cândido Mota Filho.

Já famoso como romancista, Graça Aranha pronuncia um discurso na primeira noite. Ronald de Carvalho discorre sobre as nossas pintura e escultura moder-

O Teatro Municipal de São Paulo na década de 1920

nas. Autor do bailado "Na floresta encantada", Ernani Braga executou no piano três solos de Villa-Lobos. E uma exímia violinista, Paulina d'Ambrosio, arranca do seu instrumento notas harmoniosas, embaladoras, que assumiram o aspecto de berrante anacronismo, naquele festival de intelectuais e artistas de vanguarda.

Na segunda noite da Semana, o irreverente Oswald de Andrade produziu um tumulto. Ele afirmou:

– Carlos Gomes é horrível!

Uivos, pateadas, vaias e xingamentos ecoaram no teatro. Ronald de Carvalho, debaixo de ensurdecedora algazarra, leu trechos do poema "Os sapos", de Manuel Bandeira, onde o poeta pernambucano satiriza o Parnasianismo:

> *"Em ronco que aterra,*
> *Berra o sapo boi:*
> *– 'Meu pai foi à guerra!'*
> *– 'Não foi' – 'Foi!' – 'Não foi!'"*

O refrão da poesia "Não foi – Foi! – Não foi!", era repetido às gargalhadas. E muitos latiam:

– Au, au, au, au, au! Au, au, au! Au, au, au, au, au, au, au, au, au!

Ronald de Carvalho reagiu:

– Meus senhores e minhas senhoras, há um cachorro na platéia, mas ele não nos apóia, não está do nosso lado!

Informou a *Folha da Noite* sobre o segundo dia do festival, na sua edição do dia

Manuel Bandeira

16 de fevereiro: Menotti del Picchia havia pronunciado uma conferência "ilustrada com trechos de prosa, versos e danças", mas quando teve início essa parte, "as galerias começaram a se manifestar, estabelecendo-se grande confusão, que mal permitia que fosse ouvido o que se dizia no palco". Menotti assegurou, debaixo de latidos, cocoricos e relinchos:

"Queremos luz, ar, ventiladores, aeroplanos, reivindicações, obreiros, idealismos, motores, chaminés de fábricas, sangue, velocidade, sonho na nossa arte! E que o rufo de um automóvel, nos trilhos de dois versos, espante da poesia o último deus homérico que ficou anacronicamente a dormir e sonhar na era do *jazz-band* e do cinema, com a frauta dos pastores da Arcádia e os seios divinos de Helena!"

Num texto publicado no *Correio Paulistano*, o cronista Hélios (pseudônimo de Menotti) assim comentou as vaias da segunda noite:

"Houve quem cantasse como galo. Houve quem latisse como cachorro. Cada um, porém, fala na língua que Deus lhe deu..."

Villa-Lobos, na terceira noite, apareceu de casaca e arrastando chinelos. A platéia considerou isto uma zombaria e soltou vaias:

– Fora! Uuuuuuuuuuu! Fora! Fora! Fora! Uuuuuuuuuuuuuuuuu!

Entretanto, o compositor não quis menosprezar essa platéia hostil, pois ele tinha apenas, num dos pés, um incômodo calo inflamado... O músico já havia recebido vaias, no dia anterior, porque um dos instrumentos da sua orquestra era uma folha vibratória de zinco.

Hélios escreveu o seguinte, numa crônica aparecida na edição do dia 18 de fevereiro do *Correio Paulistano*:

"Com o triunfo de ontem, terminou a gloriosa Semana de Arte Moderna. Que ficou dela? De pé – germinando – a grande idéia. Dos vencidos, alguns latidos de cães e cacarejos de galinhas..."

Sem largar o tom mordaz, o cronista acrescentou:

"Eu jamais supus, da alta educação do nosso povo, que pudesse haver quem chegasse a descer à triste condição de um animal para manifestar o seu ódio... De um lado, artistas de fama diziam versos, recitavam trechos de prosa, enchiam

A Semana de Arte Moderna vista pelo caricaturista Belmonte

o ambiente de harmonia. De outro lado, alguns indivíduos que chegaram a envergonhar o gênero humano, por dele conservarem apenas o 'aspecto', ladravam e cacarejavam."

Indignado, o poeta Menotti del Picchia continuou a se desabafar:

"Cães só produzem mordeduras. Galinhas, ovos. Em vez de pensamentos, ladridos. Em lugar de idéias, *omelettes*... Foram esses que deram por morta a causa gloriosa da Reforma. É ridículo. Causa pena..."

Mais adiante, Menotti garantiu:

"Responder com dentadas a dissertações de ordem estética, ladrar, ganir, ulular, guinchar, rosnar quando o espírito voa, sereno, no céu claro da beleza, tudo isso dá tristíssima amostra do quanto pode o desespero dos vencidos, que não têm coragem humana de contraditar os que, em público, assumem a responsabilidade das suas idéias."

O poeta se consola, no fim da crônica, ao recordar estes fatos:

"Não faz mal, Tiradentes foi enforcado porque sonhou com a República entre régulos. Wagner foi vaiado, bem como um seu crítico admirador em São Paulo, só porque tentara abrir novos horizontes à música. Rodin foi escarnecido só porque dera uma martelada genial na frieza acadêmica."

Os modernistas, como Menotti, sentiam-se injustiçados. E alguns, para combater o academicismo, menoscabavam a poesia de Paulo Setúbal, pois a rotularam de piegas, excessivamente romântica, carecida de originalidade. Sérgio Milliet pensava assim, mas é interessante salientar que Menotti, um dos líderes do nosso modernismo, defensor apaixonado da "total renovação", verboso "inimigo" dos passadistas, só produzia sonetos, alexandrinos, versos parnasianos bem rimados, como podemos ver em várias obras de sua lavra, nos *Poemas do vício e da virtude*, de 1913; no poema bíblico *Moisés*, de 1917; no poema *Juca Mulato*, também desse mesmo ano. A obra mais audaciosa de Menotti del Picchia, sob este aspecto, é o poema *República dos Estados Unidos do Brasil*, aparecido em 1928, onde ele quis ser ultramoderno, porém ao tentar escrever os seus versos à maneira do Oswald de Andrade e do Mário de Andrade, como sublinhou Humberto de Campos, o talentoso autor de *As máscaras* caiu no terreno da pilhéria, do humorismo, da caricatura.

Se Paulo Setúbal não era um poeta moderno, de vanguarda, ele, o lírico de *Alma cabocla*, pelo menos não se mostrava incoerente como o Ronald de Carvalho, cujo livro *Poemas e sonetos*, de 1919, só apresenta versos neoparnasianos, que formam contraste com os versos soltos, amplos e sem rimas de outro livro de Ronald, o *Toda a América*, publicado em 1926.

Qual foi a posição de Paulo, diante da Semana de Arte Moderna de 1922? Cassiano Ricardo, no seu discurso de posse na Academia Brasileira de Letras, proferido em 28 de dezembro de 1937, disse que Setúbal não podia ficar indiferente ao caráter nacional e à modernidade do Verde-Amarelismo, um movimento oriundo da Semana. O tatuiense, frisou Cassiano, tinha horror ao Cubismo, pois este lhe dava a impressão de exibir o mundo de cabeça para baixo. Paulo via no Futurismo de Marinetti "uma literatura de retorno e de verdadeira alucinação", mas ele apoiou, informa o poeta de *Martim-Cererê*, o Verde-Amarelismo, o cunho nacionalista desse movimento que reuniu alguns participantes da Semana, como Plínio Salgado, Menotti del Picchia, Cândido Mota Filho e o próprio Cassiano. Daí nasceu o Grupo da Anta, reivindicando, contra as influências européias, a completa nacionalização da literatura brasileira, estribada em nosso folclore, em nossas tradições, em nossa história, na cultura dos nossos índios.

De acordo com o folclore nacional, o currupira é uma criatura fantástica, um índio cujos pés têm os calcanhares voltados para a frente e os dedos para trás. E o carão é uma grande ave arisca, de quase setenta centímetros de comprimento, que vive à margem dos rios, dos açudes, exibindo o seu queixo branco, a sua cor pardo-escura, o brilho esverdeado das suas asas e da sua cauda. Leia agora, prezado leitor, esta explicação de Cassiano Ricardo sobre a influência do Verde-Amarelismo na alma de Paulo Setúbal:

"Quando o grupo modernista agarrado aos símbolos da mitologia indígena, descobriu o currupira e o carão (conforme já referi), dando o currupira como o gênio renovador do instante e o carão como o passadismo encorujado que chorava por não poder mudar as penas, Paulo não hesitou: topou o partido do currupira. Lembro-me bem de seu espanto quando o grupo 'verde-amarelo' lançou a revolução da Anta.

Era preciso, dizíamos nós, soltar a anta, que é a força inicial e original da terra, contra os donzéis gregos da literatura importada."

Veio daí a discussão, a polêmica, salienta Cassiano Ricardo. Alguns modernistas aceitaram a Anta, outros a Loba, isto é, "a mãe da civilização latina". Contudo, entre a Loba e a Anta, o poeta Paulo Setúbal não vacilou, preferiu a Anta. As palavras de Cassiano sobre o seu amigo são inequívocas:

"E com que interesse, e com que curiosidade acompanhou ele as descobertas literárias do momento!"

Cassiano Ricardo

Massaud Moisés, professor da Universidade de São Paulo, pensa ser discutível, "se não inaceitável", a participação de Paulo Setúbal em nosso movimento modernista. Participação admitida por alguns críticos. Leonardo Arroyo observou que Paulo, tendo vivido numa comunidade de escritores inquietos e atuantes, inclinados a romper com o tradicionalismo, dificilmente poderia ficar frio ou insensível no meio daquela efervescência literária.

Ao analisar a vida cultural de São Paulo, num artigo publicado no número de maio de 1922 da revista *O Mundo Literário*, o escritor Ribeiro Couto assinalou nesse estado a presença de duas tendências estéticas diferentes. Uma era "o esforço espontâneo e consciente para a cor local" e a outra "a tendência oposta, para o universalismo". Sob a influência da primeira, exemplificou o autor de *O*

Ribeiro Couto

crime do estudante Batista, estavam Paulo Setúbal, Monteiro Lobato, Veiga Miranda, Menotti del Picchia, Amadeu Amaral, Cornélio Pires, Valdomiro Silveira, Armando Caiuby, Léo Vaz e Cesídio Ambrogi. Debaixo da influência da segunda se achavam Oswald de Andrade, Mário de Andrade, Guilherme de Almeida, Moacir de Abreu, Cléomenes Campos e Agenor Barbosa.

Apesar de tal opinião, formulada por um modernista, o sarcástico Oswald de Andrade confessou numa carta enviada a Léo Vaz:

"...eu temia era escrever bonito demais. Temia fazer a carreira literária de Paulo Setúbal."

Para Oswald de Andrade e Mário de Andrade se tornava necessário violar as leis da sintaxe, eliminar "o velho material lingüístico", a fim de serem feitas as mudanças idiomáticas, pregadas pelos rebeldes intelectuais nacionalistas da Semana de Arte Moderna. Portanto, "escrever bonito" como o Paulo Setúbal, correspondia a retrogredir, a ser anacrônico...

Num bilhete dirigido ao crítico Paulo Emílio Salles Gomes, o iconoclasta Oswald de Andrade continuou a ostentar o seu desprezo pela literatura do autor de *Alma cabocla*:

"É claro que um operário que tem medo de mostrar em casa O homem e o cavalo [peça de Oswald] não passa de um modesto reacionário que só pode gostar do Paulo Setúbal."

Coitado do Paulo! Ele nunca foi reacionário e ídolo dos reacionários. Amar os episódios históricos do nosso passado, como o Paulo amava, não é ser adepto do Reacionarismo, do sistema que se opõe às idéias políticas de liberdade individual e coletiva. Os dois juízos de Oswald, expressos após a morte do poeta de Tatuí, apenas revelam que este havia adquirido forte personalidade literária. Só se critica de maneira justa ou injusta, com firmeza ou sem firmeza, com fundamento ou sem fundamento, o visível, o palpável, o concreto, e não o irreal, a matéria ainda não criada por Deus.

Oswald de Andrade, *blagueur* incorrigível, gostava de ridicularizar os seus amigos e inimigos. Especializou-se na arte de dar apelidos. Menotti del Picchia era o *Tagliarini al zucchero*; Tristão de Athayde, crítico literário, o *Tristonho de Ataúde*; Plínio Salgado, líder integralista, o Hitler de Sapucaí (cidade natal de Plínio); Cassiano Ricardo, o Ratazana ao molho pardo; Borges de Medeiros, político gaúcho, o Caju purgativo; Batista Luzardo, outro político do Rio Grande do Sul, o Tom Mix das marafonas... Ele não poupou nem o seu amigo Guilherme de Almeida, pois assim o definiu:

"Pequena burguesa corrupta que acredita na família, no separatismo, no cinema americano e no juiz de menores."[*]

É evidente, Oswald de Andrade jamais poderia respeitar o doce Paulo Setúbal. A sua mordacidade, o seu espírito destruidor, logo nos trazem à memória esta afirmativa do poeta e ensaísta inglês Joseph Addison, publicada no número 291 do célebre jornal *Spectator*:

"O homem que tem o dom de ridicularizar, costuma achar defeitos onde quer que se lhe apresente uma ocasião para mostrar as suas aptidões, e amiúde critica o trecho de um autor, não porque nesse trecho note alguma falta, mas simplesmente porque encontrou uma oportunidade para se divertir à custa de alguém."

(*"A man who has the gift of ridicule is apt to find fault with anything that gives him an opportunity of exerting his beloved talent, and very often censures a passage, not because there is any fault in it, but because he can be merry upon it."*).

* * *

Ruidoso, muito comentado, o sucesso de *Alma cabocla* continuava. Elogios entusiásticos da crítica e dos leitores. Cheio de admiração, o modernista Menotti del Picchia não parou de enaltecer o livro. Menotti escreveu que em São Paulo o seu autor havia inaugurado "uma estética nova", profundamente nacionalista, e que ele, como ninguém, logrou fixar "a poesia da fazenda, essa irradiante alegria de sol, de amor, de trabalho", evolada da nossa vida interiorana:

"Como ninguém, romantizou o idílio campesino, ingênuo e delicioso, entre os cafezais verdes, à borda dos milharais amarelos como enormes toalhas brosladas de ouro. Com rara malícia e delicadeza, recortou as águas-fortes dos tipos rurais..."

(*) Oswald de Andrade, *Dicionário de bolso*. Editora Globo, São Paulo, 1990, página 101.

Ronald de Carvalho

Integrado no Modernismo de 1922, e provido da melhor cultura clássica, o crítico Ronald de Carvalho também aplaudiu o livro:

"... O senhor Paulo Setúbal, que é um verdadeiro poeta pela frescura do sentimento, pela espontaneidade do engenho lírico, pela abundância da emoção..."

Ronald já era o autor da *Pequena história da literatura brasileira*, obra de 1919, cuja segunda edição foi lançada nesse ano de 1922. O seu primeiro livro de poesia, intitulado *Luz gloriosa*, tinha sido impresso em Paris no ano de 1913. E outra obra sua, os *Poemas e sonetos*, já citada por nós, obteve um prêmio da Academia Brasileira de Letras. Intelectual de vasta cultura, leitor assíduo dos livros de Renan e Anatole France, o algo cético Ronald de Carvalho correspondia-se com o amigo Fernando Pessoa, mas soube compreender as estrofes singelas do lírico de Tatuí:

"Servindo-se desse verso fácil e musical, vai o poeta descrevendo as doçuras da vida nas fazendas, entre o encanto das águas crespas dos arroios e das fontes, o cheiro da terra virgem e a ingenuidade da gente sertaneja."

Estas características de *Alma cabocla* fascinaram Monteiro Lobato, mescla de escritor e editor. Analisando a obra, Lobato declarou num artigo que apareceu na revista *A Cigarra*:

"Nesse livro revemos todos, adultos ou crianças, marmanjões ou meninos, os quadros agrestes da nossa infância, a gama inteira dos Jecas e das Nhá Carólas, a passarinhada miúda – não o sabiá só, já estragado por um abuso excessivo."

O escritor lembrou-se do sabiá da "Canção do exílio", de Gonçalves Dias, poesia feita em Coimbra no ano de 1842:

"*Minha terra tem palmeiras,*
Onde canta o sabiá;

As aves que aqui gorjeiam,
Não gorgeiam como lá."

De fato o sabiá do poeta maranhense, de tanto ser citado, já se encontrava em más condições físicas... Lobato criticou depois, no seu artigo, os defensores do Parnasianiamo e do Futurismo, os amantes fanáticos dos versos escorreitos de Olavo Bilac e dos versos alucinados de Filippo Tommaso Marinetti:

"Está claro que os estetas torcerão o focinho a isto, não vendo em Setúbal o ourives, o Cellini da forma torturada em requintes inquisitóriais que eles exigem; mas essa torcidela de bico é a verdadeira consagração do livro. O povo anda farto de estetas, de gênios marinetticos, de torres de marfim, de *raffinés* baratos. E pede arte que se dirija mais à alma do que à orelha. Ora, Setúbal é poeta à boa moda humana: correntio, fácil, sem arrebique, sem tortura, sem a preocupação exclusiva do exótico, do raro, do cúbico."

Lobato usou o adjetivo *cúbico* para se referir ao Cubismo, movimento artístico surgido em Paris, por volta de 1907. Os pintores e escultores cubistas, na ânsia de escapar do academicismo, procuravam reduzir as formas dos objetos a figuras geométricas. E Paulo, como já vimos, detestava o Cubismo.

Segundo o prosador dos *Urupês*, o Brasil inteirinho se achava nas páginas de *Alma cabocla*, um livro "fresco, sadio, orvalhado como as boas manhãs de abril". Homem do interior, criado numa fazenda perto da Serra da Canastra, onde caçava jacus na mata e pescava, no rio Una, filhotes de lambaris, guarus barrigudinhos e camarões de água doce, o escritor José Bento Monteiro Lobato lia e relia os versos do livro de Paulo, nos quais a natureza está sempre presente. Isto o impulsionou a dizer:

"E como tudo ali é nosso, nos temas, na psicologia, no ambiente, lemo-lo com encanto, sentindo ressoar na alma uma deliciosa música interior. Esta música reside dentro de nós, adormecida em profundo letargo. Aos versos do poeta, porém, acorda e vibra em melodias caras às nossas mais íntimas saudades."

Os versos de Paulo faziam o escritor se recordar da sua vida laboriosa na fazenda São José do Buquira, encravada na serra da Mantiqueira, cuja sede era um casarão de oitenta portas e janelas. Lendo aquelas poesias lhe vinham à lembrança o terreiro de café da fazenda, os seus paióis, os piraquaras (alcunha dos habitantes das margens do rio Paraíba do Sul), as senzalas abandonadas e as casas de pau-a-pique do vale do Paraíba. Confissão de Monteiro Lobato, registrada pelo jornalista Arruda Camargo.

*　*　*

Novamente na capital paulista, ainda alegre por ver o enorme sucesso de *Alma cabocla*, o doutor Paulo Setúbal passou a trabalhar muito no fórum. O seu escritório de advocacia tinha serviço de sobra. Nenhuma causa era recusada. Logo o poeta concluiu: não há profissão mais perigosa para uma alma do que a de advogado, pois os defensores da Lei, "ao verem, todos os dias, o quanto é falho, e irrealizável, e burlável o 'dar a cada um o que é seu', vão se tornando, com o correr dos anos, de tal maneira cépticos, de tal maneira descrentes da justiça, que defendem com a maior sem-cerimônia os que não têm inocência, e, calejados, sem mais peso na consciência, encontram sempre um direito vago para proteger os que não têm direito". Palavras de Setúbal colocadas no *Confiteor* e merecedoras da nossa admiração. Quantos advogados, hoje, são capazes de aceitar esta verdade?

Dono de alma ardente, sequiosa de pureza e atormentada pela noção cristã do pecado, pois este é "ofensa a Deus", uma "obediência às ordens de Satanás", o emotivo filho da dona Mariquinha viu no campo do Direito, da Justiça, "a ratazanice, a fraude, a velhacaria, a venalidade, a corrupção, a rabulice, e várias harpias de unhas afiadas e rapinantes". Foi do choque da hipersensibilidade de Paulo com a realidade desse espetáculo nada belo que cresceu a sua angústia. Ela nunca cresceria, se ele não tivesse uma noção assim tão forte e tão perturbadora do pecado. A autoconsciência do cristão fervoroso não o poupa, é inexorável. Paulo, sem saber, possuía essa autoconsciência e a sua fé apenas estava meio sonolenta... Leiam, como prova da nossa afirmativa, a seguinte passagem do *Confiteor*:

"Um moço que tem esse meio debaixo dos olhos [o da corrupção no campo da advocacia], mesmo que, providencialmente, não lhe suceda a desgraça de chafurdar nele, é um moço que renteia o abismo. Renteia o abismo, sim. É a expressão. Para mim, sobretudo, para mim que perdera a fé, que vivia sem Deus, com o coração enfebrecido pela só ânsia de ganhar dinheiro, para mim aquele momento foi (hoje eu o sinto nitidamente!) o momento em que eu, de fato, renteei muito de perto o abismo mais perigoso da minha vida. Não porque eu, pecador qua amava o pecado, o merecesse. Não."

Centenas de cristãos se julgam ateus e os tortura a severa consciência de estarem mergulhados no "negro abismo do pecado". Quando esta consciência é instigada pela hipersensibilidade, como aconteceu com Paulo, ela se torna acusadora e atormentadora. A vítima dessa juíza inflexível quer desafogar-se, tenta encontrar a saída. Paulo Setúbal encontrou-a:

"Deus teve certamente piedade de mim, o ingrato, porque havia na terra uma ignorada mulher, viúva desvalida, uma pobre velhinha, rezadeira a corcovada, minha mãe, que passava horas a fio, diante do oratório do seu quarto, a suplicar, com a calorosa simpleza de sua fé, pelo filho arremessado às cegas nos caminhos tortos da existência."

As rezas de dona Mariquinha comoviam o seu filho, um cristão nato, *à outrance*, a todo o custo. Ele não queria hostilizar a sua fé entorpecida, pois há cristãos que são cristãos contra as suas próprias vontades. Setúbal era visceralmente cristão. E além disso a intensa, a arraigada religiosidade do seu espírito o levou ao misticismo, à ascese, à procura do aperfeiçoamento moral. Travou-se no âmago de Paulo um combate algo idêntico ao do messiânico Dostoiewski, autor desta confissão:

"Deus atormentou-me a vida inteira."

Henri Troyat, biógrafo de Dostoiewski, disse que este, como o seu personagem Chatov, do romance *Os possessos*, "chegou a Deus através do povo". Existem vários caminhos, daí se deduz, para se chegar até a presença do Onipotente. Qual seria o caminho de Paulo, nesse sentido? Vejam como é reveladora a seguinte passagem das suas memórias:

"E Deus escutou minha mãe. Oh, se escutou... Tenho certeza que escutou. Pois foi Ele, na sua complacência, quem mandou um anjo do céu, fino e doce, a salvar com a sua pureza o filho da pobre velha humilde. Esse anjo foi a minha noiva. Sim, amigo, enquanto eu estroinava pelas vilezas do mundo, enquanto eu me rojava às tontas por atascadeiro poluidor, lá estava no seu colégio de freiras, escondidinha, sem que o mundo a conhecesse, uma graciosa menina, frágil e tímida, que viria a ser na vida a minha poderosa soerguedora. Aquela que viria com a sua ingenuidade, com a brancura de sua alma, com a sua vencedora pureza lirial, tocar e reformar o meu coração endurecido e conspurcado. Aquela que, oh estranhos desígnos de Deus, estava destinada pelos fados a conduzir-me de novo, com as suas mãos de seda, amorosamente e ardorosamente, aos pés do Cristo que perdoa tudo."

O misticismo, fenômeno religioso difícil de ser definido (o teólogo Gerson o chamou de "uma percepção experimental de Deus"), o misticismo resplende nestas linhas de Paulo. Ele sentiu a presença e a interferência do Criador, como ocorreu com diversos místicos, de uma forma ou de outra, bastando citar aqui o dominicano Hans Eckhart, expoente da mística alemã especulativa; o carmelita Juan de la Cruz, autor do ensaio *Lhama de amor viva*, uma das obras mais profundas da literatura cristã; a italiana Santa Catarina de Sena, que já aos seis anos de idade teve uma visão; a espanhola Santa Teresa de Jesus, doutora da Igreja, mestra da espiritualidade, em cujas *Exclamaciones del alma a Dios*, e em outros dos seus vigorosos livros, palpita a sua fé arrebatada, incandescente.

Quem era a noiva de Paulo, a "graciosa menina, frágil e tímida", aluna de um colégio de freiras? Ela se chamava Francisca de Souza Aranha. Seu pai, o político e advogado campineiro Olavo Egídio de Souza Aranha, que se tornou um grande amigo do noivo de sua filha, fora eleito deputado à Assembléia Provincial em 1887, tendo sido também vereador na Câmara Municipal de São Paulo, pelo Partido Republicano Paulista. Dedicado ao estudo dos problemas referentes à defesa da lavoura cafeeira, o doutor Olavo nunca se esqueceu de que na época da Primeira Grande Guerra, em julho de 1918, a geada de uma só noite destruiu milhões de pés de café. Geada de uma proporção jamais vista. Sob um límpido céu azul, e com a neve a cobrir como imensa mortalha alvíssima o mar dos verdes cafezais ramalhudos, dezenas de agricultores se arruinaram. O futuro sogro de Paulo sempre evocava, perto deste, o "fatídico ano de 1918", o ano dos cinco G: guerra mundial, "Gripe Espanhola", greve dos trabalhadores, geada e gafanhoto. É isto mesmo, o voraz inseto ortóptero ajudou a geada a devastar centenas de lavouras bem cuidadas.

Paulo ficou conhecendo a jovem Francisca em Campinas, numa fazenda. Ele a descreve na poesia "Chiquita":

"'Bom dia! Sempre bonita?'
– É assim que eu vou, de manhã,
Saudar a linda Chiquita,
Que, toda em frios, tirita.
No seu vestido de lã.

Maneiras brandas e amenas,
Olhos de negro fulgor,
Chiquita, a flor das morenas,
Com seus quinze anos apenas
É um mimo de graça e amor."

Já que esta poesia do livro *Alma cabocla* é autobiográfica, convém reproduzir alguns dos seus trechos:

"Mal surge, fresca e orvalhada,
No céu azul, a manhã,
Saímos nós pela estrada,
Com alma leve, e doirada
Pela alegria mais sã.

Que graça!... Ela tudo admira:
O campo, as roças, os bois.
Às vezes passa um caipira,
Que, com espanto, nos mira.
E fica a rir de nós dois!

Em casa, o dia inteiro, ela
Faz mil perguntas pueris.

Ah, como é ingênua e singela!
Conversa. Ri. Tagarela.
É um pássaro feliz!"

Nove anos mais velho que Francisca, ele encontrou na adolescente a pureza da mãe. Amá-la era de certa forma redimir os seus pecados. E estes não passavam de pecados veniais, até deviam ser motivo de chacota. A hipersensibilidade aumentava a dimensão de suas faltas, como quem quisesse transformar leves e inócuos escorregões em tombos desastrosos. Mas deixemos o poeta evocar o seu namoro com "a linda Chiquita":

"De quando em quando, um espinho
Sangrar o peito me vem.
À tarde inteira, sozinho,
Sentado ao pé do caminho,
Fico a lembrar-me de alguém...

Eis que ela chega, de branco,
Cabelo negro, em bandós;
Festiva, num riso franco,
Ali, no pobre barranco,
Sentamos os dois a sós...

Na tarde azul, merencória,
Dum sossego espiritual,
Chiquita, como uma glória
Repete-me toda a história
Da vida de colegial.

Então, nesse ermo pacato,
Ela, menina e mulher,
Relembra, fato por fato,
As diversões do internato,
Os ralhos da Notre-Mère..."

Estes versos produzem em nós o mesmo encanto da poesia "Menina e moça", que Machado de Assis colocou no seu livro *Falenas*, publicado em 1870 pelo editor B.L. Garnier. O título da poesia de Machado, aliás, foi inspirado no título de uma obra do português Bernardim Ribeiro, falecido nos meados do século XVI. Refiro-me à célebre novela *Menina e moça...* Indaguemos: ao escrever a "Chiquita", o doutor Paulo Setúbal sofreu a influência dos versos machadianos de "Menina e moça"? Leiam o início desta poesia e vejam como ambas são da mesma natureza, embora apresentem características próprias:

> *"Está naquela idade inquieta e duvidosa,*
> *Que não é dia claro e é já o alvorecer;*
> *Entreaberto botão, entrefechada rosa,*
> *Um pouco de menina e um pouco de mulher.*
>
> *Às vezes recatada, outras estouvadinha,*
> *Casa no mesmo gesto a loucura e o pudor;*
> *Tem coisas de criança e modos de mocinha,*
> *Estuda o catecismo e lê versos de amor."*

Machado de Assis descobre numa só pessoa, mescladas, a menina e a mulher, tanto no início como no fim de sua poesia:

> *"É que esta criatura, adorável, divina,*
> *Nem se pode explicar, nem se pode entender:*
> *Procura-se a mulher e encontra-se a menina,*
> *Quer-se ver a menina e encontra-se a mulher!"*

Setúbal – o amigo leitor já observou – também vê a Chiquita assim:

> *"Então, nesse ermo pacato,*
> *Ela, menina e mulher,"*

Talvez ele houvesse sofrido realmente a influência dos versos da "Menina e moça", mas se isto aconteceu o fato não o diminui, pois um autor tem o direito de se inspirar em outro autor. Machado de Assis, por exemplo, inspirou-se em Shakespeare para escrever a sua poesia "Quando ela fala", que também pertence às *Falenas*. Estas palavras do dramaturgo inglês foram a fonte inspiradora daqueles versos do autor de *Relíquias da casa velha*:

> "She speaks!
> Speak again, bright angel!"
> (Ela fala!
> Fala outra vez, anjo luminoso!")

Castro Alves, inspirado por um trecho de *Romeu e Julieta* do referido Shakespeare, compôs em 1868 uma de suas mais belas poesias, intitulada "Boa noite". Inspiração, nesses casos, é influência e não plágio.

Antes de regressar à capital paulista, de prosseguir na carreira de advogado, Paulo deu a Francisca a poesia "Chiquita". Ela voltou ao colégio de freiras, mas o namoro não havia terminado. Venceu o tempo e a distância... Casaram-se no dia 27 de junho de 1922. Paulo estava com vinte e nove anos e Chiquita com dezenove.

Paulo ao lado da noiva, no dia do seu casamento

IX

DEPOIS DA REVOLUÇÃO DO ISIDORO, O EXUBERANTE PAULO SETÚBAL CONCLUI *A MARQUESA DE SANTOS*

*P*aulo casou-se com boa saúde, mas nesse ano de 1922 teve uma gripe fortíssima, que lhe afetou o pulmão e o obrigou a permanecer alguns meses em Tatuí, a fim de repousar.

Olavo Egídio Setúbal, o primeiro filho de Paulo e de Francisca, nasceu na cidade de São Paulo, no dia 15 de abril de 1923. Paulo iria ser pai, também, das meninas Maria Teresa e Maria Vicentina.

A capital paulista, naquele tempo, era uma cidade extensa, de 600.000 habitantes, com alamedas cheias de plátanos, cujas folhas de um belo verde-claro na primavera, exibiam no inverno os seus esqueléticos galhos nus. Quem a contemplasse de um lugar eleva-do, veria diversos jardins floridos, muitas casas térreas e muitos so-brados, aprazíveis chácaras na área central: a chácara do Rodova-lho, a chácara do Barão de Ramalho, a chácara do Teodoro de Carvalho, a chácara do Walter Seng, a chácara da Baronesa de Ita-petininga. Segundo Alfredo Ellis Júnior, ao redor da dinâmica cida-de, em 1923, havia 4.145 indústrias, contra as 1.541 do Rio de Janei-ro. Metade das 1.200 metalúrgicas do Brasil estava na urbe fundada pelos jesuítas. Das 3.900 fábricas de alimentos do país, 1.200 acha-vam-se em São Paulo, que logo se tornaria "o maior centro indus-trial da América Latina".

Outro aspecto da rua Quinze de
Novembro, em São Paulo.
Década de 1920

Repleto de justo orgulho, "paulista da velha cepa", o doutor Paulo Setúbal acompanhava todo esse progresso. E não deixou de ser poeta. Quando o primeiro número do jornalzinho humorístico *Ridendo* apareceu em Tatuí, no dia 1º de janeiro de 1923, ele lhe dirigiu uma saudação e passou a ser um dos seus colaboradores.[*] A saudação foi em versos:

> *"Vi com o melhor dos sorrisos.*
> *Que és alegre e sem farofa,*
> *Chocalhas, bem alto, os guizos,*
> *De boa e fina galhofa.*
>
> *A graça, leve e macia,*
> *Em ti borbulha, em ti ferve:*
> *Tens o ferrão da ironia,*
> *Tens o estilete da verve..."*

Ele comprou uma casa no bairro paulista de Campo Limpo, na zona sul da cidade, perto de Santo Amaro. Lugar de clima agradável, onde existiam várias olarias. Ali descansava, lia, escrevia, ao lado de Francisca e do Olavinho, seu filho pequeno.

---

[*] Fato divulgado pela pesquisadora Leila Salum Menezes da Silva.

Paulo procurou confortar, em maio de 1924, o seu sogro Olavo Egídio de Souza Aranha, que conforme já informamos no capítulo oitavo, era dedicado ao estudo dos problemas referentes à defesa da lavoura cafeeira. Naquele mês, o voraz inseto *hypothenemus hampei*, a broca do café, uma praga, quase destruiu a cafeicultura paulista. Mil e trezentas e oitenta fazendas foram atingidas. A broca banqueteou-se em cinqüenta milhões de cafeeiros. Contratados pelo governo do estado de São Paulo, medida apoiada por Olavo Egídio, cientistas eminentes analisaram o problema, como Artur Neiva, Ângelo da Costa Lima e Edmundo Navarro de Andrade.

Maior riqueza do Brasil na década de 1920, nosso principal produto de exportação, o café podia afetar a vida econômica do país e por conseguinte a de todos os brasileiros. Paulo sabia disso. Ele acompanhou com o sogro a peleja contra o inseto daninho. Foi formada, de modo precário, a Comissão de Estudo e Debelação da Praga Cafeeira, que só tinha dois laboratórios, um de entomologia e o outro de química. Empenhados na tarefa de deter o aumento dos focos de infestação, os cientistas mandaram incinerar cerca de um milhão de cafeeiros e colocaram em funcionamento, por intermédio da Secretaria da Agricultura, cinco mil câmaras de expurgo do café colhido.

O escritor Leonel Vaz de Barros, que adotou o pseudônimo de Léo Vaz, nasceu em Capivari, no dia 6 de junho de 1890, e convidado por Monteiro Lobato encarregou-se de orientar a *Revista do Brasil*. Léo Vaz foi redator-chefe e diretor do jornal *O Estado de S. Paulo*. Amigo de Paulo Setúbal, pôde ver a crescente angústia do poeta de *Alma cabocla*, durante todo o desenrolar da Revolução de 5 de julho de 1924. Diversas vezes, lá na sede da

Léo Vaz

Revista do Brasil, o extrovertido Setúbal exclamava, em frente do introvertido autor de *O professor Jeremias*:

– Que disparate, Léo! Esta revolução sangrenta está sendo comandada pelo filho de um padre!(*)

De fato o general Isidoro Dias Lopes, chefe da rebelião dos "tenentes" contra o governo do presidente Artur Bernardes, era filho de um sacerdote, do vigário do município gaúcho de Dom Pedrito. Militar culto e irônico, de cabelos prateados, rosto corado, olhos pequenos e azuis, ex-chefe do estado-maior do caudilho Gumercindo Saraiva, esse homem afável, simpático, adquiriu grande popularidade. Os seus admiradores declamavam nas ruas de São Paulo esta quadrinha:

"Isidoro não tem medo,
Nem tão pouco tem preguiça,
Vai fazer do Artur Bernardes
Trinta metros de lingüiça."

Miguel Costa

Paulo Setúbal, segundo o depoimento que Léo Vaz nos concedeu, também se escandalizou quando soube que o major Miguel Costa, da Polícia Militar, havia aderido ao movimento dos "tenentes". Comentário do Paulo:

– Quantos absurdos! O outro chefe dessa estripulia é um gringo!

Aqui é necessário informar: ele, Miguel Costa, era brasileiro naturalizado e argentino de nascimento, pois viera ao mundo em Buenos Aires, no dia 3 de dezembro de 1874...

Como já esclarecemos em nossa obra sobre Getúlio Vargas, o objetivo imediato dos seguidores do general Isidoro foi o seguinte: a rápida queda militar da capital paulista. Depois da posse da Paulicéia, tropas do Exército e da Força Pú-

---
(*) Depoimento oral de Léo Vaz, concedido no dia 15 de março de 1968.

blica, fiéis a Isidoro, rumariam até Santos nos vagões da São Paulo Railway, e até a Barra do Piraí, nos comboios da Central do Brasil. Controladas essas áreas, garantida a ligação de São Paulo com Minas Gerais, isolado o Rio de Janeiro, os rebeldes avançariam pela baixada santista e pelo vale do Paraíba, antes de se lançarem sobre a capital federal.

O objetivo político dos "tenentes" era apenas este: impor "a republicanização da República". Anarquistas e comunistas quiseram se unir a eles, porém nada conseguiram.

Sob o zunir das balas, as explosões das granadas, os revolucionários tentaram em vão, na manhã do dia 5 de julho, tomar o Palácio dos Campos Elísios, residência do doutor Carlos de Campos, presidente do estado de São Paulo.

Outras granadas estouram no bairro onde se localiza a sede do governo. Duas rebentam no Liceu Coração de Jesus, matando uma senhora e uma criancinha. E a chacina prosseguiu. Mulheres com os filhos caíam sem vida, atingidas por estilhaços. De vísceras à mostra, dilaceradas, as pessoas ficavam irreconhecíveis. Sangue à beça, como o das reses abatidas num vasto matadouro. Informação de Juarez Távora: combatia-se "cegamente ao dobrar de cada esquina, ao desembocar no âmbito desafogado das praças, em torno dos edifícios públicos e, às vezes, dentro destes ou por sobre os telhados".

Balas, rajadas de metralhadoras, derrubavam os cavalos nas ruas, que nelas jaziam com as suas barrigas endurecidas, sob o voejar das moscas douradas, amigas da podridão.

O fogo das baterias dos rebeldes, assentadas no alto do Araçá, obriga o doutor Carlos de Campos a transferir a sede do governo para a Secretaria da Justiça, no largo do Tesouro. Mais tarde ele sai da Secretaria e acoita-se no quartel do Corpo de Bombeiros, de onde ruma até a pacata Guaiauna, perto do bairro da Penha, a fim de instalar a sede do seu governo numa pequena estação ferroviária.

Bombardeada incessantemente, submetida a interminável fuzilaria, às chamas dos vários incêndios que faziam nascer imensas e ascendentes colunas de rubra fumaça, São Paulo se transformou numa urbe sinistra, com poças de sangue nas ruas e nas calçadas, animais

Tanques das forças legalistas em São Paulo, durante a Revolução de 1924

mortos empesteando o ar, sobretudo cavalos, lixo fedorento em todos os lugares, atraindo moscas e ratos.

Inimigo da violência, dos instintos selvagens desembestados, o poeta Paulo Setúbal horrorizou-se. Pela segunda vez uma guerra o chocava. Cenas do conflito mundial, iniciado em 1914, pareciam estar sendo apresentadas novamente diante dos seus olhos, como um filme macabro já visto. Ele poderia indagar a si próprio:

– Diga-me, Paulo Setúbal, a guerra de 1914 ressuscitou e veio para o Brasil?

No dia 10 de julho, cerca de mil revolucionários, muito bem apetrechados de fuzis e metralhadoras, enfrentam os legalistas entre as colinas do Ipiranga. O combate durou das quatro da tarde até às dez da noite e as hostes do general Isidoro, além de perder dezenas de homens, deixaram abundante munição nos locais da refrega.

Bernardista, obedecendo às ordens do presidente da República, o general Eduardo Sócrates mandou bombardear a capital, e de maneira implacável. Pretendia até arrasá-la, em grande parte. Eduardo dispunha de três tipos de artilharia, a de campanha, a de montanha e a de obuseiros 105. Seu plano: usar essa artilharia com o auxílio dos canhões e dos aeroplanos. Em seguida, um ataque às trincheiras dos rebeldes, com carros de assalto e cargas de baionetas, lutas corpo a corpo.

Setúbal tinha motivos de sobra para se horrorizar. Centenas de bombas caíram nos bairros populosos da Luz, do Brás, da Mooca, do Belenzinho. Um disparo de canhão liquidou muita gente no viaduto de Santa Ifigênia. O estouro de uma granada, causando um desabamento, fez oito pessoas morrerem esmagadas no famoso Hotel do Oeste.

Um incêndio na capital paulista, gerado pelo bombardeio dos aviões do governo federal, durante a Revolução de 1924

Ruíam as casas pobres e geminadas, debaixo do impacto dos projéteis. A caliça, os tijolos partidos, as pesadas traves dos tetos, sepultavam os moradores dessas casas. São fatos narrados pelo autor desta biografia no segundo volume da obra *Getúlio Vargas e o seu tempo*:

"E aos gritos, em pânico, as famílias saíam às pressas das residências. Debandada geral. Velhos, mulheres, crianças, pessoas de todas as idades, levavam os seus objetos às costas ou em pequenos veículos. Todos queriam fugir da morte que em nome da lei, da ordem, dos princípios democráticos, o governo federal enviava através do espaço."

São Paulo, no dia 12 de julho, sofreu doze horas seguidas de bombardeio. Um "dilúvio de fogo". Bombardeio "brutal, intenso, mortífero para a população civil, mas inócuo para as tropas revolucionárias..." Depoimento de Juarez Távora.

Três bairros da capital, a Liberdade, a Aclimação e a Vila Mariana, recebem no dia 14 as bombas dos legalistas, arremessadas pelos canhões de grosso calibre, de 75 e 155 milímetros.

Revolução de 1924 em São Paulo. Civis fugindo do bombardeio ordenado pelo presidente Artur Bernardes

Famílias inteiras perecem sob os escombros das casas arrasadas, nos bairros do Brás, do Cambuci, do Ipiranga e da Glória:

"Certeira granada dizimou toda uma família na rua Visconde de Parnaíba. Cheios de pavor, os vizinhos dessa família se aglomeraram numa calçada, em grupo compacto. Nesse momento, outra granada explodiu bem no centro do grupo e despedaçou os corpos de senhoras e crianças. Braços, troncos, pernas, cabeças, espalharam-se no chão melado de sangue, como se houvessem sido decepados por um açougueiro louco."[*]

Os soldados bernardistas invadiram um colégio do bairro do Ipiranga e estupraram meninas de doze a quinze anos.

Fugindo da metralha que varria as ruas da Mooca e do Belenzinho, muita gente se abrigou no teatro Olímpia. Tais pessoas, por se sentirem mais protegidas, reanimaram-se. E descuidadas, as crianças ali brincavam, quando uma granada explodiu. O padre Luiz Marcigaglia, no seu livro *Férias de julho*, descreveu esta tragédia:

"Corpos estraçalhados, corpos decapitados, postas de carne humana atiradas pelo chão e pelas paredes, poças de sangue, vísceras expostas e palpitantes... No meio daquele horror e daquela sangueira, os

---

[*] Fernando Jorge, *Getúlio Vargas e o seu tempo – Um retrato com luz e sombra.* T.A. Queiroz, Editor, São Paulo, 1994, volume II, páginas 624 e 625.

gritos lancinantes das pobres mães juntando os membros esparsos das crianças, encharcando-se de sangue ao erguerem nos braços a cabeça deformada dos seus filhinhos..."

Registrou o padre Marcigaglia, no dia 20 de julho (o seu livro é um diário), que transportavam os cadáveres das vítimas dos ininterruptos bombardeios em grandes caminhões, a fim de serem jogados na porta do cemitério do Araçá. Eram pilhas de rústicos ataúdes, de tábuas mal pregadas, em cujas enormes frestas se viam os corpos mutilados, alguns com o rosto irreconhecível.

Cresceu ao longo da rebelião, informou Ester Mesquita, o número de crianças sem mãos, sem pés, sem pernas. E em certas noites os canhões expeliam cerca de dois mil tiros, segundo a mesma fonte.[*]

Ciro Costa e Eurico de Goes, no livro *Sob a metralha...* (Gráfica-Editora Monteiro Lobato, São Paulo, 1924, página 180), narram isto: centenas de cadáveres, durante dois dias, ficaram insepultos e fétidos, as pessoas morriam, pisando nos fios elétricos partidos, os sentenciados da Casa de Detenção se viram soltos, entre eles o assassino Miguel Trad, autor do "crime da mala",[**] e vários cidadãos sofriam "assaltos e constrangimentos".

Aeroplanos dos legalistas, no dia 22 de julho, a mais de mil metros de altitude, largam dezenas de bombas, abrindo crateras nas ruas, desmantelando prédios, esfacelando os civis, incendiando fábricas, como o Cotonifício Rodolfo Crespi, um dos maiores estabelecimentos têxteis da América do Sul.

Léo Vaz ouviu estas duas frases do seu amigo Paulo Setúbal:

– Imagine, Léo, o que o nosso Santos Dumont deve estar sentindo... Decerto ele já se arrependeu de ter inventado o avião!

E a carnificina não perdia o fôlego. Soldados gaúchos munidos de facões na zona do Hipódromo, caíram de surpresa sobre os "jagunços" do general Isidoro e começaram a degolá-los. Sangue farto esguichou das gargantas, enquanto os berros, as pragas e as súplicas ecoavam.

---

[*] "Na carta, o drama da cidade". *O Estado de S. Paulo*, 5 de julho de 1974.

[**] O libanês Miguel Trad, em 1908, estrangulou o comerciante Elias Farhat e pôs o corpo deste na tal mala, revestida externamente de folha de flandres.

Revolução de 1924 em São Paulo. Legalistas posam para uma fotografia, atrás dos cadáveres de revolucionários fuzilados

Ao constatar que só seriam capazes de resistir por pouco tempo, os rebeldes decidem empreender uma última tentativa. O piloto alemão Carlos Herdler e o tenente Eduardo Gomes entram num aeroplano *Niewport Oriole*, com o propósito de voar até a cidade do Rio de Janeiro e de lá jogar uma "formidável bomba", treze quilos de dinamite, sobre o teto do Palácio do Catete... Desse modo eles "mandariam para o inferno, de onde nunca deveria ter saído, o criminoso Artur Bernardes". Mas um defeito na aeronave, obrigando o piloto a aterrissar o aparelho num brejo do município de Cunha, abortou o "magnífico plano".

Dion Cássio, historiador grego nascido na Bitínia, pelo ano 155, tomou Tucídides por modelo e escreveu uma valiosa história de Roma. Quando o perverso imperador Calígula foi assassinado, em conseqüência de uma certeira punhalada no queixo, narra esse historiador, o ódio dos seus inimigos se mostrou tão feroz que alguns o castraram e outros lhe arrancaram pedaços da sua carne, para os devorar. O ódio contra Bernardes também era ferocíssimo. Prova isto a atitude insólita do piloto Carlos Herdler e do tenente Eduardo Gomes. E esse ódio cresceu de modo impressionante, adquiriu proporções nunca vistas em solo brasileiro, por causa das bombas lançadas pelos aviões do governo federal sobre a cidade de São Paulo, com a autorização do álgido presidente de olhar cirúrgico.

Cadáveres dos revoltosos nos seus caixões, durante a Revolução de 1924

Quase vinte e três dias após o início da revolta, no dia 27 de julho, as tropas do general Isidoro, compostas de cerca de 3.500 homens, foram saindo de São Paulo, em direção a Bauru. O doutor Paulo Setúbal respirou aliviado, os bondes voltaram a andar, as casas comerciais reabriram as portas, as famílias abandonaram os abrigos, os trens retornaram do interior com os vagões entupidos de gente, os sinos das igrejas bimbalharam e houve o desfile dos soldados legalistas, cantando hinos patrióticos e exibindo flores nas carabinas.

Uma pergunta que muitos fizeram e que talvez o doutor Paulo Setúbal tenha feito a si mesmo: por que o presidente Artur Bernardes ordenou o bombardeio de São Paulo? Repetimos aqui a indagação do segundo volume da nossa biografia de Getúlio Vargas. Sim, por quê? Bernardes não sabia que ao mandar executar esta ação estava cometendo um crime de genocídio? O es-

O presidente Artur Bernardes

critor Gilberto Amado procurou entender as atitudes bernardescas e justificá-las, no capítulo XXV do seu livro *Presença na política*:

"Homão, o mineiro Bernardes, amante da autoridade com quem se casou para ser marido respeitado e não corneado por ela."

Gilberto Amado, o autor desta frase, era um homicida. Ele matou pelas costas, com vários tiros de revólver, o poeta gaúcho Aníbal Teófilo, no dia 19 de junho de 1915. Daí alguém poderá concluir: Gilberto defendeu Bernardes porque um assassino, freqüentes vezes, sabe compreender os crimes de outro assassino...

Em 1946, exercendo o cargo de deputado na Assembléia Nacional Constituinte, o intolerante Artur Bernardes declarou ao médico pediatra Wladimir de Toledo Piza que por causa da revolta de 1924, o prestígio do governo federal havia diminuído muito no Exterior. Devido à fraqueza desse governo, e de acordo com documentos fornecidos pelo Itamarati, uma frota dos Estados Unidos ia ocupar o Amazonas. Portanto, segundo Bernardes, impunha-se uma enérgica ação bélica contra os rebeldes comandados pelo general Isidoro, pois assim aquele prestígio seria recuperado. Explicação convincente? Leiam este nosso comentário, inserido no segundo volume de *Getúlio Vargas e o seu tempo*:

"A explicação de Artur Bernardes nos parece suspeita. Quem ocupava a presidência dos Estados Unidos, na época em que ele foi o nosso supremo mandatário, era o tímido e medíocre Calvin Coolidge e não o fogoso Theodore Roosevelt, 'o cavaleiro da coragem', adepto da política do *Big stick*, do 'longo porrete', da qual nasceu a intervenção dos ianques em Cuba, no Panamá e na República Dominicana. Talvez Bernardes houvesse inventado essa história para enganar a sua consciência, para não figurar na história do Brasil como um delinqüente monstruoso."

* * *

Sufocada a revolta de julho de 1924, a mão de ferro de Bernardes tombou em cima dos seus inimigos. Centenas de presos, sob a custódia do governo federal, amontoavam-se em navios, em cárceres imundos, nas ilhas próximas do litoral do Rio de Janeiro. Os "gringos anarquistas" foram devolvidos aos seus países e os "brasileiros perigosos", cerca de mil, "criaturas de péssimos antecedentes", eram enviados à Clevelândia, nos confins da Amazônia, sem processo, sem qualquer defesa. Lá na selva inóspita, submetidos a castigos físicos, privados de boa alimentação, mais de quinhentos homens morreram, dizimados por uma epidemia de disenteria bacilar.

Paulo Setúbal não descreveu no *Confiteor* as suas reações diante desses fatos, mas Galeão Coutinho nos informou que ele, agitado, não parava de criticar o presidente Artur Bernardes e de chamá-lo de "assassino sádico". Eis uma frase de Setúbal, ouvida por Galeão:

– Bernardes recebeu na nossa querida cidade de São Paulo, vítima da sua barbárie, o diploma de bacharel em ciências jurídicas e sociais, porém nunca respeitou a lei, o direito, e merece ser chamado de "O Calamitoso" e de "O Régulo de Viçosa".

É incontestável, agindo como um ditador, o político mineiro adotou duras medidas de cunho repressivo, como a antidemocrática Lei de Imprensa ("Lei Infame"), promulgada em novembro de 1923. Reação justa, a de Paulo Setúbal, porque Bernardes colocou "a legalidade acima dos direitos individuais".

O amor às letras, à cultura, e por conseguinte às coisas belas, superiores, estimula o nosso repúdio às arbitrariedades dos tiranos. Este amor é um consolo, ótima recompensa para os que condenam as vio1ências da estupidez humana. Paulo, nesse ano de 1924, quis entregar-se mais às letras. Dois dos seus amigos vão influenciá-lo, do ponto de vista cultural: o paulista Alcântara Machado e o catarinense Affonso de Escragnolle Taunay. Professor da Faculdade de Direito do largo de São Fran-

Artur Bernardes sendo jogado no lixo pelo Juca Pato

cisco, o primeiro se revelaria um historiador de mérito em 1929, com o livro *Vida e morte do bandeirante*. Taunay, o segundo, foi nomeado diretor do Museu Paulista no ano de 1917, tendo orientado em 1921 a instalação do Museu Histórico Republicano de Itu, uma iniciativa do presidente Washington Luís. Filho do Visconde de Taunay, ele iria escrever a *História geral das bandeiras paulistas*, obra em mais de dez volumes, ricamente documentada.

Grandes conhecedores da história do estado natal de Rodrigues Alves, esses dois amigos aconselharam Paulo a evocá-la em crônicas ou em romances. Ambos o ajudaram, fornecendo-lhe informações. Monteiro Lobato e Octales Marcondes Ferreira, seu sócio nos empreendimentos editoriais, também incentivaram o poeta de *Alma cabocla* a fazer isto.

Quase todos os nossos romances históricos foram lidos em jornais ou revistas, na forma de folhetins, como revela José Ramos Tinhorão no seu ensaio *Os romances em folhetins no Brasil* (Livraria Duas Cidades, São Paulo, 1994). Citemos os seguintes: *O aniversário de D. Miguel em 1828*, de João Manuel Pereira da Silva, no *Jornal do Commercio* do Rio de Janeiro, em 1839; *Jerônimo Corte Real*, do mesmo autor e publicado em 1840 no referido jornal; *A assassina*, do Barão de Piratininga (Antônio Joaquim da Rosa), na *Revista Literária*, em 1850; *Lúcia de Miranda*, de Cândido Batista de Oliveira, na revista *Guanabara*, em 1851; *As minas de prata*, de José de Alencar, dois volumes impressos na tipografia do *Diário do Rio de Janeiro*, em 1862; *Padre Belchior de Pontes*, de Júlio Ribeiro, na *Gazeta Comercial* de Sorocaba, em 1874 e 1875; *Mota Coqueiro ou a pena de morte*, de José do Patrocínio, na *Gazeta de Notícias* do Rio de Janeiro, em 1877; *As jóias da Coroa*, de Raul Pompéia, no mesmo jornal, em 1882; *O esqueleto (Mistério da Casa de Bragança)*, de Olavo Bilac e Pardal Mallet, na citada gazeta, em 1890; *O Encilhamento*, do Visconde de Taunay (sob o pseudônimo de Heitor Malheiros), também na *Gazeta de Notícias*, em 1893; *Felisberto Caldeira – Crônica dos tempos coloniais*, de Rodrigo Otávio, livro da Editora Laemmert, em 1900; *Os filhos do governador*, de Carneiro Vilela, no *Jornal Pequeno* do Recife, em 1904; *Acidentes de guerra*, do general Dantas Barreto, no mesmo periódico, em 1912.

Autor de um ensaio sobre o republicanismo de Joaquim Nabuco, obra premiada pelo Ministério da Educação, o crítico literário Péricles da Silva Pinheiro afirmou que existem mais de cento e cinqüenta títulos do chamado "romance histórico paulista". No entanto, em São Paulo, ainda não havia aparecido um escritor capaz de criar uma série de vigorosos romances desse tipo.

Paulo Setúbal interessou-se pela vida invulgar de Domitila de Castro Canto e Melo, a perturbadora amante do imperador D. Pedro I. Nascida em São Paulo, no dia 27 de dezembro de 1797, ela se casou aos dezesseis anos com o alferes Felício Muniz Pinto Coelho de Mendonça. Numa briga, o militar esfaqueou duas vezes Domitila na coxa, então grávida do terceiro filho. Isto aconteceu em 1819. No ano de 1822 – o da independência do Brasil – já separada do marido, a linda paulistana de olhos e cabelos negríssimos já era a amante oficial do imperador. Para o escândalo de todos, D. Pedro resolveu colocá-la junto da imperatriz Leopoldina, como primeira dama da corte. Domitila lhe deu cinco filhos. José Bonifácio, natural da vila de Santos, nunca a suportou, e essa ojeriza do Andrada fez a amante de D. Pedro receber o título de Marquesa de Santos, em 12 de outubro de 1826. Picardia do imperador... Após a morte de dona Leopoldina, atribuída às dores provocadas pela infidelidade do esposo, logo se espalhou a notícia de que ela fora envenenada a mando de Domitila. O rompimento definitivo entre os dois amantes ocorreu nas vésperas do casamento de D. Pedro com a princesa bávara D. Amélia de Leuchtenberg. Por ordem imperial, a Marquesa de Santos voltou a São Paulo, grávida da última filha do ex-amante, que não a reconheceu. Mas na sua província, Domitila seduziu o brigadeiro Rafael Tobias de Aguiar, com quem se casou em Sorocaba, no ano de 1842, e teve cinco filhos, mais uma vez. Ela faleceu em 3 de novembro de 1867, quase septuagenária.

Domitila de Castro Canto e Melo, portanto, merecia ser personagem e até figura central de um romance histórico. Esta idéia fascinou Paulo Setúbal, mas era preciso conhecer bem o assunto, todos os aspectos da vulcânica paixão do imprevisível D. Pedro I pela encantadora paulista. Ele teria de consultar as fontes: cartas, ofícios, livros, anais, decretos, documentos, jornais da época. Paulo queria que o seu romance fosse

Alberto Rangel

fiel à verdade histórica, com um sólido arcabouço. Começou então a extrair informações dos livros *História do Brasil*, de Rocha Pombo; *Independência ou morte*, de Eugênio Egas; *Memórias históricas brasileiras*, 1500-1837, de João Damasceno Vieira; *A Independência e o Império do Brasil*, de Alexandre José de Melo Morais; *A última corte do Absolutismo em Portugal*, de Alberto Pimentel; *Dom Pedro Primeiro e a Marquesa de Santos*, de Alberto Rangel. Também consultou as atas da Maçonaria, vários documentos do Arquivo Nacional, as cartas do Marquês de Barbacena e do Barão de Marshall, ministro da legação da Áustria; a *Revista do Instituto Histórico e Geográfico Brasileiro*; as curiosas e pitorescas memórias de Vasconcelos Drummond, publicadas no volume XIII dos *Anais da Biblioteca Nacional*.

A obra que mais ajudou Paulo a escrever o seu romance foi a do pernambucano Alberto Rangel, engenheiro militar, comandante de um pelotão de artilharia das forças legais, no tempo da Revolta da Armada, ocorrida entre 1893 e 1894. Após se demitir do Exército, no ano de 1900, ele lançou um famoso livro de contos, intitulado *Inferno verde*, com histórias da Amazônia e prefácio de Euclides da Cunha. Tendo ingressado na carreira diplomática, realizou na França, no Castelo d'Eu, pesquisas sobre o Império brasileiro. Descobriu ali muitos documentos importantes. Esses documentos permitiram que evocasse fatos da nossa história em livros de valor, como *Textos e pretextos* e *Gastão de Orleans*, mas numa linguagem retorcida, castigada, na qual se nota a visível influência do estilo do autor de *Os sertões*. Isto não o diminui, Alberto Rangel era um escritor de talento. No seu livro a respeito de D. Pedro I e a Marquesa de Santos, frisa Agrippino Grieco, nada lhe escapou à "curiosidade tentacular", pois "viu todas as cartas, todos os processos forenses, todos os documentos genealógicos, cardápios, brasões, testamentos, crônicas públicas ou secretas". Rangel podia endossar estas palavras do crítico Sainte-Beuve, reproduzidas por Tobias Monteiro no início da sua *História do Império*:

"O demônio da exatidão é aperreador como nenhum outro. Dele só me livro quando os pobres volumes já estão impressos; irei ao fim do mundo em busca de uma minúcia, como um geólogo maníaco atrás de um calhau."

Sainte-Beuve foi bem minucioso, exato, um verdadeiro anatomista literário nos seus *Portraits contemporains*, nas suas *Causeries de lundi*. E Rangel adotou o método do incomparável crítico francês. Aqui não é impróprio o adjetivo *incomparável*, porque nenhum crítico moderno, da atualidade, conseguiu superá-lo na análise dos sentimentos oriundos das mais recônditas profundezas da alma.

Examinando decretos, necrológios, missivas, escrituras públicas, notas secretas de diplomatas, dezoito textos de D. Pedro I enviados a Domitila e que ele encontrou na seção de manuscritos da Biblioteca Nacional do Rio de Janeiro, o escritor Alberto Rego Rangel produziu uma obra ricamente documentada, fonte obrigatória de consultas para todos que desejam se informar sobre a paixão sexual do filho de Carlota Joaquina pela estonteante Marquesa de Santos.

Honesto sob todos os aspectos, Paulo Setúbal citou Rangel em notas de pé de páginas, nos capítulos 7, 20, 23 e 27 do seu romance *A Marquesa de Santos*. Aliás, também citou as suas outras fontes informativas, nas demais notas. Eis aí um ótimo exemplo de probidade literária.

Melo Morais, na *Crônica geral do Brasil*, livro consultado por Paulo várias vezes, conta que D. Pedro I teve muitas amantes e muitos filhos naturais com mulheres brancas, mulatas e pretas:

"Não enjeitava nenhuma... era democrático e não nutria complexos raciais..."

Domitila, afirmou Melo Morais, foi a única capaz de lhe despertar uma paixão. Tais bisbilhotices do médico alagoano escandalizaram os monarquistas, mas Sílvio Romero o defendeu:

"Tudo quanto contribui para fornecer uma idéia mais exata do caráter dos heróis e dos grandes homens, deve ser aproveitado religiosamente. Não sei a razão por que D. Pedro I deva escapar a esta regra."

De qual maneira os leitores iriam reagir, após o lançamento do livro do Paulo? Ficariam chocados, nesse ano de 1925?

* * *

Numa tarde cheia de sol do mês de outubro do 1925, "um moço bem apessoado e forte" entrou na sala da editora de Monteiro Lobato. Ele entrou "como se um tufão soprasse pelas escadas acima, abrindo e batendo portas, em meio a verdadeira algazarra de vozes, gritos, gestos e gargalhadas". O moço tinha os cabelos castanhos, rosto largo, olhos brilhantes. Seu nome: Paulo Setúbal. Quem narra isto é o professor Silveira Bueno, que se achava na editora. Paulo jogou na mesa de Lobato um pacote e disse, "num barulhão de torvelinho explosivo":
– Está aí!
– Está aí o quê? – perguntou Lobato.
– *A Marquesa de Santos*!
Vamos dar a palavra a Silveira Bueno:
"Ali estava, em carne e osso, aquele que deveria ter sido meu companheiro de Seminário, Paulo Setúbal. Mirei-o bem, examinei-o dos pés a cabeça e vi que somente um milagre teria feito daquela explosão humana um padre! A vida sorria-lhe por todos os poros e, como um general romano em véspera de triunfo, antegozava o esplendor que o seu romance lhe abriria em ambos os lados da sua carreira triunfal na literatura do Brasil."[*]
Depoimento de Monteiro Lobato:
"Setúbal era o encanto feito homem. Impossível maior exuberância, maior otimismo, maior entusiasmo – mais fogo. Dava-me a impressão duma sarça ardente..."[**]
Esclarece Lobato que os originais de *A Marquesa de Santos* só tiveram da sua parte uma objeção. Eles apresentavam pontos de admiração em excesso, pontos "para cem romances do mesmo tamanho". Lobato acentuou:

---

[*]   Silveira Bueno "Paulo Setúbal", *in A Gazeta*, de 25 de julho de 1961.
[**] Monteiro Lobato, *Mundo da lua e miscelânea*. Editora Brasiliense, São Paulo, 1961, página 193.

"Sempre foi, em cartas e na literatura, uma das inevitáveis exteriorizações de Setúbal, esse gosto nababesco de pontos de admiração. Por ele, todos os mais pontos da língua desapareceriam da escrita, proscritos pelo crime de secura, frieza, calculismo, falta de entusiasmo."

O criador da boneca Emília objetou contra aquele exagero e obteve de Paulo a licença para efetuar um grande corte. Palavras de Lobato:

"Cortei quinhentos pontos de admiração! Setúbal concordou com a minha crueldade – mas suspirando; e na primeira revisão de provas não resistiu – ressuscitou duzentos."

Monteiro Lobato estava certo. De fato se nota o amor de Paulo aos pontos de admiração, no seu livro de maior sucesso. Leiam, por exemplo, esta passagem do capítulo décimo de *A Marquesa de Santos*, intitulado "A missa da Capela Imperial":

"Ah! Os requintes que pôs a perturbante senhora em se alindar para tão suspirado triunfo! As águas de cheiro! Os pós de França! As luvas de doze botões! O leque de marfim e ouro!"

Seis pontos de admiração, num trecho curto. E mais seis, nesta pequena passagem do capítulo "Uma cena no paço":

"Ah, a travessia a bordo do 'D. João VI'! E o esplendor da nau! E os camarins forrados de seda e lhama! E a chegada ao Rio! E as festas! E a alegria de D. João VI!"

Até em vários diálogos dos personagens do romance, Paulo espalha os pontos de admiração. Domitila faz as seguintes promessas ao favorito de D. Pedro I, no capítulo "Uma aventura do Chalaça":

"– Você terá todas as recompensas, Chalaça! Tudo! Você será marquês. Afianço que você será marquês! E ministro! Primeiro-ministro do Império!... Ou então, se você preferir, será embaixador. Embaixador em Paris!.... Olhe só para isto: o senhor Marquês Gomes da Silva é o nosso embaixador em Paris!"

Numa conferência pronunciada no dia 4 de maio de 1943, na Academia Brasileira de Letras, o poeta Cassiano Ricardo, ao evocar o extrovertido Paulo Setúbal, justificou de certa forma este seu amor indômito pelos pontos de admiração:

"Os fatos mais simples, os acidentes que rodeiam o pão de cada dia, sempre lhe foram dignos da mais incorrigível admiração; e o curioso é que ele exigia, de nós, que os admirássemos com igual alvoroço."

Ilustre escritor da pátria de Joana D'Arc, o naturalista Buffon, quando a Academia Francesa o elegeu, soltou esta frase célebre, muito citada até hoje:

"Le style c'est 1'homme même."

("O estilo é o próprio homem.").

Alguns críticos divergem ao interpretá-la, mas se considerarmos que ela quer dizer que o estilo é o reflexo do temperamento de um escritor, teremos de admitir: os numerosos pontos de admiração do romance *A Marquesa de Santos* mostram a alma ardente de Paulo Setúbal, o seu temperamento sempre inflamável, no bom sentido. Criaturas frias, calculistas, não usam pontos de admiração. Usam as reticências dos céticos, dos irônicos amantes da dúvida e das conclusões incertas. Quem soube compreender Paulo, a sua veemência, foi o escritor Monteiro Lobato:

"Os homens prudentes regulam com avareza esse processo de combustão que é a vida. Ardem, mas como a brasa sob as cinzas – no mínimo – para ganhar em extensão o que perdem em intensidade. Mas Setúbal não se continha: era uma perpétua labareda de entusiasmo, de amor, de dedicação, de projetos, de serviço, de cooperação, de boa vontade. Não havia nele uma só qualidade negativa."

Escritores perfeitos nunca existiram. Qualquer autor de livros pode ser criticado. Paulo Setúbal usava em excesso os pontos de admiração? Sem negar isto, o que dizer da hiperbólica opulência verbal de Coelho Neto, dos textos cheios de reticências do Afrânio Peixoto, da prosa abarrotada de vírgulas do Humberto de Campos e da enorme quantidade de frases no plural, tão visíveis nas páginas épicas de *Os sertões*, do insigne Euclides da Cunha? Fato indiscutível: *A Marquesa de Santos* é um romance muito bem escrito, no qual existe vida, ação, calor. Os personagens desse livro amam, odeiam, movimentam-se, não são estátuas ou bonecos de engonço. Paulo, ao evocá-los, meteu nas descrições as flamas de uma alma incapaz de ficar gelada. Admirem como ele retratou a jovem Domitila:

"Era mulher feita, mulher desabrochada, mulher em pleno verão de sua formosura, em plena inflorescência de suas graças. E ali, na Ópera, com os seus cabelos trevosos, onde resplendia faiscante borboleta de pedras; com o seu colo rosado de morena, em cuja pele quente ardia enorme solitário; com os braços soberbos, onde serpenteavam argolas e braceletes; com o seu atrevido chapéu de pluma negra; com o seu corpete de seda escura, muito justo; com a sua elegante saia de damasquilho, farfalhosa e tufada, D. Domitila de Castro, magnífica flor dos trópicos, deslumbrava entre as galas daquela apoteose."

A descrição é a de um admirável retratista, o leitor vê a futura Marquesa de Santos. E sentimos também a flamância das coisas vivas, quando Paulo nos mostra o êxtase de D. Pedro I diante da filha do coronel João de Castro:

"D. Pedro, velho sangue erótico dos Braganças, cravava, de momento em momento, olhos devoradores naquele poema de carne. Que mulher! Ah, a volúpia daquelas linhas, a quentura daqueles olhos, o arfar daqueles seios, o vermelho sangrento daqueles lábios..."

Esta e outras descrições, levaram Monteiro Lobato a garantir:

"Duvido que Pedro I haurisse tanto prazer da Domitila quanto hauriu Setúbal da *Marquesa de Santos* literária. Se há um a invejar, não é D. Pedro."

D. Pedro I

Uma figura se destaca, no romance de Paulo. É a do Chalaça, o favorito do nosso primeiro imperador, "cavalheiro muito alto, muito magro, com uns bigodes pretos muito retorcidos". Cantador de modinhas e lundus, "violeiro folião", ex-barbeiro, ex-ourives, ex-seminarista, ele se chamava Francisco Gomes da Silva e como informa Setúbal, ocupou no Brasil as mais altas posições, tornando-se intendente geral das Cavalariças, comandante da Imperial Guarda de Honra, secretário privado de D. Pedro, conselheiro de Estado, comendador do Império... O Chalaça dá a impressão de andar pelas páginas do livro.

O Chalaça

Vivos estão no romance o austero José Bonifácio, o impávido Joaquim Gonçalves Ledo, os parlamentares Antônio Carlos e Martim Francisco, membros da Assembléia Constituinte, o Barão de Marshall, o Marquês de Paranaguá, o assassino Corta-Orelha, a imperatriz Leopoldina, esposa infeliz de D. Pedro.

Os diálogos ágeis, numa linguagem clara, direta, prendem a atenção do leitor, pois Paulo lhes transmitiu um ritmo cinematográfico. É o mesmo ritmo que está presente nos diálogos dos grandes romances históricos da literatura universal, como o *Ivanhoé*, do escocês Walter Scott; o *Quo vadis?*, do polonês Henryk Sienkiewicz; o *Ben-Hur*, do norte-americano Lewis Wallace; o *Eurico*, o *presbítero*, do português Alexandre Herculano.

X

A MARQUESA E O PRÍNCIPE DÃO MUITO DINHEIRO A UM ROMANCISTA POBRE

*G*randes cartazes nas ruas e anúncios nos jornais, comunicaram o próximo lançamento na cidade de São Paulo do romance *A Marquesa de Santos*, do escritor Paulo Setúbal. A editora de Monteiro Lobato se atrevia a fazer o que nunca qualquer outra tinha ousado.

E o êxito foi imediato, extraordinário, "sobretudo entre as mulheres de idade", como escreveu Lobato. Segundo este, o livro se converteu no maior sucesso editorial da República. As tiragens alcançaram rapidamente o número fantástico, para os editores, de cinqüenta mil exemplares. O autor de *O poço do Visconde* salientou:

"Ninguém será capaz de descrever a reação de Setúbal diante da vitória tremenda da sua Marquesa, e duvido que a literatura, no mundo inteiro, haja proporcionado a um autor maior regalo. A perpétua exaltação do entusiasmo de Paulo Setúbal vinha disso: desse integrar-se na obra, desse absoluto identificar-se com ela."

Lobato depois concluiu:

"Em regra, o escritor é um pai desnaturado; só sente prazer no ato da criação. Nascido o filho, joga-o às feras e esquece-o. Setúbal não. Setúbal sabia ser pai. O mesmo prazer que sentia em criar, sentia em acompanhar carinhosamente a vida pública do filho impresso."

Na história da literatura brasileira, como disse Lourenço Dantas Mota, a Marquesa de Santos do Paulo Setúbal se tornou "tão popular quanto a Iracema de José de Alencar, a Capitu de Machado de Assis e o Jeca Tatu do Monteiro Lobato". Concordamos, mas ela também adquiriu a mesma popularidade da Inocência do Visconde de Taunay, da escrava Isaura de Bernardo Guimarães, da Maria Dusá de Lindolfo Rocha, da Luzia-Homem de Domingos Olympio e do Macunaína de Mário de Andrade. Entretanto, Paulo conseguiu superar os criadores desses personagens fictícios, pois fez a Domitila real, da história do Brasil, transformar-se numa figura literária.

Um dos sonhos mais ambiciosos dos romancistas é este: que as figuras femininas de seus livros fiquem vivas, que respirem, que se agitem, que os leitores sintam até as suas presenças físicas. Sob tal aspecto, enfatizemos, a Domitila do Setúbal está tão viva como a Violante de *Turbilhão*, do Coelho Neto; a Lenita de *A carne*, do Júlio Ribeiro; a Maria do Carmo de *A normalista*, do Adolfo Caminha; a Ema de *O ateneu*, do Raul Pompéia; a Magdá de *O homem*, do Aluísio Azevedo; a Carolina de *A moreninha*, do Joaquim Manuel de Macedo.

Todos os escritores, se alcançam o sucesso com um livro, recebem críticas às vezes injustas. Paulo não poderia escapar disso. Acusaram-no de pôr, nos lábios dos personagens do seu romance, palavras e expressões bem modernas, inexistentes na época do Primeiro Reinado. Membros do Instituto Histórico de Pernambuco e do Instituto Histórico e Geográfico de São Paulo, talvez movidos pela inveja, apegaram-se a ninharias, a pequenos defeitos, para o criticar. Um anônimo, usando o pseudônimo de Monarquista Verdadeiro, contestou as observações de Paulo sobre a influência política exercida por Domitila no espírito de D. Pedro. O romancista lhe deu a seguinte resposta:

"Alberto Rangel, na parte de empregos e favores políticos, tentou eximir a Marquesa de Santos de qualquer interferência. Mas nessa parte, justamente, a Domitila de Castro é franca, é categoricamente indefensável. Vejamos. Principiemos pela própria Marquesa. Vossa senhoria, senhor Monarquista Verdadeiro, decerto sabe que a Domitila de Castro era trivial mulherinha de São Paulo, a quem o marido (o alferes Felicio Mendonça) meteu duas facadas na coxa. Duas facadas, meu amigo! E isso ali na frente de Santa Luzia [Paulo indica a capela de Santa Luzia, na rua Tabatingüera], perto da rua Conde de Sarzedas, que vossa senhoria conhece perfeitamente. Pois bem. Vem D. Pedro, enamora-se da moça, agarra-a, leva-a ao Rio, bota-a de cama e mesa. Mas não é só. Eleva-a, de um dia para o outro, à alta honraria de primeira-dama da imperatriz. Fica aí? Capaz! Não se contenta com a retumbante mercê: fá-la com escândalo de toda a gente Viscondessa de Santos! E é só? Não! Ainda há mais: num dia memorável, concedeu-lhe a estrondosa graça de Marquesa de Santos. Isto, senhor Monarquista, a Domitila."[*]

Provando a fortísima influência da paulista na alma do estouvado D. Pedro, o autor desta resposta continuou:

"E os parentes? Veja um pouco. Comecemos pelos mais próximos. D. Pedro elevou a filha primogênita de Domitila – a Isabel Maria – a duquesa. Ouviu bem? A duquesa! Foi a menina a célebre Duquesa de Goiás. O título mais alto do Império! Elevou também a segunda filha, que morreu na infância, às mesmas culminâncias. Foi a Duquesa do Ceará. Mas, as mêrces não pararam na Domitila e nas filhas. Transbordaram. É só ver os fatos. Os pais de Domitila, o velho João de Castro e dona Escolástica Bonifácio, foram agraciados com o título de viscondes. Foram os viscondes de Castro. A irmã e o cunhado – a Maria Benedita e o Delfim Pereira – arranjaram-se com a nobreza de barões. Foram os barões de Sorocaba. Ainda não é tudo. Os irmãos de Domitila, num só dia, receberam a graça de 'moços fidalgos da Casa Imperial."

Paulo depois mostra, documentadamente, como a Marquesa de Santos recebeu doze contos de réis, por ter induzido D. Pedro a dissolver a Assembléia Constituinte, em 12 de novembro de 1823. Episódio narrado no capítulo "A noite de agonia" do seu romance.

O texto de Setúbal, além de ser uma réplica arrasadora, prova com eloqüência a sua capacidade de pesquisador dos fatos da nossa história. As minúcias desse texto erudito são o fruto de leituras acuradas, de longas investigações. E à semelhança do historiador cearense Capistrano de Abreu, ele procurava os documentos originais ou recorria

---

(*) As abreviaturas do texto foram substituídas por palavras em extenso.

a idôneas fontes informativas, desprezando as suspeitas, de segunda mão. Atrás dos diálogos vivos e espontâneos de *A Marquesa de Santos*, oculta-se a verdade histórica, pois esses diálogos estavam baseados nos acontecimentos da época do Segundo Reinado. Todas as conversas entre a Domitila e o Chalaça não foram exatamente como Paulo Setúbal as apresentou? Sim, não foram, mas podiam ter sido, porque elas se travaram, nas páginas do livro, devido aos tais acontecimentos. Esta firme estrutura do romance de Paulo, os seus robustos alicerces, a correta seqüência cronológica, a ausência de anacronismos, o estilo vivo, nobre, simples, limpo, comunicativo, isento de expressões baixas e de vulgaridades, deram-lhe a solidez de uma bela, cativante e imperecível obra literária.

* * *

As livrarias não paravam de vender o romance de Paulo. Sucesso indiscutível. Contou-me o escritor Afonso Schmidt que diálogos assim eram freqüentes na capital paulista:

– Você já leu *A Marquesa de Santos*, do Paulo Setúbal?

– Não.

– Não? Nossa, você não sabe o que está perdendo! Leia, se você ler este livro, vai se divertir deveras com D. Pedro I, a Domitila e o Chalaça.

– O Chalaça?

– É, o Chalaça, ex-barbeiro, ex-seminarista, cantador de modinhas e lundus, amigo íntimo de D. Pedro, seu favorito. Um pândego, ele gostava da folia!

Assegurou o professor Silveira Bueno, na *História da literatura luso-brasileira*: o romance *A Marquesa de Santos* "foi, certamente, o livro mais lido no Brasil, depois do *Guarani* de Alencar".

Mas literatos frustrados procuraram diminuir o valor desse *best-seller* da década de 1920. Citavam certos deslizes de Paulo. Diziam, por exemplo, que ele havia cometido um erro grave, quando usou a expressão "Primeiro Império", nos capítulos "Uma trama na sombra" e "Uma sentença interessante". Errara porque o Império brasileiro ti-

Capa da 4ª edição de *A Marquesa de Santos*

nha sido um só, dividido em Primeiro Reinado, o de D. Pedro I, e em Segundo Reinado, o de D. Pedro II.

Todavia, alguns críticos tentaram ser ponderados. Autor de *No tempo de Petrônio* e *Jardins de Salústio*, dois ensaios sobre a Antiguidade Clássica, do mais puro espírito humanístico, o professor Fernando de Azevedo quis fazer justiça à obra. Dele é este retrato de Paulo, traçado depois da aparição de *Alma cabocla*:

"Temperamento vibrátil e afetivo até à exuberância, de franqueza aberta e de palavra borbulhante, a primeira impressão que deixa o senhor Paulo Setúbal é a desses dissipadores intelectuais acessíveis a todas as emoções e ao alcance de todas as influências. A sensibilidade excessiva e sugestionável que o torna apto a recolher e a traduzir todas as impressões exteriores, não lhe devia deixar calma bastante para os fecundos repousos do recolhimento ou para o trabalho silencioso das investigações."

Fernando de Azevedo

Fernando de Azevedo se referiu ao "encanto pessoal", de Paulo, ao seu "ar de inquietação febril e de vibração sentimental", aos seus "sentidos sempre alertas", à sua "familiaridade expansiva e insinuante". Estas características indicariam, à primeira vista, na figura de Setúbal, "mais um sonhador mudável e polarizável de todas as maneiras, do que um trabalhador de vontade pertinaz e de tendências firmes". O professor, analisando-lhe o temperamento, via a sua "alma sensível, entusiástica e sonhadora, impelida por uma curiosidade sôfrega e por uma necessidade constante de emoção". A inteligência de Paulo, acentuou, era "mais viva do que original".

Segundo o professor, o livro *A Marquesa de Santos* agradava pela segurança da narrativa:

"...romance simples na sua fabulação histórica, construído em linhas harmoniosas e escrito em estilo expedito, sem tumulto e sem incidentes. A linguagem, muito atraente e maneirosa, tem tanto na exposição como no jogo dos diálogos, a força de uma naturalidade dominadora. Os episódios que valem sobretudo pela vivacidade das evocações e pelo calor da emoção com que o romancista sentiu e desenhou, desenrolam-se por entre as peripécias da intriga e a marcha dos acontecimentos."

Após elogiar a "agilidade descritiva" da obra, a reconstituição da época do Primeiro Reinado, devido ao feliz registro dos pormenores pitorescos e das notações de caráter sugestivo, Fernando de Azevedo elogiou as pesquisas de Paulo:

"Embora os amores de D. Pedro e da Marquesa de Santos já tivessem sido submetidos a uma rigorosa análise documentária em obras como a de Alberto Rangel, não há contestar que o senhor Paulo Setúbal, sobre ter a noção da verdade histórica e a concepção das fontes, conhece, como romancista, o partido que se pode tirar dos documentos e do manejo dos arquivos. Sente-se de fato que o investigador quase sempre dominou, com a sua argúcia e paciência, os documentos originais e as sobras eruditas que pôde ter à mão, no preparo do romance."

A crítica de Fernando de Azevedo se torna injusta e incoerente quando ele nega a Paulo a faculdade de modelar figuras vigorosas, capazes de saltar das páginas do seu livro. Injusta e incoerente, sim, porque mais adiante o professor declara:

"...personagens do primeiro plano da intriga amorosa, como o imperador e a marquesa, a imperatriz D. Leopoldina e o Chalaça, são pintados com bastante segurança..."

Ora, se estes personagens foram "pintados com bastante segurança", Paulo soube retratá-los, eles surgem em frente de nós como figuras expressivas, de nítidos contornos.

Mais uma injustiça do professor, nessa crítica publicada no jornal *O Estado de S. Paulo*:[*] apresenta-se despida de relevo, no livro, a figura de José Bonifácio. Não, pelo contrário, o Patriarca da Independência aparece com vigor em várias passagens de *A Marquesa de Santos*, pois ele se destaca nos capítulos "O grão-mestre da Maçonaria", "O homem do dia", "O Corta-Orelha", "A primeira-dama", "A noite da agonia".

Tendo lecionado psicologia no Ginásio do Estado da capital mineira e na Escola Normal de São Paulo, o professor Fernando de Azevedo foi um homem algo fascinado, como o austríaco Stefan Zweig, pela psicanálise de Sigmund Freud. Este fascínio o estimulou a sustentar que Paulo Setúbal não era dominado "pelo espírito de análise e pelo gosto de penetração psicológica". A crítica é descabida. No romance histórico as análises dessa natureza são dispensáveis, porque os atos

---

(*) Ela foi inserida nas páginas 155, 156 a 157 da segunda edição do seu livro *Máscaras e retratos*, lançado em 1962 pelas Edições Melhoramentos.

dos personagens já revelam as suas reações psicológicas. Imaginemos como os romances históricos de Alexandre Dumas ficariam chatos, pesados, se estivessem cheios de análises desse tipo. Quem hoje os leria? Quem ainda se deliciaria com os enredos de *A rainha Margot, A dama de Monsereau, O colar da rainha, Os três mosqueteiros, O Visconde de Bragelonne, O cavaleiro da Casa Vermelha*?

José Bonifácio

* * *

O sucesso de *A Marquesa do Santos* fez este livro ser traduzido para o francês, pelo Conde de Périgny; o árabe, por Nazir Zaitun; o russo, por Selsoff; o croata, por Zoran Ninitch; o inglês, por Margareth Richardson. A tradução para o idioma de Charles Dickens, dessa norte-americana, recebeu o seguinte título: *Domitila, the romance of an Emperor's Mistress.*

Na Argentina a obra de Paulo foi a base, a fonte de inspiração de um filme com Pepita Serrano, no papel da Marquesa de Santos, e George Rigaud, no do imperador D. Pedro I.

Estimulado pelo sucesso do livro, Setúbal se dispôs a escrever outro romance histórico. Interessou-se então pela figura de Johan Maurits de Nassau-Siegen, o célebre Príncipe de Nassau, governador geral das possessões holandesas no Brasil, de 1637 a 1644, descrito por Capistrano de Abreu como um "fidalgo de raça, capaz de sentir uma injustiça e repará-la, amante de festas e esplendores, inclinado a farsas nem sempre de gosto mais delicado, isento da preocupação de voltar a terras mais civilizadas".

Sem dúvida, Nassau merecia ser o personagem de um romance histórico. Nascido aos 17 de junho de 1604, no castelo de Dillemburg, na região de Hessen-Nassau da Alemanha, muitas pessoas ainda pensam que ele era holandês. Seu avô paterno, Jan de Oudste, era o irmão mais velho de Guilherme, o Taciturno, assassinado em Delft no ano de 1584, após ter a cabeça posta a prêmio por Filipe II, rei da Espanha. Culto, brilhante, provido de lépida inteligência, grande incentivador das artes, da pintura, da música, Nassau trouxe da Europa, em sua comitiva, geólogos, teólogos, matemáticos, astrônomos, arquitetos, naturalistas, cientistas, quarenta e seis sábios. Vieram com ele o médico Willem Piso, o cartógrafo Georg Marcgraf, os pintores Albert Eckout, Zacharias Wagener e Frans Post.

A cultura flamenga, então, refulgiu no Nordeste. Graças ao príncipe foram construídos, pela primeira vez no continente sul-americano, um jardim zoológico, um jardim botânico e um observatório astronômico. Nassau mandou restaurar os engenhos de açúcar, reconstruir Olinda e Recife, erguer a cidade de Maurícia (Mauritzstadt), a "Veneza das Américas", na ilha de Antônio Vaz, onde havia dois magníficos palácios, suntuosamente mobiliados, o de Friburgo e o da Boa Vista. Encimado por duas torres, ostentava o primeiro, no seu interior, salas apaineladas, um observatório astronômico, um museu com rica coleção de borboletas e de trezentos macacos empalhados, uma biblioteca com livros raros, na qual se via luxuoso exemplar do *Elogio da loucura*, esta obra clássica do humanista Erasmo de Rotterdam.

Setúbal, para escrever os dezenove capítulos do romance *O Príncipe de Nassau*, consultou os seguintes trabalhos: *Desagravos do Brasil e glórias de Pernambuco*, de Domingos Loreto; *Memórias históricas da província de Pernambuco*, de Fernandes Gama; *O valeroso Lucideno*, de frei Manuel Calado (pseudônimo de frei Manuel do Salvador); *Rerum per octennium in Brasilis*, de Gaspar Van Baerle; *História do Brasil*, de Robert Southey; *Voyages and travels to Brazil*, de

173

John Nieuhoff; *Luta contra os holandeses,* de Francisco Adolfo de Varnhagen (Visconde de Porto Seguro); *Castrioto Lusitano,* de frei Rafael de Jesus; "Anais dos feitos da Companhia das Índias" (no volume XXX dos *Anais da Biblioteca Nacional*); "Papéis inéditos sobre Vieira", de Alberto Lamego (no volume LXXV da *Revista do Instituto Histórico e Geográfico Brasileiro*).

Todas estas fontes informativas são mencionadas nas notas de fim de página do romance, mas o livro que Paulo mais consultou foi sem

Capa da 1ª edição de *O Príncipe de Nassau*

dúvida *O valeroso Lucideno*, de frei Manuel Calado. As notas revelam isto. E Setúbal fez bem em se basear muito nas informações dessa obra, pois ela é indispensável para quem deseja obter o minucioso conhecimento dos fatos ocorridos no tempo da segunda invasão holandesa.

A vida de frei Manuel Calado, aliás, já é um romance de aventuras. Ele nasceu em Vila Viçosa, Portugal, no ano de 1584. Nas funções de primeiro eremita, entrou para a Congregação da Serra do Ossa, da Ordem de São Paulo. Os seus superiores o autorizaram a morar no Brasil, a fim de poder sustentar o pai e a irmã com esmolas. Virou pregador apostólico em Pernambuco, chegando a participar das guerrilhas contra as hostes de Nassau. Pouco antes de Calabar morrer na forca, no dia 22 de julho de 1635, frei Manuel Calado foi o seu confessor. E a heróica reconquista de Porto Calvo, façanha do bravo Matias de Abuquerque, teve nesse sacerdote um cronista fiel.

Após viver aqui cerca de trinta anos, Calado retorna a Lisboa, onde publica em 1648 o livro que lhe deu fama e cujo título é este, por extenso: *Valeroso Lucideno e Triunfo da Liberdade, dedicado ao Sereníssimo Senhor D. Teodósio, Príncipe do Reino e Monarquia de Portugal.* Embora houvesse saído com as licenças, a obra acabou sendo proibida. Só a reeditaram em 1668, vinte anos depois. Frei Manuel Calado morreu em Lisboa, aos setenta anos de idade, no dia 12 de julho de 1654. O inglês Robert Southey o considerou "um homem extraordinário", pois ele conseguiu ser, de modo simultâneo, poeta, soldado, pregador e historiador...

Como o livro de frei Manuel é rico em pormenores, em episódios curiosos, logo se mostrou extremamente útil à feitura de *O Príncipe de Nassau*, às descrições dos fatos históricos, evocados por Paulo Setúbal. Frisou o tatuiense, no preâmbulo do romance:

"Empenhei-me de coração em suavizar o rude da matéria, enfeitando-a com o pitoresco e aventuroso que andei catando nas crônicas da época. Tentei, dentro do que colhi, reconstituir com fidelidade toda uma era morta, vulgarizar homens e fatos, evocar heroísmos, popularizar a trama romanesca da rebelião, pintar o espírito bárbaro-religioso daqueles dias, tornar acessível a todo o mundo esse escuro passado de há três séculos. Por esse lado, no sentido patriótico, este romance é fundamentalmente verde-e-amarelo."[*]

Paulo acrescentou, esperançoso:

"Se, por acaso, correndo por esse Brasil afora, tiver *O Príncipe de Nassau* a boa fortuna de despertar em algumas almas um pouco mais de paixão e de entusiasmo pelas coisas pátrias, dar-me-ei por fartamente pago das minhas penas através de alfarrábios e de arquivos. E as minhas penas não foram poucas."

Assim o autor datou a obra:

"Fazenda Santa Teresa, 1925."

Capa da 4ª edição, refundida, de
O Príncipe de Nassau, lançada em 1933

---

[*] Na quarta edição refundida desse livro, publicada em 1933, Paulo substituiu *verde-e-amarelo* por *verde-amarelo*.

O romance movimenta com traços vigorosos, diante dos olhos do leitor, notáveis figuras da epopéia contra os holandeses, como João Fernandes Vieira, opulento senhor-de-engenho, herói da batalha do Monte das Tabocas; André Vidal de Negreiros, "bravíssimo paraibano" e "alma da rebelião"; Henrique Dias, filho de escravos, soldado que deu aos brasileiros a vitória, na batalha de Porto Calvo; Antônio Filipe Camarão, índio da tribo dos Potiguares, convertido ao Cristianismo e muito astuto na arte de preparar emboscadas.

Duas personagens femininas brilham no livro: Carlota Haringue, moça na qual "tudo era ajustado, harmônico, perfeito", criatura "prodigiosamente linda", e a diabólica Ana Paes, morena cheia de quebrantos, de pisadas leves como as de um passarinho, dona dos olhos mais pretos de Pernambuco.

Homem de alma lírica, terna, sensível à dor, Paulo Setúbal, no entanto, usa as tintas fortes nas descrições das pelejas sangrentas. Vejam a sua narrativa do momento culminante da batalha do monte das Tabocas, travada no dia 3 de agosto de 1645, quando João Fernandes Vieira, depois de es-

Dona Ana Paes. Desenho de José Wasth Rodrigues para o livro *O Príncipe de Nassau*

porear o seu cavalo e de engatilhar o seu mosquete, incita os rebeldes a avançar contra o inimigo:

"E despenha-se na luta. Os soldados, com entusiasmos de fanáticos, rezando e cantando, lançam-se após ele. Então, no morro das Tabocas, é um pelejar fantástico! São morteiros que atroam, bombas de artifício sacudindo os ares, pelouradas ensurdecedoras, colubrinas que estrondam, fumaradas enegrecendo o céu, sangue aos jorros, cadáveres pelo campo, toda uma algazarra louca, infernizante, debaixo do estrepitar das caixas e do trombetear angustioso das buzinas de guerra."(*)

Paulo manejava a seu belprazer os verbos e os vocábulos sonoros da língua portuguesa. Tinha um viril estilo musical. Como Gustave Flaubert, ele também sabia que não há página mal escrita que resista à leitura em voz alta. Um texto bom, de primeira qualidade, sempre corre, desliza, soa melodiosamente, jamais fere os nossos ouvidos. Escritores sem estilo, desprovidos de talento, metem espinhos, pregos e pedaços de vidro nas suas frases. Cacofônicos por excelência, só podem produzir a cacofonia, como o pato só consegue grasnar, fazer ré-ré-ré. Ler em voz alta as frases malsoantes desses escritores, é machucar o nosso senso estético, é submetê-lo a uma tortura auditiva, mas os períodos de Paulo Setúbal fluem com a naturalidade da água dos límpidos arroios das matas virgens. Leiam esta passagem do primeiro capítulo de *O Príncipe de Nassau*:

André Vidal de Negreiros. Desenho de
José Wasth Rodrigues para o
livro *O Príncipe de Nassau*

"A comentarem o caso, num trote manso, os cavaleiros atravessaram a ponte. Entraram em Recife, a cidade velha. Tudo aí eram portugueses a mamelucos. A essa hora, nesse afogueado cair da tarde, os escravos do senhorio rico, uns chatos negrões de Angola, dentro de suas pantalonas de tela de Flandres, passavam aos bandos, carregan-

---
(*) Trecho da edição refundida.

do água doce, gotejantes, com enormes cacimbas à cabeça. Índios mansos, tapuias e potiguaras, voltavam dos engenhos e das lavouras, as foices roçadeiras ao ombro, o ar suarento de cansaço."[*]

Nesta passagem, é evidente, os substantivos não colidem com os adjetivos, as frases apresentam o ritmo das conversas espontâneas. E os detalhes – "pantalonas de tela de Flandres", "cacimbas à cabeça", etc. – contribuem para dar ao leitor a forte impressão de estar vendo a cena.

Um dos segredos do magnetismo exercido pelos textos de Paulo é apenas este: a sua escrita possuía a mesma vivacidade da sua prosa oral. A flama, o calor, os sobressaltos da paixão, todos os arrebatamentos que fulguravam nas conversas de Setúbal, ele os punha nos seus textos. Monteiro Lobato, já vimos, cortou centenas de pontos de admiração do romance *A Marquesa de Santos*. Pois bem, esses pontos, reveladores de uma alma vibrátil, entusiástica, continuaram a aparecer nas páginas de *O Príncipe de Nassau*. Examine o leitor essa obra. No capítulo nono da primeira edição, por exemplo, de quinze páginas, intitulado "A ordem do 'Escolteto'", existem sessenta e nove pontos de admiração. Qualquer leitor desse capítulo pode verificar que não há nele uma só página, uma só, que não tenha dois, ou três, ou quatro, ou maior número de pontos de admiração. Basta dizer: onze dos tais pontos resplandecem na página 144 do mesmo capítulo. Onze!

Rodrigo Mendanha. Desenho de José Wasth Rodrigues para o livro *O Príncipe de Nassau*

(*) Estava assim na primeira edição: "um ar suarento de cansaço."

A primeira edição do novo romance de Paulo foi lançada pela Companhia Editora Nacional, com desenhos do pintor José Wasth Rodrigues, inclusive o da capa. Heraldista, seguro conhecedor dos trajes usados na época do domínio holandês em Pernambuco, ele produziu os admiráveis retratos de Carlota Haringue, Ana Paes, Henrique Dias, João Fernandes Vieira, André Vidal de Negreiros e Antônio Filipe Camarão. Não menos dignos de elogio são os desenhos de sua lavra que mostram o engenho de Ana Paes, a batalha do monte das Tabocas e o palácio de Friburgo, este último baseado numa estampa do livro *Rerum per octennium in Brasilis*, de Gaspar Van Baerle.[*]

José Wasth Rodrigues. Desenho do próprio Wasth

Paulo tornou-se um grande amigo de Wasth Rodrigues. Várias coisas os uniam, apesar da diferença de temperamentos. Wasth falava pouco e Setúbal muito. Os dois amavam as epopéias do nosso passado, sobretudo a saga dos bandeirantes paulistas do século XVII. Nascido na Paulicéia, em 19 de março de 1891, o ilustrador de *O Príncipe de Nassau* gostava de retratar os múltiplos aspectos da paisagem brasileira. Ele queria ser padre, como Setúbal também quis. Chegou a ingressar num seminário, porém a vocação para a pintura era mais forte, imperiosa, e Wasth, depois de ganhar uma pensão do governo do estado de São Paulo, foi estudar em Paris, na Academia Julian, tendo recebido aulas de Jean-Paul Laurens, o célebre pintor de quadros históricos. Ao voltar à pátria, executou em 1917 o brasão da cidade de São Paulo, com Guilherme de Almeida, e no ano seguinte fez o desenho da capa da primeira edição do livro *Urupês*, de Monteiro Lobato.

(*) Obra publicada na Holanda, em 1647, e escrita a pedido de Nassau. Seu texto é em latim.

Milhares de exemplares de *O Príncipe de Nassau*, nos quais os estetas podiam ver as excelentes ilustrações de J. Wasth Rodrigues, saíram das livrarias, não decepcionaram os leitores de *A Marquesa de Santos*. E o autor da obra passou a ter o direito de afirmar que dois nobres – um príncipe e uma marquesa – estavam fornecendo bastante dinheiro a um romancista pobre, chamado Paulo Setúbal...

Até no país de Spinoza houve interesse pelo livro do filho de Tatuí. R. Schreuder e J. Slauerhoff o verteram para o holandês e lhe deram este título: *Johan Maurits van Nassau*.

* * *

Amigo de Júlio de Mesquita Filho, um dos redatores-chefes, em 1925, de *O Estado de S. Paulo*, o vitorioso escritor continuou a freqüentar a sede desse matutino, situada num edifício da praça Antônio Prado da capital paulista. Setúbal, desde 1918, o ano da "Gripe Espanhola", ia sempre à redação do jornal cujo primeiro número, distribuído em 1875, num regime escravocrata, foi impresso com a ajuda de seis negros libertos. Lá ele palestrava com o cético Léo Vaz; o advogado Plínio Barreto, que redigia a crônica "Vida Forense"; o austero Nestor Rangel Pestana, intransigente inimigo dos neologismos; o poeta Amadeu Amaral, criatura tímida, suavíssima; o esperto repórter Marcelino Ritter, encarregado de obter notícias sobre o palácio e as secretarias do governo; o barbaçudo e sarcástico Manequinho Lopes (Manuel Lopes de Oliveira Filho), jornalista especializado em assuntos agrícolas.

A roda de "sapos" do jornal era bem democrática. Participavam das conversas numa pequena sala com quatro mesas, além de Paulo,

Manequinho Lopes

o discreto José Wasth Rodrigues; o historiador Aureliano Leite, mineiro de estatura avantajada; o folclorista Cornélio Pires, nascido em Tietê e exímio contador de anedotas; o tabelião Filinto Lopes, outro bom contador de anedotas, sempre a narrar histórias pitorescas a respeito das lutas entre os Pires e os Camargos; o causídico Vicente Rao, profundo conhecedor do Direito Civil e do Direito Internacional Público; o doutor Antônio Pereira Lima, primeiro delegado da Paulicéia, organizador do Congresso da Mocidade Brasileira, realizado em 1917; o cafeicultor Joaquim de Abreu Sampaio Vidal, membro da Liga Nacionalista, seguidora das idéias patrióticas de Olavo Bilac, organização favorável à adoção do serviço militar obrigatório; o doutor Paulo Nogueira Filho, um dos fundadores do Grêmio Literário Álvares de Azevedo e proprietário da Companhia de Tecido de Seda Santa Branca.

Guilherme de Almeida

Paulo também ficou amigo, no matutino dos Mesquitas, do poeta Guilherme de Almeida. Este já havia produzido, com Oswald de Andrade, o ensaio *Théatre brésilien*. Depois, no ano de 1917, lançou o livro *Nós*, composto de versos que foram violentamente criticados por Antônio Torres, num artigo publicado no jornal *A Notícia*, do Rio de Janeiro. Mas o ataque injusto do panfletário ajudou Guilherme a ficar mais conhecido. No *Estadão* o poeta se incumbia da crítica cinematográfica, usando "estrelinhas", a fim de classificar a qualidade dos filmes, e ainda escrevia, todos os dias, uma crônica social, um registro dos acontecimentos mundanos, sob o pseudônimo de Guy.

Jornalista de talento, autor de relatos bem interessantes sobre a Primeira Guerra Mundial, o doutor Júlio Mesquita começou a ter problemas de saúde, nos meados da década de 1920. Ele se refugiava, inúmeras vezes, na sua fazenda de Louveira, no interior de São Paulo. O doutor Julinho, seu filho, assumia temporariamente a direção do jornal, com Nestor Rangel Pestana. Admirador do romancista de *A Marquesa de Santos*, o generoso Julinho o acolheu como colaborador do matutino. Paulo reuniu no livro *As maluquices do imperador*, publicado em 1926 pela Companhia Editora Nacional, os frutos dessa colaboração. Grato ao amigo, declarou isto no início do livro:

"Devo à gentileza vencedora de Júlio de Mesquita Filho a honra de haver colaborado nas colunas de *O Estado de S. Paulo*. Escrevi durante meses na grande folha. Escrevi, com orgulho, no nosso grande jornal modelar, legítima vaidade da imprensa brasileira."

Críticos de *A Marquesa de Santos* censuraram o seu autor por ter posto notas no fim de várias páginas dessa obra, com o objetivo de indicar as fontes informativas. Um desses críticos foi Agrippino Grieco. Devido a tal fato, Paulo resolveu não colocar notas no livro *As maluquices do imperador*, mas ressaltou que extraiu de muitos trabalhos os assuntos dos episódios evocados. Serviram-lhe de fontes informativas, entre diversas outras, as seguintes obras: *Textos e pretextos*, de Alberto Rangel; *A corte de D. Pedro IV*, de Alberto Pimentel; *Vida do Marquês de Barbacena*, de Antônio Augusto de Aguiar; *Crônica geral e minuciosa do Império do Brasil*, de Melo Morais; *Memórias oferecidas à nação brasileira*, de Francisco Gomes da Silva, o Chalaça; *Memórias históricas brasileiras, 1500-1837*, de João Damasceno Vieira; as memórias de Vasconcelos Drummond, no volume XIII dos *Anais da Biblioteca Nacional*, e as "Pessoas e coisas do Brasil", de Raffard, no volume LXI da *Revista do Instituto Histórico e Geográfico Brasileiro*. Quase todas estas obras eram e ainda são raras. A do Chalaça, impressa em Londres pelo editor L. Thompson, apareceu no ano de 1831. E a do Melo Morais é de 1879.

Paulo Setúbal evoca várias figuras do Primeiro Reinado, no livro *As maluquices do imperador*, inserindo-as em episódios históricos. Cheias de vida, às vezes com o realce dos seus defeitos e outras vezes com o das suas qualidades, ou com ambos ao mesmo tempo, destacam-se na obra a insana dona Maria I, rainha de Portugal; o gordalhudo D. João VI, insaciável devorador de franguinhos tenros; a humilhada imperatriz Leopoldina de Habsburgo – Lorena, mãe de D. Pedro II; a linda princesa Amélia Augusta Eugênia Napoleona de Beauharnais, segunda esposa de D. Pedro I, após este ter ficado viúvo de Leopoldina; o trêfego, influente e galhofeiro Francisco Gomes da Silva (o Chalaça), insigne tocador de violão; o magnífico e pródigo Marquês de Marialva (Pedro José Joaquim Vito de Menezes Coutinho), embaixador extraordinário de Portugal em Viena; o belo, varonil e louro Marquês de Barbacena (Felisberto Caldeira Brant Pontes), que em 1822, como diplomata na corte da Inglaterra, negociou o reconhecimento do Império brasileiro.

Capa da 4ª edição de *As maluquices do imperador*, cuja 1ª edição é de 1926

Mas a figura mais atuante e plena de vida, no livro de Paulo, é a de D. Pedro I. Ele surge, na frente do leitor, com os seus ímpetos, a sua loucura pelas mulheres, a sua instabilidade emocional. Setúbal logrou ressuscitá-lo pela segunda vez, pois já havia feito isto no romance *A Marquesa de Santos*. O poeta Cassiano Ricardo foi feliz, ao salientar:

"Tenho a impressão de que Pedro I existiu para que Paulo Setúbal o pintasse."

No capítulo quarto de *As maluquices do imperador*, intitulado "Os ciúmes da princesa", onde descreve as reações de dona Leopoldina diante das leviandades do marido, Paulo afirma: D. Pedro amava as mulheres com "todos os desbragamentos da sua índole de fogo". Entretanto, declara o autor do livro, ele só não amou a primeira esposa. Paulo explica esse modo de agir. Dona Leopoldina não "teve a astúcia de se fazer amar; preocupou-se muito pouco em ser mulher". Segundo Paulo, ela não cuidava de se enfeitar, jamais cultivou a arte de seduzir:

"Nunca teve paixão por vestidos. Nunca mostrou capricho por um perfume. Nunca pôs uma flor na trança. Nunca se carminou. Nunca se frisou. Aparecia sempre com umas roupas muito amplas, o corpo muito largado, os cabelos muito corridos, sem colete, os seios balançando."

Para documentar este julgamento, Setúbal recorre ao testemunho de pessoas que conheceram a imperatriz, como o viajante Jacques Arago e a Baronesa Fison de Montet, dama da corte austríaca. Em seguida, com o objetivo de acentuar a diferença entre a natureza de D. Pedro, "um ignorantão", e a de Leopoldina, o romancista escreveu estas linhas:

"Além desse feitio negligente, tinha ainda a princesa uma paixão que mais a distanciava do marido: gostava aloucadamente de livros. Foi uma estudiosa tremenda. Adorava as ciências naturais e positivas. Ficou célebre o seu entranhamento por matemática e por botânica. Encerrava-se dias e dias nos seus aposentos, devorando Kepler.[*] Passava dias e dias empalhando sagüis e catalogando flores exóticas. Foi ela quem trouxe da Áustria os dois famosos sábios Spix e Martius, que altos serviços prestaram à fauna e à flora tropicais."

(*) Johannes Kepler (1571-1630), astrônomo alemão, inventor do telescópio astronômico e fundador dos estudos modernos sobre a mecânica celeste. Formulou as chamadas *leis de Kepler*, referentes ao movimento da Terra em torno do Sol, das quais Newton extraiu o grande princípio da atração universal.

D. Pedro I, acrescenta Setúbal, "nunca se preocupou com livros, e, muito menos, com Klepers e sagüis empalhados".

Os trechos aqui reproduzidos provam como o poeta de *Alma cabocla*, repleto de bons conhecimentos, sabia bem informar, esclarecer. E desmentem, de certa forma, a afirmativa do pedagogo Fernando de Azevedo, quando este disse que ele, Paulo Setúbal, não era dominado "pelo espírito de análise e pelo gosto de penetração psicológica". Aliás, quem deseja parir romances históricos, onde os fatos se sucedem, predominam, nos quais a ação é contínua, se for "dominado" pelo tal "espírito de análise" e pelo tal "gosto de penetração psicológica", não escreverá esses romances. Só poderá gerar textos chatíssimos, ótimos para as vítimas das insônias renitentes ou para os que se inebriam ao soltar longos e escandalosos bocejos de tédio...

XI

PAULO RECUPERA A "COURAÇA DE OURO DA FÉ"

Num artigo publicado no *Diário da Noite*, de São Paulo, o escritor Assis Cintra contou que em 1920 ele resolveu tornar-se jornalista e viver das letras, mas nesse ano, diante de sua pessoa, o culto doutor Martim Francisco Ribeiro de Andrada, ao tomar conhecimento dessa intenção, pronunciou no escritório de Monteiro Lobato as seguintes palavras:

– Moço, deixe de burrice. No Brasil ser literato é ser burro. Escrever para quem? Para analfabetos e ignorantes? Olhe, moço, no Brasil há oitenta por cento de gente que não sabe ler. Dos vinte por cento restante, a metade não compra livros e a outra metade os compra para enfeitar estantes. Isto aqui é assim. Nesta terra morre de fome um literato e se enriquece em dois tempos um plantador de batatas, ou criador de porcos. É o Brasil, meu amigo, e não se lhe pode dar remédio.

Dono de uma ironia acerba, o advogado Martim Francisco assegurou na presença de Monteiro Lobato, em frente do jovem Assis Cintra:

– Mais vale no Brasil plantar batatas e criar porcos de que escrever livros.[*]

O sucesso alcançado pelas quatro obras de Paulo Setúbal – *Alma cabocla, A Marquesa de Santos, O Príncipe de Nassau* e *As maluqui-*

---

[*] Episódio também narrado nas páginas 14 e 15 do livro *Histórias que não vêm na História*, de Assis Cintra, lançado em 1928 pela Companhia Editoral Nacional.

ces do imperador – esse grande sucesso desmentiu as frases pessimistas do demolidor Martim Francisco. Além disso, sem plantar batatas, sem criar porcos, o escritor Paulo Setúbal estava ganhando apreciáveis quantias com a venda dos seus livros.

Enquanto milhares de leitores devoram as obras de Paulo, os participantes da Semana de Arte Moderna de 1922, divididos em 1926 por invejas e tolas rivalidades, brigam, trocam acusações. Mário de Andrade e Graça Aranha se desentendem, como revela Maria Helena Castro de Azevedo, biógrafa de Graça, no livro *Um senhor modernista* (Academia Brasileira de Letras, Rio de Janeiro, 2002, páginas 368 e 369). Menotti del Picchia, belicoso, investe contra o livro *O losango cáqui*, de Mário de Andrade, na edição do dia 3 de fevereiro de 1926 do jornal *Terra roxa e outras terras*:

"Meu amigo Mário de Andrade acaba de publicar *O losango cáqui*. Livro absurdo, injustificado, irritante e pedante... A cultura, o diletantismo, a inquietude, a ausência nele do verdadeiro poeta, estragaram-no... É um inquieto e um cínico. Cínico no sentido de não ter pudor literário, de dizer tudo o que lhe vem na cabeça."

A crítica de Menotti se mostra pesada, violenta:

"Não quero documentar estas asserções com suas poesias, porque não as compreendo... Visualização de absurdos [a poesia de Mário], de lêmures, de idéias, de monstros informes no limbo da criação. Sugestões, música verbal, pensamentos – fetos, frases – assombração, indumentária mórbida dos subterrâneos do subconsciente. Agora pergunto: sou obrigado a compreender isso? A aplaudir isso? A me babar de gozo diante disso?"

Mário de Andrade

Mário de Andrade contra-ataca, na mesma edição do referido jornal:

"Todos falam de Menotti: é o bobão que mais burradas tem feito... Menotti é o dó-de-peito da ignorância. Vaidoso, petulante e ridículo... falso Caramuru, enjeitado do trovão verbal, filho direto e assustadiço das leviandades."

Se Paulo Setúbal leu essas diatribes, talvez tenha se lembrado dos elogios do autor de *Juca Mulato* aos versos de *Alma cabocla*. Menotti afirmara que não compreendia a poesia de Mário de Andrade e assim a classificou: "visualização de absurdos". Pelo menos o modernista Menotti del Picchia compreendeu as rimas de Paulo... E o retrato de Domitila de Castro Canto e Melo, apresentado por Mário no *Losango cáqui*, é uma alucinação, forma um bem vivo contraste com o retrato da mesma figura, feito por Setúbal. Olhem a alucinação do Mário:

> *"Nada de ajuntamento! Os policiais dirigem*
> *O 'Circulez'. Meu Deus! É a marquesa de Santos!*
> *Está pálida... O olhar fuzilando coragem*
> *Faísca da cadeirinha atapetada de anjos.*
>
> *Segue prá forca da Tabatingüera. Lento*
> *O cortejo acompanha a rubra cadeirinha*
> *Pro Ipiranga. Será que em tão pequeno assento*
> *A marquesa botou sua imperial bundinha!..."*

Ficou evidente, a Marquesa de Santos do Mário de Andrade não tem nenhuma semelhança com a do Paulo Setúbal. A do primeiro é o fruto de um delírio literário, e a do segundo, de uma claríssima visão lógica, alicerçada em idôneas fontes informativas, em sólidos documentos históricos.

Paulo não queria polemizar, só desejava dedicar-se à literatura. E a luta de um modernista contra outro modernista apenas o divertiria, supomos. Mário de Andrade, no "Prefácio interessantíssimo" da *Paulicéia desvairada*, livro de 1922, havia se referido ao autor de *O Príncipe de Nassau*:

"Os Srs. Laurindo de Brito, Martins Fontes, Paulo Setúbal, embora não tenham a envergadura de Vicente de Carvalho ou de Francisca Júlia, publicam seus versos. E fazem muito bem. Podia, como eles, publicar meus versos metrificados."

Mário, entretanto, chegou a publicar versos dessa natureza. Diga-se a verdade, como poeta parnasiano ele também não tinha a envergadura de Vicente de Carvalho e Francisca Júlia, mas vemos beleza e alta inspiração no soneto "Artista", de sua lavra, onde confessa nos dois quartetos:

> "O meu desejo é ser pintor – Lionardo,
> cujo ideal sem piedades se acrisola;
> fazendo abrir-se ao mundo a ampla corola
> do sonho ilustre que em meu peito guardo...
>
> O meu anseio é, trazendo ao fundo pardo
> da vida, a cor da veneziana escola,
> dar tons de rosa e de ouro, por esmola,
> a quanto houver de penedia ou cardo."

Na obra *Há uma gota de sangue em cada poema*, livro de Mário aparecido no ano de 1917,[*] o leitor culto encontra em alguns dos seus versos a influência do Simbolismo de Cruz e Sousa. Fato curioso, Oswald de Andrade se aproximou de Mário por causa do "espírito vanguardista" destes versos do citado livro:

> "Somente o vento
> continua com seu oou."

Oswald, além de não gostar da prosa de Paulo Setúbal, "detestava" os versos de *Alma cabocla*, pois ele almejou suprimir da nossa poesia a métrica e a rima. Num depoimento fornecido a Péricles Eugênio da Silva Ramos, publicado na edição do dia 26 de junho de 1949 do *Correio Paulistano*, o romancista de *Serafim Ponte Grande* esclareceu:

(*) Mário usou nesse livro o pseudônimo de Mário Sobral.

"Regressei a São Paulo em 1912 de uma viagem à Europa, achando que a poesia brasileira podia ser mais avançada, adotando, inclusive, o verso livre. Fiz mesmo um poema, de que infelizmente não tenho cópia, chamado 'O último passeio de um tuberculoso pela cidade, de bonde'. Mostrei-o aos rapazes de *O Pirralho*, mas fui tão arreliado que o joguei fora."

Em Paris, o brasileiro Oswald de Andrade assistiu à coroação do francês Paul Fort como "Príncipe dos poetas". Dono de inexaurível fecundidade literária, Fort produzia poemas que assumiam, diante dos olhos dos tradicionalistas, o aspecto de prosa ritmada. Colaborador e depois diretor, em curto período, da revista paulistana *O Pirralho*, como informamos no capítulo III, o jovem Paulo Setúbal talvez ouviu, em 1912, os grandes elogios do Oswald de Andrade aos poetas Paul Fort e Filippo Tommaso Marinetti. Este publicou, em maio do referido ano, no jornal parisiense *Le Figaro*, o primeiro "Manifesto técnico da literatura futurista", iniciador do Futurismo, um movimento estético cujo objetivo era pregar a total liberdade da palavra, a adoção do verso livre, o emprego do verbo apenas no infinitivo, o desrespeito à sintaxe, às regras gramaticais, a apologia da ação, da rapidez, das coisas práticas, da máquina, do bem-estar físico proporcionado pelas conquistas da civilização mecânica e industrial da Idade Moderna.

Paul Fort. Caricatura de Picasso

O "selvagem" Marinetti, que dava morras à arte clássica, foi preso por causa dos exageros do seu romance *Mafarka, o futurista*, publicado em 1910. Ele acusou o macarrão, a *pasta asciuta*, de ser responsável pela pouca agilidade dos italianos. No ano de 1915, provocou mais um escândalo ao lançar a obra *Guerra, única higiene do mundo*. Chegaria a preconizar, numa de suas arengas, a destruição sistemática dos museus, das bibliotecas e das catedrais.

Paulo Setúbal ria muito às custas desse agitador cultural. Certa vez, na Paulicéia, encontrando-se com o seu amigo Galeão Coutinho no largo da Misericórdia, o sensato cronista de *As maluquices do imperador* fez este comentário:

– Marinetti é um louco lúcido, um inofensivo anarquista da República das Letras. As suas frases são calculadas, de efeito, e ele as solta para chocar os conservadores, gerar o escândalo, inclusive aquela, "todo bom futurista deve ser incivil vinte vezes por dia."(*)

13 de maio de 1926. Marinetti, o papa do Futurismo, desembarca na pátria de Coelho Neto, "o último heleno", a fim de pronunciar conferências no Rio de Janeiro, em São Paulo e em Santos. A primeira palestra foi no Teatro Lírico da capital federal, com grande afluência do público. Graça Aranha o apresenta, sob vaias, insultos, apupos. Consoante alguns depoimentos, quando Marinetti começou a falar, tomates e ovos podres caíram em cima dele. O conferencista recitou dois poemas de sua lavra. Um descrevia o bombardeio de Adrinopla, poema considerado pelo jornal *A Manhã*, devido às onomatopéias, excessivamente cheio de ruídos: "marcha de batalhões, clarins, apitos, guinchos, gritos de soldados feridos, estouros de metralha, fuzilaria, resfolegar de motores, fragor de edifícios que se desmoronam..."

Filippo Tommaso Marinetti

Na segunda palestra de Marinetti, a do dia 18 (a primeira foi no dia 15 de maio), uma parte da platéia do Teatro Lírico faz um escarcéu, discute, vaia, xinga, procura atrapalhar o conferencista, homem de calva reluzente, com aspecto de plácido burguês e não de audaz revolucionário.

Mário de Andrade desconfia do italiano. Acha que ele é um "delegado do Fascismo". Podemos garantir, Mário tinha boas razões para alimentar essa suspeita, pois Marinetti era amigo íntimo de Mussolini.

(*) Depoimento oral do escritor Galeão Coutinho.

A permanência do tumultuoso futurista na cidade de São Paulo, no dia 24 de maio, açulou a curiosidade de Setúbal. Logo o romancista obteve informes sobre a conferência do "ousado carcamano", pronunciada no Cassino Antártica. Soldados da cavalaria protegiam o exterior do edifício e orientavam a entrada do público. Lá dentro, a maior algazarra. Quando Marinetti surgiu no palco, foi acolhido com vaias, berros, xingamentos, uma chuvarada de ovos, batatas, legumes, bexigas cheias de água. Estudantes da Faculdade de Direito empestearam o ar, jogando sulfureto de amônia e valeriana no chão. Impávido, tranqüilo, o italiano citou os "futuristas" Graça Aranha, Mário de Andrade e Guilherme de Almeida. Enalteceu o dinamismo, a febril atividade da capital paulista. Comparou os gritos do público ao "uivo do oceano Atlântico".

Anos depois, em Lisboa, no palácio do Conde de Pombeiro, onde se instalara a embaixada da Itália, o líder do movimento futurista declarou em frente do escritor Júlio Dantas, no transcorrer de um elegante almoço:

– Em São Paulo, enquanto fazia a minha conferência, fui pateado e atiraram-me laranjas. Descasquei uma das laranjas que caíra sobre a mesa, e comi-a: aplaudiram-me freneticamente.

Impressionado com a estrepitosa passagem de Marinetti pela capital paulista, Setúbal descreveu a reação provocada por esta passagem, numa carta escrita no dia 27 de maio de 1926 e dirigida a Monteiro Lobato, que se achava no Rio de Janeiro:

"Durante duas horas – duas horas! – o Cassino estrugiu. Era um oceano de berradores. Não faltou buzinas, corneta, clákson,[*] *martelo, apitos, uns finíssimos, outros rouquíssimos, todas as gamas do ruído."*

Após lamentar não ter podido ouvir o homem "mais vaiado do mundo", o tatuiense prosseguiu:

"Você ainda não virou futurista? Imagine o sucesso, Lobato, se você escreve um livro de capa berrante, pondo ponto final de duas em

---

(*) Aportuguesamento do substantivo inglês *klaxon*, buzina para veículos. Uma revista do nosso Modernismo, cujo primeiro número apareceu no dia 15 de maio de 1922, tinha o nome de *Klaxon*. Ela durou até janeiro de 1923.

duas palavras, fazendo a apologia da máquina, cantando as hélices, os motores, tudo isso numa algaravia de vocábulos que nada exprimem, mas que sugerem. *Sugerem! Então, no outro dia, os críticos põem-se a urrar mil louvores às* sínteses *do senhor Lobato, ao virtuosismo, à técnica, ao dinamismo... do autor dos* Urupês. *Que tal?"*

Como estamos vendo, Paulo não levou o Futurismo a sério. Marinetti, para ele, era uma figura curiosa, exótica, um personagem de romance. Não o considerava um grande escritor. Sua opinião, idêntica à da crítica de hoje, pouco diferia do severo juízo de Mário de Andrade, porque este afirmou numa crônica publicada na edição do dia 11 de fevereiro de 1930 do *Diário Nacional*:

"Marinetti foi o maior de todos os mal-entendidos que prejudicaram a evolução, principalmente a aceitação normal do movimento moderno no Brasil."

Por qual motivo pensava assim, o autor de *Macunaíma*? É simples, os carnavalescos e indecorosos métodos de propaganda do italiano, sempre eram associados à maneira de agir dos nossos modernistas. As palhaçadas do chefão do Futurismo pareciam dar, ao Modernismo brasileiro, a imagem de um espetáculo circense, pois ambos, Futurismo e Modernismo, aqui costumavam ser vistos como dois irmãos gêmeos ou como um só movimento...

E Setúbal se divertiu muito, informou-nos Galeão Coutinho, quando soube que Marinetti, ao adentrar no palco do teatro do Parque Balneário, em Santos, recebeu imediatamente, na luzidia cabeça pelada, uma fedorenta carga de ovos, tomates, cebolas, batatas podres, cabeças estragadas de peixe e de galinha. A polícia teve de intervir, a fim de serenar os ânimos, mas pelas ruas da cidade passou o enterro do intelectual rebelde, com velas acesas e um caixão. Tudo isto aconteceu no dia 1º de junho.

Voltando à Paulicéia, o amigo de Mussolini pronunciou a sua última conferência, intitulada "De Michelangelo a Boccioni". Um público seleto e bem comportado o aplaudiu. Marinetti disse que São Paulo, devido ao seu "progresso vertiginoso", era uma "cidade futurista". Em duas horas de loquacidade, segundo o repórter Mário Guastini, ele empregou oitenta vezes o adjetivo *magnífico*, cento e sessenta o *belo*, duzentas o *grande* e trezentas o *interessante*.

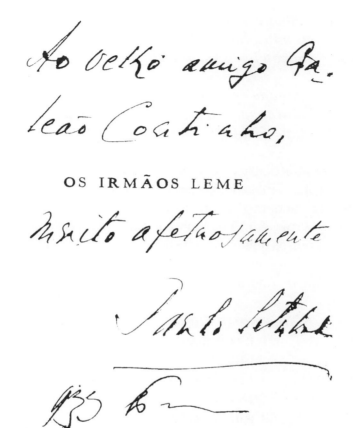

Dedicatória de Paulo Setúbal para o seu velho amigo Galeão Coutinho

Carlos de Laet, para zombar de Graça Aranha, de Marinetti e dos seus admiradores, escreveu "três sonetos futuristas". Aqui está o primeiro:

> "Manhã. Frio. Carroças. Quitandeiros.
> Futuristas. Idéias. Maluquice.
> Bondes tardos. Garis. Parlapatice.
> Aranhas. Automóveis. Gazeteiros.
>
> Olho grande. Ambição. Vaia. Ratice.
> O futuro! O passado! Os açougueiros.
> Caminhões de capim. Cubos. Tinteiros.
> Pincéis. Palhetas. Tintas. Macaquice.

Olhos em alvo. Camondongos. Gias.[*]
Gênios. Botas. Botinas e tripeça.
Sapateiros. Amor. Filosofias.

Batatas e cebolas. Nova peça.
A aranha. O Graça. Novas energias.
Café com leite. Futurismo à beça!"

Os três sonetos de Laet foram publicados no vespertino carioca *A Notícia*, seis dias depois da famosa conferência de Graça Aranha sobre "o espírito moderno", pronunciada no salão nobre da Academia Brasileira de Letras, em 19 de junho de 1924. No soneto acima reproduzido, e nos outros dois, o autor ridicularizou o estilo telegráfico dos poetas e prosadores modernistas, visível nestes versos do *Losango cáqui*, de Mário de Andrade:

"No entanto dia intenso apertado.
Fui buscar minha farda.
Choveu.
Visita espanto.
Discussões estéticas.
Automóvel confidencial.
Os cariocas perderam o matche.[**]
Eta paulistas!"

Acentuemos, é um estilo telegráfico que a prosa de Oswald de Andrade também apresenta, como no seguinte trecho do seu romance *A estrela de absinto*:

"Estava longe. Onde? Na enfermaria? Não. Mais longe. No necrotério? Não. Mais longe. Na cova."

Teria Paulo Setúbal sofrido na sua prosa a influência dos modernistas? A pergunta é válida, porque no livro *O Príncipe de Nassau* es-

---

[*] Forma incorreta do substantivo feminino *jia*, que é um batráquio comestível, semelhante à rã, porém maior. Este substantivo também designa a mulher muito gorda, que anda com dificuldade.

[**] Aportuguesamento do substantivo inglês *match*, prélio esportivo entre duas equipes ou dois jogadores.

se estilo telegráfico às vezes aparece. Vejam esta passagem do segundo capítulo da referida obra:

"Segismundo Starke deu um passo. Carlota soltou um grito, horrorizada. Os olhos turvaram-se-lhe. Súbita tonteira enfumaçou-lhe o cérebro. As pernas bambearam-lhe."

E agora esta outra passagem, extraída do capítulo oitavo do citado livro:

"Frei Manuel pediu licença para defendê-lo. Paulo Damas assentiu. O religioso levantou-se. Fez-se súbito silêncio."

Mais um trecho, e do capítulo nono:

"Subiu o estrado. A corda de cânhamo, com a laçada feita, tombou-lhe ao pescoço. Girou a roldana. O estrado fugiu-lhe bruscamente dos pés. Rangeram forte as traves do madeirame. O corpo desabou, pesado e solto..."

No parágrafo imediato, Setúbal continuou a usar o estilo telegráfico:

"André Vidal arrepiou-se. Aquela cena bárbara causou-lhe engulhos. Não teve ânimo de assistir ao do último condenado."

Se de fato as frases curtas de alguns períodos de Paulo Setúbal revelam a influência da prosa dos modernistas, isto não o desmerece. Escritores de talento ou até de gênio, produziram livros soberbos, nos quais a influência de outros escritores do mesmo nível se tornou clara, incontestável. Machado de Assis, por exemplo, para gerar uma de suas obras-primas, as *Memórias póstumas de Brás Cubas*, livro publicado em 1881, adotou a técnica narrativa, o tom fragmentário, os avanços e os recuos, a forma livre e irregular, o diálogo humorístico-filosófico com o leitor, da novela *The life and opinions of Tristram Shandy*, escrita pelo irlandês Laurence Sterne, que faleceu em 1768.

* * *

Ao contrário do italiano Marinetti, o brasileiro Paulo Setúbal, nas suas conferências, não despertava a hostilidade das platéias. Ele as seduzia. Certa ocasião, nessa época, algumas senhoras de Botucatu organizaram um festival beneficente. Quem contou este episódio foi o doutor Manuel Augusto Vieira Neto, professor de Direito da USP e membro do Instituto Histórico e Geográfico de São Paulo. No referido festival um literato "muito em voga" iria pronunciar uma conferência. Grupos de moças, andando pelas ruas principais de Botucatu, venderam todos os bilhetes da palestra.

Entretanto, na data marcada, surgiu um imprevisto, pois o tal literato, vítima de uma intoxicação, ficou de cama no hotel onde se hospedara. Para o cúmulo da má sorte, os artistas convidados não puderam vir. Nervosas, as organizadoras do evento não sabiam o que fazer. Tinham duas opções: mudar a data da conferência ou devolver o dinheiro da compra dos ingressos. O pai do doutor Vieira Neto aconselhou-as a abrir o teatro. Nada deviam temer, o problema seria resolvido...

Aberto o teatro, começou a sessão solene. Estavam presentes, além das angustiadas promotoras da festa, o "meretíssimo senhor juiz de direito", o "ilustre prefeito municipal", as "autoridades civis e militares". Incendiado pela sua eloqüência, o doutor Alcides Ferrari disserta sobre os objetivos filantrópicos do espetáculo. Sentadas à mesa, perto daqueles figurões, as promotoras afligiam-se, tremiam, suspiravam.

Concluída a primeira parte da sessão, o pano é fechado. Entra no palco o pai do doutor Vieira Neto. Alegre e risonho diante do público impaciente, o homem explica que em conseqüência de problemas de última hora, os artistas convidados e o conhecido literato não se achavam ali, mas à guisa de compensação, podia anunciar a presença do poeta Paulo Setúbal. Palmas acolheram as palavras do apresentador.

O pano se abriu. Setúbal apareceu e disse que ia proferir uma ligeira palestra, cujo tema era este: o beijo. Novas palmas ecoaram, bem mais calorosas. Ele então falou sobre o beijo na História, nas religiões, nas artes, na poesia. Fluentes e musicais, os versos jorravam da sua boca.

Um jovem se deslumbrou com esta palestra, Manuel Augusto Vieira Neto, e vários anos depois, no dia 7 de agosto de 1960, forneceu a sua impressão:

"Nunca ouvi dizer tantos e tão belos versos sobre o beijo... Quando o nosso Paulo deu por terminada a belíssima conferência totalmente improvisada, o auditório, em pé, exigia mais alguns versos. Reclamava poesias de *Alma cabocla*... O poeta sorria feliz, venturoso."

Quais teriam sido os versos do seu primeiro livro, que Paulo declamou naquele momento? Talvez os seguintes, da poesia "Sob um pessegueiro":

"Foi pelo tempo alegre da moenda,
Quando, aos quinze anos, tudo nos sorria,
Que nós tecemos, juntos, na fazenda,
Toda uma história de infantil poesia.

E sob um pessegueiro, amplo e robusto,
Cheio de frutos e de passarinhos,
Foi que nós ambos, pálidos de susto,
Nos encontramos certa vez, sozinhos.

Tão confusos, tão tímidos ficamos,
Ao vermo-nos juntinhos no pomar,
Que nós, olhando os pêssegos nos ramos,
Nem tínhamos coragem de falar!

Mas de repente – que ventura louca!
Ela sorriu-me, trêmula de pejo,
E eu lhe furtei da pequenina boca,
Um pequenino e delicioso beijo...

Foi desde então que na minh'alma eu trouxe,
Como lembrança desse amor fagueiro,
Esse beijinho estaladinho e doce,
Que nós trocamos sob o pessegueiro."

Nem todos os conferencistas possuem o senso do ridículo. Paulo tinha este senso. Jamais imitaria o Osório Duque Estrada, membro da Academia Brasileira de Letras, que certo dia, pronunciando uma conferência sobre o beijo, encerrou-a jogando beijos na platéia. Informação de Medeiros e Albuquerque, no segundo volume do livro *Minha vida*, publicado em 1934 pela Calvino Filho, Editora (página 209). Antes desse gesto estrambótico, outro membro da ABL, o Alberto Faria, ao ler uma conferência sobre os galos, no dia 30 de julho de 1925, converteu a ABL em galinheiro, pois desandou a imitar os cantos dos galináceos. Agrippino Grieco narrou isto no segundo volume das suas *Memórias*, publicado em 1972 pela Editora Conquista (página 314). Episódio também evocado por nós, na página 134 do livro *A Academia do fardão e da confusão*, um lançamento de 1999 da Geração Editorial.

Pessoas que ouviram as palestras e os discursos de Setúbal se referem à sua poderosa eloqüência, incapaz de o arremessar às esferas do grotesco, nas quais adejaram, como desajeitados urubus querendo ser garbosos condores, o Osório Duque Estrada e o Alberto Faria, um com louca distribuição de beijos e outro com não menos insana emissão de cocorocós...

A eloqüência de Paulo atingiu o zênite em dezembro de 1926, no seu discurso de paraninfo de uma turma do Ginásio de Nossa Senhora do Carmo, onde ele havia estudado durante seis anos. Declarou-se um "filho espiritual" daquela escola e fez questão de salientar:

"Ainda não tive na minha carreira honra tão alta como a que me destes. É a minha glória! Eu vos agradeço, senhores bacharéis, esta coroa de louros que pusestes na minha fronte."

O temperamento emotivo do orador logo se manifesta. Volta-lhe à lembrança o seu tempo de adolescente, quando ia a pé, todos os dias, do lar até o ginásio:

"Ao ver-vos partir, meus amigos, ao ver-vos partir assim, emplumados, a alma ressoante de sonhos, prontos para a vida, sinto dentro de mim um estremeção. Enevoa-me um tom cinza de melancolia. Que estranha saudade. E eu, com o coração batendo, volvo um olhar comprido para o que lá vai tão longe, esfumando-se na distância, diluindose... É que um dia, também como vós, parti desta casa; e parti com a mesma quentura na alma, com os mesmos clarões, com a mesma febre, com os mesmos ideais. Saí daqui, menino e moço, a mergulhar no turbilhão da vida. Mergulhei. Bracejei. Lidei com os homens. Tive alegrias fortes. Tive decepções supremas. E trouxe desse peregrinar, desse roçar-se pela vida, uma única certeza."

Paulo Setúbal

Qual era esta certeza? Paulo quis transmiti-la àqueles jovens, na hora das suas partidas. Desejava enviar a eles "uma palavra amiga", que ficasse "enterrada" no peito da cada um:

"E é isto apenas: nos entrechoques de vossa existência, no ferver da luta, por entre o bramir dos interesses e das paixões – conservai bem límpida e bem pura, bem fresca e bem casta, bem nova e bem crepitante, a fé que aprendestes nesta casa. A fé! Ah, meus amigos, eis a palavra mágica. Aqui nesta gaiola abençoada, semearam na vossa alma a semente santa. Ela deitou raízes. Cresceu. E agora, que a possuís, guardai-a bem, meus amigos! Guardai-a com ciúme!"

Tais conselhos nos causam espanto. Não parecem ter vindo da boca de uma pessoa que se tornara ímpia, devido a leituras "más e heréticas". Onde estavam as concepções materialistas do jovem apaixonado pelas obras dos filósofos agnósticos, pelas sentenças amorais do *Assim falava Zaratustra*, de Friedrich Nietzsche? Em sua época de aluno do Ginásio do Carmo, o leitor viu isto no capítulo segundo, o menino Paulo Setúbal, influenciado por Nietzsche, soltava estas palavras diante dos seus companheiros de classe:

– O pecado é belo, a violência é bela, tudo o que afirma a vida é belo!

Extraordinária metamorfose ocorrera na alma de Paulo. Baseado na própria experiência, como quem evoca cenas do seu passado, ele continuou a discursar:

"Fora, no torvelinho do mundo, as paixões hão de vos assediar com um assédio cor-de-rosa. O doirado da vida tem fascinações irresistíveis. Haveis de sentir, a cada passo, o brilho das coisas vãs. Os prazeres hão de vos abrir os braços de veludo. Os deleites mundanários hão de se vos ofertar, tentadores e doces. Todos os abismos hão de se enfeitar para vos sorver. Todas às bocas hão de ter sorrisos para vos sorrir. Sois moços. Tendes saúde. Sentis dentro de vós os ímpetos de fogo da primeira idade: haveis, por certo, muita vez, de vos despenhar no gozo. Haveis de patinhar nos charcos resplandecentes. Meus amigos, cuidado!"

Esta passagem do discurso é de fato autobiográfica, ou, melhor, corresponde a uma confissão. Setúbal, prosseguindo, no fundo ainda fala de si mesmo:

"Nesses vossos mergulhos, entre as rosas da volúpia, não se vos há de apenas baquear a saúde. Não sofrereis apenas o tédio da alegria conquistada. Não sentireis apenas a boca amarga do prazer que passou. Haveis, nesses mergulhos, mais do que tudo isso, de ir perdendo aos poucos o vosso melhor tesouro: a fé. Não há nada para sufocá-la como o chafurdar nas delícias do mundo. Meus amigos, cuidado! Não deiteis fora essa pérola que está lá no fundo do vosso coração. Que ninguém vo-la roube. Conservai-a intata e bela."

Paulo citou versos de Guerra Junqueiro, "um formidável herege", e pediu aos moços para se protegerem com a "couraça de ouro" da fé. Assim nenhum dardo os atingiria. Resguardados por uma fé forte, haveriam de ter "doçuras mais sãs" nas suas alegrias, "bálsamos mais suaves" nas suas penas, "felicidades mais puras" nos seus triunfos. O discurso do romancista parecia o sermão de um padre, no decorrer de uma missa dominical:

"Tivestes a boa estrela de nascer num lar cristão. Tivestes a boa estrela de formar a vossa alma num colégio cristão. Pois bem: que a fé, herdada de vossos mestres, seja o guia de vossa vida. E que essa mesma fé, doce e límpida, se transmita aos vossos filhos, tal como vós a recebestes."

No ano de 1918, o leitor pôde ver isto no capítulo quinto, vitimado pela "Gripe Espanhola", o inquieto Paulo Setúbal havia admitido:

"Eu perdera a fé. Distanciara-me em definitivo de Jesus. Nem resquício mais de religião dentro de mim. Eu era, naquele instante, um puro ateu."

Não, ele não se distanciara *em definitivo* do Mártir do Gólgota. Paulo, escritor que soube tão bem compreender as almas de D. Pedro I e da Marquesa de Santos, não conhecia perfeitamente a sua própria alma. O autoconhecimento às vezes só é obtido com a ajuda da ação do tempo. Quanto ao nosso romancista, o que o fez mudar? A dor, o desencanto, a influência da mãe e da vida santa do seu Chico lá em Tatuí, a madureza espiritual, a secreta ambição de recuperar a ingênua fé dos dias da sua infância? Talvez um pouco da cada uma dessas coisas, mas como já frisamos no capítulo oitavo, Setúbal era visceralmente cristão. Um cristão nato.

Médico microbiologista, o canadense Oswald Theodore Avery provou o seguinte, em 1944: o DNA, esta grande molécula, carrega todo o material hereditário do ser humano. Existem, é indiscutível, as leis da hereditariedade, descobertas pela abade austríaco Gregor Mendel e que são a base da genética atual. Trazia Paulo, dentro de si, os genes de ancestrais religiosos? Da ação de cada gene provêm as características do indivíduo, o seu fenótipo. Pessoas com o sobrenome de Setúbal foram religiosas, como o frei Aleixo de Setúbal, dominicano do século XVI, do convento de Azeitão, que missionou na Índia, na ilha de Goa, tendo batizado cerca de sete mil asiáticos. O beato frei André de Setúbal, franciscano do século XVII, submetido a torturas, morreu numa ilha do Ceilão. E outro franciscano, frei Antônio de Setúbal, também do século XVII, publicou em Lisboa, no ano de 1632, a sua obra *Coroa de doze estrelas da Virgem Maria Senhora Nossa*. Cabe aqui indagar: o brasileiro Paulo de Oliveira Leite Setúbal, poeta e romancista, possuía o sangue desses evangelizadores portugueses? Em nosso país é de origem portuguesa, já informamos no capítulo primeiro, a família dos Setúbal...

Ao longo do seu discurso de paraninfo, o emotivo Paulo, ex-materialista, não deixou de exaltar a fé. Descreveu a primeira missa no Brasil, rezada por frei Henrique de Coimbra. Evocando os jesuítas Anchieta e Manoel da Nóbrega, disse que os paulistas cresceram à sombra da cruz, do trabalho efetuado nos campos de Piratininga por um "padre visionário."

O orador expôs uma tese curiosa, para explicar dentro da lógica a revolta dos brasileiros, no século XVII, contra o domínio holandês. Segundo Paulo, não havia ainda, entre esses brasileiros, a idéia de pátria. Nem os movia o interesse de defender a integridade do solo, pois o Brasil "era um país vago, sem linhas certas". E a revolta também não nasceu da repulsa ao conquistador:

"Que importava a essa gente, sem idéia de pátria, sem território definido, que os donos disto fossem os flamengos? Que importava a esses homens o serem colonos de Holanda ou colonos de Portugal? Nada. Eles [os holandeses] eram os conquistadores: essa a única realidade. Pouco se lhes dava o senhorio."

Depois de assim argumentar, Setúbal perguntou:

"Mas se não foi a pátria, se não foi a defesa do solo, se não foi a repulsa ao conquistador, que é que poderia ser, em suma, esta mola ardente que sacudiu o Brasil, desentorpeceu-o, arremessou-o tão furiosamente contra os de Holanda?"

Eis a resposta do orador: a mola foi a fé religiosa dos brasileiros. Aqueles holandeses, por serem luteranos, espumejavam de ódio contra os católicos. Na ânsia de aqui implantar uma religião nova, garantiu Paulo, os batavos cometeram "profanações medonhas, dessas que sacodem a gente". Eles invadiam as igrejas na hora da missa e "esmigalhavam as imagens às espadeiradas", profanando os cálices, matando a torto e a direito:

"... arrasavam tudo com acintes gritantes. O padre, esmigalhavam-no com uma tacapada. Os homens, fuzilavam-nos com os arcabuzes biscainhos. As mulheres, varavam-nas de lado a lado. As crianças, rachavam-nas com um só golpe. Eram selvagerias fabulosas. Profanações de enlouquecer."

Na opinião de Setúbal, essas profanações "desencadearam rajadas de revolta" e por este motivo o "Brasil inteiro levantou-se, como um só homem, contra o herege". Brancos, negros e índios se uniram, instigados pela fé, a fim de "expulsar o profanador". Paulo insistiu em bater nessa tecla:

"Foi na luta contra o herege, foi na expulsão do profanador, que apareceram no país, unidos pela primeira vez, os elementos dispersos que o habitavam. Foi aí que alvoreceu a nacionalidade. Quem a fez alvorecer? A fé!"

Perguntará agora o leitor se esta eloqüência pujante, torrencial, retratava a verdade. Não negando a influência das profanações dos holandeses no movimento de revolta dos brasileiros contra eles, é mister salientar: um interesse mais alto que o interesse religioso estimulou essa revolta. Trata-se do interesse mercantil, econômico. Era o açúcar o maior artigo do comércio marítimo mundial no século XVII. Pois bem, a Holanda cobiçava o açúcar mascavo oriundo dos engenhos de Pernambuco, comercializado na Europa e fonte de imensos lucros. Basta dizer, a Companhia Holandesa das Índias Ocidentais financiou, no ano

Senhor de engenho, do século XVII, dirigindo a fabricação
do açúcar pelos escravos negros

de 1630, a invasão de Recife e Olinda, a fim de se apoderar de mais de cento e vinte engenhos produtores da valiosíssima substância doce. Gerou o açúcar do Brasil, exportado durante o transcorrer do mencionado século XVII, a fabulosa quantia de duzentos milhões de libras esterlinas. Quem informa isto é Roberto Simonsen.

Houve selvagerias dos invasores em cima dos católicos? Sim, houve, porém é oportuno lembrar: Maurício de Nassau tolerou a liberdade religiosa, permitiu que os católicos se agrupassem nas suas igrejas e rezassem missa. O ódio contra os "hereges" cresceu porque eles se tornaram os verdadeiros senhores dos engenhos. E há um fato bem expressivo. Querendo escapar, em 1641, da paga aos flamengos do financiamento de seus engenhos, Bernardim de Carvalho, Antônio Cavalcante, João Fernandes Vieira e Francisco Berenger de Andrada, líderes da Insurreição Pernambucana, enviaram uma carta a D. João IV, vigésimo primeiro rei de Portugal, fundador da dinastia bragantina, com o objetivo de se colocarem a serviço desse monarca. Para os quatro líderes, portanto, liquidar o domínio holandês, significava liquidar as suas dívidas.

A rigor, por conseguinte, foi o ávido desejo de libertar o Brasil do peso de uma insuportável tirania econômica, e não a fé religiosa do seu povo, a principal causa da revolta contra os holandeses e da capitulação destes em Campina da Taborda, no dia 26 de janeiro de 1654.

XII

UM ESCRITOR BRILHA NA TRIBUNA PARLAMENTAR

*P*aulo escreveu uma peça histórica em três atos, para nela evocar uma festa de aniversário de D. Leopoldina, esposa de D. Pedro I, primeira imperatriz do Brasil. Ele deu este título à peça: *Um sarau no paço de São Cristóvão*.

A mais antiga obra desse gênero, em nosso país, é o drama *Antônio José ou o poeta e o inquisidor*, de Domingos José Gonçalves de Magalhães, Visconde de Araguaia. Esse drama em versos foi aplaudido no ano de 1838. Mostra a tragédia do dramaturgo carioca Antônio José, o Judeu, condenado à fogueira pela Santa Inquisição. Gonçalves Dias, poeta com sangue de branco, negro e índio, produziu uma obra-prima do teatro brasileiro, a peça *Leonor de Mendonça*, de 1847. História bem simples, a dessa peça. Esposa do rude guerreiro D. Jaime, "uma espécie de Otelo misógino e neurótico", como frisou Mário Cacciaglia, a linda e pura Leonor é assassinada pelo marido ciumento. Outro poeta, o baiano Castro Alves, compôs em 1862 o drama *Gonzaga ou a revolução de Minas*, elogiado por José de Alencar e Machado de Assis, onde evoca os vultos da Inconfidência Mineira. Também baiano, Agrário de Menezes abordou temas históricos nas suas peças *Calabar*, de 1861, e *Bartolomeu do Gusmão*, de 1865. Peça igualmente histórica é *Amor e pátria*, de Joaquim Manuel de Macedo, o autor do romance *A moreninha*, representada em 1859, na qual D. Pedro I é enaltecido. Drama clássico de 1862, abordando a causa da independência do Brasil, a peça *O jesuíta*, de José de Alencar, só se tornou conhecida em 1875, após ser recusada pelo ator João Caetano. Poeta alagoano, Goulart de Andrade quis exibir num drama os personagens da Inconfidência Mineira. Fez isso na peça *Os inconfidentes*, de 1919. Ambientada nas Minas Gerais do século XVIII, a peça *O contratador de diamantes*, de Afonso Arinos, encenada em 1913, reconstitui a época da exploração do ouro e das pedras preciosas, quando Portugal enviava os seus fiscais para a sua vasta e rica colônia sul-americana.

Paulo Setúbal não desejou escrever uma sombria peça histórica, como as de Gonçalves Dias e Gonçalves de Magalhães. Nem a fez complexa, abarrotada de lances inesperados, à semelhança das que foram acima citadas. Teve apenas a intenção de gerar três atos leves, amenos, agradáveis, sem complicações de natureza psicológica. O seu teatro racional, lógico, estava bem longe da atmosfera de pesadelo do "teatro do absurdo" de Adamov, Beckett e Ionesco, da década de 1950-1960. Sem labirintos freudianos, os diálogos de *Um sarau no paço de São Cristóvão* se caracterizam pela naturalidade e revelam, de modo simples e direto, numerosos fatos históricos. Vejam esta passagem da cena VII do primeiro ato:

"*Marshall* – Mas José Bonifácio recusava-se a entrar para o Ministério?

Marquês de Maricá – Recusava-se formalmente! José Bonifácio, que nunca foi ambicioso político...

Baronesa de Goitacases – Justamente. Justiça seja feita: nunca foi um ambicioso político! José Bonifácio declarava, da maneira mais categórica, que não aceitava aquele posto altíssimo. A imperatriz, diante da recusa, mandou chamá-lo. Procurou convencer o velho Andrada. Mas qual! José Bonifácio obstinava-se em não se envolver em política. Afinal, como supremo argumento, a imperatriz mandou buscar a princesinha Maria da Glória. E, muito gentilmente, colocando nos braços do velho a pequerrucha, D. Leopoldina exclamou: 'Não sou eu que pede a vossa excelência, senhor José Bonifácio! Mas é a princesa, esta brasileirinha que pede a vossa excelência este favor ao Brasil: aceite o cargo de ministro'.

Marquesa de Gabriac – Que interessante! É um episódio íntimo e curioso que eu ignorava completamente!

Marshall (à Marquesa de Gabriac) – Interessantíssimo!

Marquesa de Aguiar – Mas é a verdade! Foi isso, tal e qual, o que se deu."

Para descrever o fato histórico narrado pela Baronesa de Goitacases, o teatrólogo Paulo Setúbal se valeu do depoimento de um cronista "geralmente bem informado". Tal cronista, sublinha Otávio Tarquínio do Sousa numa biografia de José Bonifácio, disse que D. Leopoldina comunicou ao Andrada a sua nomeação de ministro e o convenceu a aceitar o cargo, palestrando com ele em alemão. Depois a imperatriz lhe apresentou os seus filhos e proferiu a seguinte frase:

– Estes dois brasileiros são vossos patrícios e eu peço que tenhais por eles um amor paternal.

Segundo Otávio Tarquínio de Sousa, esta tirada figura em duas versões, com algumas discordâncias. De qualquer maneira, porém, Setúbal não se afastou muito de um depoimento idôneo. E se alguém quisesse criticá-lo, ele poderia dizer, repetindo uma afirmativa de Alexandre Dumas:

– Todos os escritores têm, como eu, o direito de violentar a História, sob a condição de que, dessa brutalidade, nasça uma criança robusta.

Na feitura das peças históricas, o importante é não deixar os verdadeiros episódios essenciais serem eliminados. Há um fato incontrovertível, por exem-

Capa da única peça de Paulo Setúbal. Edição de 1994, comemorativa do centenário do nascimento do autor

plo, no fim da cena VIII do primeiro ato da peça de Paulo Setúbal. A Baronesa de Goitacases, após chamar D. Leopoldina de "sábia", ouve esta pergunta do Marquês de Gabriac, ministro da França:

"– Sua majestade estuda muito?"

O Marquês de Maricá se apressa em responder:

"– Tremendamente! Não há nada para a imperatriz como as ciências... É uma paixão."

Aí a Baronesa de Goitacases intervém:

"– Mas que paixão, senhor marquês! O forte da imperatriz são as ciências. Vossa excelência não calcula o que é aquilo. Sua Majestade passa dias no seu gabinete, a catalogar plantas. Sua majestade passa noites inteiras no varandim do paço, com os óculos de aumento cravados no céu. É uma paixão séria!"

Pela boca da figura criada por Setúbal saiu a verdade histórica, pois como já vimos no capítulo décimo, a filha do imperador Francisco I, da Áustria, era "uma estudiosa tremenda", uma adoradora das ciências naturais e positivas.

A peça de Setúbal está cheia de fatos curiosos. O Barão de Marshall informa, na cena VI do primeiro ato, que o Marquês de Marialva, embaixador do Brasil em Paris, a fim de ajustar o casamento do D. Pedro com Leopoldina, dissipou em Viena, num baile deslumbrante, toda a herança do seu pai. E admire o leitor a seguinte passagem do último ato de *Um sarau no paço de São Cristóvão*:

"Marquês de Maricá – Tem razão, marquês! O minueto é a dança da corte. Vossa excelência sabe a paixão dos reis por esse bailado gracioso. Anda em todos os livros de mundanismo, marquês, o episódio de D. João da Áustria.

Marquesa de Aguiar – Que episódio de D. João da Áustria?

Visconde da Cunha – Sim, minha senhora. D. João da Áustria foi um príncipe gentilíssimo. Em uma de suas aventuras cavalheirescas, deixou, um dia, precipitadamente, sem que ninguém o imaginasse por que, os seus domínios dos Países Baixos. Meteu-se na sua capa espanhola. Pulou magnífico árabe puro-sangue. E largou-se num trote rasgado, pela estrada de Paris. Que era aquilo? Que é que ia fazer o príncipe dos Países Baixos? Uma coisa só, minhas senhoras. E uma coisa galantissíma! D. João da Áustria veio a Paris unicamente para isto: ver Margarida de Borgonha dançar um minueto...

Baronesa de Goitacases – Bravos! Eis um gesto perfeitamente romântico.

Marquesa de Aguiar – Um gesto de cavalheiro andante. Muito lindo!

Marquês de Maricá – Lindíssimo! Lindíssimo!"

Em benefício da Escola Doméstica da Liga das Senhoras Católicas, a peça de Setúbal foi encenada no Teatro Municipal de São Paulo, nas noites de gala de 11 a 12 de dezembro de 1926. O autor podia vangloriar-se: *Um sarau no paço de São Cristóvão* esteve no palco do teatro onde grandes artistas haviam se apresentado, como a bailarina Isadora Duncan, em 1916; o tenor Enrico Caruso e o bailarino Nijinski, ambos em 1917.

Assinalemos que todos os intérpretes da peça, mais de trinta e cinco, eram da alta sociedade paulistana. Maria Penteado de Camargo desempenhou o papel de Baronesa de Goitacases; Noêmia Nascimento Gama, o de Marquesa de Aguiar; Albertina

Ilustração da peça *Um sarau no paço de São Cristóvão*

Spengler, o de Marquesa de Gabriac; Iolanda Prado Uchoa, o de Viscondessa de Itaguaí; Renata Crespi da Silva Prado, o de Viscondessa de Cachoeira; Antonieta Penteado da Silva, o de D. Leopoldina; Marcel da Silva Telles, o de D. Pedro I; Paulo Alvaro de Assumpção, o de Barão de Marshall.

Famílias tradicionais da terra bandeirante forneceram, tendo o objetivo de dar maior autenticidade ao espetáculo, objetos e móveis legítimos da época do Primeiro Reinado: tapeçarias, candelabros, reposteiros, aparadores de entalhes, contadores negros, cadeiras de jacarandá, estilo D. João V e Luís XVI. Jóias antigas dessas famílias reluziram no palco: camafeus, gargantilhas, borboletas cravejadas de diamantes. E também leques de plumas, de marfim.

Uma orquestra com quarenta professores do Centro Musical, sob a regência do maestro Cordiglia Lavale, executou as melodias da peça, acompanhando as danças, os movimentos da pavana, da gavota, do minueto, da giga, da quadrilha.

As duas apresentações de *Um sarau no paço de São Cristóvão* mostraram, é inegável, o sólido prestígio do filho de uma viúva pobre na alta sociedade da Paulicéia. Setúbal tinha o direito de se sentir um vitorioso repleto de orgulho, embora Shakespeare afirme na cena III do ato segundo de *Troilus and Cressida*, pela boca de Agamémnon:

"O orgulhoso devora a si mesmo."

(*"He that is proud eats up himself"*)

* * *

E os livros de Paulo, lançados pela Companhia Editora Nacional, continuavam a obter sucesso. Do Rio de Janeiro, no dia 7 de fevereiro de 1927, o editor e escritor Monteiro Lobato envia uma carta a Godofredo Rangel, onde colocou estas palavras:

"A nossa nova empresa editora [a Nacional] *vai com todos os ventos favoráveis. Cada edição, um triunfo. Do* Príncipe de Nassau, *do* Setúbal, *tiramos 20.000 e já estamos perto do fim. Cheira-me que o romance histórico é mina. Por que não pensas num? Bem dramático, bem cinema."*

Mais adiante, Lobato faz uma pergunta e explica:

"Queres ver como entre nós vão as coisas evoluindo e como está ficando yankee a nossa técnica editora? Anos atrás, na velha companhia, quando tirávamos de uma obra 3.000, todo mundo achava que era arrojo. Pois hoje começamos muitas com 10.000; e se a obra tem qualidades excepcionais, começamos logo com 20.000, como o Nassau *do Setúbal."*

Na visão de Monteiro Lobato, portanto, o citado romance de Paulo era uma obra de sumo valor. Lobato tinha bons motivos para se alegrar com o êxito de *O Príncipe de Nassau*, pois após a revolução de julho de 1924, chefiada pelo general Isidoro, a sua empresa editora havia enfrentado duros problemas. Ela importara papel em grande quantidade e adquirira máquinas e imóveis a prestações. Depois uma seca bem prolongada castigou São Paulo, obrigando a Light a diminuir bastante o fornecimento de energia elétrica.

Ficaram quase sem luz as ruas da capital, cuja iluminação já era deficiente. Teatros, cinemas e cafés passaram a funcionar em mais curto espaço de tempo. Os bondes circulavam menos. E os noctâmbulos se entristeciam. Companhias teatrais, prestes a visitar a cidade, adiaram as suas temporadas, como acentuou Brito Broca nas *Memórias*. Um ator famoso da época, Leopoldo Fróes, que estava com outros artistas no teatro Apolo, desde o mês de novembro de 1924, lançou a seguinte declaração, quando teve de se despedir do público:

– A falta de luz me forçava a iniciar os espetáculos às sete e meia da noite, e esta não é hora do teatro e sim do aperitivo...

Impulsionadas a eletricidade, as máquinas de Monteiro Lobato pararam. Então um poderoso motor Diesel foi instalado, mas não funcionou: o bairro do Brás se achava sem a água da serra da Cantareira, por causa da seca, e o motor, a fim de ser submetido ao resfriamento, precisava dessa água. De modo simultâneo veio outra desgraça, que atingiu brutalmente o sistema financeiro, provocando o pânico no meio comercial. Insensível a tudo, o governo de Artur Bernardes mandou o Banco do Brasil suspender todas as operações de empréstimo, desconto e redesconto. Monteiro Lobato desesperou-se. Ele disse a Godofredo Rangel, numa carta redigida no dia 10 de junho de 1925:

"Verdadeira calamidade, Rangel. O mesmo que um daqueles terremotos do Japão. Estou pensando em mudar-me, continue ou não com a empresa editora. Mudar-me para a beira dum rio – para a beira do Amazonas – do Mississipi..."

O autor de *Negrinha* pediu a falência da Gráfica - Editora Monteiro Lobato, sociedade anônima presidida por José Carlos de Macedo Soares. Dessa falência ele saiu pobre e endividado, mas também nasceu de tal desastre, com a sua participação, uma outra empresa, a Companhia Editora Nacional, sediada no Rio de Janeiro, no número

105 da rua Senador Dantas. Teria a filial na Paulicéia, no número 31 da rua dos Gusmões.

Como já sabemos, livros do porte de *O Príncipe de Nassau* deram alento ao Lobato empresário. Este, segundo um depoimento de Nelson Palma Travassos, ficou muito grato a Paulo Setúbal, nunca se esqueceu do apoio, da solidariedade do romancista nos dias difíceis da falência de sua primeira editora.

* * *

A fama de Paulo se espalhara por todo o Brasil. Fundado em 3 de julho de 1873, o principal partido do República Velha, o PRP, Partido Republicano Paulista, logo se interessou em tê-lo como um dos seus representantes na Câmara dos Deputados do Estado de São Paulo. Era uma vigorosa agremiação política, tão vigorosa que um gigantesco jequitibá a simbolizava. O PRP, de 1884 a 1906, durante doze anos sucessivos, iria ocupar as três primeiras presidências civis da República, com o ituano Prudente de Morais (segundo quadriênio, de 1894 a 1898); com o campineiro Campos Sales (terceiro quadriênio, de 1898 a 1902); com a guaratinguetaense Rodrigues Alves (quarto quadriênio, de 1902 a 1906). E em 1910 o partido apoiou a candidatura de Rui Barbosa ao cargo supremo, apesar da discordância dos republicanos Francisco Glicério, Campos Sales, Manuel Vilaboim e Rodolfo Miranda, adeptos da candidatura do marechal Hermes da Fonseca.

O deputado estadual Américo de Campos renuncia ao seu mandato, no dia 12 de maio de 1927. Incentivado por amigos e admiradores, Paulo o substituiu, elegendo-se deputado após uma campanha onde houve muito entusiasmo. A sua posse ocorreu em 4 de julho do mesmo ano e foi apenas, observou o professor Silveira Bueno, "o galardoamento do romancista, a coroa que o partido lhe punha à frente no Capitólio político".

Na antiga casa do Poder Legislativo, situada num velho casarão, o deputado Paulo Setúbal se tornou colega destes intelectuais: de Menotti del Picchia, o poeta de *As máscaras*, o romancista de *A mulher que pecou*; do doutor Armando da Silva Prado, biógrafo do padre Feijó, de

Varnhagen, de Álvares de Azevedo, de Antônio de Toledo Piza; do advogado Augusto Covello, redator político do *Correio Paulistano*, futuro autor de *O Rio de Janeiro no tempo de Luís Edmundo*; do historiador Alfredo Ellis Júnior, integrante do Grupo Verde-Amarelo, com Alarico Silveira, Cassiano Ricardo, Plínio Salgado, Cândido Mota Filho e Menotti del Picchia; do professor Spencer Vampré, catedrático de Direito Romano e de Introdução à Ciência do Direito, na faculdade do largo de São Francisco, autor da obra *Memórias para a história da Academia de São Paulo*, publicada em dois volumes, no ano de 1924, pelos livreiros Saraiva. Aliás, a propósito de *Alma cabocla*, Vampré havia escrito num texto aparecido no *Jornal do Commércio* da capital federal:

Spencer Vampré

"É um grande, um forte livro, ressoante de rimas e a transbordar de imagens sadias... há de ficar na poesia brasileira, como um traço vivo de nossos sentimentos, uma pintura real e sentida de nossas coisas."

Setúbal pronunciou o seu primeiro discurso no dia 25 de julho de 1927, na sexta sessão ordinária da Câmara dos Deputados, a fim de homenagear o jornalista Júlio Mesquita, falecido em 15 do março do referido ano. Este discurso revela a sua admirável facilidade de expressão e foi proferido naquele estilo que caracterizava a melhor oratória dos parlamentares da República Velha, estilo onde se salientam os adjetivos, as imagens literárias, as frases sonoras e enfáticas:

"... a minha palavra inaugural não é uma palavra de festa. Não vem ela, como eu ambicionei que viesse, enfeitada galantemente de louçanias, toda mimos a garridices, dizer da honra alta, que é para mim o sentar-me entre vós, como um dos representantes da cidade-prodígio. Não! A minha palavra vem hoje vestida de luto pesado, recoberta de crepes fúnebres, sem adereços nem galas, desfolhar uma dolorosa braçada de flores sobre a campa desse bravo propagandista da República.

Júlio Mesquita

E esta homenagem, pequenina embora, não é mais, senhor presidente, do que um epílogo às nobres homenagens, nobres e comovedoras, com que o governo passado, tão desapaixonadamente, circundou a perda do brasileiro insigne (*Muito bem, muito bem*)."

Sempre aplaudido, Paulo evocou a carreira política do campineiro nascido em 18 de agosto de 1862:

"Júlio Mesquita foi republicano histórico... Assim, de 1889 a 1916, foi ele deputado estadual, foi deputado federal, foi senador, foi líder do Governo Bernardino de Campos, foi líder do Governo Jorge Tibiriçá, foi secretário-geral do Governo Provisório, foi secretário-geral do Governo Prudente de Morais."

O orador exaltou a lealdade de Júlio de Mesquita à "figura avassaladora" do marechal Floriano Peixoto, na época da Revolta da Armada e da Revolução Federalista de 1893. Também elogiou o seu trabalho de parlamentar, em prol da causa pública, citando as suas iniciativas: a melhoria do serviço policial, o imposto sobre as plantações de café, a valorização e a estatística deste produto, a reforma do ensino, dos ginásios, das escolas complementares.

Em seguida Paulo se deteve num aspecto da trajetória do falecido:

"Outros, não eu, com autoridade mais alta, que digam das qualidades vivas do escritor, que digam das graças e feitiços do estilista, que digam da honestidade vernácula do seu frasear. Eu, pobre de mim, direi apenas que ele foi um jornalista de raça. Um jornalista da estirpe opulenta dos Bocaiuvas e dos Evaristos da Veiga. E ele amou sempre a sua profissão. Amou-a com entranhamento. E, mais que tudo, acima de tudo, exerceu-a com límpida perpendicularidade."

Continuando, o deputado exibiu a força, os músculos da sua oratória. Ela, a autêntica oratória, só pode de fato existir se quem a usa tem o seguro domínio da palavra, do amplo vocabulário. Durante um sarau na casa de Coelho Neto, narra Martins Fontes no livro *Terras da fantasia*, o escritor maranhense citou em frente dele, Fontes, e do inquieto Euclides da Cunha, duzentos e vinte oito "verbos luminosos e ardentes" da língua portuguesa. Citou-os sem ler, de improviso. Desses verbos, apenas dos que começam pela letra *a*, Coelho Neto conseguiu evocar rapidamente os seguintes: *abrasar, abrasear, abrasilificar, abrilhantar, acalorar, acender, aclarar, acobrear, adurir, afoguear, afuzilar, albirosar, albirosear, aloirar, alumbrar, alumiar, aluminar, aluziar, aluzir, alvorar, alvorear, alvorescer, amanhecer, ambrear, aquecer, arcoirisar, arder, argentar, argentear, argentizar, arser, arraiar, arrosear, assolear, assoleimar, aureolar, aurorar, aurorear, aurorecer, auriflamar, auriflamantizar, aurifulgir, aurigemantizar, aurisplender, auritremular.*

Graças a esta fabulosa riqueza, ao seu completo domínio no emprego dos verbos, dos vocábulos do nosso idioma, Coelho Neto foi um dos maiores oradores do Brasil, apesar de ter sido um homem de fealdade bem visível. Lágrimas ou sorrisos brotavam nas fisionomias dos que o ouviam, causando a sua palavra uma sensação de "voluptuoso enleio", como disse João Neves da Fontoura. Pois bem, a oratória de Setúbal, se não superava a de Coelho Neto, era pelo menos da mesma natureza.

Coelho Neto

Sóbria ou barulhenta, a alta eloqüência precisa de um motor oculto, de crepitante flama secreta, alimentada pelo entusiasmo ou pela paixão. Como orador, além de possuir o talento verbal, o vocabulário rico, o conhecimento das sutilezas da língua do clássico frei Amador Arrais, o deputado Paulo Setúbal tinha essa flama secreta. O seu discurso sobre Júlio Mesquita é a prova da nossa afirmativa:

"Das campanhas que pelejou (e que não foram poucas!), eu quero, neste recinto político, destacar a maior. A maior, senhor presidente, a mais lampejante, aquela que coincidiu exatamente com o sentir do povo e com o sentir do governo do estado. Eu me refiro à campanha civilista."

Paulo ouviu os apoiados dos colegas:

– Muito bem!

– Muito bem! Muito bem!

Abrasado, ele soltou o verbo:

"Naqueles momentos bravios, em que Rui Barbosa, como um deus bárbaro no alto de uma montanha, chuçava, com discursos de lava, a modorra cívica da pátria, Júlio Mesquita, aqui, no seu jornal, avultou como um gigante incentivador da refrega. As suas palavras, naqueles momentos trevosos, eram labaredas queimantes; os seus artigos, bombardas que estouravam. E o jornalista, que servia a boa causa, combateu, nessa hora, o bom combate. Com ele, enramou o seu nome de um louro que não morre!"

No fim do discurso o orador cita o nome de um conhecido personagem de Shakespeare:

"Mas, senhores e colegas, partiu o lidador. Passou. Mergulhou, como diria Hamlet, naquele 'país desconhecido, de onde nenhum viandante já tornou'. Lá se foi... E nós, meus colegas, deixemos cair, enternecidos, a nossa pobre coroa de flores."

Esta eloqüente oração do novo soldado das aguerridas hostes do PRP, oração cheia de sentimento, muito emocionou o doutor Julinho, filho do extinto. Júlio de Mesquita Filho tinha mais um motivo para se orgulhar da amizade que o unia a Paulo.

* * *

Mestre na arte de "fabricar" contos, Guy de Maupassant afirmou: "as palavras têm alma". Segundo o autor de *Mademoiselle Fifi*, a maior parte dos escritores e dos leitores só lhes pede um sentido, mas é preciso encontrar essa alma. Ela aparece, sustenta Maupassant, ao contacto de outras palavras, e ilumina certos livros com uma luz desconhecida, bem difícil de fazê-la surgir.

Paulo Setúbal amava os vocábulos eufônicos, os verbos, substantivos e adjetivos cantantes. Se ele conhecia a declaração do contista francês, decerto a apoiou. Linhas sobre Paulo, do seu amigo Rubens do Amaral:

"... quem não o viu, mas o leu, tinha na obra do escritor o escritor em pessoa. Paulo escrevia como falava. A leitura dos seus livros era como que uma longa palestra. Ou palestrar com ele era saborear páginas de uma obra não escrita, que jorrava e se perdia porque não estava a seu lado um taquígrafo que dali fosse traduzir originais para a tipografia. Diz-se até, com malícia, que nos seus livros só havia, sob mil formas, um único personagem: Paulo Setúbal – tanto o autor e a obra se identificavam em natureza e espontaneidade..."[*]

Outro discurso de Paulo, na Câmara dos Deputados, mostra como ele sabia falar sem cair nos lugares-comuns. Esse discurso foi pronunciado na sessão especial e solene do dia 5 de agosto de 1927, comemorativa do centenário do marechal Deodoro da Fonseca. As palavras, despencando da sua boca, tinham alma, resplandeciam. Contemple, amigo leitor, a eloqüência caudalosa do deputado Paulo Setúbal:

"No nosso momento, então, neste acordar da raça, nesta hora em que o Brasil se individualiza com acentos tão marcados, nesta hora fervente em que o Brasil exsurge tão caboclamente brasileiro, é dever nosso, meus colegas, é obrigação nossa, obrigação cívica, o focalizarmos com o nosso aplauso, com a nossa admiração ante o olhar coletivo das turbas, esses vultos culminantes que formam a cordilheira épica da pátria."

Os "muito bem, muito bem", ecoam no plenário, sem perturbar o verbo do orador:

"Abri, meus senhores, a nossa História. Vede, é a Independência, é a Abolição, é a República, quero dizer, é José Bonifácio, é Rio Branco, é o marechal Deodoro. São os três fascinantes Itatiaias do nosso passado."

A imagem de Paulo, comparando os três vultos ao maciço de rochas eruptivas pertencente à serra da Mantiqueira, e onde se encontra o soberbo pico das Agulhas Negras, um dos pontos mais elevados do nosso território, essa imagem inflamou os seus colegas:

(*) Rubens do Amaral, "Até logo, Paulo!". *Revista da Academia Paulista de Letras*, número 3, de 12 de agosto de 1938.

– Muito bem!
– Muito bem! Muito bem!
– Apoiado!

Vendo o efeito da sua imagem, Paulo acrescentou:

"Eles, não há negar, essas três grandes personalidades, são os três límpidos encarnadores das três maiores reivindicações do Brasil."

Todos os parlamentares, cheios de arrebatamento, deram "apoiados" ao orador. É o registro de um volume dos *Annaes* da Câmara.

Firme, sempre eloqüente, Paulo não precisou tomar fôlego:

"Hoje, nesta sessão de gala, cumpre-nos exaltar Deodoro. Exalcemo-lo com trompas altas. Digamos, com entusiasmo, desse homem-ídolo, que teve o seu grande dia em 15 de novembro de 89."

Marechal Deodoro da Fonseca

Exibindo sólidos conhecimentos históricos, o deputado fez um retrospecto da vida do marechal Deodoro. Vários trechos da sua oração se encheram de cor e movimento. E ele soube descrever a revolta do militar alagoano, quando Benjamim Constant lhe contou que o governo imperial ordenara a imediata transferência, para o interior do Brasil, de dois batalhões republicanos:

"O marechal Deodoro estava na cama, doentíssimo, ardendo em febre. Mas aquela notícia espicaçou-o. Aquela notícia foi o ferrão que o acicatou. Não se conteve mais! Pula da cama. Pede a sua farda, veste-a; pede a sua espada, enfia-a na bainha; pede todas as suas medalhas ganhas no Paraguai e estreleja, com elas, o seu peito largo. E assim, ufano e garboso, salta para riba do seu cavalo. E com os olhos flamejantes, os pulsos a latejarem, belamente queimado de febre, o velho soldado toca desassombradamente para a revolução!"

Antes de terminar o discurso, Paulo continuou a ser aplaudido, como podemos ver no referido volume dos *Annaes* do Câmara:

"Senhor presidente, a geração dos propagandistas fez a República. À nossa geração cabe o papel de engrandecê-la (*Muito bem*). E como engrandecê-la, senhor presidente? Simplesmente: seguindo o exemplo ancestral dos nossos avós; seguindo o exemplo ancestral dos velhos estadistas de raça. Como? Assim: tratando as coisas públicas com esse carinho passional, com esse entranhamento que põe a pátria acima de todas coisas (*Muito bem*), tratando os dinheiros públicos com mãos limpas e honradas (*Muito bem*), mãos do velho caboclo paulista, tradicionalmente probas, tratando os interesses públicos, tratando as necessidades públicas acima, muito acima de todas as nossas pobres mesquinharias pessoais (*Muito bem*)".

Até de forma minuciosa uma biografia deve reconstituir fatos do passado, a fim de trazê-los de modo nítido ao presente. É o jeito de dar vida outra vez a esses episódios, de os conservar nas páginas de um livro. Revela o volume dos *Annaes* da Câmara dos Deputados do Estado de São Paulo, que estamos consultando: após proferir mais algumas palavras, Setúbal concluiu o seu discurso. Novos "muito bem, muito bem" estrugiram. Palmas ressoaram no plenário e nas galerias. O orador foi felicitado pelos colegas e quem o sucedeu na tribuna, o doutor Armando da Silva Prado, logo começou a desfechar elogios:

"Senhor presidente, o nobre deputado, digno representante do primeiro distrito, senhor Paulo Setúbal, cujo nome declino com redobrada satisfação..."

Paulo o interrompeu:

– Vossa excelência é muito amável.

Armando prosseguiu:

"...acaba de honrar o seu mandato, de enaltecer a incumbência que, em boa hora, recebeu do povo paulista, e de ilustrar a tribuna desta casa do Congresso..."

Mas uma vez querendo ser modesto, Paulo cortou a palavra do colega:

– Tudo isso não passa de flores que eu não mereço.

Sereno, Armando Prado jogou outras flores em cima do homenageado:

"Muito merecidas por vossa excelência... produzindo essa vibrante oração cujos ecos ainda perduram no recinto onde todos nós nos achamos reunidos. Começo a falar, senhor presidente, ainda sob a impressão inspiradora desse discurso tão finamente lavorado, não só pela justeza dos conceitos e exatidão das afirmações históricas..."

Paulo agradeceu:

– Muito obrigado.

Os parlamentares da República Velha se distinguiam pela amabilidade, pela elegância nas atitudes. Gentil, cavalheiresco, Armando Prado declarou que no discurso de Setúbal, nos "notáveis painéis" apresentados por ele, onde "desenhou a figura homérica do marechal Deodoro da Fonseca," no seu relato dos acontecimentos daquela época, havia uma "palpitação de vida".

Sim, é verdade, pois a oratória de Paulo era o desfile rápido e variado de sonoras frases descritivas. Parecia um calidoscópio no qual os vidros coloridos se moviam sem parar. Existem dois tipos principais de eloqüência, a lenta e a dinâmica. A primeira se caracteriza pela tranqüila, pausada exposição de silogismos, de deduções, de raciocínios lógicos, cartesianos, e a segunda, que era a de Paulo Setúbal, pelo fluir nervoso, ininterrupto, de imagens fulgentes, de períodos enfáticos, coloridos, majestosos, altissonantes.

Paulo fornecia a impressão de transfigurar-se, quando discursava. Sua eloqüência era como o andamento de uma sinfonia, cujas notas vão crescendo e de repente se multiplicam, explodem. Ele, na tribuna, não falava de maneira derramada, num tom meio cantado, langoroso, como o conferencista Martins Fontes, e sim escandindo as sílabas, pronunciando com vigor as palavras, sobretudo os verbos e os adjetivos, que ao saírem de sua boca produziam retumbâncias, um singular efeito mágico, a religiosa atenção do auditório.

Martins Fontes

Inimigo mortal de qualquer orador, de qualquer escritor, é o lugar-comum. Frases e expressões usadas milhares de vezes só impressionam os ignorantes, as pessoas de inteligência tacanha. Medíocre, fraco, estéril, é o orador que num discurso se utiliza de expressões como "memorável evento", "caráter sem jaça", "nossos efusivos parabéns", "auspicioso acontecimento", ou de frases como "cidadão probo, de excelsas virtudes", "sentinela avançada do Direito e da Democracia", "cônscio dos seus mais sagrados deveres", "lídimo representante das classes produtoras do país", "figura de proa no cenário da política nacional". Décio Valente arrolou estas chapas bem batidas no livro *Do medíocre ao ridículo*.

Na oratória de Paulo os lugares-comuns não apareciam. Ele sabia criar nos discursos, já vimos isto, expressões e frases novas, como "cidade-prodígio", "modorra cívica", "límpida perpendicularidade", "a cordilheira épica da pátria", "os três fascinantes Itatiaias do nosso passado", "estreleja com elas [as medalhas] o seu peito largo".

Unicamente o talento, o apurado senso estético – e Setúbal tinha os dois – podem eliminar de um texto ou de um discurso a presença dos chavões.

XIII

A ELOQÜÊNCIA MAGNÉTICA DO DEPUTADO PAULO SETÚBAL

*P*ara dar ênfase à oratória de Setúbal, vamos agora narrar um fato que poderíamos ter evocado no capítulo anterior. Certos episódios de uma vida devem receber especial destaque em determinados trechos das biografias, pois assim esses episódios se entrosam com outros, posteriores, e ganham maior expressividade.

Eloqüência, desembaraço, improvisação. Os três substantivos definem perfeitamente a oratória do deputado Paulo Setúbal. Um depoimento do professor Vinício Stein Campos, fundador do semanário *O Constitucionalista* e membro do Instituto Histórico e Geográfico de São Paulo, reforça a nossa afirmativa. Vinício esteve por acaso num comício de Paulo, realizado na cidade de Capivari, quando o romancista se candidatou a deputado estadual. Conforme a descrição desse historiador, Setúbal, de "gravata ao vento, a cabeleira ondulada refulgindo ao sol, os gestos largos, os olhos luminosos irradiando simpatia, a voz quente, musical e arrebatadora como seu linguajar literário, empolgou o grande auditório com seu magnífico improviso, no qual discorreu sobre os seus sonhos de patriotismo, a sua esperança de ser útil, o seu desejo de colaborar na ingente tarefa do empreendimento paulista". A mensagem que trazia, declarou o candidato, era "de união, de concórdia, de fraternidade", voltada para os "superiores interesses" do Brasil, e tinha o anelo de alcançar o bem público, objetivo comum dos governantes de São Paulo e do país.

Um adversário político de Setúbal, nascido em Capivari e também escritor, fazia um comício na mesma hora, a curta distância do local de Paulo. Este argumentou que se para merecer os votos dos naturais de Capivari era indispensável ser capivariano, então ele, Paulo Setúbal, tinha o direito de reivindicar essa cidadania, pois os seus antepassados, em tempos não remotos, "foram foreiros da terra capivariana, deram o seu concurso para o desenvolvimento da cidade", viveram sob aquele céu, ouviram "o bimbalhar festivo dos seus sinos católicos", fruiram "dos seus ares lavados e sãos", totalmente identificados com o solo natal do poeta Rodrigues de Abreu. E Vinício Stein Campos informa: nessa "oração exuberante, rica de imagens e cálida de eloqüência", Paulo "teceu um hino de aliciador civismo". O hino "arrebatou o grande público que o ouvia enlevado". No fim do discurso, uma ovação estrondosa.

A eloqüência magnética do Setúbal lhe rendeu muitos votos em Capivari.[*]

Conta o Visconde de Taunay, nas *Reminiscências*, que diziam que Sales Torres Homem, Visconde de Inhomirim, um dos políticos mais discutidos do Segundo Reinado, planeava e compunha com muita antecedência os seus discursos, os quais eram destinados às grandes ocasiões. Figura nada atraente, de pequena estatura, barriga volumosa, pernas curtas em relação ao busto, Torres Homem, segundo as más línguas, escrevia as suas orações e as decorava, palavra por palavra. E além disso, afirmavam os murmuradores, ele adotara o hábito de ensaiar, diante de um espelho, os gestos e as atitudes que ia exibir na tribuna. Mas Taunay contesta, nega isto: Torres Homem, dono de "fidelíssima memória", trazia a oração toda pronta na mente, após tê-la recitado em voz alta, dias antes, no seu gabinete de trabalho.

Paulo Setúbal não precisava decorar os discursos, pois sempre fora um orador nato, espontâneo. E nem recorria a treinos em frente de um espelho, a fim de aprimorar os gestos, as atitudes. A naturalidade o libertou de tais artifícios. Possuía, além disso, uma cabeça onde a

---

[*] Vinício Stein Campos, "A religião na obra de Paulo Setúbal". *Revista do Instituto Histórico e Geográfico* de São Paulo, volume LXXIII, 1977, página 323.

Sales Torres Homem

memória lhe prestava imediata ajuda, e sendo um atento pesquisador dos fatos históricos, até poderia repetir, como se fosse de sua lavra, esta frase do lexicógrafo Samuel Johnson (1709-1784), inserida no número 74 da publicação *The Idler*:

"A verdadeira arte da memória é a arte da atenção."
(*"The true art of memory is the art of attention."*).

Os grandes oradores se distinguem por certas características. Estas lhes marcam a personalidade. Silveira Martins falava com um tom majestoso, olímpico; Epitácio Pessoa com eloqüência rica de tropos e de adjetivos; Rui Barbosa discorria de maneira uniforme, com linguagem pura, castiça, repleta de termos raros; Ferreira Viana, ágil virtuose da palavra, ia soltando, um atrás do outro, os períodos antológicos, lapidares; José do Patrocínio, como disse Araripe Júnior, tinha "todas as cordas da emoção humana" no seu "instrumento oratório"; João Maurício Wanderley, Barão de Cotegipe, ostentava a sua agudeza de raciocínio, os seus ditos espirituosos, a sua dialética arrasadora.

A eloqüência de Paulo Setúbal era idêntica, num ponto, à de José do Patrocínio: ele punha, nos discursos que proferia, "todas as cordas da emoção humana".

No livro *Oito anos de parlamento*, publicado em 1901 pela Editora Laemmert, o Conde Afonso Celso evocou os tribunos da época do Se-

Campos Sales

gundo Reinado. Informa este autor: a oratória do deputado Campos Sales se assemelhava à "dos atores de pequenos teatros", os quais, em "papéis ferozes, esbugalham os olhos e berram, sem medida no gesto a na dicção". O substantivo *república* saía da boca do político campineiro, sublinha Afonso Celso, carregado de muitos *rr*, e outro substantivo, a palavra *povo*, vinha grávido de muitos *oo*, obrigando Sales a arrastar a língua, a dar "entonações trágicas e misteriosas aos lugares mais comuns".

Setúbal, para seduzir os auditórios, não precisava arregalar os olhos e esgoelar-se. Nem apareciam nos seus discursos os solecismos, os preciosismos, os cacófatos, as cacaborradas, os defeitos de prosódia, os vícios de linguagem dos oradores de quinta categoria.

* * *

O deputado Paulo Setúbal foi à tribuna da Câmara, em 29 de agosto de 1927, para tratar de um caso que não era político, mas de interesse geral, relativo "às necessidades essenciais do viver coletivo". Tal caso iria inspirar a sua oração:

"Eu quero aludir ao fato, estranhável por todos os aspectos, de existir neste momento, dentro do estado de São Paulo, um certo número de juízes que, num contraste violento ao corpo brilhantíssimo dos nossos magistrados, vem soerguendo entre os seus jurisdicionados, uma larga e rumorosa grita. Eu me refiro aos juízes que vivem ausentes das suas comarcas. Aos que, sem motivos legais, abandonam as sedes em que judicam. Eu me refiro, numa palavra, aos juízes que, sem licença prévia, e, mais do que isto, sem passarem as suas varas, não estão nas suas cidades à frente das suas judicaturas. O caso, bem vê o senhor presidente, é todo inçado de melindres. Mas exige, não há negar, uma palavra de nossa parte."

Dirigindo-se outra vez ao deputado Aguiar Whitaker, que era o presidente da Câmara, o orador sustentou:

"Senhor presidente! A Justiça tem sido a preocupação constante dos nossos homens públicos."

Armando Prado interveio:

– Apoiado!

Em seguida, Paulo elogiou os três governos de São Paulo que se dedicaram à tarefa de remodelar o mecanismo jurídico do estado: os governos de Washington Luís, Carlos de Campos e Júlio Prestes de Albuquerque. O bom político, algumas vezes, deve ser cauteloso na distribuição dos louvores, a fim de não criar ressentimentos. Com sutileza, habilidade, o orador não se esqueceu de enaltecer o seu partido:

"Donde se vê, meus senhores, que a Justiça tem sido invariavelmente, de longos anos, um ponto capital, básico, do programa do Partido Republicano."

Um colega o aplaudiu. E Armando Prado reforçou a afirmativa de Setúbal:

– É uma das molas principais de toda a administração e de todo o governo.

A força do PRP, do Perrepismo, surge bem visível no discurso do tatuiense. Como presidente de São Paulo, o perrepista Washington Luís Pereira de Sousa indicara no fim do seu mandato, para o suceder no cargo de chefe do Executivo, o também perrepista Carlos de Campos. Este nome provocou grande celeuma no Partido Republicano Paulista, pois uma corrente, liderada por Lacerda Franco, desejava lançar a candidatura do senador Álvaro de Carvalho. Todavia, Washington Luís impôs a candidatura do advogado Carlos de Campos e este venceu. Ele, Carlos, agüentou no palácio dos Campos Elíseos até quanto pôde, já vimos isto, a rebeldia dos seguidores do general Isidoro Dias Lopes, mas morreu no dia 27 de abril de 1927, vítima de embolia cerebral. Quem ficou no seu cargo, após a breve ocupação deste pelo professor Antônio Dino da Costa Bueno, foi o perrepista Júlio Prestes de Albuquerque, empossado no dia 14 de julho do mesmo ano.

Procurando não ferir nenhum melindre dos perrepistas, o deputado Paulo Setúbal enfatizou:

"Realizar a justiça com brilho, realizá-la com elegância, realizá-la com superioridade, eis a preocupação ininterrupta dos nossos homens públicos."

Afinal de contas, do ponto de vista político, Setúbal cumpria o seu dever. Era preciso nuançar o assunto, não generalizar, porque quase toda a administração do estado se achava nas mãos fortes dos caciques do PRP. A Justiça em São Paulo, disse o orador, mostrava-se eqüitativa. E "na sua imensa, na sua consoladora maioria", os juízes paulistas, "de probidade impertérrita", podiam ser vistos, segundo "a vetusta frase romana", como "verdadeiros pontífices do Direito". Além disso, "pela sua cultura e pela sua perpendicularidade", o Tribunal de Justiça do estado, "nossa Alta Corte", sem dúvida "envaideceria qualquer país do mundo, por mais civilizado".

Parece que Setúbal gostava muito do substantivo feminino "perpendicularidade", oriundo do latim medieval (*perpendicularitate*), pois o empregou no seu discurso do dia 25 de julho, em homenagem à memória de Júlio Mesquita, e depois resolveu usá-lo mais uma vez nesta oração.

Agindo como um atento representante do povo, como um advogado que queria valorizar a classe dos "defensores da lei", Paulo fez a sua bela eloqüência retratar uma feia realidade:

"No entanto, senhor presidente, há juízes que destoam desse brilho. Uma grossa ondada de queixas anda por aí contra eles. Essa ondada avolumou-se, invadiu o Tribunal, subiu até o presidente do estado, chegou até nós. As queixas são procedentes. É que, nesta hora, trinta por cento dos juízes – ouvi bem, meus colegas – trinta por cento dos juízes estão ausentes das suas comarcas! Pois bem sabeis os desconcertos que traz essa situação: é a falência não decretada, o arresto não concedido, o *habeas-corpus* inútil, a prisão preventiva ineficiente. São as medidas urgentes anuladas, os processos longos, ainda mais travados e emperrados. Daí, da anomalia, as queixas. Daí a grita. O presidente do Tribunal, muito pacificador, expedia uma circular digníssima a esses juízes. O presidente do estado fez tudo o que podia, dentro da cordura, para cortar o mal. Chegou a vez de nós, os congressistas, pormos a nossa palavra ao lado da palavra dos outros dois poderes."

Após receber o *muito bem* de um colega e um aparte de Armando Prado, o orador concluiu:

"Eis porque, senhor presidente, eu subi hoje a esta tribuna, que é a mais alta do estado, donde a voz retumba mais largo. Vim para fazer um apelo a esses juízes. Um apelo abundante, brotado de coração com quentura e brasilidade. E é este: senhores juízes, ide para as vossas comarcas! Tapai a boca dos queixosos! Cumpri a lei! Assim, mais do que todos nós, trabalhareis pela grandeza, pelo rebrilho, pelo bom nome do nosso estado!"

Rolaram no plenário os aplausos, os "muito bem, muito bem", e o orador, conforme o registro dos *Annaes*, foi felicitado...

Neste discurso de Paulo as características do seu vocabulário se evidenciaram, mais uma vez. Observe o leitor como ele soube usar, de maneira justa, o substantivo feminino *ondada* (fluxo de onda). E como foi feliz ao relacionar *coração* com *quentura* e *brasilidade*. Se tivesse empregado *calor*, em lugar de *quentura*, a frase não ficaria tão expressiva. Paulo sabia que a língua portuguesa é riquíssima e como escritor imaginoso poderia compará-la a uma linda, a uma soberba arca antiga, toda esculpida por um exímio artesão e ornada de coruscantes vocábulos – jóias. Devemos também admirar, na oratória de Paulo, a sua permanente clareza, a nitidez dos seus períodos nobres.

Antoine Rivarol publicou em 1784 o célebre *Discours sur l'universalité de la langue française*, ensaio premiado pela Academia de Berlim e no qual existe a seguinte frase:

"...o que não é claro, não é francês".

(*"...ce qui n'est pas clair, n'est pas français."*).

Inspirados nesta frase, os contemporâneos do nosso romancista expressariam a verdade, se afirmassem:

"Discurso que não é claro, não é do Paulo Setúbal."

* * *

Na trintagésima sessão ordinária da Câmara, em 30 de agosto de 1927, o deputado Paulo Setúbal ocupa outra vez a tribuna para apresentar uma emenda. Pelo seu texto, só os advogados formados, bacharéis ou doutores, poderiam ter participação nos processos judiciais. Setúbal explicou: um "número assombroso de pessoas", sem serem formadas, agiam na área da Justiça. E nos inventários, esclareceu, já não havia mais advogados formados, porque os processos eram feitos, quase exclusivamente, por escrivães e pessoas leigas. Isto também ocorria nos casos de falências e de divisões de terra. Atendendo, portanto, aos pedidos dos advogados de Rio Preto, Franca, Piracicaba, Taquaritinga, Araraquara, de diversas comarcas, Paulo leu no plenário da Câmara a emenda assinada por ele e pelos deputados Spencer Vampré e Samuel Baccarat, cujo artigo único determinava:

"Somente podem advogar em juízo civil, seja contenciosa ou administrativa a jurisdição, os doutores e bacharéis em Direito por qualquer das faculdades oficiais ou equiparadas da República."

A emenda foi acolhida com entusiasmo:

– Muito bem! Muito bem!

Paulo Setúbal, o deputado, brilhava tanto como o Paulo Setúbal poeta e romancista. As suas obras continuavam a ser muito lidas. Sucediam-se as tiragens de *Alma cabocla, A Marquesa de Santos, O Príncipe de Nassau, As maluquices do imperador*. Ele nunca precisou mandar imprimir os seus livros e sair vendendo-os, de cidade em cidade, como o poeta Vitrúvio Marcondes, que tinha os pés atrofiados, segundo nos informa Brito Broca, e que andava de maneira semelhante à dos chineses. Pobre Vitrúvio! Em 1907, ele enviou à Comissão de Finanças do Congresso Nacional o seguinte requerimento:

"O abaixo-assinado, publicista brasileiro, pretende dar à publicidade um livro de versos intitulado Baladas e orações, *e como lhe faltam meios para tal fim, vem, confiado nos vossos nobres sentimentos generosos e patrióticos, pedir-vos que concedais licença à Imprensa Nacional para imprimir gratuitamente o mesmo livro, o qual se acha em poder de um mui ilustre escritor fluminense que vai prefaciá-lo. Desde já, confiado em vós, vos agradece em nome das Letras."*

A comissão ficara atônita, incapaz de exarar o parecer, e negou o pedido. Modesto, humilde, o próprio Vitrúvio iria recordar este episódio no seu livro *Fogos-fátuos*, publicado em 1910 no Rio de Janeiro, às suas expensas.

É caso que mostra a melancólica situação de um sonhador num país onde os poetas mal conseguiam sobreviver. Lembremos, a propósito, o fim trágico do grande poeta simbolista Cruz e Sousa, o "Albatroz Negro", falecido em 1898, vítima da tuberculose. Seu cadáver de pouco peso, coberto apenas por um lençol, chegou ao Rio, à *gare* da estrada de ferro Central do Brasil, no vagão destinado a transportar animais... José do Patrocínio se incumbiu de homenagear o defunto, com a oferta de vistosa coroa de flores e pagando um enterro de primeira classe.

Vitrúvio Marcondes

Em 1927, Paulo Setúbal estava numa situação bem melhor do que a dos dois poetas acima evocados. Paulo ganhara dinheiro na advocacia, elegera-se deputado e não mais vivia na penúria. Milhares de exemplares dos seus romances já tinham sido vendidos. Além disso, nenhum intelectual o havia atacado ferozmente, mas os livros dos modernistas foram muito criticados. Yan de Almeida Prado, por exemplo, dissera que o *Macunaíma*, de Mário de Andrade, não passava de uma servil imitação literária do romance fantástico *L'enchanteur pourrissant*, de Guillaume Apollinaire, obra aparecida no ano de 1909, na qual o poeta francês parafraseou a lenda do mago Merlin e da fada Viviana.

A eloqüência da oratória de Paulo era idêntica à de seus livros. Quem ouvia as admiráveis orações de Setúbal pronunciadas na Câmara, sentia a impressão de estar lendo as suas obras. Esta impressão se tornou bem forte quando ele resolveu homenagear num discurso, no dia 8 de novembro de 1927, a figura de José Bonifácio, o Moço, devido ao centenário de nascimento desse professor e estadista que vindo à luz em Bordéus, na França, fora deputado provincial em 1860, ministro da Marinha e do Império, nos dois gabinetes de 1862 e 1864 de Zacarias de Góis e Vasconcelos, senador em 1880, tribuno do Abolicionismo, lente catedrático de Direito Civil e de Direito Criminal na Faculdade do largo de São Francisco.

Depois de evocar no seu discurso a carreira do Andrada, o deputado Paulo Setúbal frisou:

"Bem vedes, senhores deputados, que deslumbrante carreira percorreu o neto do Patriarca na vida pública. E que é que fez José Bonifácio na política? É preciso, senhor presidente, ler os *Annaes*. Não cabe aqui, na ligeireza deste esboço, enumerar o rol da vasta atuação do Andrada na coisa pública. Diga-se, no entanto, por alto, que durante o parlamentarismo não houve lei que o político não discutisse, problema que não defrontasse, causa que não debatesse, injustiças que não verberasse, acertos que não aplaudisse. Mas tudo isto é nada, meus senhores, tudo rui por terra diante da luminosidade da campanha abolicionista. Na campanha abolicionista, não há dúvida, a palavra de José Bonifácio bateu como um aríete magnífico. Ela foi, confessemo-lo, uma das forças motrizes mais decisivas daquele movimento. Uma das hélices mais poderosas daquela reivindicação. José Bonifácio meteu-se na campanha com toda a flama da sua oratória, com todos os ímpetos do seu entusiasmo, com toda a convicção das suas idéias, com toda aquela sua límpida palavra de cruzado medieval. Os seus discursos, vibrantes e magníficos, estouravam como pelouradas contra o carrancismo da época. O Andrada foi, não há como negar, um dos lidadores mais guapos dessa peleja, uma das toledanas mais cortantes desses ataques."

A cultura de Paulo cintila nesta oração. Hoje, devido ao apedeutismo dos políticos e dos auditórios, não se ouviria, saindo da boca de um tribuno, o vocábulo *aríete* (do latim *ariete*, carneiro), que designa antiga máquina de guerra para arrombar portas e muralhas, com uma peça idêntica à cabeça de um carneiro. Também agora nos parece ser difícil ouvir, durante o pronunciamento de qualquer discurso, o substantivo masculi-

José Bonifácio, o Moço

no *carrancismo*, jeito de se apegar à rotina, às coisas do passado, e o substantivo feminino *toledana*, aplicado à espada fabricada em Toledo, cidade da Espanha, arma cujas características avultam nas suas guardas e contraguardas, na sua grande tigela de ferro.

O trecho acima de Paulo é longo, mas nós o reproduzimos tendo unicamente este intuito: deixar o leitor "ouvir" a palavra de Setúbal, receber a impressão de estar no plenário da Câmara dos Deputados do Estado de São Paulo, no dia 8 de novembro de 1927. E admirem a fluência dessa oratória, a sonoridade e a simplicidade do discurso, aliadas a um minucioso conhecimento da vida de José Bonifácio, o Moço. Só os oradores de raça sabem descrever muito bem os fatos históricos, como o fez, por exemplo, o Visconde de Ouro Preto na sessão do dia 11 de junho de 1889 do Parlamento do Império, ao apresentar os seus novos ministros. Afirmemos, o deputado Paulo Setúbal sabia evocar esses fatos, sem nunca se valer dos lugares-comuns, conforme já foi dito. Sabia começar e encerrar os discursos, mostrando-se sempre desenvolto, inclusive no exórdio, cujo principal objetivo, ensina Marco Túlio Cícero, consiste em obter do auditório a atenção, a benevolência.

Discurso parlamentar sem dialética, sem bons argumentos, jamais é discurso, é pura verborragia. Vejam, portanto, a dialética espontânea e convincente de Setúbal:

"Bastava a campanha abolicionista, meus senhores, mais nada, para que José Bonifácio viesse até nós recoberto dos louros que o recobrem. Bastava isto, mais nada, para que, na praça pública, o víssemos perpetuado no bronze. Mas não é só. Além de político, José Bonifácio foi professor. Professor de Direito. Professor de fama retumbante. Não eram apenas os seus alunos que o escutavam, com êxtase, num embevecimento! Não! Advogados, médicos, filósofos, homens de letras, todo o escol da intelectualidade do tempo vinha ouvir, fascinado, a palavra mágica do artista."

Rui Barbosa havia sido aluno de José Bonifácio, o Moço, e por este motivo Paulo leu um trecho do discurso do baiano sobre o descendente do Patriarca da Independência. Terminada a leitura, substituiu a eloqüência de Rui pela sua própria eloqüência:

"Nele [José Bonifácio], dizem todos os contemporâneos, fundiam-se harmoniosamente, galhardamente, o homem e o orador. Belo, com a sua barba castanha, com os seus olhos claros, muito azuis, com a sua voz sonoramente timbrada, a larga oratória de José Bonifácio brotava-lhe dos lábios aos escachoos. Tinha ela todas as tonalidades, tinha todas as cores, tinha todos os enfeites. Era escaldante na cólera, vergastadora no ataque, desapiedada na lógica, apunhalante no sarcasmo, florida nas horas líricas, doce e arrulhadora nas coisas do coração."

Os deputados o aplaudiram:

– Muito bem! Muito bem!

Paulo exibiu admirável facilidade de expressão, desde o começo até o fim do discurso. Informou-nos Menotti del Picchia que Setúbal, na Câmara, falava de improviso. Menotti foi seu colega de partido no terceiro ano da décima terceira legislatura. O depoimento do autor de *Salomé* combina com o do Vinício Stein Campos, evocado no início deste capítulo.

Paulo e Menotti se tornaram amigos. Sob a influência de Marinetti, indeciso entre o verso livre e o verso rimado, o criador do Juca Mulato efetuou na residência de Setúbal a leitura de várias poesias da sua obra *Chuva de pedra*. Narra Menotti, no livro *A longa viagem*, que a platéia na casa do romancista de *A Marquesa de Santos*, nesse dia, não era literária, mas social e política. Uma reunião elegante, com refrescos, sequilhos, bom uísque, a presença de senhoras grã-finas, de expoentes do PRP, como Altino Arantes, Eugênio de Lima, Flamínio Ferreira, Rodrigues Alves Filho. Causou "decepção e escândalo" a nova poética de Menotti. Ele se atreveu, fascinado pela estética modernista, a recitar os seguintes versos:

"Eu vou amar toda esta noite esta cigana
que armou sua barraca de linho numa casa de rendez-vous
junto ao lago glacial do seu espelho oblongo
sob a copa verde de um abat-jour *de seda.*

Seu corpo sai da escorsa da camisa
como uma fruta tropical.

Nas suas pupilas de ágata
eu vejo o coronel Rufino
que bebeu a fazenda com champanha.

Penso nas tulhas atestadas de café
nos torsos nus arfando sob os sacos loiros
nas carretas que vão riscando no caminho
duas linhas que nunca mais se encontram
até chegar junto das ondas
ao convés fumarento dos navios
para ir buscar os beijos falsos das francesas."

Tal poesia maluca, desprovida de vírgula como os versos mais ousados dos corifeus do Modernismo, e onde as palavras da língua de Racine se misturam ao cheiro das casas de prostituição, tal poesia disparatada não agradou o seleto auditório. Ninguém bateu palmas. E a reação de Paulo? Ficou horrorizado ou se divertiu, vendo nos versos de Menotti uma brincadeira inofensiva, uma chorumela sem pés nem cabeça? Altino Arantes, ex-presidente de São Paulo (governou o estado de 1916 até 1920), logo emitiu a sua opinião:

– Que pena que o nosso poeta tenha agora dado para isso...

Menotti del Picchia recitando a poesia "Chuva de pedra" na casa de Paulo Setúbal

A incoerência de Menotti era berrante. Os versos declamados por ele na casa de Setúbal contrastavam com os de *As máscaras* e dos seus outros livros. Seriam aceitáveis se Menotti tivesse a coerência poética de Paulo ou a de Joaquim de Sousa Andrade (*Sousândrade*), a sinceridade de ambos.

Nascido em 9 de julho de 1833, no Maranhão, o singularíssimo Sousândrade formou-se em Letras e Engenharia de Minas pela Sorbonne de Paris. Republicano convicto, ao visitar a Inglaterra criticou a rainha Vitória num artigo. Fugiu às pressas desse país e regressando à terra natal, ensinou o idioma grego no Liceu Maranhense. Esteve na Amazônia, foi até os Andes, conheceu os Estados Unidos. Publicou o discutido poema *O Guesa ou Guesa errante*. De sua autoria é o desenho da bandeira maranhense, cujas três cores, branca, vermelha e preta (sem contar o azul), simbolizam as três raças que formaram o povo brasileiro. Ele chamava de "vermelha" a raça indígena, decerto influenciado pelos índios peles-vermelhas da pátria de Lincoln... Reinava em torno de Sousândrade, esclarece Humberto de Campos, "a mais acentuada divergência", pois certas pessoas o consideravam um gênio e outras um louco. Humberto, numa crítica sobre o livro *República dos Estados Unidos do Brasil*, de Menotti del Picchia, citou esta passagem do poema *O Guesa*:

> *"ORCAR BARÃO*
> *– Cobra! Cobra! (What so big a noise?!)...*
> *Era meu relógio... perdão!...*
> *São pulgas em Bod.*
> *Me acode!...*
> *God? God! Sir, we mob; you go dam!"*

Isto é demência ou é genialidade? Talvez as duas coisas.

Sousândrade morreu pobre, abandonado, no dia 21 de abril de 1902. Teve de colocar à venda, para se manter, as pedras do muro da sua casa, a Quinta da Vitória. E os originais das últimas produções desse inovador foram usados como papel de embrulho...

Graças à revisão crítica de Augusto e Haroldo de Campos, e também de Luís Costa Lima, hoje a poesia de Sousândrade é considerada, sob vários aspectos, precursora do Simbolismo e do Modernismo.

A diferença que existe entre os versos de Paulo Setúbal e os do incompreendido Sousândrade é enorme, mas os dois se pareciam num ponto: eram coerentes.

Sousândrade

XIV

O NOVO ROMANCE DE PAULO E AS FRAUDES ELEITORAIS NO TEMPO DA REPÚBLICA VELHA

*D*eputado estadual pelo 4º Distrito, circunscrição eleitoral que compreendia, antes da Revolução de 1930, entre outros, os municípios de Tatuí, Tietê e Capivari, o doutor Paulo de Oliveira Leite Setúbal fez parte da Comissão de Redação do Poder Legislativo da terra bandeirante. Para este setor, onde ajudou a escrever muitos pareceres e textos de caráter jurídico, ele foi eleito com vinte votos, no ano de 1928. O seu colega Plínio Salgado, apesar de ter sido um escritor de talento, não conseguiu tornar-se membro da referida comissão, pois só recebeu cinco votos.

Em 6 de fevereiro de 1928, Setúbal passou a pertencer ao Instituto Histórico e Geográfico de São Paulo. Nesse mesmo dia entraram, como sócios do Instituto, o Barão Smith de Vasconcelos; o jurista Alcântara Machado; o historiador Lourenço Granato; o engenheiro Armando de Arruda Pereira, futuro prefeito da capital paulista; o doutor Oscar Stevenson, livre-docente de Direito Penal na Faculdade de Direito do largo de São Francisco; o indianólogo Plínio Marques da Silva Ayrosa, profundo conhecedor da influência da língua tupi-guarani no português do Brasil.

O presidente do Instituto, naquela ocasião, era Afonso Antônio de Freitas, outro indianólogo ilustre, autor de um precioso *Vocabulário nheengatu*. Além de conhecer tudo sobre as nossas tribos indígenas,

Afonso produziu uma obra clássica, intitulada *Tradições e reminiscências paulistanas*, aparecida em 1921. Ele resolveu, devido aos seus vastos conhecimentos históricos, o problema da linha divisória entre os estados de São Paulo e de Minas. E graças à sua colaboração foram encontrados os restos mortais do padre Diogo Antônio Feijó, deste insigne vulto da nossa História, que de 12 de outubro de 1835 até 19 de setembro de 1837, exerceu o cargo de regente do Império.

Afonso Antônio de Freitas

Como estamos vendo, Paulo Setúbal só pôde lucrar, enriquecer o seu espírito, na companhia de Ayrosa e Afonso de Freitas. Talvez os consultasse, a fim de descrever, no romance *A bandeira de Fernão Dias*, os curiosos costumes dos índios brasileiros. Nesse livro publicado em 1928 pela Companhia Editora Nacional, o autor evoca figuras fantásticas da mitologia dos selvagens: as hipupiaras, demônios da água, monstros metade homem, metade peixe, com barbatanas nos calcanhares, que devoravam os olhos e os narizes dos índios; e os mutuyus, "bugres roxos, muito desconformes", de pés para trás, criaturas brutíssimas, em cujos pescoços exibiam ornatos e bugigangas de ouro.

Afonso de Freitas e Plínio Ayrosa, dois grandes indianólogos, teriam orientado Setúbal, quando este quis colher dados sobre os nossos índios? Trecho de um capítulo de *A bandeira de Fernão Dias*:

"Principia o festim. De todas as tabas acorrem índias com igaçabas. São vinhos de todo o jeito. Cauins. Sucos embebedantes de milho. Beberagens fortíssimas de cachiri. As índias não param. Igaçabas sobre igaçabas. É um beber desbragado".

O substantivo feminino *igaçaba* designa um pote, ou um cântaro, ou uma urna funerária (*yg*, água, e *açaba*, transporte). *Cauim* é o vinho feito de milho fermentado. Quanto ao *cachiri* (outra grafia é *caxiri*), trata-se de uma bebida que nasce da fermentação da mandioca.

Setúbal reproduziu no seu romance este cântico dos índios, divulgado por Barbosa Rodrigues no livro *Poranduba amazonense*, de 1890:

> *"Aê, coê, coê,*
> *tatu!*
> *Aê coê, coê,*
> *Tatu!"*
> ("Aí está, está
> O tatu!
> Aí está, está
> O tatu!"

Segundo nos informou Galeão Coutinho, o seu amigo Paulo Setúbal era apaixonado pelos nomes das nossas índias. Tão apaixonado que pretendia citar vários desses nomes num poema. Adorava os seguintes: Araci ("alvorada, mãe do dia"), Bartira, ("a que tem a graça e a delicadeza da bonina"), Cunhã-aiá ("a mulher suave"), Guaraciaba ("a senhora dos cabelos dourados"), Iara ("a rainha das águas, a feiticeira do rio-mar"), Jandira ("o nosso mel, a nossa doçura"), Jurema ("a sedutora, a provocadora dos sonhos de amor"), Jurucê ("a de voz macia"), Kenguará ("a cabecinha de garça"), Moema ("a desfalecida"), Paraguaçu ("a majestosa como o oceano"), Piringá ("a mulher tímida"), Saóbinha ("a dos olhos esverdeados").[*]

Fernão Dias Pais, falecido em 1681, é a figura principal desse novo romance de Paulo, como já revela o próprio título da obra. Preador de índios, rico proprietário em Minas e São Paulo, desfez-se de boa parte das suas riquezas, a fim de organizar uma grande bandeira, cujo objetivo era encontrar ouro, prata e pedras preciosas nos sertões. O Visconde de Barbacena, governador-geral do Brasil, deu-lhe o título de Governador das Esmeraldas, no ano de 1671. Em 1674, aos sessenta e seis anos de idade, Fernão iniciou a longa jornada em busca dessas esmeraldas, após ter assumido o comando da grande bandeira, composta de

---

[*] Paulo forneceu a Galeão Coutinho tais nomes, registrados por este numa caderneta.

Estátua de Fernão Dias Pais no vestíbulo do Museu Paulista. Obra de Luís Brizzolara

brancos, índios e mamelucos. Ia com ele, além do genro Manuel de Borba Gato, um filho bastardo e um filho legítimo.

Durante sete anos, sem esmorecimento, o sertanista procurou a lendária serra resplandecente de Sabarabuçu. Percorreu os vales do Jequitinhonha, do Paraopeba, do rio das Velhas (o rio então se chamava Guaicuí) e do rio das Mortes. Abandonado por muitos companheiros, pediu à mulher, uma descendente do cacique Tibiriçá e de um irmão de Pedro Álvares Cabral, pediu a dona Maria Garcia Rodrigues Betim que vendesse todos os seus bens, para manter a empreitada. E no arraial do Sumidouro, o tenaz Fernão Dias Pais descobre uma conspiração contra a sua vida, liderada pelo filho bastardo. De modo rápido, como exemplo, o pai não hesita, manda enforcar o próprio filho.

A marcha da bandeira prossegue. Junto do filho legítimo e do genro Manuel de Borba Gato, o sertanista atinge a serra de Itacambira e chega à Lagoa Encantada ou Vupabussú, onde acha umas pedras verdes transparentes. Ele pensa que são as cobiçadas esmeraldas. É a materialização do seu sonho! Depois, no arraial do Sumidouro, no mesmo lugar do enforcamento do filho bastardo, Fernão Dias Pais morre, atacado pela tremedeira, pelas febres bravas.

O espanhol D. Rodrigo de Castel Blanco, novo administrador das Minas, envia a Lisboa as pedras achadas por Fernão. Lá se verificou serem pedras comuns, sem nenhum valor...

Paulo Setúbal soube extrair, da vida aventurosa desse bandeirante, o assunto para produzir um movimentado romance histórico. Descreveu com brilho, nas suas páginas, o São Paulo bárbaro do século XVIII, a expulsão dos jesuítas, o assassinato do emissário do rei de

Portugal por Borba Gato, as lutas sangrentas entre as famílias dos Pires e Camargos, a crueldade dos índios, quando aprisionavam os seus inimigos. Também se referiu às quimeras, aos feitiços, às lendas daquele Brasil rústico, maravilhoso, a terra da "Árvore do Sabão", da "Árvore do Vidro", com furnas abarrotadas de prata, lagoas entupidas de areias de ouro, pedras bezoar que matam todos os cancros, lagartões de duas caudas, em cujas barrigas traziam o recendente almíscar.

Antes de o romance *A bandeira de Fernão Dias* ser lançado, faleceu no dia 6 de março de 1928 o sogro de Paulo.

Capa da primeira edição de *A Bandeira de Fernão Dias*, lançada em 1928

Foi um duro golpe na sensibilidade do escritor. Os dois se estimavam muito e o afeto que os unia era como a ligação entre um pai e um filho. Numa página inteira do início da obra, Setúbal expressou o seu sentimento:

> *À*
> *memória inapagável*
> *de*
> *Dr.*
> *Olavo Egídio de*
> *Sousa Aranha,*
> *meu sogro*
> *e*
> *meu melhor amigo.*

Paulo confessa, no prefácio do livro, que se valeu da fantasia e a fez "voar em socorro da História". Mas acentuou:

"A parte histórica, porém, conservei-a rigorosa, integral. Empenhei-me em não deturpar a verdade. Transladei os fatos para aqui como eu os encontrei nas fontes fidedignas."

Ele disse, nesse prefácio: como autor não quis só evocar o São Paulo setecentista, "pintar o fascinante da terra virgem, popularizar costumes ainda não popularizados da indiada". O seu objetivo consistiu também, sobretudo, em tirar do olvido um "Brasil fabuloso, ingenuamente pitoresco, que vive soterrado nas crônicas do tempo".

Fernão Dias Pais já havia inspirado Olavo Bilac a escrever uma obra-prima da poesia brasileira, no ano de 1893, o poema "O caçador de esmeraldas", dividido em quatro cantos e abrangendo um total de quarenta e seis sextilhas em alexandrinos. A agonia do bandeirante, no poema, é descrita de modo magistral. Eis um trecho da narração dessa agonia:

> *"Verdes, os astros no alto abrem-se em verdes chamas;*
> *Verdes, na verde mata, embalançam-se as ramas;*
> *E flores verdes no ar brandamente se movem;*
> *Chispam verdes fuzis riscando o céu sombrio;*
> *Em esmeraldas flui a água verde do rio,*
> *E do céu, todo verde, as esmeraldas chovem..."*

Tanto no poema de Bilac como no romance de Setúbal, o sertanista se chama Fernão Dias Pais Leme. Ora, ele nunca usou este sobrenome. Nos inventários de família, nas cartas que os soberanos e os governadores-gerais do Brasil lhe enviaram, nas atas da Câmara Municipal de São Paulo, o nome do nosso bandeirante sempre aparece assim: Fernão Dias Pais. Salienta Afonso de Esgragnolle Taunay, no capítulo primeiro do seu livro *A grande vida de Fernão Dias Pais*, publicado em 1955 pela Livraria José Olympio Editora:

"Fernão Dias Pais e não Fernão Dias Pais Leme. É tempo de se restabelecer o verdadeiro nome do homem cuja vida vamos procurar esboçar e cujos patronímicos ternários sofreram, em época que não podemos fixar, mas provavelmente em fins do século XVIII, ou em princípios do século XIX, a adição de um apelido do qual jamais usou."

Após expor alguns fatos, Taunay escreveu:

"Em todo o caso, será hoje inútil tentar promover-se a ablação do Leme, tanto mais quanto tem a consagração do poema bilaciano,[*] o verdadeiro promotor da glória do bandeirante, perante a opinião nacional."

Os críticos, portanto, não devem ser severos porque o romancista Paulo Setúbal acrescentou o *Leme* ao nome do "caçador de esmeraldas". Isto é apenas um pequeno defeito, um pecadilho.

Justo e injusto, o escritor Humberto de Campos, ao analisar o novo livro de Paulo. Foi justo quando registrou alguns erros do autor: denominar "descida" a "subida" dos rios, várias vezes; fazer em plena selva os papagaios cantarolarem "estribilhos civilizados", como *paco, currupaco*; mencionar os "tucumãs lisos", sendo o tucumã a nossa palmeira mais eriçada de espinhos; mostrar os índios da tribo de Abaratã, "em estado de completa selvageria, a dançar o *fandango*, olvidado, talvez, de que o *fandango* é uma dança espanhola".

Desenho de A. Norfini para a primeira edição de *A bandeira de Fernão Dias*

Na página 139 da primeira edição do romance, no capítulo "O Alma-Negra", o autor de *Gansos do Capitólio* criticou esta frase:

"É que ele vira passar, na escuridão, feio cavalo negro, sem cabeça, com a roda de fogo chispando na testa."

Humberto de Campos quis saber:

"Onde estava situada, então, a testa do cavalo, uma vez que ele não tinha cabeça?"

(*) Afonso de Esgragnolle Taunay preferiu usar, em vez do adjetivo *bilaquiano*, referente a Olavo Bilac, o adjetivo *bilaciano*, ainda não dicionarizado.

As críticas aqui apresentadas possuem fundamento, mas Humberto errou ao condenar Setúbal por ter colocado sambaquis "em pleno sertão brasileiro". Citando os dados das *Memórias para a história da Capitania de São Vicente*, de frei Gaspar da Madre de Deus, o escritor maranhense esclareceu: os sambaquis eram montes de calcário, chamados de "ostreiras", pois se formavam com amêijoas, conchas de ostras, "sururus de várias castas e outros mariscos". Daí não ser possível, argumentou o crítico, achar ostras e sururus (moluscos marinhos) nos sertões de São Paulo e Minas Gerais.

O erro de Humberto de Campos foi o de se basear apenas num autor, frei Gaspar da Madre de Deus, para dar a sua informação sobre os sambaquis, pois hoje sabemos que estes não se localizavam apenas ao longo da costa (sambaquis costeiros ou marinhos), mas também à margem dos rios (sambaquis fluviais) e em lugares afastados das águas (sambaquis centrais). Bernardino José de Souza nos ensina isto, no seu *Dicionário da terra e da gente do Brasil*. Tal obra mereceu de Afrânio Peixoto o seguinte elogio: "é livro mestre que dispensa uma apresentação". Segundo Bernardino, os sambaquis (do tupi, *tambá*, concha, e *qui*, colina) são verdadeiras montureiras dos indígenas précolombianos, depósitos onde estão misturados restos de cozinha, fragmentos de louça, utensílios de pedra, ossadas de homens e de animais, e até, não raro, esqueletos inteiros.

Conclusão lógica: como também existiam sambaquis à margem dos rios e outros distantes da nossa costa, Paulo não cometeu nenhum erro, no momento em que os colocou nas selvas da terra descoberta por Cabral.

Michel Brézillon, no *Dictionnaire de la Pré-Histoire*, lançado em 1969 pela Librairie Larousse, descreve como no planeta Terra, durante o período pós-glaciário, certos grupos culturais extraíram grande parte do seu sustento da recolha de moluscos. Os detritos desses alimentos se acumularam em enormes montes, não só compostos de conchas, "mas também de vertebrados e de vestígios industriais perdidos ou abandonados". Na América do Sul, acrescentou Brézillon, este tipo de amontoamento recebeu o nome de *sambaqui*, no Japão de *kaisuka* e na Escandinávia de *kjökkenmödding*. Ora, se os sambaquis, segundo nos esclarece o referido autor, eram também formados de vertebrados e de resíduos industriais, eles não se erguiam apenas ao longo do litoral da América do Sul, como pensava o cronista do livro *Sombras que sofrem*.

Há deslizes, sem dúvida, no romance *A bandeira de Fernão Dias*, porém Humberto de Campos foi injusto quando emitiu este juízo:

"No último volume do sr. Paulo Setúbal nota-se o mesmo desinteresse pela verdade histórica, a mesma facilidade em descrever sem consultar as fontes, e, no conjunto, a mesma despreocupação, seja na linguagem, no estilo ou no desdobramento do tema."

Esta crítica deve ter magoado muito o emotivo, o hipersensível Setúbal. Tudo do trecho acima de Humberto é mentira. Paulo sempre revelou um profundo, um apaixonado interesse pela verdade histórica e pela consulta às fontes. E preocupava-se com o estilo, com o seguimento das suas narrativas.

Desenho de A. Norfini para a primeira edição de *A bandeira de Fernão Dias*

Jamais era desleixado na maneira de escrever ou de se expressar oralmente. Algumas cenas do seu terceiro romance são tão bem apresentadas, tão bem narradas, que o leitor sente a impressão de estar vendo o que ele descreve. Vendo e ouvindo. Leiam esta passagem do capítulo décimo quinto de *A bandeira de Fernão Dias*:

"Rui Vilhena não havia adormecido ainda. Atropelavam-se nele presságios agourentos. O aventureiro perdia-se em cismas. Eis que, no silêncio da noite, o aventureiro principia a ouvir – rac-rac, rac-rac – um ruidozinho estravagante na parede da oca. As paredes eram feitas de esteiras de pindoba. Rui Vilhena pôs-se a escutar com atenção. O ruído lá estava, rac-rac, rac-rac. Rui Vilhena, intrigado, ergue-se da rede. E recua, assombrado: fina ponta de adaga furava agilmente a esteira da parede! A adaga entrava e saía. Rac-rac, rac-rac... Rui Vilhena salta da rede. Precipita-se para D. Rodrigo."

Estilo de linguagem oral, onde a onomatopéia se harmoniza com as frases curtas, que não teriam tanta força expressiva se fossem longas. Não há nesta passagem um só adjetivo desnecessário. Absoluta propriedade no vocabulário. Cadê a falta de cuidado no estilo, apontada por Humberto de Campos, cadê?

Quando Humberto expeliu a crítica injusta, ele não estava bem de saúde. Sofria devido a tonturas, suores frios, opressão no peito, perturbações visuais, fadiga muscular, principalmente nas pernas. Expôs as suas queixas ao doutor Raul Hargreaves, médico homeopata. Contou este fato no seu *Diário secreto*. É possível, deduzimos, que já estivesse sob as garras da doença insidiosa – distúrbio da hipófise – que o levou à morte no dia 5 de dezembro de 1934. Perguntemos: a crítica dele sobre o livro de Setúbal sofreu a influência da sua enfermidade?

* * *

Os modernistas não paravam de criticar os "escritores acadêmicos". Tinham de fazer isto, era também a função deles. Mário de Andrade, Oswald de Andrade e Antônio de Alcântara Machado, modernistas de grande talento, espalhavam cada vez mais as suas irreverências contra os "passadistas", os cultores de uma "estética morta". No "Manifesto Antropófago", publicado no número 1 da *Revista de Antropofagia*, de maio de 1928, o pilhérico Oswald de Andrade atacou "todos os importadores de consciência enlatada", a Corte de D. João VI e o patriarca João Ramalho, companheiro da índia Bartira, filha do cacique Tibiriçá. Como se vê, Oswald não podia gostar da literatura do Paulo Setúbal...

Sob o pseudônimo de Oswaldo Costa, o autor do romance *Os condenados* aconselhou:

"Portugal vestiu o selvagem. Cumpre despi-lo. Para que ele tome um banho daquela 'inocência contente' que perdeu e que o movimento antropófago agora lhe restitui."

Mas Setúbal não vestiu os nossos índios, isto é, não os apresentou de maneira falsa no romance *A bandeira de Fernão Dias*. Nesta obra, os indígenas da nossa terra se mostram com os seus aspectos reais, os seus hábitos, as suas tradições, e até com os seus alimentos e as suas bebidas: com a paçoca (prato de carne seca, fresca, no qual há farinha de mandioca); os bolos de carimã (feitos de massa mole e azeda de mandioca); as bolotas de ipadu (este é arbusto ou árvore, cujo fruto contém as mesmas propriedades da coca, embora menos intensas); a carne moqueada (carne que fica seca no moquém, grelha de varas); o vinho do ananás (fruto aromático da família das bromeliáceas, de forma cônica, saborosíssimo).

A rica prosa colorida do doutor Paulo Setúbal irritava os modernistas. Eles a julgavam vernácula demais, muito correta, muito submissa à sintaxe dos escritores clássicos da língua portuguesa. Quando Coelho Neto, nesse ano de 1928, foi eleito "Princípe dos Prosadores Brasileiros", devido a uma iniciativa do semanário *O Malho*, o modernista Mário Graciotti confessou, influenciado pela antropofagia literária do Oswald de Andrade:

"Eu tive vontade de pegar no pescoço do Coelho Neto e botar ele no espeto. Para assar, feito churrasco. E comer."

Graciotti ainda escreveu o seguinte, como um canibal faminto:

"Pois bem, a gente comendo o Coelho Neto, sem alusão ao quadrúpede veloz das matarias, tem duas gostosuras: se enche a barriga e se presta um servição deste tamanho às letras nacionais."[*]

Escritores fecundos, de abundante adjetivação, como Coelho Neto e Paulo Setúbal, irritavam os seguidores de Oswald de Andrade. Um bom escritor modernista devia ser conciso no estilo, parcimonioso em relação ao emprego dos adjetivos. Todavia, nem sempre era sóbria a adjetivação nos romances de Oswald. Examine o amigo leitor esta passagem do capítulo VI, intitulado "A vitória do vilão", da primeira parte do romance *Marco zero*:

"No seu quarto quase sem móveis Umbelina rezava ante o oratório *familiar*. O céu *cristão* do Brasil abria-se em cetim *azul*. Ao fundo, sobre um *pequeno* pedestal de madeira, havia uma custódia de prata *antiga*."

---

[*] Mário Graciotti, "Comidas". *Revista de Antropofagia*, número 3, julho de 1928, página 5.

Cinco adjetivos, num trecho curto e sublinhados por nós.

Não há dúvida, o modernista Oswald de Andrade também gostava da sonoridade de certos adjetivos. Várias vezes, portanto, ele não produziu as frases telegráficas tão comuns nos livros de Blaise Cendrars, escritor franco-suíço que muito o influenciou. Um modernista do ano de 1928, lendo o capítulo oitavo do romance *A bandeira de Fernão Dias*, poderia ter criticado esta frase:

"E ali, na manhã *gloriosa*, sob o céu *entontecedor*, Frei Gregório, num *lento* gesto em cruz..."

Três adjetivos desnecessários, diria o modernista, mas se Oswald de Andrade tivesse publicado o seu *Marco zero* naquele ano (tal obra só apareceu em 1943), o escritor Paulo Setúbal poderia defender-se com firmeza, citando os três adjetivos desta curta frase do capítulo VII do romance de Oswald:

"... o jurema de água *escura* procurava *velhas* rotas na direção das montanhas *roxas*..."

Muita verdade encerra o seguinte provérbio francês:

"*Le bossu ne voit pas sa bosse, mais il voit celle de son égal.*"

("O corcunda não vê a sua corcova, mas vê a do seu igual.").

*   *   *

Paulo continuou a ser um parlamentar ativo do PRP. Na quarta sessão ordinária da Câmara dos Deputados, no dia 19 de julho de 1928, o líder do Partido Democrático se atreveu a transmitir uma notícia que não agradou ao deputado perrepista Armando Prado. Este reagiu assim, contra o senhor Luiz Aranha:

"Sua excelência, líder de um partido contrário, julga-se com autoridade para nos trazer uma declaração política de um chefe do Partido Republicano Paulista."

O deputado da oposição respondeu:

– Trago apenas um fato noticiado e comentado por todos os jornais.

Usando a ironia, Setúbal deu este aparte:

– Os jornais, às vezes, trazem notícias menos verdadeiras. Um jornal, por exemplo, noticiou ontem que vossa excelência estava espe-

Paulo Setúbal

rando ansiosamente a chegada do professor Voronoff. Mas ninguém acreditou nessa fraqueza...

Palavras acolhidas com risos. Setúbal havia citado o fisiologista russo Serge Voronoff, nascido em 1866, que no ano de 1921, ao tornar-se chefe do laboratório de cirurgia experimental no Collège de France, declarou ter alcançado sucesso absoluto na terapêutica do rejuvenescimento do homem, graças a transplante das glândulas sexuais dos macacos. O médico José Madeira de Freitas, sob o pseudônimo de Mendes Fradique (inversão do nome Fradique Mendes, personagem de Eça de Queiroz), lançou em 1926 o seu único romance, inspirado nesse fato e intitulado *Doutor Voronoff*, obra enaltecida por Coelho Neto, Tristão de Athayde e Monteiro Lobato.

Ao ouvir um discurso do deputado Antônio Feliciano, membro do Partido Democrático, sobre o alistamento eleitoral na cidade de Santos, oração pronunciada no dia 29 de agosto, o deputado Paulo Setúbal o interrompeu:

– Vossa excelência dá licença para um aparte?

Setúbal comentou, depois de receber a anuência do colega:

– Pelo que vossa excelência acaba de expor à Câmara, estamos vendo que o alistamento eleitoral em Santos está sendo escrupulosamente feito.

O orador replica:

– Pelo juiz.

E Paulo complementa:

– Perfeitamente, pelo juiz.

Alfredo Ellis intervém:

– Nem podia deixar de ser feito pelo juiz, pois o juiz é a única autoridade competente para fazê-lo.

A troca de afirmativas entre esses deputados revela como era difícil, complexo, na época da República anterior à Revolução de 1930, o problema do alistamento eleitoral. É oportuno, a fim de ilustrar a nossa narração, reproduzir um trecho dos *Annaes* da Câmara dos Deputados do Estado de São Paulo, trecho no qual ainda palpita o calor do debate travado na trintagésima segunda sessão ordinária do dia 29 de agosto de 1928:

"*O sr. Paulo Setúbal* – O que vossa excelência [o deputado Antônio Feliciano] acaba de referir à Câmara, demonstra o rigor com que se faz o alistamento eleitoral em Santos, tanto que se procura investigar devidamente a identidade dos alistandos.

O sr. Antônio Feliciano – É exatamente o que estou afirmando: esse escrúpulo existe por parte do juiz.

O sr. Alfredo Ellis – E o juiz é a única autoridade competente para fazer o alistamento.

O sr. Antônio Feliciano (ao sr. Paulo Setúbal) – Agora, vossa excelência acha natural que se tente uma fraude, uma vez que o juiz obste que ela venha a consumar-se?

O sr. Paulo Setúbal – Não acho natural, quero apenas significar que as autoridades responsáveis pelo serviço de alistamento não permitem que as fraudes se consumem.

O sr. Antônio Feliciano – Então estamos de acordo...

O sr. Rafael Gurgel – Aliás, a tendência para a fraude é de todos os partidos.

O sr. Antônio Feliciano – Registre-se o aparte do nobre deputado, senhor Rafael Gurgel: essa tendência para a fraude é de todos os partidos. Confessa, portanto, sua excelência, que o PRP tem efetivamente, tendência para a fraude!

O sr. Rafael Gurgel – Não apoiado. Eu quis exatamente me referir à exclusão de mil e quinhentos eleitores, pertencentes ao Partido Democrático, os quais não haviam cumprido as exigências legais. Era essa a referência que desejei fazer."

Num outro momento desse debate, após o oposicionista Antônio Feliciano apontar a ocorrência de uma fraude eleitoral em Santos, o deputado Paulo Setúbal assegurou, defendendo o seu partido e o governo:

– Aliás, o nobre deputado acaba de demonstrar exuberantemente que o alistamento eleitoral na cidade de Santos está sendo feito com todo o escrúpulo, está sendo perfeitamente filtrado pelo íntegro juiz doutor Souza Barros.

Sem criticar o juiz, porém sustentando que a fraude eleitoral existiu, Antônio Feliciano voltou à carga:

"Mas esse espetáculo degradante [o da fraude] aparece perante um juiz inatacável e impoluto na prática da justiça, perante um homem respeitável como é o doutor Souza Barros. Fatos desta ordem só servem para mostrar o ponto de degradação a que chegaram os nossos costumes políticos, com semelhante espetáculo."

A rigor, no fundo, as palavras de Feliciano eram uma severa crítica ao governo estadual, à ação do Partido Republicano Paulista. Ele julgava que só a este cabia a responsabilidade pela existência das fraudes. Setúbal o aparteou:

– Mas, aqui, não se trata de espetáculo. Vossa excelência disse que queria demonstrar como se achava viciado o sistema eleitoral de Santos e, entretanto, está provando exatamente o contrário.

O deputado Sílvio Ribeiro frisou, valendo-se de um aparte: Antônio Feliciano não conseguiu provar a participação, numa fraude eleitoral, dos eleitores do Partido Democrático ou do Partido Republicano. Esses eleitores, na sua opinião, tanto podiam pertencer a um como ao outro partido.

Revela o debate aqui exposto um dos aspectos mais característicos da chamada República Velha. As eleições "a bico de pena" eram, na feliz definição do deputado Érico Coelho, "uma briga entre papéis falsos". Segundo o jurista Solidônio Leite, em todo o Brasil só isto estava plenamente organizado: o suborno. Cumprindo as ordens dos seus chefes, dos mandões da política, os cabos eleitorais controlavam "o eleitorado de cabresto" e o conduzia às urnas. Os títulos dos eleitores permaneciam em poder dos tais cabos, que nos dias da escolha dos candidatos aos cargos públicos, iam buscar os referidos eleitores nas fazendas ou nas casas do interior do país, a fim de depositá-los no "curral" (nome do lugar da votação). Não se assinava em nenhum livro de presença, na hora de votar, e qualquer cidadão tinha o direito de comparecer às urnas, quantas vezes quisesse. Todas as cédulas deviam ser assinadas pelo eleitor. Contudo, se o eleitor não conseguia assinar, outras pessoas assinavam por ele...

A Constituição de 24 de fevereiro de 1891, e a lei eleitoral que se lhe seguiu, davam aos estados a liberdade de legislar sobre matéria eleitoral. Esta magna carta era fortemente presidencialista, os que a redigiram se inspiraram na Constituição norte-americana de 1787. Sancionada em 15 de novembro de 1904 pelo presidente Rodrigues Alves, a nova lei eleitoral da República, a "Lei Rosa e Silva", estabeleceu a unidade de alistamento, um só título de eleitor para as eleições municipais, estaduais e federais, mas os abusos continuaram.

Como recompensa pelo "incômodo de praticar a democracia", os eleitores recebiam algum dinheirinho, ganhavam um chapéu ou um par de botinas de elástico, usufruíam o privilégio de mastigar suculentos sanduíches, de engolir talagadas de uma boa pinga.

Dispunha o governo, no dia da eleição, de eficiente máquina, constituída de policiais, juízes, bambas da capoeiragem, funcionários públicos graduados, escrivães e auxiliares de cartórios. Surgiam, por conseguinte, títulos eleitorais a rodo, milhares de eleitores com identidade falsa.

Conta Leven Vampré, no livro *São Paulo, terra conquistada*, que na cidade de Araras, quando houve uma eleição e o governo viu que o adversário ali era capaz de vencer, o juiz substituto começou a assinar títulos de novos eleitores, "inventados na ocasião". E em Itu, acrescenta Leven, durante outro pleito eleitoral, a seção fiscalizada pelo doutor Cristovam Prates da Fonseca tivera um acúmulo de votos dos eleitores contrários ao governo. Lá o governo também seria vencido. Cristovam, às quatro horas da tarde, afastou-se temporariamente da sua seção. De volta à sala, logo constatou: a urna fora arrebentada por um negrão, um brutamontes que se divertia jogando os votos para o ar...

Membro do Instituto Histórico e Geográfico de São Paulo, nascido em Limeira no ano de 1890, o advogado Leven Vampré concluiu, após evocar tais fatos:

"Era esse o processo eleitoral de que lançava mão o PRP..."[*]

Rui Barbosa dizia ser fatal, no "eleitorado estreitíssimo" daquela época, "a preponderância da venalidade sob todas as suas formas, da imoralidade em todos os seus matizes". O Brasil, afirmou o autor de *Ruínas de um governo*, só escoimaria a eleição das suas grandes cha-

---

[*] Leven Vampré, *São Paulo, terra conquistada*. Sociedade Impressora Paulista, São Paulo, 1932, página 22.

gas, a intimidação e o suborno, quando lograsse estabelecer "o recato impenetrável da cédula eleitoral".

Homens dignos, de caráter, como o jornalista Júlio de Mesquita Filho e o escritor Paulo de Oliveira Leite Setúbal, enquanto os costumes políticos não fossem mudados, teriam de conviver com essas ignomínias do regime republicano.

XV

José Bonifácio não era assim tão virtuoso e tão pacato...

*P*aulo não se esquecia da mãe, a heróica Maria Teresa de Almeida Nobre, também conhecida pelo apelido de Mariquinha. Sempre lhe enviava um exemplar de um livro seu, quando a obra era lançada. Na primeira página de um volume do romance sobre Fernão Dias, o filho afetuoso inseriu o seguinte bilhete:

"Aí vai, minha boa mãe, mais este novo livro. Alcançará ele alguns louros? Se alcançar, deponho-os aos seus pés, minha mãe, porque a senhora é a dona deles.
Paulo, 1928."

Lendo o bilhete, vemos que Setúbal não tinha muita certeza se a obra ia tornar-se vitoriosa.

O mineiro Manuel Vitor de Azevedo, fiel amigo do romancista, trabalhou no jornal *Folha da Noite*, onde produzia todos os dias uma crônica sobre arte e literatura. Paulo o admirava e chegou a aplaudir com sinceridade as obras de Manuel, como os contos do livro *Assombração*, de 1924; as cartas de *Esse amor que vem atrás de uma batalha*, de 1925; o romance *Os dramas da floresta virgem*, de 1926. Depois de colocar num exemplar do seu último livro uma expressiva dedicatória, Setúbal mandou entregá-lo a Manuel Vitor, acompanhado de um cartão onde havia escrito:

"*Manuelzinho, um abraço. Você me prometeu uma crítica na* Folha da Noite. *Poderá ser? Fale da* Bandeira! *Este é o meu livro.*

Paulo."

Manuel Vitor de Azevedo

O diminutivo exprimia carinho. Manuel comentou a obra, elogiou-a. Segundo o depoimento que ele nos concedeu, em 10 de julho de 1987, Paulo o procurou, a fim de mostrar a sua gratidão. Após receber na testa um sonoro beijo do amigo, Manuel indagou, gracejando:

– Diga-me, Setúbal, você se divorciou da poesia, por ter se tornado político?

Exibindo largo sorriso, o tatuiense respondeu:

– Não, ainda sou bígamo, pois tenho duas esposas adoráveis, a Chiquita e a Poesia. E sou tão fiel à segunda, quanto à primeira. Quer uma prova?

Imediatamente, com a bela voz e a prosódia impecável, ele declamou este soneto de sua autoria:

"*Mandai, senhora, que o meu rude verso*
A vossas mãos finíssimas eu traga:
Não sei de recompensa, no universo,
Que se compare à glória desta paga!

Flor, que nasceu num ângulo de fraga,
Eu só vos trouxe, como um ai disperso,
Esta canção, descolorida e vaga,
Que hoje palpita no meu rude verso.

Vós que possuís uma alma de rainha,
Alma que vive oculta em vosso peito,
Como na concha a pérola marinha,

Deixai que eu venha, humilde e satisfeito,
Depor nas vossas mãos, senhora minha,
O tímido penhor do meu respeito."

Na parte final deste soneto bem estruturado, nos seus dois tercetos, inclusive nas rimas em *eito*, Paulo sofreu a forte influência do início de um célebre soneto do poeta Luís Guimarães Júnior (1845-1897). É, não há dúvida, ele sofreu a forte influência dos seguintes versos:

"O coração que bate neste peito
E que bate por ti unicamente,
O coração, outrora independente,
Hoje humilde, cativo e satisfeito;"

Não se vê, no livro *Alma cabocla*, o soneto acima de Paulo, do qual Manuel Vitor nos forneceu uma cópia. Poetas de talento, diversas vezes, inspiraram-se em versos de outros poetas de talento, para compor as suas poesias. Tudo revela, Camões inspirou-se num soneto de Petrarca, o *"Pace non trovo e non ho da far guerra"*, quando escreveu o soneto "Tanto de meu estado me acho incerto." E o nosso Raimundo Correia, grande poeta parnasiano, ao criar o famosíssimo soneto "As pombas", decerto estava influenciado por um poema e um trecho de prosa de Théophile Gautier. Ambos, Camões e Raimundo, não agiram como plagiários, e Paulo Setúbal também não se apoderou de nenhuma obra alheia. Ele apenas

Luís Guimarães Júnior

sofreu, repetimos, a forte influência do início de um soneto do lírico Luís Guimarães Júnior, poeta que o escritor português Fialho de Almeida chamou de "prodigioso cinzelador de melodias".

Vejamos um caso mais recente de clara, manifesta influência literária. Uma das mais belas poesias do Vinícius de Morais é o "Soneto da fidelidade", de 1946, em cujo segundo terceto há esta afirmativa:

> *"Eu possa me dizer do amor (que tive):*
> *Que não seja imortal, posto que é chama,*
> *Mas que seja infinito enquanto dure."*

No último verso do terceto, Vinícius se apropriou, *ipsis litteris*, do pensamento do seguinte verso do poeta Henri de Régnier, falecido em 1936:

> *"L'amour est éternel tant qu'il dure."*
> ("O amor é eterno enquanto dura.").

Compare, amigo leitor, o verso de Régnier com este Vinícius:

> *"Mas que [o amor] seja infinito enquanto dure."*

Vinícius pôs no lugar do adjetivo *eterno* o adjetivo *infinito*, sinônimo do primeiro. A rigor, portanto, o seu pensamento é um plágio.

Paulo Setúbal, hoje, apresenta uma vantagem em relação ao poeta carioca: ele, para versejar, nunca se apossou, *ipsis litteris*, dos pensamentos de outros poetas...

* * *

O sucesso obtido pelos livros de Paulo era bem visível no ano de 1928. Trinta e oito milheiros de *A Marquesa de Santos*, já na quinta edição; vinte e quatro milheiros de *As maluquices do Imperador*, já na terceira edição; vinte e cinco milheiros de *O Príncipe de Nassau*, já na segunda edição. Basta dizer: a tiragem de *A bandeira de Fernão Dias*, naquele ano, foi de vinte milheiros.

Cândido Mota Filho participou da Semana de Arte Moderna, tendo feito pelos jornais o estudo crítico do nosso Modernismo. E aderiu às conclamações nacionalistas do Movimento Verde-Amarelo. Dotado de cultura invulgar, publicou em 1926 um valioso ensaio, intitulado *Introdução ao estudo do pensamento nacional*. Da sua lavra são estas linhas sobre o livro *A bandeira de Fernão Dias*:

"O autor, neste romance, evocou o São Paulo do tempo e ressuscitou o Brasil silvestre que ia amanhecendo. Para essa evocação, demonstrou um senso admirável de colorido."

Vinda de um modernista, era uma opinião de peso. Mota Filho não abominava, como o destruidor Oswald de Andrade, a prosa sonora e algo castiça do fogoso Paulo Setúbal... Membro da Academia Brasileira de Letras, escritor de idéias avançadas, "atento analista do mecanismo das paixões humanas", conforme disse Agrippino Grieco, o irônico Medeiros e Albuquerque também não poupou louvores ao último romance de Paulo:

Cândido Mota Filho

"O romance é excelente. Ele nos toma no primeiro capítulo, nos leva, nos arrasta pelos outros, sempre desejosos, no fim de cada um, de ver o que dirá o seguinte. Fernão Dias achou um poeta maravilhoso, Bilac, que o imortalizou no 'Caçador de esmeraldas', e acha agora, no autor, um romancista admirável que o faz reviver de modo a perpetuar-lhe invejável fama."

Estas palavras de Medeiros contrastavam com a crítica pouco generosa de Humberto de Campos, a respeito do mesmo livro. Procurando ser justo e equilibrado ao apreciar *A bandeira de Fernão Dias*, o professor João Ribeiro comentou as opiniões desfavoráveis sobre o autor deste romance:

Medeiros e Albuquerque

"Muitos dos seus críticos o têm acusado de erros, vícios e anacronismos. A pecha é quase inevitável nos escritores da História, e no romance com mais fundada razão."

Analista seguro, repleto de cultura eclética, o autor das *Curiosidades verbais* garantiu:

"Cremos que Paulo Setúbal consegue interessar os seus leitores, sem sacrifício da verdade histórica no que ela tem de essencial ou mais apreensível. Ele narra com a deleitosa incerteza do homem que perdeu a memória dos acontecimentos menores e os recompõe em largas sínteses, idealizando-os com grande maestria e autoridade poética."

João Ribeiro

Juízo sensato, o de João Ribeiro, cheio de nobreza.

Humberto de Campos, no artigo sobre *A bandeira de Fernão Dias*, preocupou-se mais em mostrar os pequenos defeitos do romance e não as suas qualidades. Já isto ficou evidente no capítulo anterior. Lendo o seu julgamento em nossa época, ele nos parece mesquinho, diante das opiniões de Cândido Mota Filho, Medeiros e Albuquerque e João Ribeiro. A correta crítica literária não acentua apenas os defeitos de uma obra, pois se nesta vê as manchas, as sombras tristes, vê por outro lado as luzes alegres e cristalinas. Para merecer a nossa consideração, a crítica deve ser, de modo simultâneo, objetiva e subjetiva, apontando os erros de informação, as falhas nas exegeses, nos raciocínios (crítica objetiva), expondo os juízos, as impressões, as reações pessoais do comentador (crítica subjetiva). Um bom crítico, se assim podemos nos expressar, não examina somente o aspecto físico do texto, a fim de lhe descobrir as imperfeições anatômicas, ele analisa também a alma desse texto. Aceitas estas nossas premissas, chega-se à conclusão de que a crítica de Humberto de Campos foi parcial, lacunosa.

O sucesso dos livros de Paulo – sucesso sem intervalos – estimulou a Companhia Editora Nacional a lançar qualquer obra de sua autoria. Nesse ano de 1928, o da descoberta da penicilina por Alexander Fleming, a referida editora decidiu publicar outro livro do romancista, intitulado *Nos bastidores da História*, composto de contos históricos. Quinze mil exemplares, a tiragem da edição. Setúbal explicou no preâmbulo:

"As páginas que seguem são a coletânea de várias colaborações em jornal. Tinham elas o destino certo de morrer soterradas nas coleções. Não sonhavam, jamais, viver um dia a vida do livro."

Quanta modéstia... E com uma certa graça, Paulo continuou a explicar:

"Mas os editores, como é notório, são raça insaciável. Nada há que os contente. Andam todos os dias atrás do escritor, famintos por originais. É um pedir livros sem cessar. É um atropelar o romancista sem dó. Que fazer? A gente, para se ver livre deles, corre às coisas velhas, cata-as, ajunta-as, e, com um uff!, entrega-as aliviado às mãos dos tais."

Depois Setúbal preveniu, em tom de brincadeira:

"Se acaso, leitor, você não gostar dele [do livro], não culpe a mim: culpe a COMPANHIA EDITORA NACIONAL.

Aquilo é uma praga!"

O exagero fazia parte da personalidade de Paulo. No Brasil, nem sempre os editores andavam caçando os escritores. Recordemos que Euclides da Cunha tentou, inutilmente, publicar *Os sertões* em capítulos, no jornal *O Estado de S. Paulo*. Sentindo pena, alguns amigos o ajudaram a achar uma editora. A livraria Laemmert, do Rio de Janeiro, lançaria o trabalho, desde que Euclides custeasse a edição. Apareceu dessa maneira, no ano de 1902, um dos principais livros da nossa literatura. E na cidade de São Paulo, em 26 de julho de 1928, saíram do prelo do Estabelecimento Gráfico Eugênio Cúpolo, financiados por Mário de Andrade, os oitocentos exemplares, numa brochura bem simples, da primeira edição do livro *Macunaíma*, obra fundamental do Modernismo brasileiro.

Aqui, na pátria do "eleitorado de cabresto", os editores só iam no encalço dos escritores vitoriosos. Paulo Setúbal, é lógico, teria de ser perseguido por eles e nunca precisou utilizar-se do estratagema de Sylvio Floreal, pseudônimo do cidadão Domingos Alexandre. Esse jornalista de origem operária, ex-servente de pedreiro, nascido em Santos, homem gordo, de cabelos um tanto longos, penteados para trás, e que andava quase sempre de bengala, como nos informa Brito Broca, esse jornalista simpático, talentoso, a fim de obter êxito com um livro, publicou em 1925 *A coragem de amar*, romance de escândalo, no qual, sob o pretexto de exibir as misérias sociais e causticá-las, descreve as mais ousadas e chocantes cenas eróticas. Sylvio Floreal quis alcançar, no ano de 1925, o mesmo sucesso de Júlio Ribeiro, quando este lançou em 1888 a primeira edição do seu romance *A carne*.

O escritor Paulo Setúbal, nas suas obras, não recorria ao escândalo e sim ao fato pitoresco, interessante. No capítulo "O sete de setembro" do livro *Nos bastidores da História*, eis um exemplo, ele conta que D. Pedro I, voltando de Santos e já perto da colina do Ipiranga, "foi acometido burguesmente por tremendíssimas cólicas intestinais". Setúbal resumiu tudo, com duas palavras e um ponto de exclamação:

"Uma disenteria!"

E cita, como prova, os depoimentos do palaciano Paulo A. do Vale, do padre Belchior Pinheiro, tio de José Bonifácio, e do senhor Manuel Marcondes de Oliveira e Melo, o Barão de Pindamonhangaba...

A leitura de *Nos bastidores da História* se torna agradável porque o texto é leve, ameno, fluente. Não faltam na obra as expressões felizes, como esta, para mostrar a diferença das almas de D. João VI e de sua esposa, D. Carlota Joaquina:

"Dois temperamentos que *uivavam* de estarem juntos."

O verbo *uivar*, aí empregado, possui uma força extraordinária. Ele nos faz acudir à memória a braveza da onça, do tigre, do lobo, dos cães raivosos, das feras carniceiras...

Paulo evitava sempre o lugar-comum, as frases usadas centenas de vezes pelos escritores medíocres. Admirem como ele evoca o fim da segunda esposa de D. Pedro I:

Capa do livro *Nos bastidores da História*,
com desenho de J. Wasth Rodrigues

"D. Amélia viveu, daí em diante, um crepúsculo sereno. D. Pedro deixou-a rica. Assim, amparada e tranqüila, aquela boneca loura, que foi, por dois anos, a imperatriz do Brasil, viu chegar certo dia a velha feia, toda ossos, que fecha as pálpebras da gente com mãos muito compridas e muito geladas..."

Setúbal, porém, cometeu alguns erros no seu livro. Olhem este, que ele colocou na boca de D. Maria II:

"– Quando meu pai morrer, o Rezende não *sentará mais na minha mesa*."

Pusemos o erro em itálico. Machado de Assis, nas *Histórias românticas*, soube evitá-lo:

"Valadares *sentou-se à mesa* e começou a almoçar."

Mas na edição sem data de *Nos bastidores da História*, da Livraria Carlos Pereira Editora, o erro acima de Paulo não aparece. A frase de D. Maria II está correta:

"– Quando meu pai morrer, o Regente não *sentará mais à minha mesa.*"

Erro eliminado por Setúbal? Deve ter sido uma distração, pois na mesma página onde há o erro, o leitor encontra a seguinte passagem:

"Fazia questão de não aceitar nenhum favor do Paço das Necessidades, e, sobretudo, em não se *sentar à mesa* da rainha."

Um erro se manteve, desde a primeira edição do livro. É o que o leitor vê no início do capítulo "Mulheres na vida do Patriarca":

"José Bonifácio, naqueles soltos desbragamentos do primeiro império..."

Paulo repetiu o erro que permanece até hoje nos capítulos "Uma trama na sombra" e "Uma sentença interessante", do romance *A Marquesa de Santos*. Fato salientado pelo autor desta biografia no capítulo décimo. O Império brasileiro, lembremos, foi um só, dividido em dois reinados, o de D. Pedro I e o de D. Pedro II. Trata-se de erro perpetrado pelos mais competentes historiadores, fruto da distração. Lemos Brito, por exemplo, é autor de uma biografia de frei Caneca, intitulada *A gloriosa sotaina do Primeiro Império*, aparecida em 1937, e Nelson Werneck Sodré do ensaio *Panorama do Segundo Império*, publicado em 1939. Estas duas obras pertencem à coleção Brasiliana, da Companhia Editora Nacional.

O Patriarca da Independência é apresentado, no livro *Nos bastidores da História*, como a personificação da Virtude. Isto mesmo, virtude com *v* grande. E Setúbal enfatiza:

"A gente sente em José Bonifácio o velho sangue honestíssimo do paulista, o homem pacato..."

Obriga-nos a verdade histórica a sustentar: José Bonifácio não era assim tão virtuoso e tão pacato. Citei no meu livro *Cale a boca, jornalista!*, já na quinta edição, lançada pela editora Novo Século, as suas numerosas arbitrariedades. Inimigo do direito de expressão, ele amordaçou a imprensa e mandou prender os jornalistas que se opunham à sua política dura, intransigente. Ordenou o depredamento do periódico *Sentinela da Liberdade*. Seu redator foi encarcerado na fortaleza da Laje, de onde saiu enfermo para morrer. A folha *Revérbero Constitucional Fluminense*, uma das mais indômitas daquele tempo, acabou sendo empastelada porque nela colaborava Joaquim Gonçalves Ledo, adversário do Andrada. Mais uma coisa: José Bonifácio lavrou o decreto da prisão de Ledo. E por haver escrito um artigo sobre os atos selvagens do Patriarca, outro jornalista, João Soares Lisboa, recebeu a pena de dez anos de reclusão. Além disso, a vítima ainda teve de pagar uma multa e o seu jornal, o *Correio do Rio de Janeiro*, ficou suspenso.

Nascido em Alagoas, no ano de 1816, o médico Alexandre José de Melo Morais dedicou-se à pesquisa histórica. Pertinaz, idealista, ao longo de vários anos ele conseguiu ajuntar um rico material sobre o nosso passado. Morais possuía milhares de documentos oriundos dos arquivos portugueses, especialmente da Torre do Tombo, de Lisboa, e dos arquivos e das secretarias da cidade do Rio de Janeiro, os quais lhe foram franqueados por ordem do Marquês de Olinda, então ministro do Império. Quem nos transmite estes dados é o crítico Sílvio Romero. Os livros do médico alagoano, declarou esse crítico, "serão sempre dignos de consulta pela multidão de escritos que encerram de velhos e inéditos cronistas, além de crescida cópia de documentos oficiais dos tempos da Colônia".

As informações de Melo Morais, portanto, são dignas de fé. Conforme ele narra no livro *A Independência e o Império do Brasil*, publicado em 1877, José Bonifácio andava cercado por um bando de capoeiras e espancadores, de gente baixa, perigosíssima, como o português José dos Cacos e os mulatos Porto-Seguro, Corta-Orelha, Lafuente e Miquelino. Não parecia ter freios a agressividade do ministro de D. Pedro I. Certa vez um deputado se atreveu a criticar a "política absolutista e retrógrada" do Andrada. Espumejando de cólera, José Bonifácio escreveu contra o tal deputado estas palavras, na sua carta do dia 6 de outubro de 1826, que hoje se acha no acervo da Biblioteca Nacional:

"Este miserável merece, a meu ver, pau, e nada mais, por ora."

O Marquês de Sapucaí mostrou o espírito violento de José Bonifácio. Ele conta, num texto publicado na edição do dia 28 de dezembro de 1833 do *Correio Oficial*, que o irascível Andrada, diante do ministro da Áustria, assim se referiu a Joaquim Gonçalves Ledo e aos seus partidários, no dia 2 de junho de 1822:

– Hei de enforcar estes constitucionais na praça da Constituição.

Alexandre José de Melo Morais, baseado em documentos irrefutáveis, retratou deste modo o obstinado inimigo da Marquesa de Santos:

"Todos que contrariavam o seu orgulho e não lisonjeavam a sua vaidade, eram vítimas do seu despotismo implacável."

Melo Morais narra isto, no livro *A Independência e o Império do Brasil*:

"José Bonifácio, como já disse, tinha criado um partido chamado *Andradista*, e se havia cercado de uma súcia de pardos cacetistas [mulatos armados de cacetes], que espancavam os portugueses, como aconteceu ao livreiro Paulo Martins, e davam sovas de *camarões* nos que se diziam não serem afetos ao governo dos Andradas."

O substantivo *camarão*, naquela época, também designava uma espécie "de bengala, de chicote para tocar cavalo". Esclarecimento de um verbete do *Dicionário brasileiro da língua portuguesa*, do doutor Antônio Joaquim de Macedo Soares, obra publicada em 1888 nos *Anais da Biblioteca Nacional*.

Acrescenta Melo Morais: pelo fato de criticar o despotismo de José Bonifácio, o jornalista Luis Augusto May, diretor do periódico *Malagueta Extraordinária*, foi agredido no seu lar por quatro homens armados. May recebeu um golpe de espada numa das mãos e outro na cabeça. Ficou aleijado da mão pelo resto da vida. Antes de mandar agredir o jornalista, José Bonifácio o avisou, por intermédio de um homem, que à noite iria à sua casa, a fim de conversar...

Paulo Setúbal, na obra *Nos bastidores da História*, viu o Patriarca da Independência com os olhos de um poeta romântico e não de um historiador realista. O filho da bucólica Tatuí o embelezou, tirou-lhe do rosto os vincos do ódio, as crispações da fúria. A visão dos poetas, freqüentes vezes, é bem diferente da visão da maioria dos nossos semelhantes.

Ao contemplar José Bonifácio com os olhos de um poeta romântico, Setúbal estava em boa companhia. Sim, porque o grande historiador Jules Michelet (1798-1874), na sua importante *Histoire do France*, viu Joana d'Arc também desta maneira. Eça de Queiroz, num livro póstumo de 1907, as *Cartas familiares e bilhetes de Paris*, já havia frisado que a Joana d'Arc de Michelet não é figura "rigorosamente histórica". O notável mestre francês idealizou-a, pois a *Pucelle* no seu texto, como observou Eça, metamorfoseou-se numa "pastorinha doce, toda inocência e bondade, tímida e pensativa, cheia de horror pela violência e pelo sangue..." No entanto, Joana não tinha nada de tímida, nem repelia o derramamento de sangue, a ferocidade. Durante um assalto contra o inimigo – o episódio do baluarte de Saint-Loup – ela não aceitou a rendição de trezentos ingleses que queriam se entregar, se lhes poupassem a vida. Joana d'Arc, berrando, prometeu agarrá-los, "um a um". Todos foram agarrados e morreram, um a um, sob o fio das espadas.

Joana D'Arc comandando o assalto a Orleães

Michelet era o poeta da História da França e Paulo Setúbal o poeta do nosso romance histórico.

* * *

Nas suas conversas, segundo nos informou o crítico Sérgio Milliet, o terrível Oswald de Andrade definia o escritor Monteiro Lobato como "o pequeno fóssil moreno de Taubaté, da época neolítica, que devia ser analisado pelo antropólogo Roquette-Pinto ou pelos nossos arqueólogos". Setúbal, para ele, era "o sanguessuga dos cadáveres bem rendosos de D. Pedro I, da Marquesa de Santos, do Príncipe de Nassau e do bandeirante Fernão Dias."

Quem escapava da maledicência de Oswald? Nem os seus companheiros do Movimento Modernista... Ao romper com Mário de Andrade no ano de 1929, o endiabrado autor da *Trilogia do exílio*, querendo criticar a vaidade do ex-amigo, disse que ele foi "a Miss São Paulo em versão masculina". Chamou o Guilherme de Almeida de "o mimoso poeta das cheirosas cuecas rendadas". E Menotti del Picchia de "o carcamanozinho sem primeiras letras, irremediavelmente analfabeto".

Alto, de tez clara, com um metro e oitenta de altura, gordo, quase obeso, se Oswald de Andrade queria fazer uma piada, acentuou Guilherme de Almeida, ele "não hesitava em sacrificar a mais antiga e querida amizade". Engraçadíssimo, louco por fofocas e intriguinhas, usando roupas espalhafatosas de colorido berrante, trazidas da Europa, esse homem sempre risonho tinha "uma perversidade incrível".

Setúbal nunca o levou a sério. E não se irritava ao ser vítima das suas gozações. Aliás, Paulo divertiu-se muito quando soube, nesse ano de 1929, que Oswald fora expulso, sob berros e vaias, do Congresso Paulista das Lavouras, realizado no cinema República. Saiu dali quase linchado.[*]

O Congresso – reunião de fazendeiros aflitos – era uma conseqüência da crise econômica gerada pelo colapso de Wall Street, da Bolsa de Valores de Nova York, o maior centro financeiro dos Estados Unidos. Antes do colapso, do caos da "terça-feira negra", as notícias alarmantes corriam, espalhavam-se. Eugene M. Stevens, presidente do Continental Illinois Bank, procurou tranqüilizar a classe média americana, pois esta acumulara um vultoso patrimônio, enquanto as ações estiveram em alta:

"Não há nada na atual situação dos negócios que justifique o nervosismo."

De modo rápido, porém, o imenso patrimônio dessa classe média começou a ser dilapidado. Os investidores se desesperaram, ao ver a súbita queda dos preços das ações. Mandaram os seus corretores vender todos os títulos, por qualquer preço. Treze milhões destes foram postos à venda. Caíram verticalmente as ações da J.P. Morgan, da General Eletric, da Johns-Manville, da Montgomery Ward, das maiores empresas do país de Franklin Delano Roosevelt. Estabeleceu-se o pânico. Onze especuladores da Bolsa de Commodities de Chicago, arruinados, cometeram o suicídio. Como se fosse a mágica do diabo, mon-

---

(*) Depoimento oral de Manuel Vitor de Azevedo.

tanhas de títulos, adquiridos por bilhões de dólares, passaram a valer tanto quanto a palha das espigas de milho.

Conforme registramos no primeiro volume da nossa obra sobre Getúlio Vargas, essa crise se converteu no mais estrondoso colapso econômico da história da humanidade. O mercado de títulos ficou destruído. Em oito semanas, seiscentos e quarenta bancos dos Estados Unidos faliram. Magotes de americanos perderam os empregos e eles se transformaram em quatorze milhões, antes de Roosevelt ser eleito. Criaturas que eram prósperas, ricas, tentavam achar restos de comida nas latas de lixo de metrópoles como Detroit, Nova York e Chicago. Longas procissões de pessoas famintas, em geral agricultores na miséria, percorriam as estradas do país.

Família operária norte-americana,
na época da Grande Depressão

Fulanos se atiraram dos andares altos de arranha-céus e os seus cadáveres apareciam esborrachados nas calçadas. Outros deram fim às suas vidas nas águas do East River de Nova York. Presidente da Rochers Gas and Eletric, o senhor Thomas Miller aproveitou a sua própria mercadoria, o gás, e eliminou-se. Ivar Kreuger, o "rei dos fósforos", dono de *holdings*, de fábricas de papel, de companhias de navegação, de gigantescas sociedades financeiras, por não suportar o desmoronamento do seu império, pegou um revólver e meteu uma bala no coração.

Evocamos estes fatos porque o colapso da Bolsa de Nova York, ocorrido em outubro de 1929, gerou a miséria não apenas nos Estados Unidos. A Grande Depressão se alastrava como uma epidemia mortífera. Governos, em todos os continentes, restringiram as importações, e tal medida acelerou a derrocada do comércio mundial. Gravemente ferida, a economia da Europa gemeu, cambaleou, pois os bancos norte-americanos exigiram o retorno dos seus capitais, aplicados no velho continente sob a forma de empréstimos. Já castigada pela crise inflacionária de 1923, quando o marco valia menos do que o papel onde era impresso, a Alemanha foi uma das nações que mais sofreram. Batatas, frutas, aves, cereais e legumes, nesse país, serviam para pagar certos impostos... Metade da sua população masculina, dos dezesseis até os trinta anos de idade, vagava de rua em rua, sem emprego.

Desapareceram os compradores de vários produtos. A Austrália deixou de vender a lã, o Brasil o café, o Japão a seda, o Canadá e a Argentina o trigo.

Setúbal era um lúcido espectador da crise também causada pelo desvairado amor ao dinheiro. O louco amor por este é a "mais ressecadora paixão entre as paixões que aguilhoam o coração do homem". Palavras suas, no *Confiteor*.

Só a União Soviética escapou da catástrofe, pois estava isolada do mercado internacional. Frio e astuto, a fim de apressar a industrialização proposta no Primeiro Plano Quinquenal, iniciado em 1928, o ditador Jossip Stálin atraiu milhares de trabalhadores. Técnicos e operários altamente qualificados, eles haviam perdido os seus empregos nos Estados Unidos.

* * *

O colapso da Bolsa de Wall Street precipitou em nosso país o fim da República Velha. Tão íntima era a ligação do café brasileiro com a economia dos Estados Unidos, que o valor do produto decresceu em quarenta por cento. Outros produtos agrícolas acompanharam essa queda. Sim, houve no país de Paulo Setúbal a derrubada fragorosa dos preços do café. Este representava mais de sessenta por cento das nossas exportações e o seu preço, no mercado nacional, desabou de 67,3 mil libras esterlinas por tonelada, para 26,2 mil, num curto espaço de tempo. Logo as exportações, que em 1928 foram além de 90,6 milhões de libras esterlinas, caíram para 36,3 milhões, decorridos alguns meses.

Chegou a dívida externa brasileira a 144,793 milhões dessas libras, a maior desde o começo do século XX.

A crise de 1929 enfraqueceu muito a nossa oligarquia cafeeira, responsável pelo acordo político que sustentava o regime. Golpeado de morte, aluído por essa crise mundial, o poder dos cafeicultores paulistas entrou em profunda agonia.

Membro inocente do PRP, do principal partido da República Velha, o deputado Paulo Setúbal não se adaptou, como escreveu Manuel Vitor, aos "cambalachos" do plenário onde os perrepistas pontificavam. Ele sabia que o PRP cresceu com o apoio decisivo dos cafeicultores. A força destes, em 1906, colocou o mineiro Afonso Pena e o fluminense Nilo Peçanha nos dois cargos supremos, um na presidência e o outro na vice-presidência da República.

No partido do Júlio Prestes, se quisesse, o filho de dona Mariquinha poderia alimentar uma nobre ambição política, mas Setúbal decidiu: ia renunciar ao seu cargo de deputado. Por quê? A Grande Depressão econômica o deixou também deprimido? Veremos isto no capítulo seguinte.

XVI

SETÚBAL REINICIA A SUA LUTA HERÓICA E CALADA CONTRA A TUBERCULOSE

Os participantes da Semana de Arte Moderna de 1922 polemizavam, engalfinhavam-se, mas Setúbal não perdia a sua classe de homem bem-educado. Por que deveria brigar? Todos os seus livros continuavam a ser muito vendidos, Paulo não podia duvidar do sucesso dos dois últimos, pois centenas de exemplares de *A bandeira de Fernão Dias* e de *Nos bastidores da História* saíam ininterruptamente das livrarias. Embora fosse alvo das piadas de Oswald de Andrade, este nunca o atacou com fúria, selvageria. Oswald investiu, de modo quase irracional, contra o Graça Aranha, o Tristão de Athayde, o Antônio de Alcântara Machado, o Mário de Andrade, o Cassiano Ricardo, o Cândido Mota Filho, o Menotti del Picchia, o Guilherme de Almeida, o Yan de Almeida Prado. As palavras dele contra o Mário, publicadas sob o pseudônimo de "Tamandaré" na edição do dia 24 de abril de 1929 da *Revista de Antropofagia* (inserida no *Diário de S. Paulo*), provam como o autor das poesias do livro *Pau-Brasil* gostava de falar mal dos outros modernistas, só pelo prazer de destruir, de escandalizar:

"É o senhor Mário de Andrade, o cérebro mais confuso da crítica contemporânea... Literato brasileiro é mesmo o que ele é: oitenta por cento ignorantão. Confunde tudo."

Pura malvadeza. O cérebro de Mário não era caótico e ele tinha uma grande e sólida cultura. Revela isto a sua vasta obra de intelectual, onde brilha como erudito, esteta, musicista, folclorista, crítico literário e de artes plásticas. Mário Raul de Morais Andrade, na literatura brasileira, é um sol, uma luz refulgente.

Informado pelo seu amigo Galeão Coutinho, o romancista Paulo Setúbal ficou sabendo, em janeiro de 1930, que Guilherme de Almeida e Yan de Almeida Prado haviam iniciado um processo contra o Oswald de Andrade, por crime de calúnia. No número de 8 de maio de 1929 da *Revista de Antropofagia*, o iconoclasta Oswald, sob o pseudônimo de "Filipe Camarão", referindo-se aos livros, aos quadros, aos objetos de arte comprados por Yan na Europa, publicou estas linhas, equivalentes a uma denúncia:

"O sr. Yan é um homem interessante e imaginoso. Ele sabe manhosamente vender por bom preço a sua mercadoria, sem pagar direitos nem taxas municipais..."

Antônio de Alcântara Machado, autor do saboroso *Brás, Bexiga e Barra Funda*, não aceitava as picuinhas do Oswald de Andrade. Este, no seu entender, rompera "com os companheiros da véspera sem razão plausível alguma, numa fuzilaria de ódio, inveja e perversidade". Chamando Oswald de "ateu antropófago", o filho do professor Alcântara Machado afirmou que "a falta absoluta de caráter" o distinguia. Falta há muito tempo conhecida em São Paulo, porém disfarçada, na linguagem dos amigos do ofensor, sob o nome de criancice, de infantilidade, etc, etc.[*]

Quando Galeão Coutinho o informou sobre essa briga dos modernistas, Setúbal lhe disse:

– Meu amigo, o Guilherme e o Yan não deviam ter aberto um processo contra o Oswald, porque não se pode levar a sério um homem que nada toma a sério. Ele, o Oswald, gosta de provocar, de chocar, de demolir. Adora ser um polemista, um panfletário, um criador de trocadilhos obscenos, de piadas ferinas, de contundentes frases de efeito. E se as vítimas da sua língua venenosa reagem, esse profissio-

_____
[*] Carta de Antônio de Alcântara Machado enviada a Alceu Amoroso Lima, no dia 15 de maio de 1930.

nal da achincalhação sente ainda mais prazer, goza como se estivesse no harém do sultão Abdul-Hamid, da Turquia.

O bom senso de Paulo o ajudava a fazer excelentes análises psicológicas, não apenas nos seus livros. Acentuemos mais uma vez: se ele modificou a imagem de José Bonifácio, retirando dela os traços negativos da violência, do arbítrio, do despotismo, foi porque viu o Patriarca, naquele momento, com os olhos de um poeta romântico e não de um historiador realista. Entretanto, Paulo sempre acertava, ao examinar as figuras históricas. Dignas de elogio são as evocações, nas suas obras, do Chalaça, de D. Pedro I, da Domitila, de Carlota Joaquina, de dona Leopoldina, de dona Amélia de Leuchtenberg, do Príncipe de Nassau, dos irmãos Leme, de Fernão Dias Pais, e até do próprio José Bonifácio, no romance *A Marquesa de Santos*. Neste o Patriarca não é descrito de maneira romântica, como aparece num dos capítulos do livro *Nos bastidores da História*.

* * *

De fato Paulo decidiu renunciar ao seu cargo de deputado. O que o impulsionou a querer afastar-se da política? Numa crônica publicada na edição do dia 15 de março de 1865 do *Diário do Rio de Janeiro*, sobre a morte do tribuno Félix da Cunha, o jovem Machado de Assis recordou o início da carreira desse filho da província do Rio Grande do Sul:

"Foi poeta nos seus primeiros anos; cedo, porém, abandonou o lar das musas, como tantos outros, para sacrificar à fada prestigiosa de todos os tempos, que atrai com tanta fascinação e que prepara às almas cândidas as decepções mais cruéis."

A política, na passagem acima, é a "fada prestigiosa de todos os tempos". Também poeta "nos seus primeiros anos", o deputado Paulo Setúbal decepcionou-se, ao ver a real fisionomia da fada? Nas *Memórias Póstumas de Brás Cubas*, romance publicado em 1881, Machado de Assis escreveu que "a vida política é um tecido de invejas, despeitos, intrigas, perfídias, interesses, vaidades". Setúbal chegou à mesma conclusão? Decerto não se tornara tão pessimista como Domingos Borges de Barros, o Visconde de Pedra Branca, poeta e político baiano (1779-1885), que garante nesta quadrinha:

"São desgraças do Brasil
Um patriotismo fofo,
Leis em parolas,[(*)] *preguiça,*
Ferrugem, formiga e mofo."

Cerca de dois anos, Paulo atuou como deputado, mas por se sentir doente, agravando-se nos seus pulmões a tuberculose mal curada, ele renunciou em 1930 ao cargo.

Setúbal havia estudado "carinhosamente", frisou Vinício Stein Campos, a poesia de Rodrigues de Abreu, autor dos livros *A sala dos passos perdidos* e *Casa destelhada*. A vida de Rodrigues, que faleceu em 1927, vítima da tuberculose, apresentava diversas analogias com a de Paulo. Nascera no município de Capivari, em 1897, e pertencia a uma família pobre. Menino ainda, trabalhou numa fazenda, colhendo café. Quis ser padre, esteve num seminário salesiano, porém logo desistiu de seguir a carreira eclesiástica. Jovial, amigo de festas, bom dançarino, tudo depois lhe parecia favorável, mas a doença o atacou. Na ânsia de se libertar da tuberculose, andou por Atibaia, Campos do Jordão e São José dos Campos. Muitas pessoas se afastaram dele, temendo o contágio. Adorava a sua noiva. Esta foi a primeira a abandoná-lo. Aí não há semelhança com a vida de Setúbal, pois o autor de *A bandeira de Fernão Dias* sempre teve na sua Chiquita uma companheira leal e dedicada. Paulo afirmou:

"Dois traços, acima de tudo, dois traços acentuados, caracterizam a poesia de Rodrigues de Abreu: a humildade e a resignação."

Manuel Vitor de Azevedo nos disse, no seu depoimento oral, que Paulo se emocionava, as lágrimas escorriam-lhe pelo rosto, quando se punha a declamar este poema de Rodrigues de Abreu, do livro *Casa destelhada*:

(*) Parolas: palavras ocas, vazias de sentido.

"A minha vida é uma casa destelhada
por um vento fortíssimo de chuva.
(As goteiras de todas as misérias
estão caindo com lentidão perversa,
na terra triste do meu coração).

A minha alma, a inquilina, está pensando
que é preciso mudar-se, que é preciso
ir para uma casa bem coberta...

(As goteiras estão caindo,
lentamente, perversamente,
na terra molhada do meu coração).

Mas a minha alma está pensando
em adiar, quanto mais, a mudança precisa.
Ela quer muito à velha casa
em que já foi feliz...
E encolhe-se, toda transida de frio,
fugindo às goteiras que caem lentamente
na terra esverdeada do meu coração!

Oh! a felicidade estranha
de pensar que a casa agüenta mais
um ano
nas paredes oscilantes!
Oh! a felicidade voluptuosa
de adiar a mudança, demorá-la,
ouvindo a música das goteiras tristes,
que caem lentamente, perversamente,
na terra gelada do meu coração!"

Rodrigues de Abreu

    Paulo Setúbal, como poeta, amava a rima, a fixidez do ritmo, a eqüitativa distribuição dos acentos tônicos na estrofe, mas ele soube compreender e sentir a beleza dos versos sem rima de Rodrigues de Abreu, das suas poesias despojadas de métrica, de cesuras, de pausas, de acentos obrigatórios.

Num artigo publicado no jornal *A Razão*, o escritor revelou como conheceu Rodrigues:

"Ainda me recordo, com dolorido carinho, daquele moço pálido, cor de cera velha, que um dia surgiu, muito tímido, pela minha casa adentro. Era magro. Tinha os cabelos longos e negros. Vinha trajado, não com simplicidade, mas com marcada pobreza."

Rodrigues de Abreu entrou na casa do romancista e sentou-se. Cheio de respeito, de "infinita doçura", ele proferiu a seguinte frase, humildemente:

– Eu queria falar com o doutor Paulo Setúbal.

O escritor soltou estas palavras:

– Sou eu mesmo. Que é que o senhor quer?

– Eu me chamo Rodrigues de Abreu – disse o poeta – e vim para...

Paulo não se conteve:

– Quê? Você é o Rodrigues de Abreu? Você? E você a me chamar assim de doutor! Que é isso? Dá cá um abraço, Rodrigues! E outro... E ainda outro...

Deixemos o próprio Setúbal narrar o epísodio:

"Abracei-o com alvoroço. Abracei-o com entusiasmos quentes. Abracei-o com o maior e com o mais puro enternecimento. Estava ali, diante de mim, naquele rapaz, humílimo, um dos mais altos valores da minha geração. Estava ali, naquele rapaz andrajoso, naquele vencido, um dos maiores, e, talvez, num certo sentido, o maior poeta moderno do seu tempo."

O drama de Rodrigues de Abreu, as angústias que ele sentia, a sua moléstia, fizeram de Setúbal um seu irmão na dor.

E mais uma vez o romancista ia lutar contra a tuberculose. Além de ter recebido a alcunha de "Peste Branca", essa doença era chamada de "Filoxera das Vidas Humanas". A filoxera é um inseto homóptero (inseto com asas membranosas, que se nutre de vegetais), conhecido pelo povo do interior do Brasil como pulgão, cigarra e cigarrinha. Voraz destruidora das folhas e das raízes da videira, é a *Phyloxera vitifoliae*, uma praga.

Na década de 1920, por causa da tuberculose, segundo uma pesquisa, o gênero humano perdia diariamente três mil vidas.

Leitor assíduo dos grandes poetas do nosso idioma, Paulo Setúbal conhecia os versos do português Antônio Nobre sobre uma tísica, que se acham no livro *Só*:

> *"Quando ela passa à minha porta,*
> *Magra, lívida, quase morta,*
> *E vai até a beira-mar,*
> *Lábios brancos, olhos pisados:*
> *Meu coração dobra a finados,*
> *Meu coração põe-se a chorar."*

Eis mais um trecho desta poesia escrita em 1889, da autoria de uma vítima da tuberculose, pois sob as suas garras, após muito sofrimento, Antônio Nobre faleceu com apenas trinta e dois anos, no dia 18 de março de 1900:

> *"Sarar? Misérrima esperança!*
> *Padres! ungi essa criança,*
> *Podeis sua alma encomendar:*
> *Corpinho d'anjo, casto e inerme,*
> *Vai ser amada pelo Verme,*
> *Os bichos vão-na desfrutar.*
>
> *Sarar? Da cor dos alvos linhos,*
> *Parecem fusos seus dedinhos,*
> *Seu corpo é roca de fiar...*
> *E, ao ouvir-lhe a tosse seca e fina,*
> *Eu julgo ouvir n'uma oficina*
> *Tábuas do seu caixão pregar!"*

Contemplem, por meio da imaginação, o hipersensível Setúbal lendo versos do poemeto "Pobre tísica", de Antônio Nobre. Ou estes, da poesia "Tuberculosa", inserida no livro *Broquéis*, de Cruz e Sousa, publicado em 1893:

Antônio Nobre

*"A enfermidade vai-lhe, palmo a palmo
ganhando o corpo como num terreno...
E com prelúdios místicos, de salmo,
cai-lhe a vida em crepúsculo sereno.*

*Jamais há de ela ter a cor saudável
para que carne do seu corpo goze,
que o que tinha esse corpo de inefável
cristalizou-se na tuberculose."*

 O autor dos versos acima, uma das mais comoventes vozes da poesia brasileira, era um negro pobre, modesto, de roupa surrada. Filho de escravos, foi encarado com desprezo pelos críticos literários José Veríssimo e Araripe Júnior. Ambos se mostraram mentalmente cegos diante da sincera, da alta inspiração das suas estrofes melodiosas, ricas de sentimentos profundos. Cruz e Sousa morreu tuberculoso em 1898, como já informamos no capítulo XIII.

No *Confiteor*, memórias póstumas do autor de *A Marquesa de Santos*, não há referências à poesia do tuberculoso Augusto dos Anjos, mas talvez Paulo chegou a ler os seguintes versos do poema "Os doentes", do livro *Eu* desse singularíssimo poeta, obra lançada em 1912:

> *"Descender dos macacos catarríneos,*
> *Cair doente e passar a vida inteira*
> *Com a boca junto de uma escarradeira,*
> *Pintando o chão de coágulos sanguíneos!"*

Tais versos são como uma cena do pesadelo de um tuberculoso desenganado. E é oportuno dizer: contra todas as evidências, Humberto Nóbrega tentou provar em 1962, num livro sobre Augusto dos Anjos, que os pulmões do autor do soneto "O morcego" não foram atacados pelo bacilo do Koch.

Para a melhor compreensão do horror à tuberculose, imperante naquela época, reproduzimos os trechos das poesias de Antônio Nobre, Cruz e Sousa e Augusto dos Anjos. Sim, a "Peste Branca" apavorava. Era a irmã da senhora Morte, a sócia dos vendedores de ataúdes.

Queremos, nesta obra, alterar a fórmula tradicional de produzir biografias. Nossa intenção é dar relevância a fatos importantes, classificados de secundários, mas que jogam mais luz no biografado, acentuando-lhe a personalidade. Ao descrever a vida de um homem, logo se faz necessário colocar na frente do leitor a fisionomia da sua

Augusto dos Anjos

época, e também os temores, os fantasmas, o espírito, a mentalidade dessa época.

O heroísmo de Paulo Setúbal na peleja contra a doença traiçoeira que o afligia – bravura discreta, calada – ficará mais claro, evidente, após o fornecimento de algumas informações minuciosas. A secura no relato de certos episódios nem sempre é concisão. Várias vezes é lacuna.

Maior era o padecer dos tuberculosos repletos de amor aos prazeres superiores da existência, como Setúbal, pois a moléstia, antes dos atuais e eficazes processos de cura, enfraquecia o corpo de modo vagaroso ou rápido (tuberculose galopante), gerando a perda do apetite, o emagrecimento paulatino (raros, os tuberculosos gordos), a persistente tosse seca, a expectoração, a falta do ar, a febre à tarde, os suores noturnos, a hemoptise. Apareciam no rosto os sinais do estado patológico: a palidez cadavérica, as olheiras roxas, fundas, o afilamento do nariz, as rugas precoces, o ressalto das têmporas.

Octávio Gonzaga, no capítulo XXVIII do seu livro *Seara médica*, de 1941, discorrendo sobre as condições mentais do tuberculoso, considerou a hemoptise o incidente mais típico e mais dramático da doença. Ela provocava no enfermo uma angústia indescritível, devido ao horror instintivo de ver o próprio sangue, ao receio da morte imediata:

"A hemoptise, como se fosse uma rubra declaração de guerra, abre na existência uma nova era, carregada de apreensão e de receios. Mutilam-se os planos de vida, desmoronam-se castelos de ilusões. É o choque negativo..."

O tuberculoso também sofria muito porque tinha de se isolar. Permanecer junto dele se transformava num risco. A sua fala, a sua tosse, os seus perdigotos, lançavam os bacilos de Koch na cara das pessoas. Contagiosa ao extremo, a moléstia podia (e ainda pode) ser transmitida pelo doente até a mais de um metro de distância. Ou por um simples beijo.

Escarros secos, misturados com a poeira, propagavam o mal. Nenhum tuberculoso devia cuspir no chão, mas sim numa escarradeira ou numa vasilha, contendo água e creolina. Ele tinha copos, pratos, colheres, garfos e facas para seu uso exclusivo.

Os doutores Renato Kehl e Eduardo Monteiro, num livro do tempo de Setúbal, intitulado *O médico no lar*, aconselharam o seguinte aos que cuidavam das vítimas dessa doença assustadora:

"No quarto de dormir do tuberculoso deve haver somente uma cama, uma cadeira e um criado-mudo. Nada de cortinas. Nada de gás ou querosene. Luz elétrica, e, na falta, óleo. Boa ventilação noturna. Só uma pessoa pode dormir no quarto."

Daí se conclui: o tuberculoso vivia quase solitário. Se ficasse perto de alguns amigos, poderia contaminá-los.

Não é difícil imaginar como foi intenso o sofrimento de Paulo Setúbal, quando teve de ver outra vez esta realidade, ele que era tão sensível, tão alegre, tão comunicativo.

A cura da tuberculose pulmonar exigia uma alimentação farta, copiosa. Segundo os dois médicos acima citados, o doente precisava usar muita manteiga; comer um bife à inglesa (carne sangrenta, quase crua), nas duas principais refeições; ingerir óleo de fígado de bacalhau em colheres de sopa, três vezes ao dia; tomar seis ovos quentes, dois de manhã, dois no almoço e dois no jantar.

Na época em que a medicina paulista se achava nas mãos de facultativos ilustres, como Bento Ferraz, Pedro de Rezende, Guilherme Ellis, Miranda Azevedo, Pereira da Rocha, Diogo de Faria, nem sempre a tuberculose foi bem diagnosticada. Certa vez, por exemplo, um médico de grande nomeada fez diagnóstico de febre tifóide num paciente, mas o doutor Diogo de Faria constatou, logo depois, que era um caso de tuberculose pulmonar. Fato evocado pelo doutor Rubião Meira, professor da Faculdade de Medicina de São Paulo, no seu livro *Médicos de outrora*, publicado em 1937.

Entretanto, conforme nos esclareceu o doutor Tisi Neto, um dos maiores especialistas em doenças pulmonares daquele tempo, a tuberculose de Paulo Setúbal estava perfeitamente caracterizada.[*] O doutor Tisi o exami-

Rubião Meira

(*) Tisi Neto foi médico do autor desta biografia. Ele nos livrou de uma pleurite.

nou, no ano de 1930, e viu que a moléstia de Paulo havia voltado. Atribuiu o retorno a uma terapêutica imprópria. E recomendou o uso do pneumotórax artificial, método de tratamento da tuberculose pulmonar, empregado nas três primeiras décadas do século XX, que consistia na introdução de oxigênio na cavidade pleural, para logo provocar, com o auxílio de uma agulha e de um aparelho, o colapso e a imobilização do pulmão enfermo. Assim se obteria, de quatro em quatro dias, durante pelo menos dois anos, a cicatrização das lesões pulmonares.

Poeta como Setúbal, o pernambucano Manuel Bandeira, nascido em 1886, largou a Escola Politécnica de São Paulo, onde pretendia receber o diploma de arquiteto, e com o objetivo de eliminar a sua tuberculose, iniciou nos fins de 1904 uma peregrinação pelas estações de cura da Europa. Foi à Suíça, onde conheceu no Sanatório de Clavadel o poeta francês Paul Eluard, também tuberculoso. Manuel Bandeira, no poemeto "Pneumotórax", de 1925, mostrou de certa forma a situação dramática dos tuberculosos na década de 1920:

"Febre, hemoptise, dispnéia e suores noturnos,
A vida inteira que podia ter sido e não foi.
Tosse, tosse, tosse.

Mandou chamar o médico:
– Diga trinta e três.
– Trinta e três... trinta e três... trinta e três...
– Respire.
....
– O senhor tem uma escavação no pulmão esquerdo e o
pulmão direito infiltrado.
– Então, doutor, não é possível tentar o pneumotórax?
– Não. A única coisa a fazer é tocar um tango argentino."

Influenciado pelos conselhos do doutor Tisi e pelas constantes viagens dos tuberculosos à Suíça, o filho de dona Mariquinha embarca para este país, nos princípios de 1930. Lá no solo natal de Jean-Jacques Rousseau, que atrai milhões de turistas por causa dos seus encantos naturais, ele pretendia submeter-se a uma operação, a fim de recuperar a saúde. William Shakespeare acertou, quando pôs estas palavras na peça *Medida por medida* (*"Measure for measure"*):

"Os desgraçados não têm outra medicina a não ser a esperança." (*"The miserable have no other medicine but only hope."*).

E a pátria dos queijos famosos, com a sua paz, o seu puríssimo ar frio, era o lugar ideal para a cura, o repouso, as esperanças, as divagações de um escritor "fraco do peito". Não foi por acaso que Thomas Mann localizou a ação de *A montanha mágica* (*"Der Zauberberg"*), um dos principais romances do século XX, publicado em 1924, no recinto de um sanatório de tuberculosos da estação climatérica suíça de Davos-Platz. Essa obra do ficcionista germânico inspirou, é patente, a escritora Dinah Silveira de Queiroz a gerar o romance *Floradas na serra*, publicado em 1939, cujo enredo tem como espaço a cidade de Campos do Jordão, "a Suíça brasileira", e cujos personagens – Moacir, Flávio, Elza, Araci, Lucília, Belinha, Turquinha – são tuberculosos atormentados pelas contínuas ameaças da senhora Morte, pelos lancinantes anseios de obter a recuperação da saúde.

* * *

Vejamos, enquanto Setúbal se trata no país do lendário Guilherme Tell, o libertador da terra dominada no século XIV pelo domínio austríaco, vejamos a situação do Brasil e dos brasileiros, antes da Revolução de 1930.

Após o início do desastre econômico mundial, toda a nossa agricultura entrou em crise, como já havíamos acentuado. Milhões de pessoas ficaram na miséria, devido à falência dos bancos e dos fazendeiros. Vinha da compra do café – o Brasil tornou-se o maior exportador do produto – a construção de portos, ferrovias, estradas. Ele contribuía, de modo decisivo, para o crescimento do setor industrial.

O presidente Washington Luís desejou valorizar a rubiácea. Mas se a produção não parava de crescer, pois em 1929 ela chegaria a quase trinta milhões de sacas, nesse ano a exportação mal ultrapassou os quatorze milhões. É que a oferta do produto era muito superior à capacidade aquisitiva do mercado externo.

Trabalhadores desempregados, a fim de não morrerem de fome, buscavam nas cidades brasileiras o socorro da Cruz Vermelha. Até em São Paulo, o estado mais rico da federação, podiam ser vistas longas filas de centenas de famintos, à espera de um prato de sopa.

Combalido, desnorteado, o Brasil se achava enfermo, como o romancista Paulo Setúbal, e carecia de um bom médico, urgentemente.

Em agosto de 1929, uma saca de café valia 200 mil réis. No mês de janeiro de 1930, mal chegava a 21 mil.

Tentando aliviar a situação dos fazendeiros paulistas, o governo do estado de Setúbal conseguiu no Exterior um empréstimo de vinte milhões de libras esterlinas. Isto foi apenas um pequeno alívio, porque continuou a haver o desemprego, a retração dos negócios, a suspensão do crédito, as falências em massa.

Retrato da crise, nessa época, é a marchinha carnavalesca *Seu doutor*, do sambista Eduardo Souto:

> *"O pobre povo brasileiro,*
> *Não tem, não tem, não tem dinheiro.*
> *O ouro veio do estrangeiro,*
> *Mas ninguém vê o tal cruzeiro.*
>
> *Ó seu doutor (bis),*
> *Não zangue não, nem dê cavaco.*
> *Ó seu doutor (bis),*
> *Viver assim é um buraco."*

Eduardo se referiu ao cruzeiro. No seu governo, transcorrido no período de 1926 a 1930, o enérgico Washington Luís criou esta nova moeda, a fim de substituir o mil-réis. Está errado, portanto, um verbete da página 164 da *Pequena enciclopédia de moral e civismo*, do padre Fernando Bastos de Ávila, obra lançada em 1967 pelo Ministério da Educação e Cultura (a edição consultada por nós é a terceira, de 1978), pois esse verbete informa que o cruzeiro só foi implantado como unidade monetária em 1942, durante a época do Estado Novo de Getúlio Vargas. Contém o mesmo erro outro verbete, na página 2.013 do volume quinto da *Grande enciclopédia Delta Larousse*, coordenada pelo acadêmico Antônio Houaiss e publicada em 1971. E o erro voltou a aparecer na página 82 do *Novo dicionário de economia*, de Paulo Sandroni, publicado em 1994 pela Editora Best Seller...

O "seu doutor" da letra do sambista Eduardo Souto é o presidente Washington Luís, a quem ele homenageou num samba, intitulado "É sim senhor":

> *"Ele é paulista?*
> *É sim senhor.*
> *Falsificado?*
> *É sim senhor.*
> *Cabra farrista?*
> *É sim senhor.*
> *Matriculado?*
> *É sim senhor.*
> *Ele é estradeiro?*
> *É sim senhor*
> *Habilitado?*
> *É sim senhor.*
> *Mas o cruzeiro?*
> *É sim senhor*
> *Ovo gorado?*
> *É sim senhor."*

Como Washington Luís recebera o apelido de "Paulista de Macaé", por ter vindo à luz na cidade de Macaé, do estado do Rio de Janeiro, o sambista o chamou de "falsificado". A expressão "cabra farrista" era alusiva ao fato de o presidente gostar bastante de festas, bailes e reuniões mundanas. O lema desse político, "Governar é abrir estradas", que o fez ganhar outro apelido, o de "Presidente Estradeiro" (Washington construiu as estradas Rio-São Paulo e Rio-Petrópolis), levou Eduardo Souto

Washington Luís

a formular esta pergunta: "Ele é estradeiro?" Bem feliz o epílogo do samba. Realmente, o pouco valor da nossa moeda se assemelhava a um "ovo gorado".

Dois candidatos iam concorrer às eleições para a presidência da República: o gaúcho Getúlio Vargas, presidente do Rio Grande do Sul, e o paulista Júlio Prestes, presidente de São Paulo. Este último contava com o apoio de Washington Luís. Levantaram-se contra a eleição de Júlio Prestes, de maneira desassombrada, os governos de Minas Gerais, do Rio Grande do Sul e da Paraíba. Surgiu então a Aliança Liberal, disposta a lutar pela vitória do gaúcho nascido em São Borja, movimento articulado por iniciativa de Antônio Carlos, presidente de Minas, e que uniu num bloco coeso o Partido Libertador, o Partido Democrático Nacional, o Partido Republicano Rio-Grandense, o Partido Republicano Mineiro, em suma, todos os partidos republicanos oposicionistas.

Nas vésperas das eleições, Luiz Peixoto compôs esta marchinha, musicada pelo maestro Heckel Tavares:

> *"Getúlio,*
> *fon, fon, fon, fon, fon, fon, fon,*
> *Você está comendo bola,*
> *Não se meta com seu Júlio,*
> *Que seu Júlio tem escola,"*

A campanha eleitoral ferveu, soltou negras fumaças. Os jagunços da dona Tiburtina, em 6 de fevereiro de 1930, na cidade mineira de Montes Claros, abriram fogo com revólveres, carabinas e garruchas contra a comitiva do doutor Melo Viana, vice-presidente da República. Conseqüência do ataque: vários mortos e feridos. Tudo aconteceu em menos de cinco minutos e as vítimas faziam propaganda da candidatura de Júlio Prestes. Três balas feriram Melo Viana na parte posterior do pescoço. Quando lhe perguntaram se estava ferido, ele respondeu:

– Se sangue fede, eu estou ferido.

Esse atentado de Montes Claros é a verdadeira preliminar da Revolução de 1930, acelerada a partir do dia 26 de julho, devido ao assassinato em Recife do doutor João Pessoa, presidente da Paraíba. Quem o matou, por razões pessoais, foi o advogado João Dantas, mas o crime produziu um tenso clima emocional, pelo fato de ter causado profunda consternação em todo o país.

Ganhou a eleição para a presidência da República, realizada no dia 1º de março, o candidato Júlio Prestes, mas o seu resultado logo foi visto como uma fraude, por Getúlio Vargas, Oswaldo Aranha, Antônio Carlos, Batista Luzardo, João Neves da Fontoura, Virgílio de Melo Franco e os demais membros da Aliança Liberal.

Júlio Prestes

Inconformados, os aliancistas decidiram preparar um grande movimento revolucionário. Ele seria liderado pelos governos da Paraíba, de Minas Gerais e do Rio Grande do Sul. O movimento explodiu no dia 3 de outubro de 1930.

Bem armadas, duas colunas saíram dos seus estados, em direção ao Rio de Janeiro: uma da Paraíba, sob a chefia do major Juarez Távora, um dos líderes da revolta contra Artur Bernardes em 1924, e a outra do Rio Grande do Sul, comandada pelo general Miguel Costa, pelo tenente-coronel Góis Monteiro e pelo candidato derrotado, Getúlio Dornelles Vargas.

Cerca de trezentos mil homens foram mobilizados. A segunda coluna, após pequenos choques com as patrulhas do governo, conseguiu apoderar-se dos estados de Santa Catarina e do Paraná. Seguindo o plano de ocupar São Paulo, esse exército pretendia transpor o afluente da margem esquerda do rio Paranapanema, a fim de marchar para a capital federal.

Em Itararé, cidade paulista junto à fronteira do Paraná, mais de seis mil soldados legalistas, com quatro canhões e alguns aeroplanos, sob o comando do coronel Pais de Andrade, aguardavam a hora de enfrentar as tropas do general Miguel Costa, que tinham dezoito canhões e sete mil e oitocentos homens. Miguel Costa dividiu as suas forças em quatro destacamentos e estabeleceu o seu quartel-general em Sengés, cidade paranaense, situada sobre o rio Jaguaricatu.

O assalto dos revolucionários se efetuaria no dia 25 de outubro, mas não ocorreu porque um grupo de militares, liderado pelo general Augusto Tasso Fragoso, exigiu a renúncia de Washington Luís, que se recusou a entregar o cargo, mesmo sob ameaça de morte. Dom Sebastião Leme, cardeal-arcebispo do Rio de Janeiro, convenceu o presidente a mudar de idéia.

Formou-se então a Junta Governativa Provisória, composta pelo almirante Isaías de Noronha e pelos generais Tasso Fragoso e João de Deus Mena Barreto. Permaneceram obscuras as intenções da junta. Até hoje os livros de História do Brasil, adotados nas escolas, não salientam que a situação ficou dúbia e que existiam fortes indícios de uma coisa: os membros da junta queriam continuar no poder. É suficiente, como prova disto, a nomeação do general Hastínfilo de Moura, comandante da 2ª Região Militar, para o cargo de interventor em São Paulo (o seu governo durou apenas cinco dias), e a promessa do coronel Bertoldo Klinger, novo chefe de polícia do Rio de Janeiro, de reprimir na capital do país as manifestações públicas a favor dos rebeldes.

Diante do impasse – eis outro fato omitido pelos compêndios de História

Washington Luís, acompanhado de um militar, saindo do Forte de Copacabana, após ter sido deposto

do Brasil – o doutor Getúlio Vargas enviou de Ponta Grossa um comunicado à junta, avisando que a luta prosseguiria, se não o reconhecessem como chefe de um novo governo.

Lindolfo Collor e Oswaldo Aranha, emissários de Getúlio, chegaram a um entendimento com a junta. Esta concordou em transmitir o poder ao líder supremo da Revolução. Precedido por três mil soldados dos pampas, Vargas desembarcou no Rio, fardado e de botas. Ele assumiu, no dia 3 de novembro de 1930, o cargo de chefe do Governo Provisório. Que aliás, nada teve de provisório...

Getúlio Vargas no Palácio do Catete. 31 de outubro de 1930

Gaúchos de chapelões, bombachas e lenços vermelhos, amarraram os seus cavalos no obelisco da avenida Rio Branco, da capital da República. Uma promessa cumprida e também simbólico gesto de vitória.

Lá na Suíça, depois da queda de Washington Luís, seu colega no PRP, o ex-deputado Paulo Setúbal tornou-se um sobrevivente do rápido naufrágio da República Velha.

Terminara a época da hegemonia política de São Paulo; do idealismo da Constituição de 1891; dos choques sangrentos entre os grupos oligárquicos de vários estados; do crescimento incessante das imensas plantações de café; da quixotesca Campanha Civilista de Rui Barbosa, em

1909, que reivindicava o poder para os civis; dos ferocíssimos jagunços do padre Cícero e do coronel Floro Bartolomeu, os quais, em 1914, dominavam no Ceará o vale do Cariri; da fatídica "Gripe Espanhola" de 1918; dos bárbaros pistoleiros do sertão baiano e da Chapada Diamantina, chefiados em 1920 por Horácio de Matos; da inovadora e destruidora Semana de Arte Moderna de 1922; da revolta dos "tenentes" do Forte de Copacabana, contra o "despotismo" do governo de Epitácio Pessoa; do Pacto de Pedras Altas, em 1923, firmado no Rio Grande do Sul, entre os ximangos e os maragatos, isto é, entre os seguidores de Borges de Medeiros e de Assis Brasil; da Revolução de 1924, a do general Isidoro Dias Lopes, causadora do bombardeio da capital paulista, ordenado pelo presidente Artur Bernardes; da épica marcha, em 1925, da Coluna Miguel Costa - Prestes, através da vastidão do território brasileiro; do "Manifesto antropófago" e da *Revista de Antropofagia*, ambos de 1928, duas metralhadoras giratórias do frenético Oswald de Andrade, o modernista sempre em guerra contra as normas aceitas, as gramatiquices, a riqueza vocabular da prosa do Coelho Neto, os "sonetos impecáveis dos poetas parnasianos", o beletrismo oratório-acadêmico, os "arrotos da obesa, risonha e satisfeita burguesia endinheirada".

XVII

Os pródromos da Revolução Constitucionalista de 1932

Abrigando-se na Suíça, onde se submeteu ao tratamento de um especialista em doenças pulmonares, Setúbal repousou o corpo e o espírito. Naquele país de maciços cobertos de geleiras, de paisagens serenas, ele respirava dia e noite um estimulante ar puro. Como milhares de tuberculosos, talvez acreditasse nesta terapêutica: "a cura se faz em pleno ar livre".

Paulo tinha ótimos alimentos energéticos à sua disposição, para se revitalizar, pois lá, no estado mais homogêneo da Europa Central, as fábricas produziam o queijo, o chocolate, o leite condensado. E o nosso romancista podia também saborear um mel delicioso. A Suíça já era um dos maiores países apícolas do mundo.

A alimentação farta não o ajudaria a recuperar-se totalmente, se Paulo fosse desprovido de conforto espiritual. Quem lhe deu este conforto? Sua esposa, a meiga Francisca de Souza Aranha, "a linda Chiquita" enaltecida por ele no livro *Alma cabocla*:

> *"Fala... E eu, ouvindo a macia*
> *Brandura do seu falar,*
> *Sinto, no olhar que me envia,*
> *A doce melancolia*
> *Do seu nostálgico olhar.*

Não há feitiço que prenda
Como o dulçor dessa voz.
Assim, sem que ela o compreenda,
Chiquita é o sol da fazenda,
É a festa de todos nós!"

O casamento de Paulo e Francisca, no dia 27 de junho de 1922, com o apoio integral do pai da moça, o advogado Olavo Egídio de Souza Aranha, foi a união de duas almas delicadas. No matrimônio deve haver inteligência nos corações do homem e da mulher, como havia nos de Setúbal e Chiquita. A inteligência do coração nunca é fria, calculista, impiedosa, porque ela sabe compreender, tolerar, perdoar. Quando nos casais só existe inteligência no cérebro, milhares de casamentos fracassam, desmoronam como edifícios abalados por um terremoto.

Paulo foi feliz na sua união com Chiquita, ao contrário do grande escritor Anatole France, que em 1877 se casou com a loura, bela e aristocrática senhorita Valérie Guérin de Sauville. Esta, segundo Léon Carias, quis logo dominar France, *un mari de petite naissance* ("um marido de origem modesta"). Valérie, criatura imperiosa, não soube compreender o esposo com o seu coração, pois esse coração era burro. Resultado: os dois se divorciaram no dia 2 de agosto de 1893.[*]

Há um soberbo contraste entre a admirável união de Setúbal e Chiquita com a união da poetisa Ibrantina Cardona e do jornalista Francisco Cardona. Informa Arruda Dantas, biógrafo dessa poetisa, que na cidade de Mogi-Mirim, onde ela viveu, todos contam a mesma história: o casal Cardona "era absolutamente separado". A residência deles ficou dividida pelo meio, na frente morava o marido, na parte dos fundos, a mulher. Duas portas no banheiro, uma para Ibrantina, outra para Francisco. Ingeriam as refeições, o almoço e o jantar, bem separados, e um não dirigia a palavra ao outro. Comunicavam-se por escrito, por intermédio de bilhetes. E nos derradeiros anos do estranho matrimônio, cada um recebia a comida de fonte diversa.

Ibrantina Cardona, nascida em 1868, faleceu em 1956. O marido expirou no ano de 1946. Qual teria sido a causa de tão singular convivên-

---

(*) Léon Carias, *Anatole France*. Les Éditions Rieder, Paris, 1931, página 51.

cia? Monsenhor José Nardini, vigário de Mogi-Mirim, declarou que o esposo de Ibrantina possuía um temperamento forte e violento. Arruda Dantas aventa esta hipótese: Francisco sentia inveja da poetisa, do seu brilho.(*)

É impossível comparar os dois casamentos, o de Setúbal e Chiquita com o de Ibrantina e o jornalista Cardona. Interessante, Setúbal era poeta, como Ibrantina, e a sua esposa se chamava Francisca, que é o feminino de Francisco, o primeiro nome do marido de Ibrantina. As coincidências talvez sejam as brincadeiras de um senhor misterioso, chamado Destino...

Ibrantina Cardona

Francisca procurou dar alento a Paulo, enquanto ele esteve na Suíça. Ela já o assessorava na carreira literária, datilografando os seus livros. Dedicada ao extremo, não parou de se mostrar carinhosa, de animá-lo, de lhe transmitir notícias sobre o Olavo, a Teresa, a Vicentina, os vivos e inteligentes filhos do casal. Paulo, depois de receber estas notícias, poderia sempre evocar, se o conhecesse, as seguintes palavras do texto "*Doveri dell'uomo*" ("Deveres do homem"), escrito pelo patriota italiano Giuseppe Mazzini:

"Os únicos gozos puros e não mesclados de tristeza que são concedidos a um homem na terra, são os gozos da família."

("*Le sole gioie pure e non miste di tristezza che sia dato all'uomo di godere sulla terra, sono le gioie della familia.*").

* * *

Setúbal regressou ao Brasil em princípios de 1931. Estava melhor, após ter respirado, durante vários meses, o ar puro da Suíça.

(*) Arruda Dantas, *Ibrantina Cardona*, Editora Pannartz, São Paulo, 1976, páginas 41, 42 e 43.

Alfredo Egídio de Souza Aranha, o cunhado de Paulo, acabara de fundar o jornal *A Razão* e o convidou para ser um dos colaboradores da nova folha. Esse jornal pretendia aglutinar os brasileiros orientados "por um pensamento cristão e nacionalista, os quais não se colocavam nem ao lado dos propugnadores da volta do país aos moldes da Constituição de 1891, nem ao lado dos revolucionários que ansiavam por uma série de reformas, sem nenhuma base ordenadora de doutrina política". Estas palavras pertencem a Plínio Salgado, futuro líder da AIB, da Ação Integralista Brasileira, movimento fundado oficialmente em 7 de outubro de 1932, depois da divulgação do chamado "Manifesto de outubro".

Os textos de Setúbal, publicados no jornal *A Razão*, um periódico de grande formato, não tinham caráter político. Trabalhos literários, crônicas históricas, quase sempre ilustradas por Rialto, um caricaturista da época. Antecipavam à publicidade, como frisou Manuel Vitor, os melhores trechos do livro *O ouro de Cuiabá*, lançado em 1933:

"Eram escritos e mais escritos avulsos que Paulo ia antecipando pela imprensa, na faina de espalhar, além dos livros, as suas crônicas semanais, sempre em torno dos assuntos palacianos tão do seu gosto e apreciadíssimos por um público que captava esse novo gênero de literatura com inédita avidez."

O jornalista Silveira Peixoto ficou conhecendo Setúbal na redação da folha de Alfredo Egídio. E numa conferência pronunciada em Tatuí, no ano de 1972, ele descreveu a exuberância do escritor:

"Paulo seguia os seus caminhos, na moléstia que o minava e ia levá-lo. Vivia mais em São José dos Campos – e aparecia-nos de quando em vez, para nos trazer um daqueles artigos maravilhosos, para cuidar das edições de seus livros. Eram dias de festa – porque, tudo não obstante, apesar da doença e porque sabia vencê-la, sua presença, só por si, era uma festa. Falava com todos, estava sempre num entusiasmo. Era um raio esfuziante de sol, o sol da sua alegria e do alourado de seus cabelos – e era, ao mesmo tempo, uma réstia doce de luar, o luar da sua muita poesia."

Um moço pobre, o tatuiense Manuel Augusto Vieira Neto, já citado nesta biografia, precisava urgentemente de qualquer emprego, a fim de poder continuar a estudar. Ele se encontrou por acaso com o músico

Luís Cardoso, que compôs peças suaves, inspiradas nas poesias do livro *Alma cabocla*. Luís o aconselhou a procurar Paulo Setúbal, colaborador de *A Razão*, pois soube que neste jornal havia falta de revisores. Cheio de esperança, Manuel decidiu ir à casa de Paulo:

"Apresentei-me com a timidez de um rapaz desajudado diante do mais afamado escritor daqueles dias. Fui recebido com ternura e logo saí com o cartão que me indicava ao doutor Alfredo Egídio de Souza Aranha, diretor daquele jornal. Ao chegar à redação, qual não foi minha surpresa! Já me aguardavam! As ordens de Paulo Setúbal, imediatamente cumpridas: fui admitido, não como simples revisor, o emprego almejado, mas como redator, posição que eu nem sonhava..."

Mais tarde, ao ler o *Confiteor*, o rapaz viu como ele, Setúbal, após ter sido nomeado revisor do jornal *A Tarde*, logrou sair do porão desse vespertino e alçar-se até à "luminosa sala da redação". E Manuel concluiu que por haver passado por vicissitudes semelhantes às suas, Paulo não quis para o seu conterrâneo "os primeiros e mais difíceis degraus". Ofereceu-lhe "a mão benfazeja".

Isento de ódios, maledicências, ressentimentos, Setúbal continuava a produzir, mas os modernistas se entredevoravam. Numa carta enviada a Tristão de Athayde, no dia 17 do junho de 1930, o modernista Antônio de Alcântara Machado atacou o modernista Graça Aranha, por causa do segundo romance deste, intitulado *A viagem maravilhosa*:

"*Entre as minhas asneiras mais recentes se inclui a leitura do romance de Graça Aranha. E francamente não me admirei da invencível ruindade do livro, mas sim de outros se admirarem com ela. Quem é o autor, afinal de contas? Pois então não estão aí* O espírito moderno *e* Estética da vida *[obras de Graça Aranha] para demonstrar que se trata de um modernista de fancaria, tipo do sujeito que pinta os bigodes para enganar os outros que é moço? O romance é incrivelmente péssimo.*"

Antônio de Alcântara Machado

Antônio de Alcântara Machado acertou no seu julgamento. Como obra de ficção, *A viagem maravilhosa* é fraca, tão fraca que não fica de pé. Romance artificial, insincero, com excesso de palavras, de adjetivos, de frases retóricas. Tem no seu corpo, nas suas quatrocentas páginas, em vez de músculos, uma superabundância de banha. Percebe-se, em várias passagens, a ausência do dom da síntese, da boa secura verbal, freqüentes vezes necessária nos livros sinceros. Acompanhem nesse romance a longa, a exaustiva descrição da baía de Guanabara, feita pelo personagem Radagásio. Essa obra de Graça Aranha devia ostentar este título: *A viagem palavrosa*. Lendo-a, se o leitor possuir gosto apurado, logo sentirá saudades da concisão do estilo de Machado de Assis.

Os livros de Paulo Setúbal podiam não agradar a todos, porém mostravam uma vantagem, se fossem comparados com o segundo romance de Graça Aranha: eram sinceros, não pareciam ter causado no autor as dores dos difíceis partos literários...

Monteiro Lobato, ao voltar dos Estados Unidos, onde esteve desde 1927, exercendo em Nova York o cargo de adido comercial no consulado do Brasil, afirmou que Paulo, graças às altas vendagens das suas obras, contribuía extraordinariamente para o progresso de "uma terra de escassíssima cultura e largo analfabetismo."

Lobato quis ganhar dinheiro à beça, nas funções de editor e escritor. O gramático Silveira Bueno salienta, no compêndio *História da literatura luso-brasileira*: o pai do Marquês de Rabicó não tinha muitos escrúpulos para se servir da obra alheia. E Silveira declara que a tradução do livro *Minha vida e minha obra*, de Henry Ford, foi feita por ele, Silveira Bueno. Prova isto a primeira edição desse livro, mas na segunda, "sem a menor consulta", Monteiro Lobato colocou o seu próprio nome, como autor da tradução. Garante o referido gramático que em nenhum livro a tradução era sua: outros a faziam e ele assinava.

Certa vez, segundo nos informou Bruno Di Tolla, chefe das oficinas da "Revista dos Tribunais", o escritor Monteiro Lobato encontrou-se com o crítico Agrippino Grieco e perguntou a este:

– Você, porventura, já leu a minha última tradução?

Resposta do Agrippino:

– Eu não. E você, já a leu?

Bruno Di Tolla contou ao Paulo Setúbal este episódio e o romancista deu grandes gargalhadas.

Paulo gostava muito do Monteiro Lobato, era grato, nunca se esqueceu da acolhida que o criador do sítio do Picapau Amarelo havia dado aos seus dois livros de estréia, *Alma cabocla* e *A Marquesa de Santos*. E por este motivo, segundo o depoimento de Nelson Palma Travassos, ele ficou com bastante pena do Lobato, quando veio a saber das suas desventuras nos Estados Unidos. Lá o escritor de negras sobrancelhas cerradas fundou a editora Tupi Publishing Company, que logo faliu.

Agrippino Grieco

Depois se meteu nas especulações da Bolsa de Nova York. Inebriado pela facilidade de ganhar dinheiro, jogou na Bolsa um dinheiro que não lhe pertencia, que pertencia ao governo brasileiro. Então, em conseqüência da crise de 1929, do *crack* da Bolsa de Wall Street, o tal dinheiro investido na compra de ações se evaporou. Uma situação terrível. Lobato cometera um roubo, um crime de peculato! Para sair do sufoco, vendeu a propriedade dos seus livros à Companhia Editora Nacional.

As biografias do autor de *O escândalo do petróleo* não mostram esta verdade. O editor Ênio Silveira revelou-a num depoimento concedido em 1990 a Mirian Senra, Marta Assis de Almeida, Jerusa Pires Ferreira e Magali Oliveira Fernandes.[*]

* * *

A luta contra a tuberculose, antes do aparecimento da hidrazida e de outras substâncias eficazes, era um combate desigual e incessante, pois

---

[*] O próprio Monteiro Lobato contou este fato ao Ênio, em São Paulo, no apartamento da senhora Leonor Aguiar.

a moléstia oferecia obstinada resistência. Nessa luta se apelava para todas as armas. Havia contra a tuberculose, por exemplo, um remédio caseiro: a mistura, numa panela de barro, de açúcar e agrião. Depois se punha a panela dentro de um buraco cavado na terra. Acendia-se uma fogueira sobre o buraco, após tapá-lo, usando lenha bem seca. O fogo deveria ficar vivo durante o dia, até o nascer da noite. Extinta a fogueira, só se tirava a panela do fundo da terra no dia seguinte, aos primeiros clarões da aurora. Da mistura assim feita saía um mel que o tuberculoso ingeria em colheradas.

Nunca a moléstia acovardou Setúbal. Leiam este depoimento de Cassiano Ricardo sobre Paulo, no seu discurso de 29 de dezembro de 1937, pronunciado na Academia Brasileira de Letras:

"...eu o conheci novidadeiro. Contador incorrigível de anedotas. Alviçareiro como um raio de sol. Jamais triste, encorujado."

Cassiano admitiu, no entanto:

"Verdade é que a sua alegria já era comovedora. A gente pensava logo na doença que o ia minando... minando como infiltração d'água silenciosa que trabalhasse na destruição subterrânea daquela casa em festa que foi a sua alegria..."

O temperamento expansivo de Setúbal, sua alma ardente, repleta de entusiasmo, de amor à vida, foi evocado desta forma pelo poeta de *O sangue das horas*:

"Ah! o seu modo de contar – quem não se recorda? – era o de quem tinha visto coisas do arco-da-velha. E mesmo quando ele nos contasse o que tinha visto no 'mundo feio', o seu modo de contar era tão pitoresco que, na linguagem do caboclo, 'o feio se disfarçava tanto que quase ficava bonito'. E não se tinha tempo para dar um aparte. Ele falava como um tagarela depois de ter visto uma estrela cair do céu, mas que encantamento ouvi-lo. As menores coisas lhe mereciam a mais bulhenta admiração."

Cassiano Ricardo nutria admiração por Paulo, embora fosse autor de livros modernistas, como *Vamos caçar papagaios*, de 1926; *Borrões de verde e amarelo*, de 1927; *Martim Cêrerê*, de 1928; *Deixa estar, jacaré*, de 1931. Alma nobre, o sucesso das obras de Setúbal não o incomodava. Mas os intelectuais rebeldes de 1922 gostavam de exibir um certo desprezo pelo romancista de *O Príncipe de Nassau*. Comentando a tradução que a norte-americana Margareth Richardson fizera de *A Marquesa de Santos*, o exigente Mário de Andrade declarou numa carta enviada ao poeta Manuel Bandeira, no dia 12 de dezembro de 1931:

"Li o Domitila [nome do romance de Paulo em inglês] *que ela* [Margareth Richardson] *traduziu e me pareceu coisa falada. No que aliás tem-se que dizer que ela inda melhorou o Setúbal."*

Injustiça e exagero. A americana não "melhorou" *A Marquesa de Santos*. Houve exagero idêntico quando alguém disse que a tradução do *Cirano de Bergerac*, de Edmond Rostand, feita por Carlos Porto Carreiro, é um texto superior ao da peça do poeta francês. A tradução de Carlos é excelente, porém nenhuma tradução, sob pena de adulterá-lo, pode superar o magnífico texto de Rostand. Contudo, na carta dirigida a Manuel Bandeira, o crítico literário Mário de Andrade devia ter melhorado o seu português, pois ele escreveu isto:

"No *que* aliás tem-se..."

Mário deixou de lado a seguinte regra da gramática do nosso idioma: o *que* atrai o *se*, o pronome pessoal objetivo e terminativo.

Às vezes, com a sua grande inteligência, o ficcionista de *Macunaíma* sabia mostrar-se humilde. Provou ter o dom da modéstia nesta passagem de uma carta do dia 11 de maio de 1929, também enviada a Manuel Bandeira:

"...não pense que imagino ser perfeitíssimo nos meus atos morais, Manuel. Sou como todos os outros, já confessei publicamente erros morais meus..."

Erro moral do Mário também foi este: declarar que a americana, na sua tradução, "melhorou" o texto de Paulo. Um erro se torna moral quando a afirmativa é injusta, despida de verdade.

Setúbal viu, após a posse de Getúlio Vargas como chefe do Governo Provisório, a situação política complicar-se. A rigor, um regime ditatorial fora implantado no Brasil, com o fechamento das câmaras municipais, das assembléias legislativas, da Câmara Federal e do Senado. Interventores começaram a governar as unidades federativas. Superinterventor era o capitão Juarez Távora, o "vice-rei do Norte".

Lindolfo Collor

Lindolfo Collor, na direção do Ministério do Trabalho, Indústria e Comércio, sugeriu a Getúlio que se criasse no país uma série de avançadas leis trabalhistas. Segundo nos informou Paulo Duarte, num depoimento concedido em 15 de novembro de 1982, Vargas não aceitou logo a sugestão do seu ministro e ao ouvi-lo, chegava a ficar sonolento... Devido à insistência de Collor, o gaúcho de São Borja regulamentou em pouco espaço de tempo, consoante o autor de *Prisão, exílio, luta*, o salário mínimo, os sindicatos, as carteiras profissionais, as juntas de arbitramento, incumbidas de "promover a justiça social", de conciliar os interesses dos operários e dos patrões, dos empregados e dos empregadores.

Mas depois da Revolução de 1930, embora os operários passassem a ter direitos assegurados pela lei, a miséria cresceu, alastrou-se como uma epidemia. Milhares de trabalhadores perderam os seus empregos, ou ficaram com os salários rebaixados, ou para garantir esses empregos, aceitaram o aumento das horas de serviço. Trinta milhões de sacas de café, sem mercado, amontoavam-se nos armazéns. José Maria Whitaker, ministro da Fazenda, a fim de neutralizar os efeitos desastrosos do estouro da Bolsa de Nova York, estabeleceu uma taxa especial, destinada à compra do café em estoque. Café que devia ser queimado, pois assim se impediria a baixa do preço do produto. Desta maneira, em Santos e nas cidades interioranas, milhões de sacas foram reduzidas a cinzas. Monteiro Lobato, no livro *Geografia de dona Benta*, descreveu a monumental queima da rubiácea:

"Isso é o que em bom português se chama uma 'imbecialidade econômica'. Produzir para destruir é o maior dos absurdos. No entanto é o que está acontecendo. Os pobres fazendeiros conservam os cafezais no limpo, combatem a broca, colhem o café, secam-no, puxam-no, beneficiam-no em suas máquinas, ensacam-no, pesam-no e despacham-no pelas estradas de ferro. Depois de toda essa trabalheira, o café é amontoado e queimado. Já foram queimadas 35 milhões de sacas. Para dar idéia do volume que isso representa, basta pensar que 35 milhões de sacas formam uma pilha de 40 por 40 metros, muito mais alta que o Pão do Açúcar ou o mais alto arranha-céu de Nova York ou a Torre Eiffel de Paris."

Como observou Regina S. Serejo, sem dúvida o escritor paulista cometeu um erro. Ele devia ter dito: "uma pilha de 400 por 400 metros"...

Queima de café em São Paulo. Desenho de J.U. Campos para o livro *Geografia de dona Benta*, de Monteiro Lobato

As queimas do café, registrou Lobato em outra edição do livro, não ficaram nisto, logo passaram dos setenta milhões de sacas.

Um samba de Noel Rosa, intitulado *Com que roupa*, iria tornar-se o maior sucesso do Carnaval de 1931 e é o retrato da crise econômica daquela época:

> *"Pois esta vida não está sopa,*
> *E eu pergunto: com que roupa?*
> *Com que roupa eu vou*
> *Pro samba que você me convidou?"*

Clássico da música popular brasileira, o samba de Noel podia ter também o nome de *Pindaíba*, substantivo feminino oriundo do tupi e que significa pobreza, miséria, prontidão, falta de dinheiro:

*"Eu hoje estou pulando como sapo,
Pra ver se escapo
Desta praga de urubu.
Já estou coberto de farrapo,
Eu vou acabar ficando nu:
Meu paletó virou estopa
E já nem sei mais com que roupa,
Com que roupa eu vou
Pro samba que você me convidou.*

*Agora eu não ando mais fagueiro,
Pois o dinheiro
Não é fácil de ganhar.
Mas eu sendo um cabra trapaceiro,
Não consigo ter nem pra gastar.
Eu já corri de vento em popa,
Mas agora com que roupa?
Com que roupa eu vou
Pro samba que você me convidou?"*

Noel Rosa, o "poeta de Vila Isabel", foi uma vítima da tuberculose, como Paulo Setúbal, e após sofrer forte hemoptise, morreu no dia 4 de maio de 1937, aos vinte e seis anos, no mesmo dia, no mesmo mês e no mesmo ano do falecimento de Setúbal. Descobrimos isto. Que coincidência impressionante!

À semelhança de Noel Rosa e Paulo Setúbal, o Brasil era de fato um doente que precisava recuperar a saúde. Moléstia causada pela crise econômica mundial. Oswaldo Aranha definiu assim a situação do nosso país, durante o Governo Provisório: "um

Noel Rosa desenhado por Noel Rosa

carro puxado por um cavalo, um asno e um boi". Carro sem força, portanto, incapaz de correr na estrada do progresso.

* * *

Governava São Paulo, depois da Revolução de 1930, um secretariado composto por paulistas, mas o pernambucano João Alberto Lins de Barros, delegado militar do Governo Provisório, começou a impor ordens ao secretariado. Este se demitiu, por causa disso, e então Getúlio nomeou João Alberto para o cargo de interventor no estado de Setúbal.

Irritados, humilhados, os paulistas não se conformaram. Exigiam um interventor "civil e paulista". Getúlio argumentava:

– Se um paulista pode governar o Brasil, por que um brasileiro, quando não é paulista, não pode governar São Paulo?

Empresários, estudantes e políticos se levantaram contra o interventor. Sob enorme pressão, impossibilitado de exercer o cargo, João Alberto exonerou-se, apesar de ter declarado a Vargas:

– Presidente, represento em São Paulo uma das forças que fizeram a Revolução de 30, ou seja, o Tenentismo. Não me interessam as reações da plutocracia paulista contra as reformas que a Revolução pretende fazer. Eu não saio de São Paulo.

João Alberto foi substituído pelo magistrado paulista Laudo Ferreira de Camargo. Este anistiou vários políticos do governo de Washington Luís e nomeou juízes seccionais, afastados dos seus cargos pela Revolução de 1930. Todavia, o governo federal demitiu esses juízes, substituindo-os por outros.

Centros agrícolas, com o apoio de João Alberto, revoltaram-se contra o governo de Laudo. E Numa de Oliveira, secretário da Fazenda, acabou sendo acusado de ter se envolvido em negociatas ligadas ao café. João Alberto compareceu no palácio dos Campos Elíseos e intimou o secretário a depor judicialmente. Sem condições de governar, Laudo de Camargo se demitiu da interventoria estadual no dia 13 de novembro de 1931. Ocupou o seu cargo o tenente-coronel Manuel Rabelo, nascido no estado do Rio de Janeiro, comandante do 4º Regimento de Infantaria, sediado em Quitaúna. Positivista ortodoxo, o novo interventor mandou publicar no *Diário Oficial* um texto para proteger os mendigos e chamava os seus secretários de "cidadãos". O povo paulista lhe deu o apelido de "Cidadão Rabelo".

Evocador em suas obras dos gestos de brio dos paulistas, do passado heróico da terra bandeirante, o escritor Paulo Setúbal também se sentia humilhado. A terra de Fernão Dias, Borba Gato e dos irmãos Leme não merecia aquilo. Não merecia ser disputada por militares brutais, vindos de outros estados, como se os paulistas fossem escravos brancos numa senzala, incapazes de ser donos dos seus próprios narizes.

Comícios realizaram-se, manifestos incitavam o povo a exigir, do Governo Provisório, um interventor "civil e paulista". Logo o governo cedeu, nomeando como interventor o diplomata aposentado Pedro Manuel de Toledo, nascido na cidade de São Paulo, em 29 de junho de 1860, ex-ministro da Agricultura no governo do marechal Hermes da Fonseca.

Entretanto, a situação não melhorou, pois os "tenentes" queriam impor a Toledo um secretariado que respeitasse a "mentalidade revolucionária". Membros do Partido Democrático e do Partido Republicano Paulista reagiram contra esse ato de arbítrio. Influenciado pelos elementos das duas agremiações, o interventor organizou um secretariado composto exclusivamente de paulistas.

Ministro da Justiça, amigo íntimo de Getúlio, o exuberante Oswaldo Aranha desembarcou em São Paulo, disposto a serenar os ânimos, a defender "os sacrossantos interesses da Revolução". Quando a sua presença foi assinalada, o povo se indignou, guiado pelos políticos. Sob a ameaça de linchamento, Oswaldo escondeu-se na casa do seu tio, na luxuosíssima Vila Kirial do ex-senador Freitas Vale.

Acicatadas pelos boletins de Cesário Coimbra, Sílvio de Campos e de vários outros profissionais da política, multidões frenéticas, vociferantes, entupiram as ruas da capital paulista, marchando, agitando bandeiras, berrando vivas e morras. Tiros eram desfechados para o alto, os adeptos da Ditadura não escaparam das vaias, dos xingamentos, das epilepsias do ódio. Muitos receberam bofetadas. Enlouquecida, a massa empastelou os jornais *A Razão*, onde Setúbal colaborava, e o *Correio da Tarde*. Houve um ataque à sede da Legião Revolucionária, na rua Barão de Itapetininga. Os getulistas reagiram com tiros de fuzis e o tiroteio causou a morte dos jovens Euclides Bueno Miragaia, Mário Martins de Almeida, Dráusio Marcondes de Souza, Antônio Américo de Camargo Andrade.

As quatro vítimas se transformaram em símbolo do movimento de rebeldia. Surgiu do episódio a sigla M.M.D.C., tirada dos nomes daqueles rapazes.

Um sincero amigo de Paulo Setúbal, o jornalista Júlio de Mesquita Filho, decidiu articular a luta armada contra "o governo tirânico do caudilho são-borjense Getúlio Dornelles Vargas". A revolta, segundo ele nos contou, teria este objetivo: tornar realidade a promessa não cumprida da Revolução de 1930, ou seja, democratizar o Brasil, eliminar as oligarquias estaduais, moralizar o nosso mecanismo eleitoral.

Juntaram-se ao "doutor Julinho" os outros principais organizadores civis da revolução: Bueno Ferraz, Aureliano Leite, Paulo Nogueira Filho, Prudente de Morais Neto, Hermann Morais de Barros, Joaquim de Abreu Sampaio Vidal, Carlos de Souza Nazaré, Edgar Batista Pereira.[*] Tais homens exigiam a imediata reconstitucionalização, isto é, o fim do Governo Provisório, a volta do regime democrático e representativo.

O Rio Grande do Sul já se pronunciara, neste sentido, pela voz dos líderes Raul Pilla e Borges de Medeiros. Hábil, a fim de tranqüilizar os descontentes, Getúlio havia assinado o decreto 21.402, de 14 de maio de 1932, que fixou a data de 3 de maio de 1933 para a eleição da Assembléia Constituinte. Descriam dessa promessa os estudantes das escolas superiores de São Paulo, sobretudo os da Faculdade de Direito do largo de São Francisco, bem como os membros do Partido Democrático e do Partido Republicano Paulista, as duas agremiações políticas que eram velhas adversárias e que se uniram, formando a Frente Única, com o exclusivo propósito de derrubar o regime ditatorial.

(*) Conforme o depoimento oral de Júlio de Mesquita Filho, concedido no dia 10 de abril de 1967.

XVIII

O HEROÍSMO COMOVENTE DO ESCRITOR PAULO SETÚBAL

O começo do levante dos paulistas contra o Governo Provisório, sob a liderança militar do coronel Euclides Figueiredo e do general Bertoldo Klinger, foi marcado para o dia 14 de julho de 1932. Comandante de tropas em Mato Grosso, o gaúcho Klinger, descendente de alemães e austríacos, havia declarado aos revoltosos que chegaria a São Paulo com cinco ou seis mil homens fortemente armados, vagões cheios de bombas, granadas, obuses, farta artilharia, centenas de metralhadoras. No dia 1º de julho, porém, ele resolveu enviar um ofício grosseiro, violento, ao general Augusto Inácio do Espírito Santo Cardoso, recém-nomeado ministro da Guerra, sustentando isto: além de desconhecer os problemas do Exército, o referido general não tinha condições físicas e mentais para exercer o cargo. Amigos de Klinger tentaram convencê-lo a desistir desse intento, mas o ofício explosivo acabou sendo enviado. Logo o ofensor obteve a resposta do ofendido:

"8 de julho de 1932 – Hora: 13,15 – Urgente.

Comunico-vos que chefe Governo Provisório vos reformou administrativamente, pelo que deveis passar comando circunscrição ao substituto legal imediatamente.

(a) General Espírito Santo, ministro da Guerra."

Sem tugir nem mugir, como um bom menino, o destabocado passou o comando da tropa. A atitude intempestiva de Klinger causou a precipitação do levante. Em vez de ser deflagrado no dia 14, ele teve início no dia 9 de julho.

Acompanhado de poucos oficiais e de alguns soldados, Bertoldo desembarcou na Estação da Luz da capital paulista. Onde estavam os cinco ou seis mil homens, a grande quantidade de munições que prometera? Euclides Figueiredo quis receber dados sobre este assunto e Klinger garantiu:

– Não é necessário o deslocamento das tropas de Mato Grosso.

Historiador idôneo, cujos textos são sempre bem documentados, Hernâni Donato observou na sua *Breve história da Revolução Constitucionalista de 1932*: o ofício de Klinger, é provável, muito alegrou Getúlio e o general Espírito Santo Cardoso, pois o militar rebelde lhes dava uma "vitória antecipada" na guerra prestes a eclodir.

Aureliano Leite, no livro *Martírio e glória de São Paulo*, descreveu Klinger como "um pigmeu alourado que vinha comandar um povo de gigantes".

César Ladeira

Na noite de 9 de julho, as tropas dos constitucionalistas ocuparam todos os pontos estratégicos da Paulicéia. Os civis se apoderam dos Correios, da Companhia Telefônica, das emissoras de rádio, das estações ferroviárias. Faz-se intensa campanha de alistamento. As indústrias se esforçam para fabricar granadas, cartuchos de fuzil, capacetes de aço. Ibrahim Nobre, grande tribuno, inflama o povo com a sua eloqüência e logo, como simples soldado raso, lutará na Frente Sul, sob o comando do coronel Pedro Dias de Campos, nas trincheiras de Itaí, Fartura, Ourinhos, Xavantes, Ipaussu, Bernardino de Campos, em várias localidades da região do Paranapanema.

Pela primeira vez na História do Brasil, a radiodifusão transformou-se numa arma política. O *speaker* César Ladeira, a "Voz da Revolução", tinha o costume de repetir esta frase:

"São Paulo trocou o arado que abriu os sulcos do progresso nas suas terras ubérrimas pelos fuzis que agora abrem horizontes mais amplos, mais luminosos, para a vitória da lei, da democracia e da liberdade em nossa pátria!"

Poetas e escritores falavam sobre a Revolução Constitucionalista nos programas das emissoras paulistas de rádio, como Ciro Costa, Cassiano Ricardo, Guilherme de Almeida, Menotti del Picchia, Mário de Andrade, Monteiro Lobato, Cândido Mota Filho, Alfredo Ellis Júnior. E Paulo Setúbal também. Leiam este discurso de Paulo, proferido no microfone da Rádio Sociedade Record:

"Meus patrícios! São Paulo está no fragor da luta armada. Que quer São Paulo, tão laborioso e pacífico, nessa jornada bravia? São Paulo quer a Constituição. Quer a Constituição que os falsários da democracia derruíram; quer a ordem que eles desmantelaram; quer a representação do povo, que eles aniquilaram; quer a intangibilidade dos juízes, que eles conspurcaram; quer o respeito da hierarquia militar, que eles solaparam; quer, numa palavra, a augusta dignidade da nação, que eles vilipendiaram. Em prol desse ideal, que é fundamentalmente brasileiro, São Paulo partiu, cavaleiro andante, visionariamente rumo das trincheiras."

Setúbal acrescentou com o seu admirável talento verbal:

"Diante desta nossa epopéia, os pigmeus da Ditadura, não tendo a vibratilidade suficiente para sentir a beleza cívica da campanha, têm o ridículo desplante de proclamar que hão de vir aqui, na terra das realizações, arrancar, à baioneta, para indenização dos gastos da guerra, toda a larga riqueza dos paulistas. Estulta palavra! Pretender amendrontar-nos, nesta hora de glória, com esse materialismo sandeu!"

Querendo ser enfático, no bom sentido, o orador procurou mostrar o altruísmo dos paulistas:

"Senhores! Ao entrarmos na luta, nós, que somos um povo prático, tínhamos a noção bem nítida do quanto ela nos iria custar em sangue e bens. O sangue corre nas trincheiras. E os bens?"

Depois Setúbal recorreu aos seus conhecimentos históricos. Frisou que na guerra contra os holandeses, "a página mais refulgente de Pernambuco", esse nosso "nobre e galhardo irmão do norte", para repelir o invasor batavo, teve de arrasar as benfeitorias da capitania. E o orador enalteceu o heróico João Fernandes Vieira, "homem opulentíssimo", senhor dos melhores engenhos da época, pois ele não hesitou, com um archote aceso, em atear fogo na sua lavoura de cana. Paulo concluiu:

"Senhores da ditadura! São Paulo, neste momento, tem, entre as suas mãos, o archote candente de Fernandes Vieira. Se, para vencer, houver necessidade da sua riqueza, São Paulo, que já arremessou para o combate todos os seus filhos, São Paulo – crede, brasileiros do Brasil! – há de, também, arremessar, na luta, todos os seus teres. E esses teres, vós bem os conheceis: são, na indústria, o mais formidável parque fabril da América do Sul e, na lavoura, são um bilhão e duzentos milhões de cafeeiros, 'o maior fenômeno econômico do século', no pensado dizer de Enrico Ferri. E todo esse sacrifício – que belo, senhores! – pela lei. Tudo pela Constituição. Por essa Constituição que nós vamos dar à pátria. Que vamos dar, não com embustes, não com recuos, não com tergiversações, não com capitulações que desonram, mas Constituição que vamos dar às claras, meridianamente, com limpidez e honestidade."

No fim do discurso de Setúbal, é fácil perceber, ele fez uma crítica ao temperamento dúbio e sinuoso de Getúlio Vargas, pois este tinha fama de ser um homem falso, acomodatício, contemporizador. Getúlio nunca se definia. Procurava sempre agir como Talleyrand, o ministro de Napoleão, ao qual o revolucionário francês Barère de Vieuzac, na página 447 do volume VI das suas *Mémoires*, publicadas em 1842, atribuiu a seguinte frase:

"A palavra foi dada ao homem para ocultar o seu pensamento."
(*"La parole a été donné à l'homme pour déguiser sa pensée."*).

* * *

Devido ao fato de conhecer a força das emissoras de rádio na propaganda de idéias, e a fim de efetuar a "mobilização intelectual" dos inimigos da ditadura de Vargas, salientou Matos Pimenta no livro *A epopéia paulista*, o general Bertoldo Klinger autorizou a criação da Rádio Jornal. Esta emissora era dirigida pelo próprio Matos Pimenta e por Paulo Setúbal, Eurico Sodré, Plínio Barreto, Jorge Americano, Leven Vampré e Cantídio Moura Campos.

Significativa, a inferioridade numérica de São Paulo em homens e armas, no decorrer do movimento. Basta informar que na Frente Sul, depois de algumas semanas de combate, apenas 8.300 paulistas enfrentavam 18 mil gaúchos. Tentando diminuir esta desvantagem, São Paulo inventou um lança-chamas; máscaras contra gases; a bombarda, uma espécie de bazuca; carros de guerra, fabricados às pressas; o trem blindado, conhecido como o "Fantasma da Morte"; a matraca, aparelho de roda dentada, nascido do talento do engenheiro Otávio Teixeira Mendes, e que imitava o som do matracolejar da metralhadora.

As doações durante a campanha "Ouro para o bem de São Paulo"

A Campanha do Ouro para o Bem de São Paulo, ao longo da insurreição, recolhia jóias, anéis, pulseiras, colares, objetos de valor. Destinava-se a cobrir a falta de recursos dos constitucionalistas, a carência do tesouro do estado.

Um texto de Ibrahim Nobre, com o título de "Minha terra, pobre terra", ficou muito popular e expressava o sentimento de um povo corajoso, repleto de brio:

"És paulista? Ah!, então tu me compreendes! Trazes como eu o luto em tua alma e lágrimas de fel no coração. Ferve em teu peito a cólera sagrada, de quem recebe na face a bofetada, o insulto, a vilania, a humilhação.

Minha voz, que entre cóleras se alteia, é tua dor também. Minha voz é murmúrio, é marulho, é o eco pobre, de sete milhões de angústias indormidas, de sete milhões de ódios despertados, através do pudor de todos nós."

A torrencial eloqüência de um grande orador aparece em todos os trechos desta página antológica:

"Terra paulista! Da tua carne massapé e honesta, do teu ventre de mãe, fecundo e são, veio a alma que realizou a nacionalidade, imprimindo-lhe o sentido da independência e os rumos católicos da civilização. De ti proveio o homem que defrontou a natureza peito a peito e que a venceu e a dominou a facão e à fé!

Tu deste geografia ao Brasil. Essa terra toda, que aí se estende, e se esparrama e se perde por esse mundo grande de Deus, tudo isso tem os seus limites demarcados, não apenas pelos rios que se vadearam, pelas grimpas transpostas, pelas florestas vencidas! Mas sobretudo pelas sepulturas dos teus filhos, minha terra!"

Ibrahim Nobre e Paulo Setúbal, em nosso entender, foram os dois maiores oradores da Revolução Constitucionalista. Os discursos de ambos, examinados por nós, provam esta afirmativa. Saboreie, amigo leitor, a oração de Paulo dirigida "aos brasileiros" e publicada pelo *Diário Nacional* em suas edições dos dias 15 e 16 de julho de 1932:

"Na hora suprema em que São Paulo, como legítimo embaixador da vontade nacional, vai por entre rufos a fanfarras desalojar do Catete o homem público que no Brasil, até hoje, mais estrondosamente desapontou as esperanças da nação, nesta hora suprema, meus senhores, ainda há línguas peçonhentas, envenenadoras, a bradarem, com alarde, que esta nossa bela arrancada, a mais bela de São Paulo, não é a arrancada cívica da constitucionalização, mas a arrancada amesquinhante do esfacelamento do país."

Uma das características do grande orador é o fôlego, a capacidade de soltar o verbo de maneira feliz, de saber argumentar, de falar com emoção, de tocar nos corações. Setúbal possuía este dom. Admirem como ele rebate a acusação de que os revolucionários eram separatistas:

"Brasileiros do Brasil, vós sabeis que essa afirmativa é uma calúnia, calúnia integral arremessada como uma bombarda, contra São Paulo desta era, que é a cidadela avançada da liberdade. A terra de Piratininga que sempre se bateu, durante o seu passado de quatrocentos anos, pela integridade territorial do Brasil, não faz outra coisa, neste momento, do que encabeçar uma das mais alevantadas e uma das mais dignificantes causas que o Brasil já teve."

Em seguida o escritor evocou a participação do seu estado nos mais diversos e expressivos episódios históricos da pátria de Tiradentes. Referiu-se à ajuda da terra bandeirante a Pernambuco, na época da invasão holandesa; ao socorro dos paulistas às populações nordestinas, quando se instalou a República dos Palmares; à presença dos mesmos na Inconfidência Mineira, pois o coronel Toledo Piza e o padre Carlos Correia eram filhos de São Paulo. O orador não se esqueceu do paulista José Bonifácio, que junto dos cariocas lutou pela nossa independência. E prosseguiu:

"Não falemos, neste passo, da campanha da Abolição, nem da campanha republicana. Nessas duas jornadas enormes, que empolgaram a pátria inteira, nós éramos um só, meus irmãos do Brasil, nós éramos um só homem, uma só alma, um só querer. São Paulo, nessas horas amargas, esteve sempre com o Brasil. O Brasil, nesses dias de febre, esteve sempre com São Paulo."

Setúbal disse que, no momento em que "o maior dos brasileiros", Rui Barbosa, "lançou a semente eterna do Civilismo, essa semente caiu no chão acolhedor de São Paulo". Ele, São Paulo, na hora incerta, correu "com todo o ímpeto do seu entusiasmo a cerrar fileiras, ombro a ombro, ao lado dos seus irmãos baianos". A história do estado de Setúbal revelava que sempre foi assim, e que sempre haveria de ser assim, "tudo pelo Brasil, tudo pelas grandes causas nacionais".

Voltando a abordar o tema do separatismo, o orador reafirmou:

"Nós não somos separatistas. Nós nunca seremos separatistas. É um destino histórico. Destino, sim, porque nós, os de hoje, descendemos daquela mesma gente, daqueles mesmos paulistas que, vestidos de couro, barbaçudos, a catana ao ombro, o trabuco enfiado no cintão de onça, iam como um bando selvagem de caititus, devassar e povoar os sertões do Brasil, os sertões xucros da terra virgem onde homem algum havia jamais botado o pé. Nós descendemos daqueles paulistas que, com o nome de Fernão Dias Pais Leme, Pascoal Moreira, Anhanguera, Pedroso, Barros e Antunes Maciel – hoje grandes árvores ancestrais do solo de Piratininga – iam outrora pescar terras para as integralizar aos chãos formadores da pátria."

E com o fito de reforçar a sua dialética, Setúbal mostrou como a terra dos audazes sertanistas pelejava por um alto ideal:

"Neste momento grandioso, São Paulo que assim, historicamente, esteve sempre ao lado das grandes causas, desfralda, aos ventos do Brasil, a flâmula, toda ouro e sol, da mais garbosa das campanhas: a constitucionalização do Brasil! Constitucionalização real, constitucionalização de fato, constitucionalização sem recuos, constitucionalização sem burlas, constitucionalização já. Para vencer, isto é, para reivindicar aos seus irmãos a tábua dos direitos dos homens. São Paulo marcha, sem vacilações, a fronte erguida, pronto para vencer ou morrer."

O epílogo do discurso é de um poeta, de um sonhador, de uma pessoa ainda capaz de acreditar nos "sentimentos altruísticos" do ser humano:

"São Paulo, nesta campanha, tem a segurança absoluta, integral, de que todo o Brasil, tudo o que a pátria tem de selecionado, de culto, de nobre, de pensante, de liberal, de desassombrado, tudo está visceralmente e radicalmente com a gente bandeirante, e tudo, o Brasil inteiro, vai marchar com São Paulo, a caminho do Rio de Janeiro. E no Rio de Janeiro, reunidos como irmãos em torno do obelisco da avenida Rio Branco, abraçados como irmãos, trêmulos, emocionados, com lágrimas nos olhos, debaixo das braçadas de rosas, que as nossas mães, que as nossas irmãs, que as nossas noivas, vão atirar sobre as nossas fardas, haveremos de gritar para quarenta milhões de brasileiros: temos uma Constituição, somos agora homens, viva o Brasil!"[*]

No Rio de Janeiro as autoridades agiam de modo rápido contra os adeptos dos constitucionalistas. Logo prenderam o tenente Agildo Barata, um dos principais participantes da Revolução de 1930. Agildo foi detido por policiais do Departamento de Ordem Política e Social (DOPS) e depois tentou fugir a nado do navio-

Flores da Cunha

presídio D. Pedro I. Ele reconheceu, após a vitória do movimento de 1930, que "não tinha a menor idéia do que se devia fazer e muitíssimo menos de como fazer".

Interventor no Rio Grande do Sul, o temperamental Flores da Cunha chegou a armar três mil homens em apoio aos paulistas, mas no dia 10 de julho decidiu-se a mudar de lado. E explicou num manifesto, publicado no jornal *A Federação*:

"Cumpre-me declarar ao Rio Grande e à nação que me conservarei fiel aos deveres de delegado do Governo Provisório. Ninguém me fará a injúria de supor que eu pudesse usar de minha autoridade para atraiçoar a que ma conferiu, confiando na integridade do meu caráter e na capacidade da minha ação patriótica."

Paulo Setúbal, Aureliano Leite, Edgar Batista Pereira, Júlio de Mesquita Filho, Prudente de Morais Neto e outros constitucionalistas se indignaram, quando viram a felonia do interventor gaúcho. Então passaram a chamá-lo de traidor, de "Judas Iscariotes dos Pampas". Homem bem franco, de opiniões firmes, o doutor Julinho não escondeu o seu nojo, a sua repulsa:

– Que patife! E o Flores ainda teve a coragem de falar sobre a integridade do seu caráter!

(*) Reproduzimos os trechos deste discurso com as correções feitas pelo próprio Setúbal, numa cópia que está em nosso arquivo.

Olegário Maciel

Apesar das pressões dos constitucionalistas, Minas havia se mostrado neutra no conflito entre os rebeldes e os ditatoriais, porém não demorou a exibir uma "hostilidade armada". Tropas mineiras, a fim de conter o avanço das forças de São Paulo, foram enviadas para o sul do estado e o professor Noé de Azevedo, representando os paulistas, encontrou-se com o doutor Olegário Maciel em Belo Horizonte. O presidente de Minas lhe disse que apoiava totalmente a Ditadura e que a defenderia em qualquer terreno, pois Getúlio era o presidente eleito do Brasil e ele, Olegário, o de Minas Gerais.

Quando o chefe do governo mineiro se definiu de forma bastante clara num manifesto, Paulo Setúbal proferiu uma oração no dia 18 de julho de 1932, na Rádio Sociedade Record:

"Presidente! São Paulo leu o manifesto de vossa excelência. O povo bandeirante que cultua respeitosamente o presidente mineiro, não quer acreditar na autenticidade daquela página. Verdadeira ou não, contudo ali está, contra os de São Paulo, incisivo e cortante, o apôdo de rebeldes. Ali está, contra os soldados do exército constitucional, que combatem conosco pela grande causa nacional da reconstitucionalização do país, ali está, contra esses soldados, galhardos idealistas, impávidos mesmo, o apôdo de rebeldes. Pois bem, senhor presidente, diante de vossa excelência, diante da personalidade varonil do presidente de Minas, diante da senectude veneranda do patriarca montanhez, diante desses cabelos brancos que alvejam na cabeça respeitada do grande mineiro, nós, os de São Paulo, nós os de Mato Grosso, nós com os soldados do briosíssimo Exército Nacional [Setúbal exagerou, poucos do Exército apoiavam os constitucionalistas], nós proclamamos, em alto e bom som, com destemor e orgulho: sim, senhor presidente, nós somos rebeldes! Sim, nós somos rebeldes como foi rebelde o honrado presidente de Minas, na cálida jornada liberal! Sim, nós somos rebeldes, co-

mo o foi a figura heróica e brava, desassombrada e épica, desse austero e nobre ancião Olegário Maciel, nos dias torvos de 1930."

O orador, no trecho acima, quis colocar em evidência o contraste entre o bravo Olegário Maciel da Revolução de 1930, inimigo de um governo considerado antidemocrático – o de Washington Luís – e o passivo
Olegário Maciel da Revolução de 1932, adepto de um governo rotulado
de "provisório" – o de Getúlio Vargas – mas de natureza ditatorial. E
Paulo, com sutileza, reforçou a sua tese:

"Sabei, senhor presidente, esse movimento de agora, que os soldados do Brasil levam avante por entre clarinadas redentoras, ao lado de
São Paulo e de Mato Grosso, este movimento é simplesmente e nua-
mente, a segunda etapa da Revolução de Outubro. Aquela revolução
destruiu a lei e não soube reconstruí-la. A de agora, continuando a obra
amortecida, reporá nas arcas da pátria, custe o que custar, a tábua dos
direitos do homem."

Instigado pelo fogo de sua alma ardente, Setúbal cometeu o exagero de fazer todo o Exército Brasileiro dar apoio a São Paulo. Talvez,
contudo, ele tenha agido assim de propósito, com o objetivo de im-
pressionar os ouvintes de outros estados. No decorrer de uma guerra,
afinal de contas, numerosos recursos se tornam válidos. É impossível
não admirar as frases incisivas da oratória de Setúbal, a sua dialética
sempre exposta numa linguagem límpida, vigorosa, a linguagem repleta de saúde de um homem sem saúde:

"Senhor presidente! Vossa excelência ainda diz que Minas, nesta hora, não tem interesses locais. Cabe a São Paulo, ao Mato Grosso e ao
Exército Nacional, também clamarem ao Brasil inteiro que, neste momento sacrossanto, não têm eles a subalternidade de interesses locais.
São Paulo bate-se, de armas na mão, com todos seus filhos, somente,
tão somente, pela campanha altamemte nacional, visceralmente cívica,
de dar lei ao Brasil. E com o Exército Nacional, esse nobre e desapega-
do Exército, que ora combate ao lado de seus irmãos, todo fremente do
entusiasmo cívico mais empolgante que já o sacudiu. O Exército Nacional, acima de qualquer pecha, não tem, o Brasil inteiro o vê – não tem,
não pode ter, nessa cruzada bendita, a mais apagada sombra de interesse local. As fardas impolutas que aí estão, honrando e dignificando as

ilustres tradições liberais do seu passado refulgente, essas fardas estão defendendo o abrigo e o amparo de todos nós. O tabernáculo sagrado, o guardião da nacionalidade, que alguns maus brasileiros querem sonegar ao Brasil, senhor presidente!"

Amante dos fatos heróicos do nosso país, Setúbal teria de evocá-los no fim do seu discurso:

"Martim Afonso de Sousa, o fundador da capitania de São Paulo, ao desembarcar com os povoadores lusos na praia selvagem de São Vicente, trazia uma espada de prata em que se lia: 'Não me arranques à toa. Não me embainhes sem honra'. Brasileiros do Brasil, sabei, os soldados do Exército Nacional, hoje na terra de Martim Afonso, não arrancaram a sua espada à toa; eles, os soldados que honraram os ensinamentos sagrados de Benjamim Constant, ao lado de São Paulo e de Mato Grosso, arrancaram a sua espada pela causa nobre, alevantada, cristalina, invencível, nacional, da constitucionalização do país. Por isso, brasileiros, ficai certos, o Exército, São Paulo e Mato Grosso não arrancaram a sua espada à toa, e agora que está arrancada, eu vos juro!, eles não hão de embainhá-la sem honra!"[*]

A evocação deste episódio histórico pelo orador, agora nos traz à memória um fato mais recente. Num depoimento concedido à pesquisadora Sônia Maria de Freitas, no dia 25 de setembro de 1990, o professor Antônio Cândido de Mello e Souza recordou o seu exame de Geografia Humana para ingressar na Faculdade de Filosofia, Ciências e Letras da USP. O professor francês Pierre Mombeig, ao examiná-lo, formulou esta pergunta:

– Como se chama o vento que sopra no fim da tarde no litoral sul do estado de São Paulo e ajuda a pesca?

Antônio respondeu:

– Não sei.

Pierre Mombeig continuou:

– Qual é a técnica que os caboclos usam para enrolar o fumo?

O candidato teve de confessar:

– Não sei.

---

[*] Este discurso de Paulo foi publicado na edição do dia 19 de julho de 1932 do jornal *O Estado de S. Paulo*.

Nova pergunta do professor:

– Este morro que o senhor está vendo pela janela, a que sistema pertence?

Olhando o morro, Antônio repetiu:

– Não sei.

Imperturbável, Mombeig quis obter outra informação:

– O senhor pode me descrever o maciço central da França?

Aí, com ar seguro, Antônio descreveu o tal acidente geográfico, minuciosamente. Um tanto áspero, o professor Pierre Mombeig soltou este desabafo:

– O senhor não tem vergonha de ignorar as coisas mais simples do seu país e falar sobre coisas da França, que não têm o menor interesse para o senhor?

Esse professor francês deu ao brasileiro Antônio Cândido uma eloqüente lição de brasilidade. Se Mombeig examinasse o tatuiense Paulo Setúbal, não precisaria dar-lhe esta lição, pois o autor de *Alma cabocla* conhecia mais as nossas coisas do que as coisas do estranja. Paulo era nacionalista, no bom sentido, e nunca foi chauvinista. Cultuava um nacionalismo sadio, não exacerbado, delirante, como o que impele o cidadão a rejeitar tudo quanto é estrangeiro, americano, inglês, alemão, europeu, etc. Sinônimo do nacionalismo de Setúbal: patriotismo.

* * *

Tendo aderido à Revolução Constitucionalista, o tribuno gaúcho João Neves da Fontoura escapuliu do Rio de Janeiro num avião teco-teco e chegou a São Paulo no anoitecer do dia 23 de julho.

Durante a sua permanência na Paulicéia, o tribuno pronunciou diversos discursos, mais tarde reunidos no livro *Por São Paulo e pelo Brasil*, cujo prefácio é de Paulo Setúbal. Este descreveu, na introdução da obra, a tristeza da cidade naquele dia, abalada pelas mortes do general Marcondes Salgado e do inventor Santos Dumont, o primeiro, no dizer de Setúbal,

João Neves da Fontoura

"chama irradiadora da Revolução, espada rútila do movimento constitucionalista", e o segundo, "glória autêntica da pátria, orgulho imarcescível da raça".

Paulo evoca no seu texto o anoitecer melancólico do dia 23 de julho, o ar molhado e pardo da capital, a alma da cidade, apunhalada, a sangrar "por duas largas feridas dolorosas", os falecimentos de Marcondes e de Dumont. Nas ruas "densamente entupidas" pairava o silêncio e o luto. Do céu vinha "um chuvisqueiro fino, enervante", mas de súbito a multidão se alvoroçou, ao saber que João Neves havia chegado. Eis como Setúbal narra o episódio:

"João Neves chegara de fato. O povo, com delírios frenéticos, acorre em massa a aplaudir o gigante. As cercanias do hotel Esplanada vêem, golfando de todos os lados, rumorejantes e tumultuosas, ondadas sobre ondadas de romeiros que se precipitam exaltadamente a contemplar o fetiche. Desbordante palpitação cívica! A cidade inteira vem ali, diante do hotel, como diante de um pagode búdico, a coroar, com as suas flores, e apoteosar, com o seu entusiasmo, aquele homem, pequenino e frágil, mas vulcânico e formidável, que se tornara, com a sua palavra apostólica, o Verbo Encarnado da Revolução."

Freqüentes vezes o estilo de Paulo era oratório, porém sincero, espontâneo. Já dissemos, ele escrevia como falava. E a sua evocação da chegada do líder gaúcho é a magniloqüência posta no papel. Após se referir à posição oficial do Rio Grande do Sul, o prefaciador exaltou João Neves por ter abandonado, "num aventuroso gesto medieval, a mulher, os filhos, o lar, tudo o que é carinho e afeto", para viajar sem medo, "no dorso tímido duma folha seca", bailarina do espaço, até o São Paulo constitucionalista, "cidadela avançada da liberdade" no território brasileiro.

Escrito em plena época da Revolução de 1932, o prefácio de Setúbal para o livro de discursos de João Neves é também um discurso persuasivo e não a logorréia de uma vítima da incontinência verbal. O fim do prefácio pode ser visto como uma peroração:

"Foi daqui, deste roqueiro castelo de guerra, que é hoje São Paulo, foi da ameia mais alta da nossa torre albarrã, que o fúlgido tribuno dos pampas assestou, demostenicamente, contra os detentores do Catete, que são traidores confessos da jornada liberal, falsários públicos da democracia, esse bombardeio rude, solene, irrespondível, esmagador, da sua autorizada palavra de fiel companheiro de ideal, de constante campanheiro de sonho, não transviado pela ebriez do poder. Fê-lo, apesar da improvisação, apesar do tumulto desnorteante destes dias de febre, com aquela frescura de dizer, aquela justeza de vocabulário, aquela probidade de linguagem, que o tornam, além de emérito batalhador da política, lidador guapíssimo do vernáculo."

General Bertoldo Klinger

Ainda no dia 23 de julho, à noite, João Neves com Paulo Setúbal, Eurico Sodré, Aureliano Leite e Cardoso de Melo Neto foram visitar Bertoldo Klinger no sanatório Santa Catarina, onde o general se achava, devido a um ligeiro ferimento. Num livro de memórias, intitulado *Páginas de uma longa vida*, Aureliano Leite descreveu o encontro do tribuno com o ex-comandante da Circunscrição Militar de Mato Grosso. Loquaz, sob o domínio de róseo otimismo, João Neves disse a Klinger que para os constitucionalistas poderem vencer, bastaria agüentar, no máximo, cerca de quinze dias, pois Flores da Cunha, no Rio Grande do Sul, ia sucumbir, ficar sitiado; Artur Bernardes e Mário Brant, em Minas, preparavam um golpe seguro contra o governo de Olegário Maciel; pelas mãos de Celso Ramos e Nereu Ramos, dentro de poucos dias, o estado de Santa Catarina daria apoio a São Paulo. O general João Gomes desejou soltar bombas sobre o palácio do Catete e outras posições, mas João Neves o impediu de chegar a esse extremo, a fim de não "impopularizar o movimento com desastres materiais e perdas de vidas inocentes."

Concluída a exposição destes fatos, o político gaúcho quis ouvir a palavra de Klinger. Ele permaneceu mudo. João Neves pediu uma resposta. Klinger, segundo a narrativa de Aureliano Leite, "articulou monossílabos". E como Neves insistisse, o general respondeu, de modo seco, que esperava não apenas resistir durante quinze dias, mas tomar a ofensiva em três dias.

Talvez Setúbal teve a impressão de estar ouvindo um monólogo e não um diálogo. Depois, um pouco mais expansivo, Klinger expôs como pretendia derrotar o inimigo, a fim de obter a vitória total. João Neves entusiasmou-se:

– Bravos, bravos, general. Mas o general trouxe toda sua tropa de Mato Grosso?

A pergunta feriu Klinger, pessoa de temperamento difícil, complicado. Sua resposta foi esta:

– Não. Faltou ligação...

Neves indagou, cheio de inocência:

– E os civis que o senhor ia mobilizar?

Com um riso sardônico, o general respondeu:

– Julguei dispensável, contando com as promessas do Rio Grande...

Atingido pelo sarcasmo, João Neves soube rebater:

– Não foi o Rio Grande que faltou. Não se tome um povo por um homem.

O tribuno resumiu tudo nestas duas frases. Sim, Flores da Cunha não expressava a vontade do povo gaúcho. Tal resposta estomagou Bertoldo Klinger, militar de alma prussiana, inçada de pedras pontiagudas, de reentrâncias, de anfractuosidades, como essas cavernas onde os morcegos se abrigam, fugindo da claridade. Klinger completou os seus estudos básicos em colégios germânicos e entre 1910 e 1912, na época do governo do marechal Hermes da Fonseca, esteve no 24º Regimento de Artilharia Alemão, sediado em Güstrow.

João Neves discursa numa estação de rádio, durante a Revolução de 1932. Atrás dele, Paulo Setúbal, do lado direito

Antes de terminar o encontro, o general criou dificuldades ao desejo de João Neves pronunciar um discurso na Rádio Educadora, embora já passasse da meia-noite. Visível, a má vontade de Klinger. Informa Aureliano Leite nas suas memórias:

"Despedimo-nos. À saída, na escada exterior para a avenida Paulista, Paulo Setúbal e Eurico Sodré contaram reservadamente, no escuro, a mim e a Cardoso de Melo Neto, que Klinger estava zangado com o Neves e falava até em prendê-lo. João Neves nada percebeu."[*]

Pelo depoimento de Aureliano Leite vemos como Setúbal, apesar da sua doença, sempre participou dos fatos importantes da Revolução Constitucionalista. Uma fotografia de boa qualidade, do acervo de Paulo Florençano, de Taubaté, publicada na excelente obra *A Revolução de 32*, de Hernâni Donato, mostra Setúbal numa emissora de rádio, junto de Menotti del Picchia, ouvindo um discurso de João Neves da Fontoura. E outra foto, na capa do livro *Paulo Setúbal, uma vida, uma obra*, de Carolina Ramos e Cláudio de Cápua, apresenta o escritor numa tribuna, perto da Estação da Luz, saudando um grupo de soldados paulistas que iam embarcar para as frentes de combate.

Paulo Setúbal discursando em frente da Estação da Luz, em 1932, na partida dos soldados constitucionalistas

---

[*] Aureliano Leite, *Páginas de uma longa vida*. Livraria Martins Editora, São Paulo, 1966, página 77.

Existem vários tipos de heroísmo. O de Setúbal era comovente, pois ele, um homem sem vigor físico, com os pulmões fracos, atacados pela tuberculose, mesmo assim não parava de discursar, de incutir ânimo, entusiasmo, nos soldados e no povo de São Paulo. Vimos como acompanhou João Neves, até altas horas da noite, durante a visita que o líder gaúcho fez ao general Bertoldo Klinger. Se pensasse mais em si, Paulo ficaria no seu lar, cuidando da sua saúde, mas um grande ideal lhe inflamava a alma e por esse ideal seria capaz de realizar os maiores sacrifícios.

Nem todos os heróis usam os músculos, o fuzil, a espada, a metralhadora. Há os que usam a fé, o talento, a palavra eloqüente, e transformam as suas fraquezas em força. Paulo era um desses heróis.

XIX

A GUERRA CÍVICA DOS PAULISTAS CHEGA AO FIM E SETÚBAL LANÇA DOIS LIVROS

*D*ulce Salles Cunha Braga escreveu com muita justeza que o nosso romancista, embora enfraquecido, minado pela tuberculose, participou ativamente da Revolução Constitucionalista, "integrando reuniões abertas ou sigilosas das lideranças, falando em comícios, promovendo encontros". Infatigável, no auge do inverno, às vezes a arder de febre, ele discursava nas "gélidas noites da praça do Patriarca". E de fato nunca se omitiu.

Luta desigual, entre os rebeldes e as forças ditatoriais. Isolado, solitário, altivo, São Paulo pelejou heroicamente. Ao norte, o coronel Eurico Gaspar Dutra, nascido em Mato Grosso, avançava no rumo de Campinas. Tenazes, de maneira progressiva, os defensores da Ditadura investiam através das fronteiras dos estados limítrofes.

Os constitucionalistas precisavam de armamento. Possuíam fuzis e metralhadoras leves, em pequena quantidade. Encomendaram às pressas, nos Estados Unidos, um milhão e meio de dólares em armas e munições, mas o governo norte-americano, por não apoiar a causa de São Paulo, impediu uma venda maior, capaz de satisfazer os rebeldes.

No mês de setembro, durante dias a fio, Campinas foi bombardeada pelos "vermelhinhos", aviões do Governo Provisório. Várias pessoas, inclusive crianças, acabaram sendo trucidadas. Aconteceu o mesmo em Jundiaí.

Avanço dos soldados constitucionalistas, debaixo do metralhamento de um avião dos ditatoriais

A tripulação do navio Jaboatão tentou entregar aos paulistas cinqüenta canhões antiaéreos, vindos do Exterior, mas a Ditadura os apreendeu.

Entretanto, apesar do sofrimento do povo paulista, este não esmorecia. Até as crianças da terra bandeirante exibiam a sua bravura. Contou José Altino Machado, no número 117 da *Revista da Academia Paulista de Letras*, de julho de 2002, que elas, no decorrer da Revolução, só brincavam de guerra, marchando como os soldados do Exército. Dividiam-se em "constitucionalistas", de um lado, e "inimigos", de outro, porém os primeiros sempre se tornavam vencedores, pois os "inimigos" também torciam pela vitória de São Paulo, logo se entregavam, após rápida troca de 'tiros' de revólver de galalite e de espingardinhas de rolha. As mais eficazes armas dessas crianças, "as mais mortíferas", acrescenta José Altino Machado, eram as "granadas", isto é, as peras, as laranjas, os caquis, as frutas atiradas às mãos-cheias:

"Finda a guerrinha, os vencidos, além da obrigação de recolher o material bélico e o guardar para a próxima guerra, juravam lutar, defender e amar São Paulo, pro resto da vida. E jamais comer queijo mineiro ou tomar vinho gaúcho; prometiam rezar para haver bastante seca no Nordeste, tudo pra vingar São Paulo."

Estamos apresentando estes fatos com o único propósito de mergulhar o leitor no clima da Revolução Constitucionalista de 1932. Nas biografias que reconstituem épocas, os pormenores são tão importantes como os que existem nos romances de Marcel Proust. Tais pormenores formam um corpo, à semelhança dos milhões de células agrupadas em nosso organismo.

As mulheres paulistas mostravam-se muito ativas. Mário de Andrade, numa crônica publicada no *Diário Nacional*, conta que na rua Direita, do centro da Paulicéia, certa jovem bonita e "bem vestidinha" se aproximou de um rapaz e lhe ofereceu um envelope fechado. Ela indagou:

– Quer ficar com um?

O moço respondeu:

– Pois não, senhorita!

A jovem explicou que o envelope era grátis. E ela continuou a andar, distribuindo mais envelopes para outros rapazes. Quando os abriam, tiravam um papel dobrado em oito, com a seguinte legenda:

"Vista saia"

Esta moça, e não foi a única, achava que todos os rapazes paulistas deviam ser soldados, pois se não usassem a farda, deixavam de pertencer ao sexo masculino... Sem dúvida, era da raça daquelas mulheres – irmãs, noivas, esposas, mães – que após a derrota dos paulistas nas margens do rio das Mortes, em janeiro de 1709, pelas forças do traiçoeiro Bento do Amaral Coutinho, recusaram-se energicamente a recebê-los nos seus lares. É um dos episódios mais marcantes da Guerra dos Emboabas, conflito armado entre os paulistas, descobridores das primeiras minas de ouro em Minas Gerais, no século XVIII, e os emboabas, isto é, os portugueses ou os forasteiros de outras capitanias, ávidos de exercer o controle de uma área muito rica.

Curioso, a palavra *emboaba*, de origem tupi, significa "pinto calçudo" ou "galinha calçuda", pois *mboab* era o nome que os índios davam às aves com penas até nos pés. E os paulistas chamavam os lusitanos de emboabas porque eles, nas selvas, usavam botas, as quais lhes encobriam uma grande parte de suas pernas.

Setúbal, embora se dedicasse de corpo e alma à causa da Revolução Constitucionalista, já mergulhara no estudo desses fatos curiosos, a fim de poder escrever as crônicas dos livros *O ouro de Cuiabá* e *El – Dorado*. Ele procurou informar-se sobre o nosso ciclo da mineração. Veio a saber que pelo ato régio de 18 de março de 1694, ficava garantida a posse das minas de ouro e de prata a seus descobridores; que no ano seguinte, Garcia Rodrigues Pais encontrou uma lavra de ouro no sertão bruto de Sabarabuçu; que mais ouro refulgiu em 1718, nas lavras de Cuiabá e Guaporé; que entre 1720 e 1726, esse metal nobre tão cobiçado apareceu em Goiás e em Mato Grosso, à flor da terra; que houve aumento da produção aurífera no ano de 1760, quando teve início o governo geral, sediado na Bahia, de D. Antônio de Almeida e Portugal, oitavo vice-rei, primeiro Marquês de Lavradio, terceiro Conde de Alvintres.

Mas Paulo via, ansioso, a dramática situação dos constitucionalistas, na luta homérica contra as forças da Ditadura. Estas se distribuiam em três grupos, usando estradas e ferrovias. Um marchava pelo vale do Paraíba. O segundo pelo sul, porém se deteve nas imediações do rio Paranapanema, depois de atravessar a fronteira do Paraná com São Paulo. E o terceiro grupo, em Minas, ameaçava na serra da Mantiqueira o flanco esquerdo dos rebeldes, entre a cidade mineira de Passa Quatro e a cidade paulista de Cruzeiro.

Faltam armas e munições ao resoluto São Paulo. Seus engenheiros tentam fabricá-las. Numa experiência fatal, três desses engenheiros morrem: Joaquim Bohn, José Greff Borba e Douglas Mac Lean. Também vítima da referida experiência, Adriano Marquini ficou mutilado.

Sob o comando do general Waldomiro Castilho de Lima, tio de Darcy Vargas, esposa do ditador Getúlio Vargas, os gaúchos avançam impetuosamente pela região sul e derrotam os paulistas nas frentes de Itararé, de Ribeira, de outras localidades.

O excêntrico general Bertoldo Klinger polemiza, pelo telégrafo, com o verboso general Góis Monteiro, que Getúlio nomeou comandante do Exército do Leste.

Soldados constitucionalistas em manobras

Nos meados de agosto, na região de Cunha, da serra do Mar, os paulistas alcançam algumas vitórias. Cerca de quase três mil soldados da Ditadura chegam a debandar e as tropas de São Paulo, nessa ocasião, receberam a ajuda de quatro aeroplanos Waco, os audazes "gaviões de penacho" da esquadrilha do major Lísias Rodrigues.

Jovens das forças constitucionalistas, dotados de robusta coragem, sacrificam-se nas frentes de combate, pelejam em Mogi, Buri, Lorena, Perequê, Queluz, Eleutério, Cunha, Silveiras, Rio das Almas, Cachoeira Paulista, Santana dos Tocos, São José do Barreiro, por toda a extensão do vale do Paraíba, nos ásperos grotões e contrafortes da serra da Mantiqueira. Parece o duelo entre um titã sem armas e milhares de anões bem armados.

Oscar Rodrigues, um garoto paulista, seguindo o exemplo de outros meninos, escondeu-se e partiu sozinho para a frente de luta. Batalhões infantis, de soldadinhos constitucionalistas, erguiam este dístico:

"Se preciso, também iremos!"

Centenas de crianças, repetindo aos gritos esta frase, percorreram as ruas da capital no dia 7 de setembro, a data da Independência do Brasil.

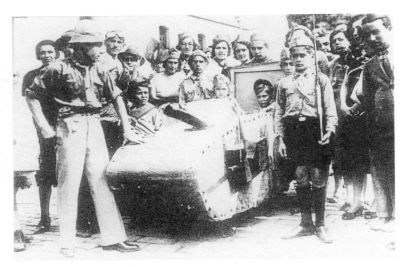

Carro de assalto construído pelas crianças paulistas que percorreram as ruas da capital de São Paulo, no dia 7 de setembro de 1932, aos gritos de "Se preciso, também iremos!"

Num livro valioso, intitulado *1932: imagens construindo a História*, o pesquisador Jeziel de Paula frisou: "contagiados pelo frenesi coletivo" os batalhões infantis desfilavam às centenas por todo o estado, com as bandeiras do Brasil e de São Paulo. Na cidade de Garça, por exemplo, meninos da classe média, vestidos como soldados mirins, pertenciam a um batalhão infantil conhecido pelo nome de 1º GAP, isto é, Primeiro Grupamento de Artilharia Pesada. Há uma fotografia onde três desses meninos aparecem junto de um canhãozinho de brinquedo.

A continência dos pirralhos, segundo Jeziel de Paula, era com o braço esquerdo, a fim de diferencia-la da continência dos militares crescidos, adultos... E os valentes guris paulistas, consoante o mesmo autor, marchavam carregando faixas e cartazes, nos quais existiam frases zombeteiras como esta:

"Tenha calma, Gegê [apelido de Getúlio] eu vou ver o que posso fazer por você".

Ou dísticos assim, otimistas:

"Estamos prontos para partir rumo ao Catete."

Informa Aureliano Leite, no livro *Páginas de uma longa vida*, que almoçou em meados de setembro com Paulo Setúbal, Djalma Pinhei-

Crianças do 1º GAP, Primeiro Grupamento de Artilharia Pesada do batalhão infantil da cidade paulista de Garça

ro Chagas e José Cássio de Macedo Soares. Todos eram incansáveis defensores da causa dos revolucionários. E Aureliano acrescenta:

"Paulo Setúbal, naquele seu entusiasmo pelos gestos nobres e corajosos, deu-me uma cópia do célebre telegrama a Getúlio, com que o general Tasso Fragoso se demitira, logo ao deflagrar da Revolução, de chefe do Estado-Maior do Exército."

O entusiasmo de Paulo tinha fundamento, pois o telegrama de Tasso era digno de encômios, merecia a estrepitosa admiração do romancista:

"Senhor chefe do Governo.

Respondendo à consulta que me foi feita pelo Governo, de como encarava, no conjunto das operações militares, o bombardeio da cidade de São Paulo, sob o pretexto de danificar as fábricas de munição lá existentes, cabe-me transmitir a vossa excelência, a única resposta que me dita a consciência de brasileiro e de general. No momento em que o Brasil aprova, na Conferência de Desarmamento, a proscrição da aviação de bombardeio, o seu governo, preten-

dendo e ordenando o bombardeamento de uma cidade sua, indefesa, a sua maior fonte de riqueza, o chefe do Estado-Maior do Exército só tem uma resposta: o seu pedido de demissão do cargo, que ocupa, e que efetiva neste documento.

(a) General Tasso Fragoso."[(*)]

Deve ter sido enorme a admiração de Setúbal pelo telegrama. Louvar gestos de grandeza moral não é uma característica dos canalhas e sim das pessoas honradas, de caráter, embora muitos patifes admirem virtudes que eles não têm e nunca tiveram.

*   *   *

A terra dos bandeirantes ia ficando cada vez mais cercada pelo inimigo. Paulo se revolta contra os ataques da aviação ditatorial às cidades abertas. Decerto ele se lembrou do bombardeio da Paulicéia em 1924, efetuado pelos aviões do presidente Artur Bernardes. E o romancista talvez concluiu: a monstruosidade se repetia, o crime bárbaro era o mesmo...

Pedro de Toledo, o governador dos paulistas, ao obter notícias, em 20 de setembro, sobre os intensos bombardeios, o estraçalhamento de velhos, mulheres e crianças, expressa num texto a sua indignação.

No dia seguinte, Aureliano Leite colocou estas palavras no seu diário:

"Surgiu, vindo do telégrafo, Paulo Setúbal. Informava que as estações de Buenos Aires estavam irradiando, por conta do Catete, que *los infideles* de S. Paulo iniciaram o bombardeio aéreo de cidades abertas. Brutal descaramento!"

Esta passagem do diário de Aureliano, reproduzida na página 326 do seu livro *Martírio e glória de São Paulo*, mostra como Setúbal se mantinha bem informado. Portanto, discursando nas emissoras de rádio ou nas praças públicas, ele podia contestar com firmeza as calúnias dos getulistas.

Logo depois, no dia 22 daquele mês de setembro, para vingar os constitucionalistas, a esquadrilha dos "gaviões de penacho", sob o co-

---

(*) No texto foram feitas correções ortográficas.

mando do capitão Aderbal, realiza um curto voo e destrói com bombas, rajadas de metralhadora, todos os aviões ditatoriais da base de Mogi-Mirim. Incentivada por esse ato de arrojo, a esquadrilha do major Lísias Rodrigues bombardeia os navios da Ditadura no porto de Santos, na ânsia de tentar furar o bloqueio. Dois aviadores de São Paulo morrem, durante o ataque. O bloqueio continuou.

Bertoldo Klinger toma a iniciativa de propor um armísticio à Ditadura, sem consultar as lideranças civis do movimento e os comandantes das frentes de luta. A intenção do general só se torna conhecida quando ele já a havia comunicado ao inimigo. Euclides Figueiredo, comandante das forças revolucionárias no vale do Paraíba, viajou até a capital paulista, com o objetivo de evitar o armísticio. Não conseguiu. São Paulo se rendeu no dia 1º de outubro.

EM CRUZEIRO
O General Klinger apresenta-se para assignar qualquer protocollo.

O general Klinger se rende. Charge de Storni na edição de 8 de outubro de 1932 da revista *Careta*

De volta à sua área, Euclides reune em Guaratinguetá todos os comandantes das unidades que lhe eram subordinadas. Másculo, destemido, quer pelejar no vale do Paraíba, mas depressa reconhece: seria um esforço inútil. Tentou então organizar uma coluna, a fim de prosseguir a luta em Mato Grosso. Os caminhos desse estado, porém, achavam-se sob o controle da Ditadura. Como não pretendia capitular, Figueiredo pensou em ir até o Rio Grande do Sul, onde algumas tropas constitucionalistas ainda lutavam. Foi a Santos, entrou num barco de pesca, e o mau tempo o obrigou a aportar na praia da Caieira, na ilha de Santa Catarina. Ali teve de se entregar às autoridades fiéis a Getúlio.

Coronel Euclides Figueiredo

A intrepidez do coronel Euclides Figueiredo contrasta com o procedimento dúbio, vacilante, incoerente, lunático, do general Bertoldo Klinger. Este, em nossa opinião, só prejudicou a causa dos revolucionários. Se o comando supremo das forças constitucionalistas estivesse nas mãos de Euclides, e não nas de Bertoldo, acreditamos que São Paulo venceria. Nas guerras, inúmeras vezes, o talento de um militar, a sua capacidade, a sua estratégia, a sua astúcia, a sua coragem, podem ser coisas decisivas como fatores de sucesso. Quantos exércitos, devido a competência de um general, tornaram-se vitoriosos diante de um inimigo mais numeroso! Muitas batalhas de Napoleão Bonaparte nos provam isto.

Klinger errou não apenas uma vez, mas diversas vezes, no transcorrer da Revolução Constitucionalista de 1932. Um provérbio latino assegura:

"Não é permitido errar duas vezes na guerra."
(*"Non licet in bello bis errare"*).

* * *

Amigo de Paulo Setúbal, com quem chegou a advogar, conforme já vimos no capítulo V, o doutor José Adriano Marrey Júnior procurou explicar o fracasso do levante dos paulistas, num artigo publicado na edição do dia 19 de outubro de 1932 do *Diário da Noite*. Segundo Marrey, o movimento era uma aventura, pois não obteve, no plano nacional, o apoio de sólidas alianças políticas. Além de soltar esta afirmativa, ele fez críticas à direção do Partido Democrático, chamando-a de irresponsável. Foi expulso do partido.

Eis o erro fundamental dos constitucionalistas, em nosso entender: o fato de não terem, logo no início, avançado em direção ao Rio de Janeiro, porque a investida deles na frente norte seria decisiva para alcançar a vitória. Ora, mas como esta vitória poderia ser obtida, com a incompetência do general Bertoldo Klinger?

A derrota dos revolucionários machucou a alma de Paulo Setúbal. Ele tinha o orgulho legítimo de ser paulista, amava profundamente a sua terra, não queria vê-la humilhada. Contou Aureliano Leite, num depoimento concedido à nossa pessoa, no dia 11 de abril de 1967, que o escritor nascido em Tatuí havia decorado as seguintes palavras de Olavo Bilac sobre São Paulo:

"Este estado, pela predestinação do seu nome, pela virtude que lhe deu o batismo onomástico, tem sido, e será, até o final do doutrinamento cívico do Brasil, o novo Apóstolo dos Gentios. Daqui tem partido [Bilac pronunciou estas palavras na capital paulista], em torrentes fertilizadoras, para a catequese dos pagãos, atos e palavras, que valem as viagens do evangelizador de Tarso nos países idólatras da Ásia Menor, e as Epístolas aos Coríntios e aos Efésios."

Setúbal admirava muito o Guilherme de Almeida, que após o fim da Revolução de 1932, estimulado pelo lírico de *Alma cabocla*, produziu esta oração:[*]

> *"Creio em São Paulo todo-poderoso,*
> *criador, para mim, de um céu na terra,*
> *e num Ideal Paulista, um só, glorioso,*
> *nosso senhor na paz como na guerra,*
> *o qual foi concebido nas 'bandeiras',*
> *nasceu da virgem alma das trincheiras,*
> *padeceu sob o jugo de invasores;*
> *crucificado, morto e sepultado*
> *desceu ao vil inferno de traidores,*
> *mas, para um dia ressurgir dos mortos,*
> *subir ao nosso céu e estar sentado,*
> *à direita do Apóstolo – Soldado,*
> *julgando a todos nós, vivos ou mortos.*
> *Creio no Pavilhão das Treze Listas,*
> *na santa união de todos os paulistas,*
> *na comunhão da terra adolescente,*
> *na remissão da nossa pobre gente,*

(*) Depoimento oral de Guilherme de Almeida, concedido no dia 5 de maio de 1968.

*numa ressurreição do nosso bem,
na vida eterna de São Paulo – Amém!"*

Guilherme de Almeida, um dos primeiros a ingressar no exército dos constitucionalistas, foi preso e condenado a exilar-se, por ter sido soldado raso no Batalhão da Liga de Defesa Paulista e, depois, diretor do *Jornal das Trincheiras*.

Os implicados na Revolução prestaram depoimentos aos policiais da Ditadura. Sem se acovardarem, expuseram as suas razões o coronel Euclides Figueiredo, o orador Ibrahim Nobre, o ex-governador Pedro de Toledo, o teatrólogo Danton Vampré, o poeta Guilherme de Almeida, o ex-presidente Artur Bernardes, o advogado Gofredo da Silva Teles, o historiador Aureliano Leite, os jornalistas Vivaldo Coaracy, Paulo Duarte, Casper Líbero, Oswaldo Chateaubriand e Júlio de Mesquita Filho, além de vários outros.

Por que os beleguins da capital federal não interrogaram Paulo? Talvez porque se convenceram de que seria uma covardia submeter a tal prova um homem frágil, tuberculoso. Bancariam os carrascos de uma criatura doente, inofensiva. Mera suposição?

Depois da Revolução de 1932, com o fito de "confortar os paulistas", salienta Dulce Salles Cunha Braga, o escritor Paulo Setúbal "afervorou-se na elaboração de novos livros que recordassem a bravura do passado, a grande saga dos bandeirantes". Dulce acertou, ele quis "mostrar aos paulistas a permanência da sua grandeza".

Em 1933 a Companhia Editora Nacional lança outro livro de crônicas históricas de Paulo, o terceiro, intitulado *O ouro de Cuiabá*, com admiráveis desenhos de J.Wasth Rodrigues, "um mestre no gênero", como disse Agrippino Grieco, e dos

Júlio de Mesquita Filho na Revolução de 1932

"mais fidedignos" nas evocações do Brasil daquela época. Quinze mil exemplares, a tiragem da edição. Setúbal escreveu, no preâmbulo:

"*O ouro de Cuiabá*, tal como o entrego ao público, sem fantasia nem enredo, é, tão somente, uma página verdadeira da História do Brasil. Página verdadeira, sim, mas encarada com olhos de romancista. Nada mais. Não tem outro intuito, nem aspira a outro mérito, senão o de difundir com certa amenidade, por esta nossa pátria afora, pondo-o ao alcance de toda a gente, um período vivo, bem pictural, do rude passado brasileiro. Aliás, outro intuito não tem tido, nem jamais aspirou a outro mérito (venho-o repetindo no pórtico de cada livro) a minha despretenciosa obra literária."

Para escrever o livro, dar-lhe um firme arcabouço, o autor consultou, entre outros trabalhos, a *Nobiliarquia paulistana*, de Pedro Taques; a *Vida e morte do bandeirante*, de Alcântara Machado; *As minas do Brasil e a sua legislação*, de Pandiá Calógeras; *A capitania de São Paulo*, de Washington Luís; *O bandeirismo paulista e o recuo do meridiano*, de Alfredo Ellis Júnior; a *História geral das bandeiras paulistas*, de Affonso de Esgragnolle Taunay; as cartas do Conde de Sarzedas a D. João V, rei de Portugal; a correspondência e os papéis avulsos do capitão-general Rodrigo César de Menezes, governador da capitania de São Paulo, nomeado pela carta-patente de 31 de março de 1721.

Ilustração de J. Wasth Rodrigues no livro *O ouro de Cuiabá*

Nas páginas do novo livro de Setúbal, é visível, não falta a ênfase da boa e alta eloqüência. Vejam, por exemplo, a sua evocação da lendária serra dos Martírios:

"Os Martírios! A serra fantástica, a serra do ouro, a serra abarrotada de folhetas e grânulos, que vem falada em todas as crônicas e relembrada em todas as memórias. Os Martírios, a idéia fixa, obsidente, o Graal que esbraseou desvairadamente a imaginativa dos bandeirantes do século XVII. A serra misteriosa, muito azul, em cujas rochas, como por milagre, estavam gravados, num relevo nítido, a coroa, os espinhos, os cravos da paixão de Cristo."

Setúbal, em alguns trechos de *O ouro de Cuiabá*, parece querer provar que os filhos de São Paulo nunca podem ser derrotados e são sempre os vencedores:

"E os paulistas lá vão, impávidos. Nada os detem. Não há barreira que tolha os gigantes. Lá vão, vencendo tudo, até ao Aquidauana. E de novo, erráticos, metem-se eles, desassombrados e bravios, pela trilha das águas. O Aquidauana... O Paraguai... O São Lourenço... O Cuiabá... [nomes de rios]. Abre-se por aí, diante do olhar pasmado daqueles soberbos desvirginadores, a pitoresca região, toda regada de águas, 'em que os rios (como pinta a imagem colorida do linhagista) nascem como raízes de árvores plantadas num chão apertado'."

Lendo isto, os heróicos constitucionalistas da Revolução de 1932 deviam pensar assim: nós continuamos a ser como eles, os nossos indômitos ancestrais dos fins do século XVII e dos começos do século XVIII, também nada nos deterá, perdemos uma batalha, mas não perdemos a guerra, ainda vamos derrubar o Getúlio...

O livro de Paulo apresenta minúcias bem interessantes. Ele comparou Cuiabá ao "açude onde se aglutinava a escumalha lodosa do Brasil". Atraídos pelo ouro farto, milhares de homens sem escrúpulos para ali convergiram – ladrões, jogadores, salteadores, assassinos monstruosos, bandidos fugidos da Justiça – compondo, segundo Paulo, uma ralé vil, imunda, repugnante. Seu estilo de cronista é o da prosa oral, de uma palestra descontraída:

"E que vida, no Cuiabá, heterogênea e brutal! Nas tascas, onde havia sempre 'mulheres bastardas e jogos de parar', desencadeavam-se tragédias selvagens, violentíssimas, em que fuzilavam facões e toledanas. Assassinio era coisa de todo o dia. Roubos também. Toda a gente roubava! Os negros, com perícias pasmosas, surrupiavam ouro das bateias e iam, nos dias de folga, emborrachar-se com ele nas tavernas. Os índios, que sempre foram racialmente falsos, escondiam na boca os granetes que podiam e, à noite, muito às ocultas, entregavam-no aos ourives a troco de pedaços de fumo. Mulatas quitandeiras, com os tabuleiros à cabeça, viviam nas catas a vender broinhas aos escravos. Os escravos pagam-nas com folhetas roubadas aos amos. Até os padres, contaminados pela fúria das riquezas, contrabandeavam."

Baseado nas informações de idôneos historiadores portugueses, como o Visconde de Santarém, Oliveira Martins, Alberto Pimentel, Pinheiro Chagas, o cronista Paulo Setúbal descreveu de maneira agradável, prendendo a atenção do leitor, a imensa fortuna do perdulário D. João V, oriunda do ouro e dos diamantes brasileiros. Paulo concluiu, melancólico:

"Que triste destino teve o ouro do Brasil! Ouro fatídico! Não serviu de nada, absolutamente nada, para a colonia que o produziu com sangue. Mas também não serviu de nada, absolutamente nada, para o país afortunado que o recebeu aos jorros."

Várias figuras curiosas se destacam no livro *O ouro de Cuiabá*: Pascoal Moreira Cabral Leme, preador de índios; Manuel João Branco, administrador das Minas de São Paulo (deu de presente, ao rei de Portugal, um cacho de bananas de ouro); o bandeirante Sebastião Pinheiro, um "caçador de esmeraldas", como Fernão Dias Pais; a rica matrona D. Maria de Lara, louca por festas suntuosas; o austero Timóteo Correia, provedor dos dinheiros públicos; o generoso Antônio de Almeida Lara, regente-mor de Cuiabá; o aventureiro Diogo Chassim, amante da Veluda, "uma cabocla carnuda, bonitona, de grandes olhos pretos, roliça de seios..."

Ilustração de J. Wasth Rodrigues no livro *O ouro de Cuiabá*

Os livros de Paulo seduzem os leitores por causa da leveza do texto, porém esta leveza não deve ser confundida com superficialidade. Ela oculta a erudição de Setúbal, pesquisador tenaz, muito bem esclarecido. Antes de evocar nos seus romances e nas suas crônicas os fatos do nosso passado, ele obtinha todos os dados, anotava, esmiuçava, transformava-se num seguro conhecedor do assunto. Digeria as informações e depois, sem se afastar da verdade histórica, punha no papel, em tom de conversa, os episódios das vidas tumultuadas de D. Pedro I, da Marquesa de Santos, de Fernão Dias Pais, dos irmãos Leme...

Dos irmãos Leme? Sim, porque o livro *Os irmãos Leme*, também publicado em 1933 pela Companhia Editora Nacional, quarto romance de Paulo, é o complemento das crônicas de *O ouro de Cuiabá*. Nesse complemento ele descreve a agitada existência dos dois filhos de dona Domingas Gonçalves, nascidos em Itu, os sádicos João Leme da Silva e Lourenço Leme da Silva, destruidores de fazendas, violadores de mulheres, assassinos sanguinários, ladrões de pedras preciosas, "almas cheias de escuridão", mas sertanistas desabusados, corajosos.

Ilustração de J. Wasth Rodrigues no livro *Os irmãos Leme*

As fontes informativas do novo romance de Setúbal, que é "uma história verídica", ele garantiu, foram as mesmas, quase todas, das crônicas de *O ouro de Cuiabá*. Mas uma obra clássica o ajudou muito, os *Apontamentos históricos, geográficos, biográficos, estatísticos e noticiosos da província de São Paulo*, da autoria do major Manuel Eufrásio de Azevedo Marques, trabalho publicado em 1879 pelo Instituto Histórico e Geográfico Brasileiro, como já informamos no capítulo primeiro. Num longo verbete sobre os Lemes, da citada obra, Setúbal pôde colher dados preciosos. Esclarece Azevedo Marques, no início do verbete:

"João Leme da Silva e Lourenço Leme da Silva, filhos de Pedro Leme da Silva, o *Torto* de alcunha, e de D. Domingas Gonçalves. A história destes dois infelizes ituanos, referida por alguns escritores e conhecida geralmente por tradições vagas, não só é mais importante do que se presume, como pode ser agora escrita escoimada de erros e exagerações, em vista de documentos que vamos transcrever."

De fato os documentos apresentados pelo historiador paranagüense, extraídos de cartas, livros, registros, ofícios, papéis das mais diversas fontes insuspeitas, eliminam os pontos obscuros da vida dos dois facínoras. Podemos afirmar que a estrutura do romance *Os irmãos Leme*, de Paulo Setúbal, repousa basicamente no texto de Azevedo Marques e lhe dá o crédito de uma obra séria, na qual não houve desrespeito à verdade histórica.

A linguagem de Paulo, no seu romance, é espontânea, desenvolta. Estão quase ausentes da sua sintaxe as inversões e as elipses, mas o seu vocabulário se mostra rico em palavras nobres e populares. Leia, amigo leitor, este pequeno trecho do capítulo segundo:

"Fernandes de Abreu, com os escravos, põe-se a *desempecer* o velho daquele emaranhado de couros.

– Pronto, sô João! *Vancê já tá desembramado*. E agora, compadre – de pé!"

O verbo *desempecer*, sinônimo de *livrar*, *desenredar*, era usado com freqüência no tempo dos irmãos Leme. Um escritor português que nasceu em 1719, o padre Francisco José Freire, mais conhecido pelo nome poético de Cândido Lusitano, empregou este verbo na seguinte frase:

"Nessa mesma ocorrência, Galério, por se *desempecer* de pobres, os mandava lançar ao mar."

Paulo colocou, no texto acima, a palavra *vancê*, forma pronominal de tratamento, utilizada pelos caboclos em lugar de *você*, *vosmecê*. E o *tá*, antes do vocábulo *desembramado*, é supressão de um fonema, variante aferética de *está*, terceira pessoa do singular do presente do indicativo do verbo *estar*. A rigor, dois brasileirismos, o *vancê* e o *tá*.

Surgiu de *desembramar*, verbo transitivo direto, significando *desembaraçar*, *desenroscar*, *desenovelar*, o adjetivo *desembramado*. Ambos, este verbo e este adjetivo, não aparecem nos dicionários do nosso idioma publicados em Portugal, pois são brasileirismos do estado de São Paulo. É a prova de que Setúbal, nos seus livros, sabia misturar os brasileirismos com os lusitanismos. Olhem estas duas frases do capítulo terceiro de *Os irmãos Leme*:

"Lá vão por entre *baixios* e corredeiras. Por entre *itapevas* e *paranás*."

Palavra bem portuguesa, o substantivo masculino *baixio*, formado de *baixo* mais *io*, aplicável a banco de areia ou a rochedo escondido sob a água, muito perigoso à navegação. *Itapeva* é um vocábulo oriundo do tupi *ita* (pedra) e *peva* (chata). Designa o recife de pedra que se estende à margem dos rios, de modo paralelo. E *paraná*, do tupi *pará-nã*, significa "semelhante ao mar", nome dado no plural aos grandes rios do Brasil ou a braços de rio caudaloso, separados deste por uma ilha. Como estamos vendo, no uso do seu vocabulário, Paulo Setúbal era um escritor bem brasileiro.

Exímio na arte de manipular palavras fortes e sonoras, Paulo sabia descrever a mobilidade, o desassossego das multidões nervosas, curiosas, inquietas. A efervescência das coisas eletrizantes aparece nesta passagem do capítulo quarto do romance:

"E saem [os irmãos Leme] à rua como onças. Saem com o seu bando de facínoras. Que negra chusma de homens broncos! Vêm todos vestidos de couro, sapatorras de cordovão, botas altas de bezerro cru. Trazem armas de todo jeito – mosquetes de Biscaia, bacamartes, adagas, facões-de-mato, compridas lapianas de folha larga. Vem tudo, pela vila, em algazarra amedrontadora, por entre roncos de buzinas e estrépitos de caixa. O povo entremeia-se à chusma. A chusma engrossa. Que é aquilo? A chusma engrossa mais. E engrossa ainda. Credo, que são aqueles estrépitos e roncos? E veem todos. E acorre a vila inteira. Até que enfim, na praça do povoado, estaca a multidão borrascosa. Os sertanejos, sem compreender, rodeiam estupefatos os Lemes."

Paulo sempre procurava escrever como falava. Daí a imediata comunicação que os seus textos estabelecem com o leitor. Numa conversa algumas palavras aparecem e reaparecem, porque há parentesco entre a eloqüência e a linguagem oral. Sob determinado aspecto, quando expõe um assunto ou argumenta, o falante é idêntico ao orador: pretende convencer. Observem, no trecho acima a repetição do substantivo *chusma*, sinônimo de *magote*, deu a esse trecho mais força e naturalidade. Além disso, fato rotineiro na sua vida de escritor, Paulo soube colocar, de forma bastante expressiva, um adjetivo junto de um substantivo, sendo original, fugindo do lugar-comum: "multidão borrascosa".

De certa maneira as descrições do romance *Os irmãos Leme* se assemelham, por causa do vigor narrativo, a vários trechos do romance *Germinal*, de Émile Zola, publicado em 1885. Nesta obra os trabalhadores de uma mina de carvão, acicatados pela fome, entregam-se a todas as selvagerias da cólera destruidora.

Aplausos acolheram os dois últimos livros de Paulo Setúbal. Só os modernistas silenciaram, pois aquele sucesso irritava os "inovadores intelectuais de vanguarda". A grande vendagem das obras de Paulo lhes parecia um escárnio, uma ofensa. A inveja é a admiração pelo avesso, a admiração azeda que não quer ser admiração doce...

Crítico sarcástico, porém justo, Agrippino Grieco sentenciou:

Ilustração de J. Wasth Rodrigues no livro *Os irmãos Leme*

"*O ouro de Cuiabá* e *Os irmãos Leme* são dois livros de um romancista que realiza em nossa terra o ideal, tão raro aqui, do narrador empolgante, capaz de prender o leitor mais desatento à sucessão dos episódios, à mutabilidade dos cenários, à marcha das figuras através de ambientes os mais desencontrados. O senhor Paulo Setúbal é dos que valem pelo interesse do entrecho, sempre renovado, e pela feliz articulação dos detalhes, sem se esquecer um estilo em que há verdadeira dignidade literária."

Grieco pôs de lado a sua ironia corrosiva e reconheceu:

"As narrações do senhor Setúbal estão cheias de crispações de vida e certos lances parecem fixados por alguém que também andou pelas monções e assistiu de perto a muitas aventuras que narra."

Vindos do maior crítico literário do país, naquela época, tais elogios tinham um valor incontestável. Endossando o juízo do mestre de *Carcaças gloriosas*, o professor João Ribeiro declarou sobre as duas obras de Paulo, numa crônica publicada na edição do dia 24 de maio de 1933 do *Jornal do Brasil*:

"Os dois livros são interessantíssimos, não só pelo caráter histórico das personagens, mas principalmente pela magia evocadora do romancista e historiador que é Paulo Setúbal."

Autor de obras respeitáveis, inclusive de famosa *História do Brasil*, com mais de dez edições, o sergipano João Ribeiro possuía autoridade de sobra para chamar Setúbal de historiador. Não o chamaria assim se os livros do tatuiense fossem apenas os frutos de uma imaginação digna de ser internada num manicômio.

XX

"O MEU PAULISTISMO NÃO BRIGA COM O MEU BRASILEIRISMO"

A derrota militar dos constitucionalistas, em 1932, gerou dolorosos ressentimentos. Pregava-se abertamente o separatismo na terra bandeirante, como admitiu o professor Gofredo da Silva Teles Júnior. Não errou o pesquisador Jeziel de Paula ao dizer que o governo de Getúlio Vargas, propagando o "regionalismo excessivo" dos filhos do estado de São Paulo, "contribuiu para a consolidação do mito separatista."

Homem de cérebro frio, Getúlio chamou de reacionário o movimento contra o seu governo. Viu nele uma desforra dos políticos da República Velha contra a Revolução de 1930, o desejo de "restaurar o passado, recuperar posições, reaver prerrogativas que lhes permitiram dilapidar o erário público, mediante todas as formas de corrupção administrativa imagináveis". Na opinião de Vargas, esses políticos ambicionavam ou impor o predomínio de São Paulo sobre todos os outros estados do Brasil, ou queriam chegar ao separatismo.

Antes da Revolução Constitucionalista, circulou em São Paulo um jornal clandestino, com três únicas edições, nos meses de janeiro, abril e junho de 1932. Neste jornal, intitulado *O Separatista*, os seus leitores puderam ler isto:

"Hoje São Paulo não se ilude mais. Sabemos onde está o inimigo e sabemos que ele se chama Brasil. Abriram-se nossos olhos. É inútil querer nos dar um governo paulista e civil, querer nos iludir com uma constituição. Tudo isso não nos interessa, são paliativos, não passa de 'tapeação'. O que nós queremos é a separação pura e simples, completa. O resto é querer remediar, protelar uma fatalidade econômica. Um governo civil e paulista, uma constituição? E São Paulo pagando ao Brasil um tributo anual de um milhão de contos? Ora, muito obrigado! Paulista não compra bonde".

Paulo Duarte, no primeiro volume das suas memórias, publicadas pela Editora Hucitec, informa que Guilherme de Almeida se alistou em 1932 no Batalhão da Liga de Defesa Paulista e partiu para a frente de luta "porque, como separatista, fazia questão de combater contra o Brasil e não só por São Paulo". Amigo do poeta de "A dança das horas", Setúbal condenava o separatismo, pois ele próprio havia sustentado num discurso proferido nos meados de 1932, conforme já registramos no capítulo XVIII:

"Nós não somos separatistas. Nós nunca seremos separatistas. É um destino histórico."

Setúbal não queria que São Paulo se separasse do Brasil, mas gostava de proclamar o seu paulistismo:

PÁGINAS

DE UMA

LONGA VIDA

Dedicatória de Aureliano Leite, no livro *Páginas de uma longa vida*, para o autor desta biografia

– O meu paulistismo não briga com o meu brasileirismo.

Aureliano Leite nos disse que Paulo, a fim de expressar tal sentimento, decorou estas palavras de Alcântara Machado, pronunciadas na Academia Brasileira de Letras, em 20 de maio de 1933:

"Assim, nem por gracejo se lembraria alguém do pôr em dúvida o meu brasileirismo. Paulista sou, há quatrocentos anos. Prendem-me no chão de Piratininga todas as fibras do coração, todos os imperativos raciais. A mesa em que trabalho, a tribuna que ocupo nas escolas, nos tribunais, nas assembléias políticas, deitam raízes, como o leito de Ulisses, nas camadas profundas do solo, em que dormem para sempre os mortos de que venho. A fala provinciana, que me embalou no berço, descançada e cantada, espero ouvi-la ao despedir-me do mundo, nas orações da agonia. Só em minha terra, de minha terra, para minha terra, tenho vivido; e, incapaz de serví-la quanto devo, prezo-me de amá-la quanto posso."

Trêmulo, com lágrimas escorrendo pelas faces, Paulo Setúbal declamava este trecho do discurso de posse de Alcântara Machado na casa dos "imortais' mortais. Informação de Aureliano Leite. O referido historiador também nos descreveu a emoção de Paulo, quando declamava os seguintes versos do seu amigo Martins Fontes:

"Ser paulista é ser grande no passado!
E ainda maior nas glórias do presente!
É ser a imagem do Brasil sonhado,
E, ao mesmo tempo, do Brasil nascente!

Ser paulista é morrer sacrificado
Por nossa terra e pela nossa gente!
É ter dó da fraqueza do soldado,
Tendo horror à filáucia do tenente!

Ser paulista é rezar pelo evangelho
De Rui Barbosa, o sacrossanto velho,
Civilista imortal da nossa fé!

Ser Paulista, em brasão e em pergaminho,
É ser traído e pelejar sozinho,
É ser vencido, mas cair de pé!"

Todo o belo e justo orgulho de um grande povo está contido nas palavras de Alcântara Machado e nos versos de Martins Fontes, aqui apresentados. Eram eloqüentes manifestações de amor à terra paulista, que tocavam bem no fundo do coração de Paulo Setúbal.

Após ler os dois últimos livros de Paulo, o poeta Martins Fontes declarou sobre *O ouro de Cuiabá* e *Os irmãos Leme*:

"...são duas jóias paulistas. 'A Veluda' é um primor inesquecível."

Na segunda parte de *O ouro de Cuiabá*, um dos capítulos se intitula 'A Veluda', apelido da amante do aventureiro Diogo Chassim, como o leitor já sabe.

Os elogios às obras de Paulo continuaram a aparecer na imprensa. Monteiro Lobato o chamou de "grande escritor paulista", num comentário sobre *Os irmãos Leme*, e se referiu à finura dos seus pincéis e das suas tintas. Setúbal, na opinião de Lobato, podia ser chamado de "um artista da nuança".

Também consagradora foi a opinião de Pedro Calmon, professor, historiador, biógrafo de D. Pedro I, de Anchieta, do Marquês de Abrantes, do general Gomes Carneiro. A propósito de *O ouro de Cuiabá* e de *Os irmãos Leme*, esse baiano talentoso escreveu as seguintes linhas:

"O autor é um grande escritor que tem da História uma noção profundamente estética e humana. Não se distancia da verdade que lhe baliza as novelas: assim, nestes dois livros, cinge-se apenas ao texto verídico dos cronistas. Mas dá às suas cenas, aos seus enredos, a essas lendas faiscantes do primeiro ouro, o matiz rubro-sangue da vida. Torna-os comoventemente reais. A impressão que, ao terminar, nos deixam esses livros, é de assombro – raça incrível! – e é de pesar. Sentimos pesar que livros assim tivessem tardado tanto..."

As duas obras, assegurou Menotti del Picchia em outra crítica favorável, marcavam "uma etapa magnífica" dos processos literários de Paulo. Em ambas, num "estilo colorido, sonoro, decorativo", ele deu "uma visão nítida e dramática desse trágico e orgiástico alvorecer de

Piratininga". No juízo do romancista de *Laís*, o escritor Paulo Setúbal descreveu a "implacável dureza daqueles homens barbaçudos, vestidos de gibão de couro, de arcabuz e espada, e, sobretudo, de olhos frios e ferozes", com a mesma exatidão do pintor Almeida Júnior ao produzir os seus quadros.

Grande elogio fez Menotti a Paulo, pois o ituano José Ferraz de Almeida Júnior, autor de telas famosas como "Caipira picando fumo" e "A partida da monção", foi um dos maiores pintores do Brasil.

Em apenas três semanas, cerca de vinte mil leitores compraram os livros *O ouro de Cuiabá* e *Os irmãos Leme*. Fato notável, num país cujos habitantes, setenta ou oitenta por cento analfabetos, mal chegavam aos quarenta milhões. Hoje, com quase duzentos milhões de habitantes, a tiragem de um bom livro no Brasil, de três mil exemplares, demora mais de dois ou três anos para se esgotar, e muitas vezes não se esgota, a não ser que as obras tenham sido escritas por autores de livros abarrotados de besteiras, de disparates, de gravíssimos erros de português. Existem muitas diferenças entre vários escritores da atualidade e o Paulo Setúbal.

*   *   *

Seiscentos e trinta e três paulistas morreram, durante a Revolução de 1932. E foram banidos, após a derrota dos constitucionalistas, setenta e sete políticos e militares, porém São Paulo venceu, do ponto do vista político. O autor de *A Marquesa de Santos* teve o prazer de contemplar esta vitória. São Paulo venceu, sob tal aspecto, porque forçou o governo federal a convocar a Assembléia Constituinte que deveria redigir em 1934 a segunda constituição republicana e eleger o presidente para governar o país, até o dia 3 de maio de 1938. Iria ser republicana, nacionalista, presidencialista, federativa, a nova carta magna. Ela ampliou a centralização do poder, em detrimento da federação; especificou, de forma clara, as atribuições da União, dos estados e dos municípios; assegurou a pluralidade e a completa autonomia dos sindicatos, criou a Justiça do Trabalho e a Justiça Eleitoral; concedeu o direito do voto às mulheres e aos maiores de dezoito anos; instituiu o recurso jurídico do mandato de segurança, extensivo a qualquer pessoa.

Mas se esta constituição satisfez os liberais, os democratas como o ex-deputado Paulo Setúbal, desagradou o ditador Getúlio Vargas. Narra Moysés Vellinho, amigo do ditador, que este fez na sua frente, contra a lei básica, no dia 16 do julho do 1934, uma "crítica severa, quase arrasadora", logo depois da sua promulgação pela Assembléia Nacional Constituinte. A nova constituição, disse Getúlio, despojava o governo federal dos meios de realizar os seus objetivos de supervisão política e administrativa. Lançando um prognóstico, o ditador acrescentou:

– Eu creio que serei o primeiro revisionista da Constituição...

Seguindo os acontecimentos do país, alegrando-se com a vitória de São Paulo, que era também uma vitória moral, Setúbal não largava, porém, a literatura. Ele escrevia os livros na quietude da casa da rua Carlos Sampaio, número 291 (antigo 33), ou na sua pequena chácara de São José dos Campos. Sentava-se numa cadeira austríaca de balanço e punha o papel em cima de um pedaço de madeira, uma tabuazinha. Nutria amor por esse pedaço de madeira, símbolo do seu trabalho metódico.

Capa para a primeira edição do livro *El-Dorado*, de 1934

Paulo tornou-se membro do Instituto Histórico e Geográfico de Ouro Preto, do Instituto Histórico e Arqueológico de Pernambuco, da Academia Paulista de Letras e de outras entidades culturais.

Quase imobilizado por causa da tuberculose, produz sem parar livros onde não há falta de aventuras, de ação. Obras repletas de vida, de um escritor cuja vida se aproxima do fim. Ele parecia querer substituir a sua fraqueza física pela sua força literária.

A Companhia Editora Nacional publica em 1934 o seu livro *El-Dorado*, com primorosas ilustrações de J. Wasth Rodrigues. O escritor explica no intróito:

"*El-Dorado*, saibam-no todos, não passa de sossegada crônica. Crônica que trás à baila, reavivado apenas, um velho lance da História brasileira: a descoberta do ouro nas Gerais. Reavivado apenas, sim. Pois o que está escrito nestas páginas, leitores amigos, anda esparso em muito autor antigo. E também em alguns modernos."

Setúbal cita, entre os modernos, "o eminentíssimo" Pandiá Calógeras e o professor Basílio de Magalhães, elogiando bastante uma "escassa monografia" deste último, de cem páginas, intitulada *Expansão geográfica do Brasil até os fins do século XVII*:

"Há nesse magro opúsculo, fortemente condensada, mais erudição histórica do que em muitíssimo livro grosso: é, simplesmente, uma pequenina obra magistral..."

Dez eruditos dos nossos institutos históricos deviam conhecer o assunto do seu livro, afirmou Paulo, citando o historiador Taunay, mas esses dez não eram o Brasil daquele tempo, com quarenta milhões de habitantes:

"Torna-se pois necessário, como obra educativa, cultural, patriótica, levar a essa multidão, tanto quanto possível, um pouco dessa nossa bela e comovente História do Brasil que só raros iniciados têm assim a fortuna de conhecer. Levar, contudo, a essa multidão (quero acentuá-lo aqui), honradamente, limpamente: isto é, com probidade histórica e fidelidade documental."

Despido de empáfia, incapaz de se exibir como um sábio da Grécia ou de uma academia chinesa, Paulo concluiu:

"Eis porque, trabalhador modestíssimo, sem o mais mínimo vislumbre de pretensão, tracejei para a minha gente esta contribuiçãozinha humilde, grão de areia, em que se relatam os vais-e-vens episódicos da conquista do ouro no Brasil. Vale pouquíssimo. Mas é um esforço feito de boa-fé."

Ilustração de J.Wasth Rodrigues para o livro *El-Dorado*

A singeleza de Paulo não mostra o enorme trabalho que ele teve para escrever o livro, as variadas fontes que consultou. É emocionante ver um homem fraco, tuberculoso, empreender uma tarefa de tal porte, debruçar-se horas e horas a fio em cima de relatórios, documentos, obras alentadas. Setúbal extraiu informações dos livros clássicos de Fernão Cardim, Orville Derby, Diogo de Vasconcelos, Melo Morais, Pandiá Calógeras, frei Vicente do Salvador, Gabriel Soares de Souza, Pero de Magalhães Gandavo, André João Antonil, Pedro Taques de Almeida Pais Leme, etc, etc. Pesquisa exaustiva, de fôlego.

Logo no primeiro capítulo, intitulado "Monstros e prodígios", o cronista mostra a sua garra de escritor. Paulo descreve as cinco naus que velejam solitárias pela vastidão do oceano Atlântico, conduzindo a São Vicente os colonizadores de Martim Afonso de Sousa. Elas trazem no seu bojo, além do colono, a semente, a charrua, o padre, o meirinho, os elementos e os materiais para "plantar na terra ingênua dos homens vermelhos a civilização ladina dos homens brancos". A opulenta, bela e musical língua portuguesa, hoje tão abastardada, canta nos períodos magníficos de Paulo Setúbal, na sua descrição dessa viagem das cinco naus:

"E que desassombradas são! Galhardas, a cruz de Cristo panejando no mastaréu, ali vêm elas, gaivotas atrevidas, buscando o país tentador que surge das espumas, esse encantado país virgem que nasceu do outro lado das ondas. Ali vêm elas, com as rés donosamente acasteladas, com as suas latinas alvas e côncavas, com a grossa cordoalha tecida nas Flandres, furando com desempeno a apavorante imensidão da planura salgada."

Os escritores sem recursos de expressão, de prosa atacada de anêmia aguda, que necessita depressa de transfusões de sangue, devem ler em voz alta o livro *El-Dorado*, para admirar o vocabulário, a riqueza do estilo de um prosador de talento. Nós os aconselhamos a se embevecerem na leitura de trechos como o seguinte, onde Setúbal descreve a chegada do bandeirante paulista Antônio Rodrigues Arzão, preador de bugres, às barrancas mineiras do Tripuí:

"Certo dia, andando por uns espigões de serra, dentro de cenário majestosamente fragoso, a bandeira do taubateano estacou. Um pouco além, mais alterosa ainda, a tapar o horizonte, outra e soberba corda de serranias abauladas. Em frente a essas serranias, face a face a uma lomba altaneira, muito azul, que curvejava no céu claro, Arzão arranchou as barracas do acampamento. Nessa lomba, bem no cimo, havia uma grande pedra atrevida. E junto a essa pedra atrevida havia outra, mais minguada, que se lhe aconchegava amorosamente à ilharga. A esse bloco, ou melhor, e simplesmente, a essa pedra, que ao depois se tornou tão famosa, é que os selvagens da região chamavam pitorescamente – Itacolomi. Isto é: *Mãe-com-o-Filho*".

Quem já viu o Itacolomi em Ouro Preto e depois leu a descrição acima, parece vê-lo de novo. Textos bem escritos possuem este poder.

Os críticos voltaram a aplaudir Paulo Setúbal. No *Diário de Notícias* do Rio de Janeiro, o exigente Agrippino Grieco elogiou, nas crônicas do livro *El-Dorado*, a "feliz articulação dos detalhes", "os belos panejamentos históricos". Após repetir mais uma vez que no estilo de Paulo havia "verdadeira dignidade literária", Agrippino sustentou:

"Ele é um artista, e, por vezes, um artista admirável."

Pedro Calmon, no jornal *A Bahia*, disse que Paulo conseguiu humanizar "a hierática da História". O cronista de *El-Dorado* era um "vitalizador de tradições", pois sentiu "os heróis da nossa raça", petrificados nos compêndios escolares, "com o interesse humano, a simpatia risonha, algo dramática, dos criadores de tipos literários". Entretanto, a ressurreição desses heróis, milagre devido a Setúbal, "não os diminuiu, mas os embelezou."

Palavras do modernista Jaime Adour da Câmara, ao comentar o livro no *Diário da Noite*, de São Paulo:

Ilustração de J.Wasth Rodrigues para o livro *El-Dorado*

"Cada novo livro do autor, nesta sua última série, é uma reconstituição perfeita e animada do ciclo do ouro nas nossas plagas. Ele vem fazendo com os nossos exploradores o que Cendrars já o fez em relação à California, em *L'or*. E o senhor Paulo Setúbal acertou o seu caminho: achou, nos seus livros históricos, o sentido *humano* das coisas que sempre faltou aos nossos historiadores."

Autor de *Oropa, França, Bahia*, livro de impressões de viagens, muito citado pelos modernistas, Jaime Adour da Câmara participou do movimento Antropofagia, ao lado de Raul Bopp, Tarsila do Amaral, Oswald de Andrade e Antônio de Alcântara Machado. O seu elogio, portanto, lido por Paulo, teve sabor especial...

Um dos principais vultos da moderna literatura brasileira, o carioca José Geraldo Vieira, autor do célebre romance *A mulher que fugiu de Sodoma*, publicado em 1931, também comentou a obra de Paulo:

"Há neste *El-Dorado* a evocação dos rudimentos ciclópicos da nossa riqueza, o poema bruto do ouro, o romance violento das penetrações, o hausto venenoso dos sertões, os bandeirantes hercúleos e patriarcais que iam devassar terras, transpor cordilheiras e peneirar a água grossa dos rios bárbaros."

Ilustração de J.Wasth Rodrigues para o livro *El-Dorado*

José Geraldo Vieira previu:

"Lendo essa série de livros, tem-se a impressão de poemas cíclicos. Dessa articulação de livros com outros, em breve o senhor Paulo Setúbal terá organizado o romance do passado brasileiro."

Jornalista que foi um lírico, um poeta na maneira de escrever crônicas, Rubem Braga demonstrou o seu entusiasmo:

"'Estuporante sertão aquele sertão dos Cataguases!' Assim brada o escritor ao abrir um capítulo do *El-Dorado*. Mas o estuporante sertão acaba sendo delicioso quando percorrido em companhia do autor e dos seus bandeirantes. O senhor Paulo Setúbal fez muito bem em escrever esse livro de cultura e beleza..."

Incentivados pelo sucesso das crônicas e dos romances históricos de Paulo, outros escritores se dedicavam a cultivar tal gênero literário. Apareceram nas livrarias brasileiras, em parte por influência desse fato, os livros *Brasil dos meus avós*, de Viriato Correia (1927); *O negro da quinta imperial*, de Múcio Teixeira (no mesmo ano); *Histórias que não vêm na História*, de Assis Cintra (1928); *O tesouro de Cavendish*,

Viriato Correia

de Menotti del Picchia e Alfredo Ellis Júnior (também em 1928); *No tempo da Monarquia*, de Heitor Moniz (1929); *Dentro da História*, de Mário Melo (1931); *No tempo da coroa*, de Carlos Maul (1932); *Rótulas e mantilhas*, de Edmundo Amaral (também em 1932); *Estadistas do Império*, de Osvaldo Orico (1933); *O Chalaça* e *Os escândalos de Carlota Joaquina*, de Assis Cintra (ambos de 1934).

Embora já se dedicasse desde 1921 a escrever livros históricos, o maranhense Viriato Correia foi estimulado pelo grande êxito das obras de Paulo Setúbal. Tentou igualar-se a este com as crônicas de *Baú velho* (1927), *Gaveta de sapateiro* (1932), *Mata galego* (1933), *Alcovas da História* (1934). Esforço inútil. Viriato não tinha o talento literário de Setúbal, o seu estilo era vulgar, fraco, descolorido, inexpressivo, cansativo. Ler a sua obra é bocejar de tédio, é sentir nas pálpebras o peso do sono cataléptico.

Segundo a mitologia grega, Epiménides de Gnossa, filósofo de Creta, filho de uma ninfa, dormiu cinqüenta e sete anos numa caverna, de modo ininterrupto. Dormiria duzentos anos, se tivesse lido as obras do Viriato Correia...

* * *

Na introdução das crônicas do seu livro *El-Dorado*, o afetivo Setúbal colocou estas palavras:

"...o meu estremecido amigo Affonso de Taunay."

O romancista gostava muito do biógrafo de Bartolomeu de Gusmão e sempre o submetia a perguntas, a fim de esclarecer dúvidas sobre pontos obscuros ou controversos da História do Brasil. Taunay possuía memória privilegiada, era "preciso nas datas e minucioso nas descrições genealógicas". A propósito disso, Rubens do Amaral contou a Silveira Peixoto um fato interessante. No decorrer de uma reunião da Academia Paulista de Letras, o poeta de *Alma cabocla* sugeriu que se criasse uma série de quadros alusivos às realizações de São Paulo e dos seus filhos. Cada um desses quadros focalizaria um aspecto notável da capacidade empreendedora dos paulistas, ao longo de todo o território brasileiro. Querendo exemplificar, Setúbal citou um episódio histórico e a sua data, mas Taunay o aparteou e corrigiu essa data. Paulo não se aborreceu. Com o sorriso "que não o largava", evocou um outro episódio. Mais uma vez foi corrigido por Taunay. Sem desistir, Paulo se referiu a um terceiro episódio e pela terceira vez o historiador catarinense fez a correção.

Devemos sublinhar, Affonso de Esgragnolle Taunay podia corrigir datas e episódios do nosso pretérito, divulgados de maneira errada em dezenas de livros didáticos e até nas mais conhecidas enciclopédias, porque ele teve acesso a idôneas fontes informativas, examinou milhares de inéditos documentos históricos em numerosos arquivos. Quando escrevia os seus livros, Setúbal nunca deixou de consultá-lo. Taunay o chamava de "bom, querido e admirado amigo". O historiador disse, a respeito de Paulo:

"Elevada primazia lhe cabe nos fastos da literatura brasileira: a de haver

Affonso de Esgragnolle Taunay

tornado não só acessível como estimado, do nosso público, o romanceio dos assuntos de nossos anais, por uma série do livros vivazes, plásticos, constantemente interessantes e de bem urdida fabulação. E, sobretudo, sempre honestamente históricos."

Affonso realçou, em seguida, que os paulistas deviam "imenso" a Setúbal, "pela divulgação novelística dos feitos dos seus grandes sertanistas", de uma forma até então inédita no Brasil. O autor de *Os irmãos Leme*, segundo Taunay, "foi o primeiro que realmente soube fazer dialogar os nossos calções-de-couro" (apelido dos bandeirantes). Além disso, complementou o historiador, "o aticismo de sua prosa espontânea se revestia desses característicos essenciais, apanágio dos escritores autênticos que conseguem se comunicar com qualquer leitor, de modo rápido e completo.[*]

Paulo era muito carinhoso com os amigos. E lhes dava constantes provas de fidelidade. Sentia profunda estima pelo advogado René Thiollier, autor de um livro de contos intitulado *Senhor Dom Torres: páginas agridoces*, publicado em 1921. No ano de 1919, ele participou da representação teatral de *O Contratador de diamantes*, de Afonso Arinos, e depois de *A ceia dos cardeais*, de Júlio Dantas. Parente do glorioso abolicionista Antônio Bento, que em São Paulo libertou centenas de escravos, René de Castro Thiollier combatera como voluntário na Revolução de 1932 e caracterizava-se pelo esmero no trajar. Sempre impecável, de bengala, polainas, calça listrada, chapéu gelô (chapéu de feltro em estilo tirolês), exibia uma vistosa gravata plastrom (gravata larga, de pontas obliquamente cruzadas) e um bem talhado jaquetão de seis botões. Morava num belo palacete *art-nouveau* da avenida Paulista, conhecido pelo nome de Vila Fortunata, no qual havia uma torre quadrada, onde René tinha o hábito de escrever os seus textos. Agrippino Grieco, nas conferências, dizia que certa noite dois policiais ouviram uns gritos horrorosos, que vinham da torre do palacete desse homem requintado. Pensaram ser um crime, um assassinato. Arrombaram a porta da frente da residência e lá na torre viram apenas isto: o doutor René Thiollier castigando o seu estilo...

---

[*] "Paulo Setúbal na opinião de Affonso de Taunay", *in* "Autores e Livros", suplemento literário de *A Manhã* do Rio de Janeiro, 9 de maio de 1943, volume IV, número 15, página 232.

René Thiollier

Em agosto de 1934, o elegantíssimo Thiollier estava no Rio de Janeiro, hospedado no Hotel Copacabana Palace, quando recebeu uma carta de Paulo Setúbal, datada do dia 15 desse mês:

"Meu caro René:

Há quatro dias, telefonou-me o nosso grande Affonso de Taunay, meu amigo e seu amigo, dizendo-me que havia morrido o dr. Alberto Seabra. E que com tal morte (aliás infaustosíssima) se abria uma vaga na Academia Paulista. Para essa vaga, continuou Taunay, eu lembrei-me do René. Votarei nele. Você o que acha, Setúbal? Eu, está claro, achei ótimo. Otimíssimo! E Taunay, diante do meu entusiasmo, intimou-me a que executasse a idéia. Gostosamente meti mãos à obra. Gostosamente, sim. Porque você não imagina, caro René, o prazer com que me agarrei a essa oportunidade para fazer (um pouco tardiamente, embora) a justiça que você merece."

Minucioso como um inventariante, Setúbal explica quais foram as suas providências:

"Lancei-me pois sem tardança na simpática empresa. Eis os passos que dei: telefonei ao Artur Mota, que é trunfo lá dentro. O Mota, porém, estava em São José dos Campos, com um filho doente. Telefonei para São José. Falei, então, com o az acadêmico: foi tiro e queda. O Mota acolheu muitíssimo bem a idéia. Assentamos a sua candidatura oficialmente. E ele me incumbiu de arregimentar as forças. Em primeiro lugar, falar com o Ulisses Paranhos. Este é parte poderosa lá dentro. Telefonei ao Ulisses e combinamos um encontro. Fui ao escritório dele, e, de novo, foi tiro a queda! Ulisses achou

esplêndida a sua candidatura. Ficou pois assentado o seu nome, de pedra e cal. Falei, então, aos acadêmicos com quem me dou. Guilherme [Guilherme de Almeida], você bem imagina, encantou-se com a idéia. Para o René tudo! Votarei nele até para presidente da República de São Paulo!"

Depois destas linhas, Paulo ainda informou:

"Eis o rol dos acadêmicos com quem já pude falar:

> *Guilherme de Almeida – sim.*
> *Rubens do Amaral – sim.*
> *Alfredo Ellis – sim.*
> *Menotti del Picchia – sim.*
> *Mota Filho – sim.*
> *Sud Mennucci – sim.*
> *Ulisses Paranhos – sim.*
> *Taunay – sim.*
> *Cassiano Ricardo – sim."*

Paulo, em seguida, declara que ia falar com Altino Arantes, Plínio Salgado, Manfredo Leite, Reynaldo Porchat, Cleomenes Campos e Léo Vaz. Seu amigo Ulisses Paranhos falaria com outros acadêmicos. Na carta, Setúbal mostra que não se esqueceu de nada, revela um dinamismo surpreendente:

"O Alcântara Machado e o Cláudio de Sousa estão no Rio. Também o Lourenço Filho. Acho bom você os procurar da parte do Taunay e da minha parte e dizer-lhes que levantamos a sua candidatura e contamos com os votos deles.

O Ulisses Paranhos deve seguir para o Rio no domingo (deve estar no Rio domingo!), ele se hospedará no Palace Hotel (ou no Central): você procure-o imediatamente. E dêem passos aí com os acadêmicos. (Entre parênteses: o Navarro de Andrade também está aí. Não se esqueça de que o Ulisses está sendo gentilíssimo com você). Espero o Mota amanhã para ver com quem ele pode falar e ao mesmo tempo marcar o dia para a sua eleição. – Eis o que há.

Adeus, René! Minhas homenagens à senhora René. E aqui fica, muito seu, o amigo grato e certo.
Paulo Setúbal.
Mandei um El-Dorado *para você, na avenida Paulista. Recebeu? Quando vem? Se quiser telefonar-me: 7-5408".*

Esta carta é o retrato de uma alma ardente, nobre, bondosa, generosa. Carta cheia de vida, escrita por um homem enfermo, frágil, espreitado pela morte. Mas de onde vinha essa flama de Paulo? Do seu coração.

"Vila Fortunata", o palacete de René Thiollier na avenida Paulista

René Thiollier, após receber a carta, telefonou para o amigo e disse estar confuso, sensibilizadíssimo, porém era obrigado a confessar: nunca quis ser acadêmico. E contou a Paulo que ali no Rio, ao visitar a Academia Brasileira de Letras, o "imortal" Antônio Austregésilo lhe mostrou a possibilidade, em plena sessão da Academia, de ter uma cadeira naquela casa. Thiollier respondeu, afirmando não aspirar a tal honra. E a sua eleição jamais aconteceria, garantiu. Setúbal protestou:
– Isso não vem ao caso. Isso é lá com a Academia Brasileira. Aqui, trata-se da nossa academia, da Academia Paulista, e você como paulista que é, como combatente que foi da Revolução de 32, não pode fugir ao nosso convite.

A palavra de Setúbal foi cortada por René Thiollier:

–...que é honrosíssimo para mim, inda mais a idéia tendo partido do doutor Taunay e de você. Mas é que...

Paulo o interrompeu, lançou novo protesto e teve um acesso de tosse. Uma "tosse cavernosa", escreveu René Thiollier no seu livro *Episódios de minha vida*, publicado em 1956 pela Editora Anhembi. E Paulo berrava:

– Se você não aceitar o nosso convite, se você recusá-lo, será um desapontamento para todos os seus amigos que exultaram com a nossa lembrança.

Comovido, desejando acalmá-lo, René Thiollier cedeu:

– Está bem, está bem, Paulo! Não se zangue. Eu aceito o convite!

Um mês depois, no dia 14 de setembro de 1934, graças à dedicação, ao entusiasmo, ao trabalho, ao esforço obstinado do seu amigo Paulo de Oliveira Leite Setúbal, cujos pulmões estavam sendo comidos pela tuberculose, o educadíssimo doutor René de Castro Thiollier, um cavalheiro dos tempos antigos, tornou-se membro da Academia Paulista de Letras.

XXI

A "GRANDE NOITE FULGURANTE" DE UM POETA, CRONISTA E ROMANCISTA

*G*etúlio Vargas, no dia 17 de julho de 1934, foi eleito presidente da República pela Assembléia Nacional Constituinte. Enfrentou Borges de Medeiros, candidato da oposição, que obteve 59 votos e Getúlio 175.

Em setembro desse ano, estimulado pelos seus amigos e pelos seus admiradores, Paulo Setúbal resolveu candidatar-se à cadeira número 31, da Academia Brasileira de Letras, antes ocupada por João Ribeiro. Todos os candidatos, se quisessem ingressar na "imortalidade", tinham de fazer visitas aos membros da ABL, com o objetivo de pedir os votos. Era assim e ainda é. Guilherme Figueiredo evocou este fato no livro *As excelências ou como entrar para a Academia*, lançado em 1964 pela Editora Civilização Brasileira.

Paulo decidiu visitar o acadêmico Humberto de Campos, pondo de lado, sem ressentimentos, a crítica dura, injusta, algo mesquinha, do autor de *Os párias* à sua obra *A bandeira de Fernão Dias*. O escritor maranhense, em janeiro de 1928, recebera uma "sentença condenatória da ciência": ele estava com grave hipertrofia da hipófise, glândula de secreção interna, sob a face inferior do cérebro, e que regula as atividades das demais glândulas, como a tireóide, a supra-renal. Distúrbios da hipófise podem provocar a diabete, o nanismo, o gigantismo, modificações na fisionomia, obesidade acentuada (síndrome de Cushing), crescimento exagerado das orelhas, do queixo, do nariz (acromegalia).

Alastraram-se de modo terrível, no organismo de Humberto de Campos, os efeitos da doença. Muitas pessoas pensavam que a lepra o atingira. Humberto perdeu a visão do olho esquerdo, as mãos se avolumaram, ficavam dormentes. Numa crônica, descreveu o seu sofrimento, a partir dos meados de 1930:

"A parte inferior do braço tomada de dores, pela falta de circulação, fazia-me levantar de hora em hora, para mergulhar as mãos em álcool, e desentorpecê-las. Por esse tempo a hipertrofia da hipófise refletiu-se em outras glândulas, determinando a hipertrofia prostática, seguida de uma intoxicação conseqüente. Durante quase três anos não tive sono que durasse mais de uma hora, e cada hora de sono era povoada de sonhos tremendos, de pesadelos assombrosos, que me enchiam de pavor, ante a idéia de dormir outra vez. Trabalhava, e dormia, cercado de sacos de água quente, que me aliviavam os tormentos. Sentia a cabeça enorme, e a língua pesada, dificultando a enunciação das palavras."

O escritor, se saía do lar, experimentava a impressão de ser uma sombra, ou um fantasma, porque parecia estar desprovido de pés, flutuando. A surdez o assaltou. Na rua, não distinguia a voz das pessoas, qualquer ruído. Como as vertigens se multiplicavam, ele corria até um automóvel, tomado por suores frios, de olhos fechados, com a respiração curta, difícil, o coração batendo forte. Inúmeras vezes capitulou, foi socorrido na via pública. Humberto escreveu estas palavras no seu diário:

"Sofrimento, sofrimento, sofrimento. A impressão de que sou um saco feito de carne humana, mas cheio de pregos e navalhas, que me espetam e retalham de dentro para fora. Pequenos sonos de dez minutos em noites que parecem de setenta horas. E nestes sonos ligeiros, sonos pavorosos, com fantasmas que ainda vejo depois de acordado."

Setúbal esteve junto de Humberto de Campos no dia 19 de setembro. Humberto registrou:

"Visita de Paulo Setúbal. Tumultuoso e gentil. Todo em pequenas explosões, como os motores à gasolina. Informa-se do meu estado, das minhas dores, que me atormentam dia e noite."

Ouvindo o relato, Paulo aconselha:
– E que faz você dessa dor, seu Humberto? Artigos e crônicas admiráveis! Mas, não basta! Você deve aproveitar esse sofrimento em perfeição moral, seu Humberto! Você tem, nessa dor imensa, um tesouro enorme, e não sabe! Transforme tudo isso em fé!

Humberto respondeu: isto não dependia dele. Afirma, desejava ter fé, sentia inveja dos crentes, mas era incapaz de mentir. Setúbal perguntou:

– Você já leu a *Imitação de Cristo*?

Humberto de Campos

O cronista de *O arco de Esopo* disse que sim. Paulo sugeriu:
– Por que você não conversa com um padre inteligente?

Resposta de Humberto:
– O que eu quero não depende de padre, depende de Deus. Só ele me pode fazer a "revelação". O que for meu, ele me trará.

Setúbal quis insistir, porém Humberto confessou que as discussões em torno desse assunto o fatigavam e lhe faziam mal.

– Pois olhe – concluiu Paulo – eu sou católico, apostólico, romano. E sou feliz!

Os dois escritores passaram a tratar da Academia Brasileira de Letras. Paulo decerto o informou de que ia candidatar-se à vaga de João Ribeiro. Não sabemos se Humberto lhe deu o seu voto.[*]

É muito interessante, a conversa de Paulo com Humberto, pois mostra como o memorialista do *Confiteor* havia mudado. Deixara de ser o cético, o ateu dos tempos de rapaz. Embora doente, fraco, tuberculoso, Setúbal procurou incutir o vigor da fé na alma de Humberto. Sua confissão, ao dizer que era feliz, prova como se sentia espiritualmente forte.

Tendo menos de cinqüenta anos, poucas semanas depois do seu encontro com Paulo Setúbal, o escritor maranhense faleceu na cidade do Rio de Janeiro, em 5 de dezembro de 1934, quando se submetia a delicada intervenção cirúrgica na Casa de Saúde Dr. Eiras.

---

[*] Este diálogo entre Humberto e Setúbal se acha na página 466 do segundo volume do *Diário secreto* do primeiro, lançado em 1954 pelas Edições O Cruzeiro.

Filho da Paraíba, onde veio à luz em Umbuzeiro, no dia 4 de outubro de 1892, o doutor Francisco de Assis Chateaubriand Bandeira de Melo, ou Chatô, como se tornou conhecido em todo o Brasil, foi proprietário de revistas, emissoras de rádio, agências de notícias ou de publicidade, mais de vinte jornais diários de grande penetração. Figura polêmica, contraditória, o elétrico Chatô dominava o seu país, por intermédio desses jornais, dos Diários Associados (*O Jornal, Estado de Minas, Diário de São Paulo, Diário de Pernambuco*, etc). Exercia influência direta junto dos governos estaduais, das secretarias de Estado, dos ministérios, e até da presidência da República. Tinha tanta força que um dia obrigou Getúlio Vargas a promulgar uma lei, a famosa "Lei Teresoca", a qual modificava os princípios do Código Civil Brasileiro, para que ele, Chateaubriand, pudesse conservar sob a sua guarda a filha Teresa, nascida de uma união com a atriz Cora Acuña, sedutora adolescente argentina de quinze anos.

Assis Chateaubriand

Paulo Setúbal colaborava no *Diário da Noite* do Chatô e conhecia de sobejo a imensa força do audacioso jornalista. Por que não recorrer também aos seus préstimos, na luta pela conquista da cadeira número 31 da Academia Brasileira de Letras? Chatô era amigo de alguns "imortais". Segundo narrou o dono dos Diários Associados, o "extrovertido" Setúbal, depois da Revolução de 1932, apareceu na sede do paulista *Diário da Noite* e exclamou, diante da sua pessoa:

– Eu quero a Academia. Vocês me poderão dá-la.

Chateaubriand explicou:

– Não somos nós que vamos transformá-lo em acadêmico.

Paulo sabia disso, sem dúvida, mas não custava nada cometer um exagero, lisongear a vaidade do Chatô. Assim este lhe daria uma ajudazinha...

O paraibano afirmava ter "um afeto eterno" por Alfredo Egídio de Souza Aranha, o cunhado de Paulo. E na mesma hora se comunicou com o acadêmico Afrânio Peixoto, pelo telefone. Aplicando um beijo em Setúbal, fez esta pergunta ao autor do romance *Maria Bonita*:

– Está me ouvindo?

Afrânio respondeu:

– Sim, ouço que você beija o belo Setúbal.

– Sim, e na testa – esclareceu o Chatô.

Então o jornalista complementou, à semelhança de um patriarca da *Bíblia*:

– Isto será para que você diga aos nossos amigos da Academia, que ele é o Ungido.

O adjetivo *ungido*, oriundo do particípio passado do verbo *ungir*, falando-se de reis, designa o soberano na cerimônia da consagração. Clóvis I, rei dos francos, esposo de Santa Clotilde, vencedor dos romanos perto de Soissons, após se converter ao Cristianismo, foi ungido na primitiva catedral de Reims por São Remígio, no ano 496. Daí se conclui que o Chatô virou o São Remígio de Paulo Setúbal, rei, em 1934, das nossas crônicas e dos nossos romances históricos, ungido membro da ABL por ele...

Afrânio Peixoto

Informemos, o diálogo acima entre Paulo e Chateaubriand se encontra num artigo do próprio Chatô, intitulado "Fugindo do sobrenatural para ficarmos no finito e plano". Artigo da edição do dia 7 de agosto de 1964 de *O Jornal*, reproduzido no volume 108 (de julho a dezembro do mesmo ano, páginas 22 e 23) da *Revista da Academia Brasileira de Letras*.

Paulo entrou para a ABL no dia 6 de dezembro de 1934. Conseguiu 23 votos no primeiro escrutínio (votação em urna), derrotando o escritor pernambucano Múcio Carneiro Leão, que obteve 8 votos. A cerimônia da sua posse seria realizada em 27 de julho de 1935.

Na edição de 8 de dezembro da *Folha da Noite* daquele ano de 1934, desse vespertino da capital paulista, apareceu uma reportagem sobre a eleição de Paulo, com foto onde vemos este de chapéu e capa; sua esposa, Francisca de Sousa Aranha Setúbal, de luvas brancas; os três filhos menores do casal, Olavo, Teresa eVicentina; o jornalista Manuel Vitor de Azevedo. O escritor voltara de trem do Rio de Janeiro e eles o receberam na Estação do Norte. Ali, na plataforma da estação ferroviária, Paulo declarou a vários jornalistas:

– Verifiquei que um pleito na Academia Brasileira de Letras é coisa realmente movimentada. Os que estão de fora não imaginam quantas influências cruzam armas em torno de um ou de outro candidato – influências sociais, políticas, literárias.

Ao terminar a eleição, continuou Setúbal, ele pôde ver como ela havia alcançado enorme repercussão no Brasil inteiro:

– Recebi despachos de quase todos os interventores [os interventores governavam os estados], pessoas aliás que em sua maioria, nem conheço. Posso dizer-lhes que os acadêmicos de São Paulo estiveram todos coesos em torno do meu nome. Guilherme de Almeida e Taunay foram os grandes acoroçoadores da minha candidatura. Alcântara Machado foi para comigo de uma gentileza e de uma elegância cativadoras. Cláudio de Sousa terçou vigorosamente armas a meu favor. E como este, todos também acorreram firmes ao lado da candidatura paulista: Rodrigo Otávio, que é de Campinas, e Ribeiro Couto, que é de Santos. E, depois da minha vitória, procurei logo o meu ilustre contendor, Múcio Leão, que é um moço de maneiras encantadoras e procedeu nesta refrega como um gentil-homem. Vencedor, o meu primeiro passo, foi visitá-lo e levar-lhe os protestos da minha admiração. Jantamos juntos e ficamos dois bons camaradas.

Como se vê, Paulo Setúbal podia endossar esta frase do filósofo Ralph Waldo Emerson, inserida no seu livro *Letters and Social Aims*, publicado em 1876:

"A vida não é tão curta que não nos deixe sempre tempo para a cortesia."

(*"Life is not so short but that is always time enoug four courtesy"*).

Além de Assis Chateaubriand, outro jornalista ajudou Setúbal a se tornar membro da ABL. Foi o Paulo Duarte, em cujo volume sexto das suas *Memórias* (Editora Hucitec, São Paulo, 1977), ele escreveu as seguintes palavras:

"Paulo Setúbal, historiador e todo poeta. Com que alegria contribui para sua entrada para a Academia Brasileira".

Jornalista sério, de caráter íntegro, um cidadão bem diferente de Assis Chateaubriand, o culto Paulo Duarte tinha muitos amigos no sodalício fundado por Lúcio de Mendonça em 20 de julho de 1897. Nascido no ano de 1889, formado pela Faculdade de Direito do largo de São Francisco, ele percorreu a cavalo, com o professor Milward, extensa região do Brasil, de Mato Grosso ao Amazonas. Durante a Revolução Constitucionalista, esteve no trem blindado do setor leste, o tal "Fantasma da Morte" que apavorava os getulistas. Duarte, em 1934, exercia o cargo de deputado na Assembléia Legislativa da terra bandeirante. Veio da sua iniciativa o projeto, aplaudido por Setúbal, de restauração e publicação dos documentos históricos do estado de São Paulo.

Paulo Duarte

* * *

Agrippino Grieco, nas conferências literárias, arremessava as farpas do seu sarcasmo cortante como o gume das peixeiras nordestinas. Grieco era um obstinado ridicularizador dos "imortais" mortais da ABL. Aqui vamos apresentar quatro exemplos. Se alguém abrisse a cabeça do Ataulfo de Paiva, eleito em 1916, a fim de lhe comer os miolos, ficaria em jejum e poderia até comungar. Gustavo Barroso, eleito em 1923, produziu "obras tediosas como salas de espera" e parecia uma "barafunda enciclopédica", uma "livraria em desarrumação de mudança". Dom Aquino Correia, arcebispo de Cuiabá, "imortal" desde 1926, pronunciava "sermões mais cacetes do que um solo de harpa". Guilherme de Almeida, eleito em 1930, assumia ares de belicoso, porém causava triste impressão, à maneira de quem, "lutando a golpes de leques, quisesse ser guerreiro da *Ilíada.*"

Mas o iconoclasta autor de *Zeros à esquerda,* nas referidas conferências, poupava o Setúbal. Apenas dizia que ele nunca tinha sido um "gigolô literário", nunca vivera às custas da *Marquesa de Santos,* como o Afrânio Peixoto vivia às custas da *Maria Bonita,* da *Bugrinha* e da *Sinházinha* (títulos de três romances de Afrânio, publicados respectivamente em 1914, 1922 e 1929).

No mês de maio de 1935, antes de Paulo tomar posse na "Casa de Machado de Assis", a Companhia Editora Nacional lançou o seu livro *O sonho das esmeraldas,* que ele chamou de "episódio histórico". Contém esta dedicatória:

"A
HÉLIO LOBO
alta e nobre
inteligência,
caráter de ouro,
amigo diletíssimo."

Hélio nascera em Minas Gerais, no ano de 1883, e ocupava na Academia, desde 1918, a cadeira número 13. Advogado, discípulo do Barão do Rio Branco, exercera cargos diplomáticos de importância. E Setúbal o apelidara de "Caráter de Ouro" porque no decorrer da Revolução de 1932, representando o Brasil na Holanda (ministro plenipotenciário em Haia), ele se recusou a visar os documentos consulares indispensáveis ao embarque de armas e munições compradas pela Ditadura, com o propósito de usá-las contra os soldados paulistas. Num texto dirigido a Getúlio Vargas, o corajoso Hélio Lobo alegou não lhe caber a missão de contribuir para o morticínio de jovens dispostos a arriscar a vida, em todo o nosso território, pelo restabelecimento da lei.

Gestos iguais a este inflamavam ainda mais a alma ardente de Setúbal. A atitude de Hélio despertou-lhe tanto entusiasmo como o célebre telegrama do general Tasso Fragoso enviado a Getúlio, no qual o brioso militar se demitira do cargo de chefe do Estado-Maior do Exército, por não concordar com o bombardeamento, pela aviação, da indefesa cidade de São Paulo.

O livro *O sonho das esmeraldas*, explicou o seu autor, completava *O romance da prata*:

Hélio Lobo

"Evocam-se nesses dois livros, consoante o que contam velhos papéis, as duas mais antigas e, ao que me parece, as duas maiores lendas do passado brasileiro. Lendas que tiveram conseqüências capitais na formação do território nacional: 'A Serra da Prata' e 'A Serra das Esmeraldas'."

Verdade indiscutível, as duas lendas dilataram o Brasil, fizeram cair a linha da demarcação estabelecida no Tratado de Tordesilhas, em 7 de junho de 1494. Obcecados pelo sonho de encontrar as valiosíssimas minas de prata e os montões de pedras verdes nas decantadas serras, os sertanistas se afundavam nas inóspitas e traiçoeiras matas virgens. Notícias fantásticas corriam. Falava-se em lagoas cheias de pérolas e diamantes, em esplendorosas cordilheiras de cristal, em solitárias montanhas cobertas de ouro, tão altas que as aves não podiam transpô-las.

Descreve Paulo Setúbal, no livro *O sonho das esmeraldas*, o jornadeio de Bruno Spinosa, Aspilcueta Navarro, Sebastião Fernandes Tourinho, Antônio Dias Adorno, Marcos

Ilustração de J. Wasth Rodrigues para o livro *O sonho das esmeraldas*

de Azeredo Coutinho, Fernão Dias Pais Leme. Jornadeio pelas "hórridas brenhas". Um dos mais interessantes personagens da obra é o sertanista Sebastião Raposo Pinheiro Tavares, o brutíssimo "matador de mulatas", assim evocado por Setúbal:

"Era homem de vida sem peias. Verdadeiro sultão rústico. Tinha no povoado, sem o mais tênue respeito humano, um grande harém de mestiças que lhe serviam de mulheres. E não as tinha apenas no povoado. Quando partia para suas longas jornadas, levava sempre consigo, sertão adentro, o séquito de mancebas com que vivia."

O escritor Anibal Machado sempre afirmou:

– Se o teu corpo não participa do que escreves, guarda o papel e deixa para amanhã.

Pois bem, o corpo de Setúbal participava da criação literária, porque ele punha nos textos as vibrações do seu organismo. Escritor que não coloca o temperamento, a sua natureza, na obra que está gerando, não é escritor, é um robô, um boneco mecânico, uma criatura sem alma. Neste início de um capítulo de *O sonho das esmeraldas*, o leitor logo vê o temperamento de Paulo, cidadão inimigo da frieza, da impessoalidade, da narrativa gélida:

"Aquela horda bárbara deixa o São Francisco. E investe, como rilhante vara de caititus [porcos-do-mato], por longa e áspera região de selvas emaranhadas. Pleno sertão baiano! E onde, naquele sertão, estaria a pedreira verde? Onde a Serra das Esmeraldas? Onde? Meses a fio, longos meses a fio, pousando aqui, pousando acolá, a tropa de Raposo lá foi, teimosa e porfiada, no encalço daquela misteriosa pedreira, tão buscada, que Tourinho topara a refulgir dentro do mato. Que dias tremendos! A bandeira varava por aqueles ermos tangida pelo sátrapa como um bando de animais. Gritos, vergastadas, blasfêmias, tronco...[*] No entanto, naquela miséria, não havia um índio, um negro, um mameluco, ninguém, que alevantasse a cabeça contra o capitão sinistro. Ninguém!"

O temperamento extrovertido de Paulo está todo aí, no trecho acima. Ele sentia prazer em repetir os pronomes demonstrativos, em multiplicar os pontos de admiração, de interrogação, os adjetivos sonoros

---

[*] O tronco era uma armação de madeira, um cepo com olhais, onde se metia o pé ou o pescoço do escravo, conforme podemos ver num desenho de Debret.

junto dos substantivos comuns: "*rilhante* vara de caititus", "selvas *emaranhadas*", "pedreira *verde*", "capitão *sinistro*". E preferia usar os verbos que fornecem imediata idéia de brilho, de vida, de ação, de movimento: "investe", "topara", "refulgir", "varava", "alevantasse". Setúbal não ignorava que a língua de Camões é variada, colorida, melodiosa. Por que iria desprezar os seus múltliplos recursos, a sua fulgente riqueza?

As fontes das quais Paulo se valeu, para escrever *O sonho das esmeraldas*, foram quase as mesmas de *O ouro de Cuiabá*, *El-Dorado* e *O romance da prata*. Uma obra em quatro volumes o ajudou muito, no entanto: *A terra goitacá à luz de documentos inéditos*, do fluminense Alberto Lamego. Nascido no ano de 1870, este pesquisador freqüentou em Lisboa, por largo tempo, a Torre do Tombo e o Arquivo Ultramarino, extraindo de ambos farta cópia de documentos relativos à História do Brasil e não poucos com dados curiosos sobre o passado dos Campos dos Goitacases. Alberto, homem de posses, comprou livros e autógrafos raros nos leilões de bibliotecas das velhas casas senhoriais portuguesas, tendo formado uma preciosa Brasiliana.

Ilustração de J. Wasth Rodrigues para o livro *O sonho das esmeraldas*

Setúbal gostava de admirar e não de criticar. A sua admiração por Alberto Lamego era dupla, segundo nos informou Aureliano Leite. Dupla porque o admirava como historiador e como homem. Na época da Primeira Grande Guerra, no ano de 1914, o brasileiro Lamego organizou em Londres, à sua custa, um serviço postal secreto, a fim de fazer chegar ao seu destino, na Bélgica invadida pelos alemães, mais de doze mil cartas de belgas exilados. Devido a tal fato, o governo desse país o condecorou com a Medalha de Guerra Rei Alberto.

*   *   *

27 de julho de 1935. O dia da posse do escritor Paulo Setúbal na Academia Brasileira de Letras. Quem vai saudá-lo, após a sua oração, é o professor Alcântara Machado. Emocionadíssimo, e teria de ser assim, por causa do seu temperamento, Paulo começa a discursar:

"Senhor presidente, senhores acadêmicos, meus senhores:

Para mim, que sempre vivi e escrevi no meu estado natal, longe do fanfarreio gritante das gazetas e das rodas literárias da metrópole, não podia suceder paga maior do que a paga que me concedeste: ser galardoado com a mercê, alta e insigne, de membro da Academia Brasileira de Letras. Esta noite, portanto, senhores acadêmicos, em que me abris festivamente o pórtico da Casa de Machado de Assis, o pórtico de vossa casa, isto é, da casa em que mora a mais nobre e a mais alevantada intelectualidade do país, esta noite, quero acentuá-lo prazerosamente aqui – é a grande noite fulgurante da minha desvaidosa carreira de letras."

Depois Setúbal agradeceu a generosidade dos acadêmicos, pela entrega de uma "coroa de louros" a um "escritor da província". E acrescentou:

"Mas deixai também, meus senhores, nesta linda hora risonha, em que as emoções mais íntimas se atropelam dentro de mim, deixai que, mal acabe de vos agradecer, eu me ausente precipitado destas galas. Sim, deixai que o meu coração voe para longe daqui, fuja para a minha estremecida cidade de São Paulo, e lá, comovido e respeitoso, penetre por um momento, muito de manso, numa casa modesta de bairro sem luxo. Nessa casa, a estas horas, nesta mesma noite, está uma velha toda branca, oitenta anos, corcovada, com o seu rosário de contas já gastas, a rezar diante da Virgem pelo filho acadêmico. Pelo filho que ela, a viúva corajosa, ramo desajudado, mas altaneiro, de família opulenta, criou, educou, fez homem – Deus sabe com que sacrifícios e com que ingentes heroísmos obscuros! Deixai, pois, senhores acadêmicos, que o meu coração voe para a casa modesta do bairro sem luxo, entre no quarto do oratório, ajoelhe-se diante da velha branquinha, beije-lhe as mãos, e, na brilhante noite engalanada deste triunfo, diga-lhe por entre lágrimas: minha mãe, Deus lhe pague!"

Uma alma feita com o gelo da Sibéria ou revestida de couro de hipopótamo, talvez ache isto pura pieguice. Todavia, para nós, estas palavras de Setúbal estão carregadas de forte emoção, revelam autêntica sinceridade. A vida de Paulo é a prova do que acabamos de afirmar. Não há incoerência, desacordo, entre estas palavras e os seus atos.

O novo "imortal" lamentou o falecimento de sete membros da ABL, no ano de 1934, embora já estivesse sendo espreitado pela morte, como já havíamos dito em outro capítulo:

O acadêmico Paulo Setúbal

"Senhores acadêmicos, que ano trágico para as letras, e para o Brasil, o ano de 1934! Uma após outra, com esmagadora crueza, desabaram catástrofes rudíssimas sobre esta casa. Miguel Couto, Augusto de Lima, Medeiros e Albuquerque, Coelho Neto, Gregório da Fonseca, Humberto de Campos, João Ribeiro... Parecia que os deuses se comprazíam, invejosos, em desfechar coriscos sobre titãs. Debalde, a cada raio que estralava, volvíamos desconsoladamente os olhos para o alto, e, na nossa mágoa, bradávamos em vão contra aquela desatada sanha. Por que tão bruto furor na alma dos deuses? *Tantaene animis coelestibus irae*! Por quê?"

As palavras em latim, citadas por Paulo, são do verso 11 do livro primeiro da *Eneida*, o célebre poema épico em doze cantos de Vírgilio. E devem ser traduzidas deste modo:

"Tanto rancor pode caber no coração dos deuses!"

Alguns leitores talvez nos julguem extremamente minuciosos, mas um bom biógrafo, em nossa opinião, deve procurar esclarecer tudo. Outra coisa, deve também deixar o biografado falar, sempre que for possível. As verdadeiras biografias são ressurreições e não covas funerárias, entupidas de ossadas.

Marca dos escritores de talento é a destreza no manejo do idioma. O estilo deles anda, corre, freme, não sofre de artritismo, não se mostra enferrujado nas molas. Copiosos exemplos, colhidos das páginas dos mestres do vernáculo, testificam a nossa afirmativa. Livres, desembaraçados, sem os passos incertos dos coxos, fluiram os períodos de Setúbal no seu discurso. Vejam como ele evocou a morte de João Ribeiro, do ex-ocupante, na Academia, da cadeira número 31:

"As clareiras, com a queda dos robles, iam-se abrindo largas, brutais, naqueles cumes onde, exatamente, era mais robusta, mais seivosa, mais atrevida, a selva do pensamento brasileiro. Entre os que caíram, tronco soberbo, com as grossas raízes mergulhadas fundamente no chão da terra nativa, com a larga fronde a fulgir no ouro bubuiante do sol, foi João Ribeiro aquele jequitibá magnífico, entrançado de lianas balouçantes, enfeitado de parasitas alegres, todo chilreado de pássaros, que uma faísca sacrílega feriu de golpe na majestade de sua força. E rolou por terra o gigante."

Talento literário não falta neste estilo, porém nem todos o apreciam. É um problema de gosto. Leitores cultos, inteligentes, possuem o direito de não gostar dos textos onde os adjetivos superabundam. Dá para compreender, portanto, o horror dos intelectuais modernistas à linguagem suntuosa de Coelho Neto. Louvemos, contudo, as expressões originais do discurso de Paulo. Uma delas é a seguinte:

"...a fulgir no ouro *bubuiante* do sol."

Paulo inventou o adjetivo *bubuiante*, oriundo de *bubuiar*, verbo intransitivo, o qual por sua vez veio de *bubuya*, palavra tupi-guarani. Esta designa a "coisa leve que flutua, não afunda".

Emblema da ABL, de cor verde

O orador enalteceu os vários aspectos da atividade mental de João Ribeiro. Depois frisou: o Brasil cresceu dividido em duas civilizações, uma, a do norte, era a civilização dos baianos; outra, a do sul, a dos paulistas. A primeira, a civilização da cana-de-açúcar, das casas-grandes, criou "o patrimônio inestimável das cidades litorâneas". A segunda, a da gente de além-serra, desbravou os matagais em busca do ouro e do índio, gerando o nosso patrimônio territorial. E graças ao encontro do vaqueiro do norte, de chapelão de palha, com o bandeirante paulista, vestido de couro, nas barrancas do rio São Francisco, "o grande rio unificador da nacionalidade", o sul e o norte do Brasil se amalgamaram.

Descrição lírica, pois esse entrosamento não foi assim tão simples. Uma coisa que é real às vezes fica menos real, quando é contemplada pelos olhos de um poeta...

Alcântara Machado, ocupante da cadeira 37 da ABL, proferiu uma bela oração, homenageando Setúbal. Dono de extensa cultura jurídica, participara da Comissão Organizadora do Código do Processo Civil e Comercial do Estado de São Paulo. Em 1933, exerceu o cargo de deputado à Assembléia Nacional Constituinte, e naquele ano de 1935 atuava como senador federal. Sofrera um duro golpe, no dia 14 de abril desse último ano, ao saber que o seu filho, Antônio do Alcântara Machado, havia falecido no Rio de Janeiro, em conseqüência de uma operação de apendicite.

Ex-professor de Paulo na Faculdade de Direito do largo de São Francisco, o autor de *Vida e morte do bandeirante* evocou, na primeira parte da sua oração, o poeta Pedro Luís, patrono da cadeira 31 da ABL; o também poeta Luís Guimarães Júnior, fundador da cadeira; e o polígrafo João Ribeiro, homem "doente de curiosidade, guloso de experiências". Os três amaram as "letras floridas", disse Alcântara Machado, porém nenhum deles, como Setúbal, alcançou a mercê "de servi-las exclusivamente". Paulo era um escritor, antes de tudo:

"Nelas [as "letras floridas"] confinastes toda a atividade social; e a tal ponto se contém a biografia do homem na bibliografia do escritor, que eliminado este, não se sabe o que restará daquele."

Aludindo à época da curta vida parlamentar de Paulo, o orador continuou:

"Murmuram, é certo, os malfalantes, que há tempos desempenhastes vagamente um vago mandato de deputado. Tão rápido, todavia, e discreto foi esse comércio com a política provinciana que não destes sequer ao povo o direito e o prazer de vos ser ingrato."

Grande orador, Alcântara Machado sabia usar a ironia e a sutileza nas suas orações. Citou depois o parecer sobre um "caso intrincadíssimo de esbulho", emitido pelo jovem Paulo Setúbal quando este ainda era aluno da Faculdade de Direito:

"Nada cobraste do cliente ocasional, porque vo-lo proibiu a consciência. Quem vos pagou régiamente a consulta foi a vossa namorada de então, com dois daqueles beijos 'estaladinhos e doces' de sua especialidade."

Risos ecoaram no salão nobre e austero da Academia. Tal episódio já foi narrado por nós, logo no início do capítulo V, mas é oportuno deixar o próprio Alcântara Machado evocá-lo. Observador fino, arguto, ele salientou, dirigindo-se a Paulo:

"Extraordinário é que, em paga do muito que lhe quereis, a literatura vos tenha dado, com a notoriedade, o pão de cada dia. 'Filho querido da Vitória', conquistastes por meio de sucessivos triunfos a estima dos entendidos e o favor de um público fiel e crescente, consumidor insaciável dos livros, com que vindes enriquecendo, no sentido figurado, as letras nacionais, e, no sentido próprio, os vossos editores. Assim vos tornastes o mais popular, ou melhor, o menos desconhecido dentre os escritores pátrios da atualidade. Insigne é esse privilégio que vos outorgaram os fados em terra como a nossa, onde para não perecer à míngua, o escritor tem de se submeter, quase sempre, à contingência amarga de se acomodar na estreiteza de um emprego público."

Em seguida o orador analisou os versos do poeta de *Alma cabocla*, "fartos de emoção, ricos de naturalidade". Romancista, Setúbal sofria, como poucos, "a fascinação do passado". Sua imaginação tinha "o poder miraculoso" de o tornar presente, de lhe restituir "o ânimo, a voz, o colorido, o movimento, as aparências da vida". Ela nos transportava, "com as suas botas de sete léguas, para o cenário e o clima psicológico de outrora".

Alguns inimigos literários de Paulo, apegados a ninharias, foram o alvo deste comentário do professor:

"Não faltarão, de outra parte, críticos impertinentes, para pôr em dúvida a exação de certos pormenores. Dirá este que Pedro II nunca foi trigueiro. Aquele, que os mamelucos e sertanistas não falavam o atual subdialeto caipira, e sim a língua geral. Que importa? Não será com o auxílio do microscópio que se poderá apreciar a formosura de um panorama."

Edifício da Academia Brasileira de Letras

D. Pedro I, eis a figura histórica pela qual o romancista mais se apaixonou, disse o orador. E o traço mais admirável do livro *A Marquesa de Santos*, no entender de Alcântara Machado, "não é nem a informação abundante, nem o poder evocativo", mas sim a "delicadeza moral" do autor desse romance, pois ele falou "isentamente" da Domitila, "sem as fraquezas do panegírico e sem as crueldades do libelo".

Setúbal no livro *O Príncipe de Nassau*, prosseguiu o orador, age como um "guia bem falante e bem documentado". Na sua companhia o leitor da obra visita o Palácio de Friburgo na Cidade Maurícia, "casa de prazer do príncipe, enfeitada de setecentas palmeiras esbeltas", as "ruelas pitorescas ensombradas de árvores e regadas de águas cantantes", o Recife antigo, tradicional, onde os velhos homens de Pernambuco tinham "as suas casas de varandas de ferro, os senhores-de-engenho as suas moradas alterosas de boa taipa, os tratantes judeus as suas escuras lojas de moeda e de mercancia". O romancista nos faz assistir aos torneios de "uma tarde magnífica de cavalhadas". Mais tarde, no mesmo livro, o guia Paulo Setúbal conduz o leitor, nas trevas da noite, até ao Engenho da Várzea, o esconderijo onde João Fernandes Vieira e André Vidal de Negreiros, junto dos principais da terra, conspiram para efetuar a expulsão definitiva dos holandeses. Acompanhamos, enfim, conclui Alcântara Machado, as peripécias da campanha libertadora, o combate do monte das Tabocas, a matança de Uruassú, a batalha dos Guararapes.

Utilizando viveza de tintas e abundância de pormenores, afirmou o orador, Paulo descreveu as façanhas dos sertanistas barbaçudos, a "peleja encarniçada, corpo a corpo, do homem brutal com a terra bruta", nos livros *A bandeira de Fernão Dias*, *O ouro de Cuiabá*, *El-Dorado*, *O sonho das esmeraldas*.

No fim do discurso, Alcântara Machado resumiu, a fim de definir a personalidade literária de Paulo Setúbal:

"Poeta, sois o cantor comovido e suave do que São Paulo encerra de mais extreme e castiço – o interior, a fazenda, o caboclo. Romancista, buscais inspiração nas crônicas, em que se conta ingênua ou enfaticamente como se edificou o Brasil. De sorte que até hoje nenhuma página escrevestes em que não lateje o sentimento da nacionalidade."

A produção de João Ribeiro, no juízo de Alcântara Machado, não é, nem poderia ser nacionalista, pois nasceu de um "freqüentador assíduo das idéias gerais", de um "cidadão do universo", que à semelhança do filósofo Thoreau se recusava "a considerar o mundo como um composto de povos ou nações". E o orador garantiu, referindo-se à produção de Paulo:

"Nacionalista dos quatro costados é a vossa. Com ela não saímos nunca de nós mesmos, porque dentro em nós se comprime e atua a multidão dos mortos, de que descendemos, *dramatis personae*, ou espectadores silenciosos do passado tão piedosamente reconstruído em vossos livros."

Vivos nas almas dos vivos, bem vivos nos livros de Setúbal, esses mortos se achavam ali, no salão nobre da Academia Brasileira de Letras:

"Presentes em nós, aqui se encontram eles. Agradecidos ao que fizestes por salvá-los do extermínio total, que é o esquecimento, vieram comungar convosco, senhor Paulo Setúbal, a hora de plenitude que estais vivendo, e, pelo ministério da Academia, glorificar em vós uma obra luminosa e sadia que não fala senão das coisas nossas, com o espírito de nossa terra e na linguagem de nossa gente, e uma existência de trabalho e probidade, consagrada toda inteira à semeadura augusta da beleza."

XXII

"TODO ELE ERA ESPIRITUALIDADE, RENÚNCIA, RESIGNAÇÃO".

*E*leito para a Academia Paulista de Letras, quando Alcântara Machado era o presidente dessa agremiação, Paulo Setúbal não chegou a tomar posse da sua cadeira (a número 10), por ter falecido antes da data marcada, porém se tornou assíduo freqüentador das sessões acadêmicas. Tais sessões, devido a falta de sede própria da Academia, realizavam-se no escritório de Ulisses Paranhos, à rua Líbero Badaró; no de Alcântara Machado, à rua Senador Feijó, ou em almoço mensal no salão de inverno da Casa Mappin, na praça Ramos de Azevedo.

Paulo encontrava, no almoço mensal, o René Thiollier, com a sua elegância costumeira e a sua voz fanhosa; o professor Alcântara Machado, com as suas olheiras profundas; o Altino Arantes, com o seu queixo avantajado; o Guilherme de Almeida, com o seu olhar nervoso; o grandalhão Affonso de Esgragnolle Taunay; e o pastor Otoniel Mota; o padre Castro Nery; o advogado Cândido Mota Filho, biógrafo de Bernardino de Campos; o jornalista Francisco Pati, autor da novela *O enterro do sujeito grosso*; o modesto Valdomiro Silveira, pioneiro da nossa literatura regional, autor dos antológicos contos de *Nas serras e nas furnas*; o agrônomo Edmundo Navarro de Andrade, que por ter dirigido a plantação de mais de vinte milhões de pés de eucaliptos, recebeu nos Estados

Unidos, em 1925, a Medalha Meyer da Sociedade Americana de Genética.

Todos os dias, pela manhã, nos seus derradeiros anos de vida, Paulo manteve o hábito de telefonar para o René Thiollier. Este contou no livro *Episódios de minha vida*:

"...e era numa explosão de alegria que me falava rindo, o seu riso frequentemente interrompido por um prolongado acesso de tosse."

Se o amigo deixava de lhe telefonar, René dizia a si mesmo:

– Paulo provavelmente não passou bem esta noite.

René sempre acertara, pois nessas ocasiões Setúbal permanecia "prostrado, sem força, no fundo de uma cama".

Semanas inteiras ele ficava em casa, recluso. Ao sentir-se melhor, aparecia nos almoços mensais da Academia Paulista de Letras, prendendo a atenção dos acadêmicos com a sua conversa deliciosa. Feliz, mais disposto, ia na companhia de René Thiollier até a sede do Automóvel Clube. Informa o memorialista:

"Eu, ali, cercava-o dos mais diligentes cuidados; se o via sentar-se de costas voltadas para uma janela, corria a fechar a janela, e, depois, conduzindo-o à casa, obrigava-o a agasalhar-se, levantava-lhe a gola do sobretudo, e Paulo, voltando-se para mim, no automóvel, olhava-me com um olhar agradecido, batia-me afetuosamente com a mão no joelho."

O leitor já obteve neste livro alguns dados sobre a enfermidade de Setúbal. Convém frisar, no entanto, que naquele ano de 1935 a tuberculose continuava a ser chamada de "Peste Branca", de insaciável devoradora de vidas humanas. Os cientistas tentavam descobrir um remédio capaz de eliminá-la. Luta antiga, obstinada. Robert Koch, o descobridor do bacilo da doença, produziu uma substância com os bacilos mortos e deu a ela o nome de tuberculina. A substância, raciocinou o médico alemão, efetuaria a cura, porém logo se desiludiu, era ineficiente. Koch aplicou-a em centenas de tuberculosos e o estado deles se agravou. Mas Pirquet, um estudioso dos fenômenos imunológicos, pôde verificar o seguinte: a tuberculina, aplicada na pele, não desencadeava graves reações patológicas e fazia surgir, nos portadores do bacilo, uma típica reação cutânea. A luta parou aí? Não. Foi fabricada mais tarde a vacina BCG, sigla composta pela primeira letra da palavra *bacilo* e do nome dos dois bacteriologistas franceses que a criaram, Calmette e Guerin. Destinava-se, essa vacina, a impedir a propagação da moléstia.

Vendo a medicina falhar na cura da tuberculose, o povo inventava remédios estapafúrdios. Um desses remédios era o xarope de bosta de vaca preta. Como o faziam? Vamos explicar. Antes do sol nascer, apanhava-se o excremento da referida vaca, bem seco. O nauseoso excremento devia ser fervido com um pouco de água e um pouco de pinga. Coada, engarrafada, a mixórdia ficava de cabeça para baixo, ao longo de sete dias, e dependurada num lugar onde o sol não batesse diretamente. Transcorrida uma semana, o líquido com a bosta de vaca preta caía numa panela nova, vidrada, após receber os seguintes têmperos: cravo-da-índia, açúcar ou rapadura, folha de laranja bem amarga, um pouquinho de gengibre, mais um tantinho de noz-moscada, duas bagas de jurubeba, muito raladas. O tuberculoso só devia tomar esse líquido assustador em jejum, de madrugada, antes do nascimento do sol, pois se acreditava que ele conseguia matar todos os micróbios da doença...

Estavam num automóvel, nos fins de 1935, quando iam para uma reunião da Academia Paulista de Letras, o Cassiano Ricardo, à esquerda; o Menotti del Picchia, à direita; e o Paulo Setúbal, no centro. Menotti não parava de tossir. Paulo exclamou:

– Santo Deus! Até nem parece que o tuberculoso aqui sou eu!

Cassiano e Menotti sentiram uma pontada no coração. Mais tarde o autor de *Juca Mulato* fez este comentário:

– Querido e grande Paulo! Quanta resignação heróica nas suas brincadeiras fúnebres![*]

Silveira Bueno evocou o cronista de *O ouro de Cuiabá* no artigo "Paulo Setúbal", publicado na edição do dia 25 de julho de 1961 do jornal *A Gazeta*:

"Vi-o pela última vez, numa recepção da Academia Paulista de Letras: pálido, magro, dentro do *smoking* negro era uma suave, quase diáfana visão daquele exuberantíssimo Setúbal de antigamente. Todo ele era espiritualidade, renúncia, resignação."

(*) Depoimento oral de Menotti del Picchia.

Silveira Bueno

Na véspera do Natal de 1935, quando os sinos anunciavam a missa da meia-noite, Paulo foi "violentamente visitado pelo sofrimento". Pressentiu a morte e quis ver um sacerdote. Este se abeirou do leito do romancista e disse:

– Doutor Paulo, aproveite os últimos momentos que Deus lhe dá, para se arrepender dos seus pecados.

Quase recebe a extrema-unção, mas o organismo do enfermo reage e ao cabo longos dias de dor, Setúbal entra em convalescença. Contou então como se sentiu bem, depois de ouvir as palavras do religioso.

Logo se dispôs a ler o livro *A psicologia da fé*, do padre Leonel Franca, obra lançada em 1934. Polemista e homem de oração, esse sacerdote era uma das mais altas expressões da inteligência católica brasileira. Ele havia escrito outro grande livro, publicado no ano de 1923, na época em que estudava teologia na Universidade Gregoriana de Roma. Intitula-se *A Igreja, a Reforma e a civilização*. É uma réplica erudita às afirmativas do ensaio *O problema religioso da América Latina*, do ministro evangélico Eduardo Carlos Pereira.

O livro *A psicologia da fé*, que deu fama a Leonel Franca e fascinou Setúbal, foi o resultado das suas conferências realizadas no Centro Dom Vital, do Rio de Janeiro. Nessa obra ele procurou iluminar a inteligência dos católicos, no sentido de conciliar a fé com a razão, a cultura com a Igreja. Segundo Leonel Franca, a fé é uma adesão intelectual à verdade, apesar de ser inferior, como forma de conhecimento, à clareza da intuição. Vemos aí a influência da filosofia dinâmica e dualista do francês Henri Bergson (1859-1942), que rejeitava a idéia de considerar a ciência a maior fonte do conhecimento. Para ele, sob este aspecto, a intuição é uma força vital e superior a da ciência.

Decerto as conclusões do padre nascido em São Gabriel, no Rio Grande do Sul, impressionaram profundamente o sofredor Paulo Setúbal. Um trecho do seu ensaio, acreditamos, deve ter causado um vigoroso impacto na alma de Paulo, inclinada ao misticismo. Referimo-nos à passagem na qual Leonel Franca diz que a fé é um processo seguro, racional, econômico, de se chegar à certeza, de atingir certas realidades, distantes no tempo ou estritamente sobrenaturais, o único caminho aberto à inteligência humana no decorrer da sua peregrinação terrena.

Outras obras, nessa época, despertaram o interesse de Setúbal: a *Bíblia*, *Imitação de Cristo*, *Concordância dos santos Evangelhos*. A *Bíblia* era lida por ele, todas as noites. E ao lê-la, meditava, analisava o texto sagrado, durante horas a fio. Transformou-se num entusiasta da *Imitação de Cristo*, do cônego agostiniano Thomás de Kempis (1379-1471). Tão entusiasta que passou a ler as edições mais famosas desse livro. Decorou vários dos seus trechos e os repetia em voz alta, até no original latino. Talvez soubesse de cor esta passagem:

Leonel Franca

"Pela manhã, pensa que não chegarás à noite, e à noite não contes chegar ao dia seguinte. Devido a isto, estejas sempre preparado e vive de tal maneira que nunca a morte te surpreenda desapercebido."

Sim, frases da *Imitação de Cristo* gravaram-se na sua memória. Indaguemos se memorizou algumas destas:

"Quando chegar aquela hora extrema, de modo muito diferente começarás a julgar toda a tua vida passada e muito te arrependerás de ter sido tão negligente e relaxado... Quão ditoso e prudente é o que se esforça por ser em vida como deseja que o encontre a morte!... Grande confiança de bem morrer lhe dará o completo desprezo do mundo... a abnegação de si mesmo, a constância em sofrer todas as adversidades por amor de Cristo... Procura viver agora de tal maneira que na hora da morte tenhas mais motivos de alegria que de temor... Enquanto tens tempo, entesoura riquezas imperecíveis... Preocupa-te unicamente com a tua salvação e cuida só das coisas de Deus."

As duas últimas frases são o eco dos versículos 19, 20 e 21 do capítulo VI do Evangelho de São Mateus, das palavras de Jesus no Sermão da Montanha:

"Não ajunteis para vós tesouros na terra, onde a traça e o caruncho os consomem, e onde os ladrões penetram e roubam, mas ajuntai para vós tesouros no céu, onde nem a traça, nem o caruncho os consomem, e onde os ladrões não penetram e não roubam, porque onde estiver o teu tesouro, ali estará também o teu coração."

Reproduzimos as frases da *Imitação de Cristo* e o trecho da *Bíblia*, de modo minucioso, apenas por um motivo: é que Paulo, nos seus derradeiros meses de vida, procurou seguir estes preceitos ao pé da letra. Quem os coloca perto da fase final da existência do escritor, logo constata como os ensinamentos dos dois livros se harmonizam com as últimas ações do nosso biografado. As biografias secas não teem alma, assemelham-se a frios relatórios burocráticos.

Serpente mortífera, sorrateira, prestes a dar o bote final, a doença de Paulo avançava. Ela o emagrecia cada vez mais, tirando-lhe as forças, corroendo os seus pulmões. O rosto de Setúbal ganhou a aparência de um personagem moldado em cera. Amigo do enfermo, ao evocá-lo, Manuel Vitor de Azevedo escreveu:

"Nos últimos meses de sua vida, embora sem sabermos nunca quantos meses seriam esses últimos, eu percebia quão difíceis vinham sendo para ele as andanças habituais. Trazia um aspecto mais triste, apesar de tentar transparecer em sua pessoa um desejo veemente de viver e parecer forte. Mas a verdade é que aquela sua antiga alegria, aquele seu jovial temperamento, que enfeitava de luz todos os seus momentos de contato com os seus amigos, já tinham a translucidez bruxuleante da chama que se gasta ao fim do pavio. Que pena!"

* * *

Setúbal passava a maior parte do ano em São José dos Campos, numa casinha pitoresca situada no fundo de um jardim. Residência cercada de uma sebe de cedros da altura de um muro. Uma tarde, saindo a passeio, foi surpreendido por um aguaceiro. Ficou encharcado, resfriou-se e logo depois teve pneumônia. A morte tentou apoderar-se do seu corpo desmantelado pela tuberculose. Ia receber a extrema-unção, como já vimos, mas sobreviveu, entrou na convalescença.

Para o Fernando Jorge, grande talento, cordialmente oferece o René Thiollier 14.II.1958

Dedicatória de René Thiollier, num dos seus livros, para o autor desta biografia

Informa René Thiollier, nas suas memórias, que antes de acontecer isto, Paulo "estava relativamente bem", muito alegre, repleto de projetos. Ele pretendia concluir um livro cujo título nunca quis lhe revelar. Quando René insistia em saber, a resposta do escritor era esta:

– Você verá mais tarde, não é para ser publicado já, é um livro em que tenho posto toda a minha alma.

René Thiollier resolveu visitar o amigo. Desembarcou em São José dos Campos e foi até a casinha de Paulo, quase junto da estrada de rodagem. O portão, entreaberto. Sem bater, René entrou, mas Paulo não viu a sua chegada. Ele o esperava de perneiras, sapatões ferrados, sentado num dos degraus do alpendre. Achava-se pensativo, encurvado, com os cotovelos fincados nos joelhos, a cara apoiada entre as mãos. De repente, ergueu a cabeça, e ao ver Thiollier, arregalou os olhos, desejando "ter um daqueles seus gestos alvoroçados", mas ao levantar os "braços gesticulantes", não conseguiu por-se de pé, "tão abatido de forças se sentia, a cara lívida, vincada de rugas, de uma magreza extrema". René acelerou os passos, aproximou-se dele e o estreitou contra o seu peito, procurando disfarçar a dolorosa impressão de que se sentia possuído. Narrou o memorialista:

"As suas primeiras palavras foram seguidas do infindável cacarejo de uma tosse seca, que lhe fazia saltar as clavículas. Quando cessou, demorou anelante, fatigado, com as pálpebras semi-cerradas."

Vencida a crise, Paulo confessou:

– Pensei que morresse desta vez, a hora, porém, não havia chegado.

Thiollier tentou animá-lo, mas as palavras não lhe vinham à boca. A esposa de Setúbal, dona Francisca, assomou no limiar da porta, sorriu, aproximou-se do visitante e o cumprimentou. René beijou a mão da "mais santa", da "mais dedicada das esposas" que ele conhecia.

Surgiu a criada, anunciando o almoço. Dona Francisca disse a René:

– Vamos, que são horas. Estávamos só à sua espera. Paulo deve estar com fome.

O romancista olhou para ela e sorriu. E os três se sentaram à mesa na salinha de jantar caiada de branco, com mobilia simples. René sentia o coração confrangido, a alma invadida por uma melancolia que mais o convidava a cismar que a falar. Setúbal, no entanto, não ficou quieto, pediu a René notícias de todos os amigos, indagou se pensavam nele, se falavam da sua pessoa. Fez perguntas sobre os acontecimentos da vida social, pois esta o divertia com os seus mexericos:

"Quis saber se não havia em perspectiva um novo divórcio, se tinha havido muitas festas, muitos jantares, muitas partidas de bridge, e que tal o *reveillon* de fim de ano no Automóvel Clube."

À maneira de quem não se adaptava aos costumes da época, Thiollier respondia. E enfatizou:

– Você acredite, é como lhe digo. Não é mais como era. O Automóvel Clube deixou de ser aquele *cercle* elegantíssimo de outrora: é hoje um caravansarai [mistura, baralhamento] cujas festas lembram as do Términus, em dia de carnaval. Há ali gente que ninguém conhece. Foi-se a distinção de outros tempos, dos tempos das recepções em casa de dona Olívia...

Estas palavras de René foram pronunciadas, sem dúvida, com o objetivo de evitar que o seu amigo sentisse saudades da vida

Olívia Guedes Penteado

social. A dona Olívia a quem se referiu era a senhora Olívia Guedes Penteado (1872-1934), nascida em Campinas, filha dos barões de Pirapingui, e cujo palacete, na rua Conselheiro Nébias do elegante bairro dos Campos Elíseos, da capital paulista, após ser inaugurado em 1898, transformou-se no local de encontro dos artistas e dos intelectuais da época.

Rememorando uma série de episódios, Thiollier perguntou a Setúbal:

– Você se lembra, quando você publicou a *Alma cabocla*, como você era assediado para recitar os seus versos?... Até hoje não me esqueço de uma noite em que você, de casaca, podre de pose, numa roda de moças, declamava "Nhá Caróla".

E René declamou o início da poesia:

> *Eia!... O meu baio caminha*
> *Por entre nuvens de pó:*
> *Vou ver a boa vizinha,*
> *Essa adorada velhinha*
> *Que eu quero como a minha avó.*
>
> *Nasceu aqui, e aqui mora,*
> *Neste retiro de paz.*
> *Ah! É uma santa senhora*
> *Que inda me quer, que inda me adora,*
> *Como há vinte anos atrás."*

Paulo sorria, enquanto René declamava. Suspirou, com os olhos enevoados e o pensamento distante:

– Bons tempos aqueles!...

Na mesma postura, valendo-se de uma pausa do amigo, os olhos sempre enevoados, com o pensamento ainda mais distante, ele começou a recitar em surdina:

> *"E hoje que o dia se engala*
> *De tanta luz, tanta cor,*

Vim, Nhá Caróla, abraçá-la,
Ouvir de novo essa fala,
Sentir de novo esse amor!"

Após pular três quintilhas, Setúbal concluiu, exibindo um nó na garganta e os olhos marejados de lágrimas:

"Céus!... É a mesma Nhá Caróla,
Que, enrugada como está,
No tempo em que eu ia à escola,
Enchia a minha sacola
De broinhas de fubá."

A saudade, inúmeras vezes, é a dolorosa memória do coração, o amor triste e sem esperança a um bem perdido, irrecuperável. E ela se torna mais dolorosa nas almas dos desiludidos, dos sofredores. Paulo, naquele momento, estava sentindo esta saudade.

* * *

O carinho de Setúbal pelos amigos era quente e constante. Ele gostava de Fernando Nery, biógrafo de Rui Barbosa e diretor da Secretaria do *Petit Trianon*, isto é, da sede da Academia Brasileira de Letras. Tal como Setúbal, esse carioca admirava os prosadores clássicos, tendo publicado uma edição dos *Apólogos dialogais*, do escritor seiscentista Dom Francisco Manuel de Melo, um dos maiores vultos da literatura portuguesa, autor de mais de cem obras, muitas em espanhol. Nery iria lançar um livro sobre a ABL, patrocinado por essa instituição, e precisava de informações dos seus membros. Pediu dados biobibliográficos a Setúbal, em nome da Academia. Este lhe enviou a seguinte carta:

"São José dos Campos – 31-1-36
Meu querido Fernando Nery
Um abraço.

Junto seguem meus dados bio-bibliográficos que a Academia me pediu. Não pude fazê-los tão completos como queria, pois estou aqui em S. José dos Campos passando uma temporada, e não tenho à mão os meus livros com todas as edições. Eu mandei as minhas obras para a Academia, inclusive exemplares de cada tradução. Aí será fácil completar (se for preciso, o que acredito) os dados inclusos.

E você, como vai? E madame Nery? Eu tenho vontade de dar um pulo até aí para rever os meus queridos amigos, entre eles o meu caro Nery, a quem trago num lugar muito afetuoso do coração, mas não posso. Sou forçado a ficar ainda uma temporada por aqui, a fim de refazer a saúde, que anda meio avariada.

Adeus! Escreva. E me dê notícias da Academia.

Do seu amigo grato e [ilegível]

Paulo Setúbal."

Cheia de calor humano, de afeto, a carta acima reproduzida é também um retrato da alma de Paulo. Ele nunca deixou de apoiar os seus amigos, de estimulá-los. No governo de Armando de Sales Oliveira, iniciado em 1935, apareceu na Paulicéia a mais bela revista em rotogravura que o estado bandeirante já teve, dirigida por Leven Vampré, Cassiano Ricardo e Menotti del Picchia. A revista se chamava *São Paulo* e foi louvada até por escritores de fama internacional, como Stefan Zweig. Muito amigo dos três diretores da publicação, Setúbal elogioua nestas linhas:

"Eis o milagre que conseguiu a revista: botar São Paulo diante dos olhos de todo o mundo, numa síntese formidanda que é autêntica maravilha de arte e técnica. Estamos todos deslumbrados!"

Leven Vampré, Cassiano e Menotti tinham um justo orgulho da revista e emocionaram-se, informou-nos o terceiro, com estas palavras entusiásticas de um amigo gravemente enfermo.

Paulo era grato a Hélio Lobo pelo apoio que este dera à sua candidatura à vaga de João Ribeiro na Academia Brasileira de Letras. Várias vezes, quatro ou cinco, o escritor paraense Osvaldo Orico candidatouse a uma cadeira da ABL e Setúbal, em todas essas ocasiões, sempre lhe enviava os seus sufrágios, como o próprio Orico reconhece no livro de memórias *Da forja à Academia*, lançado em 1956 pela Editora José Olympio.

Quando o doutor Levi Carneiro quis virar "imortal", nos meados de 1936, o diplomata Hélio Lobo pediu o apoio de Setúbal à candidatura desse jurista. Paulo o atendeu e isto magoou Osvaldo Orico. Ele não sabia de uma coisa: o coração de Paulo tinha memória e não apenas o seu cérebro... Levi Carneiro foi eleito membro da ABL (cadeira número 27) no dia 23 de julho de 1936, obtendo dezenove votos e Orico quinze.

Em agosto do referido ano, apesar do avanço da tuberculose nos seus bem lesados pulmões, Paulo tornou-se um dos fundadores do grupo cultural "Bandeira". Os outros fundadores eram os seguintes: Plínio Barreto, Cassiano Ricardo, Monteiro Lobato, Alcântara Machado, Valdomiro Silveira, Rubens do Amaral, Mário de Andrade, Guilherme de Almeida, Menotti del Picchia. Segundo Cassiano Ricardo, antes de tudo o grupo tinha o objetivo de "organizar o pensamento original do Brasil", a fim de efetuar o "pacífico reajustamento" das condições de vida do nosso povo, dentro das bases sociais e políticas do mundo moderno.

> Nesse sentido é que a Bandeira adjudica uma função social à intelligencia, que deixa de ser um nódulo descoordenado de solitaria especulativa sem efficiencia, para collaborar livremente com o Estado na formação de uma consciencia collectiva, rica de observação, moderna e vigilante, tão adequada a solução dos problemas brasileiros como necessaria a realização do nosso papel no mundo.

Fac-simile da parte final do manifesto do movimento "Bandeira".
Contém a assinatura de Paulo Setúbal

A "Bandeira" se propunha, entre outras coisas, a coordenar toda a ação criadora de São Paulo, "fixada nos princípios da disciplina, hierarquia e culto da tradição bandeirante, em benefício da pátria comum". Queria também "dar uma função social à arte e à literatura", utilizando-as como processo de integração nacional.

Paulo assinou o manifesto do grupo. Seu nome está perto das assinaturas de Monteiro Lobato e Mário de Andrade. É o décimo do manifesto, em cuja parte final há esta explicação:

"Nesse sentido é que a 'Bandeira' adjudica uma função social à inteligência, que deixa de ser um nódulo descoordenado de solitária atividade especulativa sem eficiência, para colaborar livremente com o Estado na formação de uma consciência coletiva, rica de observação, moderna e vigilante, tão adequada à solução dos problemas brasileiros como necessária à realização do nosso papel no mundo."

A rigor, o grupo desejava criar os alicerces de um Estado democrático, social e nacionalista. Houve um momento em que Mário de Andrade pensou em se desligar da "Bandeira", talvez pelo motivo de vê-la, após certo tempo, como um movimento da extrema-direita, mas Cassiano Ricardo enviou-lhe uma carta, na qual frisou:

"Se queria recuar por motivo ideológico, também não havia razão. Você diz: 'sou contra o fascismo' e a 'Bandeira' também o é. Você afirmou: 'sou contra o comunismo', é a 'Bandeira' também o é. E para completar nossa harmonia de pensamento, você assevera ser contra a 'democracia de palavras' e a 'Bandeira' também é contra... De modo, meu caro Mário, que não há como você fugir ao compromisso assumido com 'Bandeira', cujas idéias são as suas; coincidem exatamente com a sua posição."

Numa passagem da carta, a fim de convencer ainda mais o autor de *Macunaíma*, o poeta Cassiano Ricardo se utilizou deste argumento:

"Atente para os nomes que assinaram o manifesto: Guilherme, Alcântara Machado, Plínio Barreto, Lobato, Taunay, Paulo Setúbal, entre outros. Algum deles iria endossar um documento fascistizante?"

Informa Cassiano no seu livro de memórias, intitulado *Viagem no tempo e no espaço*, que Mário de Andrade silenciou, "amoitou-se", depois de receber a sua carta.

Setúbal manteve-se firme na "Bandeira". Firme, embora com fraqueza física. Não a contemplou como o movimento de um grupo de extrema-direita, mas sim como uma ação de sadio e democrático nacionalismo. E teria mesmo aderir a esse movimento, ser um dos seus fundadores, porque conforme salientou Cassiano, o amor de Paulo pelas coisas do Brasil "era o traço mais agreste da sua sensibilidade". O Fascismo, sistema político defensor do Estado totalitário, implantado na Itália por Benito Mussolini (1883-1945), foi um regime unipartidarista, inimigo da democracia e da liberdade, durante o qual os que o apoiavam adotaram esta divisa:

"*Mussolini ha sempre ragione*"
("Mussolini tem sempre razão")

Paulo jamais aceitaria a infalibilidade de um ditador. Seu amigo Cassiano Ricardo o conhecia a fundo e por este motivo, ao evocar a figura do romancista, o autor de *O homem cordial* escreveu estas linhas:

Mussolini

"Sem ser político, ninguém foi mais pela democracia do que ele. Amigo dos humildes, sensível a todas as desigualdades sociais, votando verdadeiro horror à violência, dotado de um sentimento de bondade tipicamente brasileiro, só poderia conceber um regime de fraternidade e compreender, como dissera certo filósofo, que a onipotência é um vinho muito forte para a natureza humana."

* * *

No dia 25 de outubro de 1936, ano da vergonhosa conquista da Etiópia pelas tropas fascistas (o primeiro passo de Mussolini na tentativa de ressuscitar o esplendor do Império Romano), o democrático Paulo

Setúbal começou a lançar num caderno o texto do seu livro *Confiteor*, a princípio em forma de diário:

"A minha vida, é certo, nada tem de grande, nem de brilhante, nem de singular, que mereça letra de fôrma. É uma vidazinha como mil outras. Mas pode ser que, não por uns pequeninos e frágeis êxitos que teve, mas pelos seus altos e baixos, pelas suas quedas e soerguimentos, pelo seu fadário terreno tão rudemente cortado, pelos pedaços agoniantes de que se entreteceu, pelas longas e longas horas passadas enfadonhamente na cadeira de lona, horas que a revolta antigamente amargava, horas hoje tão alegremente e tão levemente suportadas, pode ser que esta minha obscura vida de doente sirva acaso de lenitivo e de soerguimento a algum desconhecido irmão de infortúnio que, com o seu impotente desespero arraste, por essas estações de cura a fora, dias excruciantes de amargura e de sucumbimento."

De modo humilde, após jogar tais palavras no caderno, Paulo admitiu:

"Essa idéia, pois, só essa idéia deu-me ânimo a que, vencendo desalentadoras canseiras, eu me atirasse – Deus sabe como! – a este trabalho que os meus olhos não verão em livro."

Há um heroismo exemplar, silencioso porém eloqüente, no fim da frase. E também a serena consciência da aproximação da senhora Morte. O memorialista não quer preocupar-se com o estilo, fazer literatura:

"Que o meu pensamento brote espontâneo do coração e tombe sincero da pena. Que este caderno não seja outra coisa senão a desenfreada confissão de como, através do sofrimento, eu me cheguei totalmente ao Cristo. Cheguei-me ao Cristo e sou feliz."

Decorrido mais um dia, Setúbal evoca no caderno o seu encontro com o Nazareno:

"Ouvindo-O, eu, na minha angústia, toquei-Lhe com as mãos trêmulas a ourela do vestido. E perguntei-Lhe ansioso: Quem sois Vós? Ele me disse: 'Eu sou o caminho, a verdade e a vida'. Que acento o acento daquela voz! Nunca homem nenhum falou como aquele homem. Cheguei-me totalmente a Ele. Sentamos-nos um ao lado do outro. Conversamos. Eu vi, sem detença, que me havia encontrado com o amigo de que carecia. Com o amigo que é hoje o meu melhor amigo. O amigo supremo. O único amigo certo da hora incerta. Depois que O conheci, depois que O fitei de perto, depois que Lhe falei confiadamente, tudo, absolutamente tudo, mudou na minha existência como por encanto."

A felicidade de crer em Cristo é assim descrita:

"Mas que felicidade diferente da felicidade que o mundo sonha! É uma felicidade estranha. Felicidade que os homens, correndo atrás de delícias e voluptuosidades, nem sequer suspeitam que existe. Felicidade que é feliz na ventura, mas muito mais feliz na desventura. Felicidade que é feliz na alegria, mas muito mais feliz na tristeza. Felicidade que é feliz nas horas de doçura, mas muito mais feliz, infinitamente mais feliz, nas horas de sofrimento. Sim, nas horas de sofrimento. Porque o sofrimento, meu pobre irmão de cadeira de lona, o sofrimento é dádiva do céu."

Essa cadeira de lona, a qual ele sempre se refere, é a cadeira que nas praias, nas varandas, nos sanatórios, nas estações de cura, era muito usada pelos tuberculosos.

Afirmava Álbio Tibulo, poeta elegíaco latino: a dor despedaça os corações mais fortes. E outro poeta, o romântico Gustavo Adolfo Bécquer, tinha medo de ficar a sós com ela. Procópio, historiador do século VI, nascido em Cesaréia, na Palestina, disse no *De Bello Vandalico* que o sofrimento muito forte inclina o homem para as mais perversas decisões.

Paulo Setúbal no *Confiteor*, livro póstumo, mostra não ser o dono de um coração estraçalhado pela dor, nem revela, como Bécquer, o medo de ficar a sós com ela, nem sustenta, como Procópio, que a dor muito intensa faz o homem ser cruel, agir de maneira perversa. Setúbal apenas enaltece o sofrimento, pois ele o aproximou do Verbo Divino:

"Esse sofrimento, contra o qual eu, espumando fel, me rebelei tantas vezes de punhos fechados, sofrimento que estrangulava todas as minhas ambições, que arredava com mão de ferro a minha mocidade do mundo vão que eu amava, esse sofrimento que, culminando, terminou por fazer de mim este mísero trapo humano que hoje sou, este sofrimento foi – quem jamais soube lá os desígnios secretos de Deus? – o caminho dorido e áspero, mas abençoado, que, fazendo-me ascender do charco às estrelas, levou-me devagarinho, mansamente, para esta doce

Capa da sétima edição de *Confiteor*

paz de espírito em que hoje vivo, para este remansado sossego de consciência, e, sobretudo, para esta felicidade – escute-o bem, meu irmão! – para esta paradoxal felicidade de me ver doente, certo de morrer breve, e, por isso mesmo ditoso, serenamente ditoso, porque sinto que fui assinalado pela mão oculta e misericordiosa de Cristo."

Vítima de uma tuberculose bem avançada, Paulo Setúbal, purificado pelo sofrimento, podia pronunciar em voz alta, repleto de convicção, estas palavras do grande orador espanhol Antonio Aparisi y Guijarro:

"Morrer, para quem morre em Jesus Cristo, é entrar no barco que aporta às praias eternas, é adormecer no meio dos homens e despertar no meio dos anjos."

(*"Morir, para quien muere en Jesucristo, es saltar en el bajel que aporta a las playas eternas, es dormir-se entre los hombres y despertar entre los angeles."*)

XXIII

A PROFESSORA DOR O ENSINOU A CONHECER A VIDA, OS HOMENS E A SI MESMO

*U*ma obra empolgou Setúbal em 1936: *La vie de Charles de Foucauld*, do escritor francês René Bazin (1853-1932). Empolgou tanto que ele pretendia traduzi-la de forma livre, a fim de enriquecer a língua portuguesa com um "novo primor literário". Representante da grande tradição católica, Bazin enalteceu nos seus livros as virtudes da sua religião. A obra mais célebre desse escritor é o romance *Les Oberlé*, de 1901, hino à França, apologia do sentimento patriótico, onde o autor mostra a fidelidade dos alsacianos ao país de Santa Teresa de Lisieux.

Por que a biografia de Charles de Foucauld, da lavra de Bazin, exerceu enorme fascínio em Paulo Setúbal? É que a existência de Foucauld, narrada por um escritor de talento, emocionou Setúbal, tocou profundamente nas fibras do seu coração católico. Quem foi Charles de Foucauld? Nascido em Estrasburgo, no ano de 1858, o "Apóstolo do Saara" serviu durante algum tempo no exército francês, chegando a participar, em 1881, da luta contra a revolta algeriana de Bou-Amama. Disfarçado em judeu indígena, visitou o Marrocos, país ainda desconhecido, no qual fez pesquisas científicas. Essas pesquisas lhe serviram de ponto de partida para várias descobertas no campo da Astronômia. Isto aconteceu nos anos de 1883 e 1884. De volta à França, abandonou as tais pesquisas e experimentou brusca transfomação. Impulsionado pela sua alma mística, entrou em 1890 numa Trapa (ordem religiosa). Cheio de humildade, permaneceu por muito tempo como porteiro de um convento na Palestina. Então começou a levar vida contemplativa e caridosa de monge, de eremita-missionário, em pleno centro do Saara argelino. Amoldou-se ao modo de viver dos muçulmanos. Os tuaregues, povo berbere nômade, veneravam Foucauld como um marabuto, um guia espiritual, e o chamavam de "Irmão Charles de Jesus". Desde 1909, o ano da derrota dos mouros pelos espanhóis no continente africano, Foucauld quis organizar a confraria dos "Irmãos e Irmãs do Sagrado Coração de Jesus", cujo objetivo principal era este: a conversão dos "infiéis" à fé católica. Em 1916, na época da Primeira Grande Guerra Mundial, ele foi assassinado por ferozes saqueadores senusis, no seu próprio eremitério.

Charles de Foucauld

Não é difícil compreender o entusiasmo de Paulo Setúbal pelo livro *La vie de Charles de Foucauld*, de René Bazin. O escritor brasileiro identificou-se com o religioso francês. Este, à semelhança de Setúbal, havia evoluido espiritualmente. Foucauld deixara de ser um guerreiro para se tornar um servidor de Cristo. Paulo desistiu de seguir as doutrinas materialistas para ingressar no exército dos soldados do Filho do Deus humanado. Foucauld desejou organizar uma confraria, a fim de converter os "infiéis" à fé católica. Setúbal pretendeu colocar esta fé na alma de Humberto de Campos. Repleto de humildade, Foucauld foi o porteiro de um convento na Palestina. Também muito humilde, Paulo reconheceu, no *Confiteor*, que a sua vida nada tivera "de grande, nem de brilhante, nem de singular".

As conversas do escritor, apesar do seu grave estado de saúde, encantavam os amigos. E com um deles comentou uma tradução do célebre soneto "Noite e morte" (*"Night and Death"*), do poeta e pastor inglês Joseph Blanco White (1775-1841), soneto considerado por Coleridge como "o mais belo e o mais nobremente pensado" da literatura inglesa. Vamos aqui reproduzi-lo:

"Misteriosa noite! Quando da terra outrora
Nossos primeiros pais no céu te aperceberam,
Pela extinção total acaso não tremeram
Deste dossel de azul que o almo sol colora?

Porém, de sob um véu translúcido ness'hora
Em que os raios do ocaso em névoas se envolveram,
Vésper se ergueu; após, estrelas mil se ergueram,
E a vista em pasmo olhou pelo universo em fora.

Quem, em vendo, ó sol, por ti o seixo, a ervinha, o inseto,
Pudera acreditar que em trevas se mudasse
Tua luz, de orbes sem conta e resplendente aspecto?

Quem pudera supor que um sol mil sóis velasse?
Por que, pois, tanto a morte os homens intimida?
Se a luz pode enganar, por que o não pode a vida?"

("Mysterious Night! When our first Parent knew
Thee, from report divine, and heard thy name,
Did not he tremble for this lovely Frame,
This glorious canopy of Light and Blue?

Yet, neath a curtain of translucent dew,
Bathed in the rays of the great setting Flame,
Hesperus with the Host of Heaven came,
And lo! Creation widened in Man's view.

Who could have thought such Darkness lay concealed
Within thy beams, O'Sun, or who could find
Whilst fly, and leaf, and insect stood revealed,

Why do we then shun Death with anxious strife?
That to such countless Orbs thou mad'st us blind!
If Light can thus deceive, where fore not Life?")

Declamando o célebre soneto de White, traduzido por Ferreira da Luz, talvez este pensamento consolador acudiu à mente de Paulo: a vida é um engano e a morte é a verdade.

Os antigos gregos sempre contemplaram a vida como uma constante batalha, *agon*. Veio desta palavra do eufônico idioma de Sócrates o substantivo feminino *agonia*, que não indica apenas o período de transição anterior à morte, mas igualmente o epílogo do combate, a luta final do homem para preservar a vida. Nos últimos meses de 1936, podemos afirmar, Paulo tinha uma concepção agonística da existência.

No dia 25 de outubro de 1936, o autor de *Confiteor* redigiu "apressado bilhete" e o enviou a "bondoso padre, amigo muito amado". Qual o nome desse sacerdote? Não sabemos, mas eis aqui o bilhete:

"Meu estremecido amigo:

Ontem, sábado, fiz o sacrifício. Em vez de os entregar ao editor, que estava à espera, atirei ao fogo os originais do meu romance. Eram trezentas páginas. Uma pequenina fogueira os devorou em brevíssimos instantes. O meu labor de todo um ano (labor bem duro e bem suado, confesso-o) reduziu-se assim a uma pouca de cinza que o lixeiro carregou. Ainda bem. Aquelas páginas cruas tiveram o destino que convinha a páginas sem Deus. Estou contente. Louvado seja Nosso Senhor Jesus Cristo!

P. S."

A obra, a primeira de pura imaginação de Setúbal, ia logo aparecer nas livrarias. Intitulava-se *O filho* e era o reflexo de uma vasta literatura sem a presença de Deus, devorada por Paulo na sua juventude. Custou-lhe imenso esforço, a gestação do romance:

"Dei a ele tudo o que podia dar. Comecei-o e acabei-o ao tempo em que meu espírito ainda não se voltara para as coisas altas."

Ouvindo a voz de Jesus, explicou Paulo no caderno onde escrevia o *Confiteor*, ocorreu nele esta metamorfose:

"Transformação nas idéias, transformação nos gostos, transformação nas leituras, transformação no modo de encarar a vida. Transformação até mesmo – que se havia de dizer? – na escolha dos amigos. Cheguei a ponto de pensar que eu havia mudado radicalmente. Que eu me tornara o 'homem novo' do Evangelho."

Mas ele se iludiu, confessou, pois ainda existia no seu âmago, "defendendo-se e debatendo-se, custoso de ser estrangulado, um empedernido remanescente" do Paulo Setúbal antigo, entregue às soltas a trinta anos de vida mundana. Esse Paulo dos outros tempos exsurgiu "chamejante", exibindo todas as suas energias, à maneira de um guerreiro disposto a travar o combate supremo, quando um pouco mais fortalecido o escritor se ergueu do leito de enfermo e cogitou em publicar o romance:

"...procurou-me certo dia o meu editor, e, com instância, solicitou-me que lhe desse um novo livro. A tentação era radiosa. Fui buscar, entre meus velhos papéis, o romance que jazia no fundo da gaveta. Reli-o"

Dedicatória de Paulo Setúbal para o juiz Adalberto Garcia

Ao relê-lo, o primeiro ímpeto de Paulo foi categórico:

– Não publico este livro. Absolutamente não publico. Este livro é, tão-sómente, um livro de paixões más e desgrenhadas. Um livro ruim. Não tem nenhuma elevação moral. Não edifica a ninguém. É livro que um escritor, sendo católico, não tem o direito de lançar a público. Não, não publico este livro.

De nada adiantaria, nesse momento crucial, um amigo lhe mostrar a seguinte passagem do prefácio do romance *O retrato de Dorian Gray*, de Oscar Wilde:

"Não há livros morais e livros imorais. Há livros bem escritos ou mal escritos. E é tudo."

(*"There is no such a thing as a moral or an immoral book. Books are well written, or badly written. That is all"*).

É mesmo, de nada adiantaria um amigo colocar estas palavras diante dos olhos de Setúbal, porque ele estava com a sede imperiosa e atormentadora de se purificar, de se acrisolar por causa do seu sincero, porém algo ingênuo arrependimento de ter sido um "grande pecador", coisa que nunca foi...

Angustiado, meteu os originais do romance na gaveta. Dormiu pouco nessa noite. Sua conversa com o editor não lhe saía da cabeça. Ficou pensando, pensando. Logo fez uma autocrítica. Ele fora tolo, piegas, agira como um "maricas":

"Que maricas! Por que não publicar o romance? Aquilo era carolice de minha parte. Carolice insuportável. Carolice que a doença insuflara no meu espírito abatido."

Paulo decidiu reagir, libertar-se daquelas "bobagens". Se não reagisse, onde ele iria parar? Varou a noite com esses pensamentos escaldantes. E no meio dos pensamentos uma única palavra, como um "estribilho achincalhador", machucava a sua vaidade: a palavra "carola", hoje em desuso, substantivo que era muito aplicado ao assíduo freqüentador de igrejas, ao beato, ao papa-missa, ao papa-hóstia.

No dia seguinte, após acordar, Paulo pegou o romance e o releu. Descobriu as suas qualidades:

"Grandes qualidades. Houve mesmo cenas que achei belíssimas. Por que não publicar aquele livro? Que carolice... Pus-me então, durante alguns dias, a ajustar melhor umas tantas páginas e a retocar uns tantos episódios. Limei aqui, cortei ali, poli o que pude, e, afinal, dei o meu romance como definitivamente acabado."

Dona Francisca, a esposa do escritor, começou a datilografar o romance. Ela batia à máquina no quarto de uma filha lourinha de ambos, de doze anos. A menina estava adoentada, de cama. Quatro capítulos já tinham sido datilografados, quando dona Francisca perguntou ao marido:

– Você vai publicar este livro?

Setúbal disse que sim. Dona Francisca ponderou:

– Pense melhor. Você mudou nestes últimos tempos. Você é hoje um homem crente, um católico praticante. Você vai mesmo publicar um livro como este? Pense melhor.

A resposta de Paulo foi também um conselho:

– Nao seja beata, mulher!...

Entretanto, no fundo da consciência, ele sentiu "muitíssimo bem a justiça da exprobação". Dona Francisca havia repetido o que Paulo já dissera a si próprio, mas outra vez o escritor pôde ouvir a voz sarcástica e condenatória da sua noite de insônia: tudo bobagem, pieguice, carolice. E Francisca lá entendia de literatura?

O romance *O filho* continuou a ser datilografado. Firme, obstinada, a esposa de Setúbal não parava de dizer:

– Você vai mesmo publicar este livro? Pense melhor. Eu acho que não fica bem a você, que é hoje...

Esta insistência de Francisca doía na alma de Paulo. Dentro dele irrompeu uma luta:

"...não se tratava mais da publicação ou não publicação dum simples livro, um romancezinho, que não ia mudar a face da terra. Nada disso. Tratava-se, isso sim, da luta entre o homem que eu fui e o homem que eu queria ser. Entre o homem novo e o homem velho."

Antes de ir ao editor, Paulo resolveu solicitar a opinião de um padre amigo. Telefonou para o religioso e este foi à sua presença. Setúbal expôs o problema: aquela luta o afligia, causava-lhe uma intensa dor moral. Após ouvir a descrição do enredo da obra, capítulo por capítulo, o padre o aconselhou a trancar o romance na gaveta.

Embora bastante desapontado, porque no fundo queria encontrar alguém que prestasse socorro ao "homem velho" que "estrebuchava" no seu íntimo, o escritor aceitou o conselho. Quis até, num assomo, destruir o romance:

"Mas foi um assomo apenas. Mal o padre virou as costas, mal eu me vi a sós comigo, pegou a referver no meu íntimo uma procela rugidora. Todas as forças subconscientes do meu ser, assanhadas, como que atiçadas por estranha mão, desencadearam-se iracundas contra o padre."

Tais forças, revela Setúbal no *Confiteor*, descompunham o religioso: ele era um bobo, um místico, nada conhecia da vida, achava-se no mundo da lua. Paulo, ao contrário, não vivia nesse mundo da lua, nunca fora um místico, pois escrevera o romance com os olhos abertos para a realidade, apresentando as podridões da existência. E as forças subconscientes do escritor argumentavam:

"Imaginem um pouco se os romancistas, antes de publicar os seus romances, fossem todos pedir conselhos aos padres. A literatura estava bem aviada. Não haveria mais romance no mundo ou, pelo menos, os romances ficariam reduzidos a escritos com água-de-flor-de-laranjeira."

Paulo viu o seu conflito secreto, esse duelo entre a lógica que defendia o livro e a lógica que o atacava, como uma "tempestade brava, feio pegão de vento". No centro da tempestade, entretanto, uma voz pequenina e muito apagada lhe fez esta pergunta embaraçosa: por que ele havia consultado o padre? Afinal, o sacerdote externara a mesma opinião de Paulo e de dona Francisca...

Cruzaram-se na cabeça de Setúbal os argumentos a favor e os argumentos contra. Os escritores que não eram católicos podiam gerar os livros que bem entendessem, mas os católicos não tinham o direito de explorar qualquer assunto. Ora, ser católico é uma coisa e ser carola, barata-de-sacristia, é outra. Ridículo, destruir um livro de trezentas páginas, fruto de enorme canseira, só porque um padre o condenou. Paulo sentiu-se "verdadeiramente ridículo". Quanta carolice! Ele precisava reagir:

"Não havia dúvida. Reagir com violência. E foi o que eu fiz. Não dei tento à minha consciência, nem ao que dizia a minha mulher, nem às palavras assentadas do padre amigo. Nada. O homem velho vencera o homem novo. Vencera estrondosamente..."

O romancista tomou a inabalável decisão de entregar os originais do livro ao editor. Curtiu o alívio. A angústia desapareceu, os raios da tempestade assoladora não abalaram mais a sua alma e a paz serenou o seu coração.

*   *   *

Passaram-se os dias. Num sábado, depois de acordar bem cedo, Paulo se dispôs a ir à procura do editor, com o texto final do romance *O filho*. Ele ouviu o repique de um sino e sem saber porque, teve vontade de assistir à missa daquela igreja. Fez um esforço, foi à igreja, confessou-se e comungou.

Saiu "radiantíssimo" do templo. Pássaros lhe cantavam na alma, como escreveu no *Confiteor*. A manhã assumiu o aspecto, diante dos seus olhos, de uma "festa encantadora". Respirou alegre o ar fino, viu a luz dourada, o céu muito doce e azul, a agitação matinal da cidade, "o verdureiro com a sua carriola, o peixeiro apregoando a garoupa fresca, automóveis, carrocinhas de pão, transeuntes apressados, normalistas de blusa branca a caminho da escola". Há largo tempo, por viver sempre doente, encafuado num quarto, ele não sentia esse prazer, essa mescla de deslumbramento e contentamento.

Voltou para casa "iluminado". Repleto de bom humor, conversou com todos, brincou, riu. Pegando um jornal, foi até ao quarto da filha, que ainda estava de cama. Indagou:

– Como vai, filhoca?

Alegre, Paulo sentou-se num divã ao pé da cama. A menina também se mostrava feliz. Os dois tagarelaram "com o riso na boca, jovialmente, o coração cheio de sol". Em seguida, Paulo abriu o jornal e começou a ler, mas a garotinha, de súbito, interrompeu a sua leitura:

– Papai...

O escritor quis saber:

– Que há, minha filha?

Indecisa, um pouco ruborizada, ela disse que queria lhe pedir um favor. Setúbal incentivou-a a falar. E a menina loura, com grandes e luminosos olhos castanhos, soltou estas palavras:

– Eu queria que papai rasgasse aquele livro que papai está escrevendo.

Conforme a narrativa de Paulo, o coração bateu-lhe descompassado no peito. Ele a olhou assombrado. Tudo podia esperar da filha, admite no *Confiteor*, "tudo, mas não podia esperar, jamais, ouvir da sua boca de criança, descuidosa e cândida, um pedido tão sério e tão estonteante como aquele". Setúbal perguntou, à maneira de quem deseja não ter nenhuma dúvida:

– O que é que você está dizendo aí, menina?

Ela repetiu, de modo grave:

– Eu queria que papai rasgasse aquele livro que papai está escrevendo.

Um biógrafo, já frisamos, deve sempre deixar o biografado falar, quando for possível. Biografia boa, autêntica, fazemos questão de dizer, não pode exibir a secura dos relatórios de banco, dos balancetes comerciais. Nem secura, nem incontinência verbal, mas equilíbrio. Tediosas, abomináveis, cansativas, são as biografias gélidas, sintéticas, lacônicas como a linguagem dos tartamudos ou dos escritores de alma polar, com temperatura caída para mais de vinte graus Fahrenheit, abaixo de zero. Deixemos, portanto, o fogoso Paulo Setúbal descrever a sua emoção, após ouvir pela segunda vez o pedido da filha:

"Não há cor, por mais flamante, que pinte a minha emoção. Como pintá-la? Ouvir naquele momento, depois de tudo o que sucedera, aquela inocente criaturinha fazer-me aquele pedido – um pedido daquele jeito! – é, realmente, emoção que tange as cordas mais íntimas dum coração de homem. É emoção que fica vibrando a vida inteira na alma da gente. Eu tive, naquele minuto, a sensação viva, a sensação absolutamente nítida de que ali, na cama, naquela frágil enferma que me falava com a sua voz de mel, não estava mais a minha pequerrucha, aquela que eu amava com tão desbordante e tão cálida ternura: estava ali, isso sim, falando pela boca inocente de minha filhinha, um anjo do Senhor, um anjo louro, um anjo fino e leve, que mandado pelo céu, viera, com a força da sua ingenuidade, ajudar o homem novo, ainda tão fraco em mim, a vencer aquele poderoso homem velho que campeava ovante dentro do meu ser."

Paulo pegou as mãozinhas da filha e extravasou-se. Qual era a causa do pedido? Desejava entender. Ela conhecia o assunto, a história narrada no romance? A menina disse que não. Ele perguntou se ela havia lido algum capítulo passado à máquina. Mais uma negativa. Lançou outra pergunta: a mãe lhe dera alguma informação sobre a obra? Terceira negativa. O escritor não se conteve:

– Então, minha filha? Então? Por que é que você quer que eu rasgue o meu livro?

A menina explicou:

– Não sei porque, papai. Não sei. Mas olhe: há uma coisa aqui dentro, aqui bem dentro...

Pondo com força a mãozinha sobre o seu coração, a filha de Setúbal concluiu a frase:

–...que me diz, desde ontem, que papai não deve publicar aquele livro.

Paulo tentou objetar, porém a menina prosseguiu:

– Eu não sei o que é, papai. Não sei. Mas é uma coisa aqui dentro. Uma coisa esquisita. E por isso eu quero que papai rasgue o livro. E quero tanto, tanto, que vou propor um negócio para papai...

Setúbal não pôde deixar de sorrir, achou curioso a filha lhe propor "um negócio". E ouviu a proposta:

– Papai me dá, todos os anos, um presente de Natal. Não é? O presente de Natal, papai bem sabe, é o presente que eu mais gosto na minha vida. Pois bem: neste ano, como presente de Natal, papai vai fazer o que eu pedi.

O escritor foi sucinto:

– Rasgar o livro?

Duas palavras apenas sairam da boca da menina:

– Sim, papai...

Ele se levantou do divã, rápido. Seu coração batia disparado, as lágrimas lhe saltavam dos olhos. E respondeu, de maneira segura:

– Basta, minha filha, basta! Não fale mais. Você ganhou o seu presente de Natal. Papai vai rasgar o romance.

Setúbal correu até ao escritório, agarrou o maço dos originais, as cópias datilografadas, e voltou ao quarto da filha. Ambos, no quarto, picaram as trezentas páginas do romance. Depois, num canto do quintal da casa, uma fogueira engoliu os papéis estraçalhados. Paulo registrou no *Confiteor*:

"Eu vi, com júbilo, a labareda subir das laudas em tiras. Vendo-as (que singular é a natureza humana!) fiquei em festa. Radioso. A chama, que rompia alegremente do calhamaço, como que atiçava um fogaréu de contentamento no meu coração. Estava feliz. Havia ganho um duro combate."

O labor de Paulo de todo um ano, "labor bem duro e bem suado", como ele frisou no bilhete dirigido ao padre que era seu amigo, reduzira-se a um monte de cinza, mais tarde carregado pelo lixeiro. Palavras do escritor:

"Não importa. Eu estava venturoso. E, na minha felicidade, sem que ninguém reparasse, guardei comigo um punhadozinho daquela cinza. Ocorrera-me, de repente, uma lembrança feliz."

* * *

As páginas comoventes do *Confiteor*, nas quais Paulo descreveu as suas dores, as suas angústias, as quedas e ascensões de sua alma, as lutas que ele travou contra si mesmo, essas páginas latejantes de vida nos trazem à memória a seguinte afirmativa de Fénelon, o "Cisne de Cambrai", no capítulo XV do seu épico romance *Les aventures de Télémaque*:

"Esses que nunca sofreram não sabem nada, não conhecem nem o bem e nem o mal, não conhecem os homens e nem a si próprios"

("*Ceux qui n'ont jamais souffert ne savent rien; ils ne connaissent ni les biens ni les maux; ils ignorent les hommes; ils s'ignorent eux-mêmes*").

Martirizado pelo sofrimento, pelas atrozes humilhações impostas pela sua tenaz tuberculose, Paulo recebeu as lições da professora Dor, que o ensinou a conhecer a vida, os homens e a si mesmo.

25 de dezembro de 1936. O Natal de Paulo transcorreu no seu agradável sítio de São José dos Campos. Bem perto da esposa e dos filhos, lá na moradia pitoresca, situada no fundo de um jardim, esse Natal te-

ve para ele um sabor novo, um caráter muito íntimo, um especial aconchego. Até a árvore da festa lhe pareceu mais bela:

"Que linda que estava! Doía na vista de tanta luz. E tinha bugigangas como nunca teve. E enfeites de prata, e enfeites de ouro, lanterninhas e bolas, laçarotes de toda a cor."

As filhas de Setúbal ganharam os presentes que pediram, mas a menor não quis nenhum. Dona Francisca, entretanto, "galanteou-a com um mimo". E Paulo pôs na mão da menina uma pequena *bonbonnière* de louça, embrulhada num papel de seda. Feliz, risonha, ela desatou a fita cor-de-rosa, desdobrou o papel, cheia de cuidados, e encantada viu o presente. Ao abrir a *bonbonnière*, em vez dos bombons, achou lá dentro um punhado de cinza. Enviou a Setúbal "um olhar fulgurante". Sem pronunciar qualquer palavra, acercou-se do pai e lhe deu um abraço apertado. Ele perguntou à menina:

– Foi este o presente de Natal que você pediu, não foi, minha filha?

Ela respondeu:

– Foi, papai.

E o abraçou de novo. Paulo disse: essa criança havia sido "o inconsciente, o ingênuo, o lírico instrumento" de que Deus se serviu para lhe prestar socorro.

Depois do Natal de 1936 a doença do escritor mostrou-se ainda mais implacável. Consumia as suas derradeiras forças. Seu filho Olavo Setúbal, de quatorze anos, cujos primeiros estudos foram feitos no Ginásio do Carmo, esteve com ele em São José dos Campos, no mês de janeiro de 1937, durante as suas férias. Paulo já estava muito mal e perguntou ao rapaz:

– O que você quer ser, meu filho?

A resposta veio em tom firme:

– Engenheiro.

Mais poeta do que homem prático, mais sonhador do que realista, Paulo aconselhou:

– Não faça isso, é profissão de segunda. Você tem de ser advogado. O Brasil é a terra dos advogados.[*]

---

[*] "Esperançoso dr. Olavo" (entrevista concedida por Olavo Setúbal a Mino Carta). *CartaCapital*, 25 de junho de 2003, página 36.

Rubens do Amaral

Era sim, mas a pátria do jurista Clóvis Bevilácqua precisava de engenheiros. Já no ano de 1917, num livro clássico, intitulado *Funcionários e doutores*, o historiador Tobias Monteiro criticou o excesso de advogados em nosso país e sugeriu a abertura de várias escolas de ensino técnico...

Paulo entregava-se, com maior freqüência, às leituras espirituais. Lia sem parar a *Bíblia* e a *Imitação de Cristo*. A figura do Salvador o magnetizava:

"É preciso repetir ainda, repetir sem cessar, repetir a vida inteira: o sofrimento é dádiva do céu. É tesouro que nem todos têm a dita de possuir. Foi pelo sofrimento que eu conheci de perto o meu Amigo. Aquele que reconstruiu a minha morada. Ele se empenhou sempre, com amorável tenacidade, a que eu me chegasse a Ele através dos reveses que me mandou."

O mês de maio se aproxima e um amigo do escritor, o jornalista Rubens do Amaral, assim evocou os seus últimos dias de vida:

"Paulo Setúbal não se lamenta, brinca com a sua sina, com a moléstia, com a morte, poderoso na sua alegria de passarinho, invencivel na sua fé de cristão."

A fé de Paulo, nos seus últimos dias, é idêntica àquela fé de dezenas de passageiros e tripulantes do navio Titanic, que em 14 de abril de 1912, após se chocar com um gigantesco iceberg, afundou-se no Atlântico Norte, nas proximidades da Terra Nova. Lá no navio, enquanto ele naufragava, esses passageiros e tripulantes, prestes a morrer, cantaram as primeiras estrofes do hino "Perto de Deus" ("*Nearer to Thee*"), da poetisa inglesa Sarah Flower Adams:

"Mais perto de Ti, Deus meu,
Mais perto de Ti!
Embora seja uma cruz
A que me levanta,
Contudo o desejo do meu cântico
Há de chegar mais perto de Ti,
Meu Deus, mais perto de Ti!"

(*"Nearer, my God, to Thee
Nearer to Thee!
E'en thought it be a cross
That raiseth me;
Still all my song shall be
Nearer, my God, to Thee,
Nearer to Thee!"*)

Setúbal era amigo do poeta pernambucano Olegário Mariano, nascido em 1889, e que fora eleito membro da ABL no ano de 1926. Filho

Olegário Mariano

de José Mariano, herói da Abolição e da República, um político de grande fama, Olegário recebeu o apelido de "O Cantor das Cigarras", pois sempre celebrava tais insetos nos seus versos:

"Cigarra! Levo a ouvir-te o dia inteiro,
Gosto da tua frívola cantiga,
Mas vou dar-te um conselho, rapariga:
Trata de abastecer o teu celeiro.

Trabalha, segue o exemplo da formiga.
Aí vem o inverno, as chuvas, o nevoeiro,
E tu, não tendo um pouso hospitaleiro.
Pedirás... e é bem triste ser mendiga!"

Carinhoso, afetivo, Olegário Mariano enviou a Paulo o seu livro *O enamorado da vida*. Apesar da enorme fraqueza física, o autor de *Alma cabocla* lhe mandou esta carta, a última da sua existência, redigida no dia 22 de abril de 1937:

"Olegário, amigo:
O enamorado da vida *entrou no meu quarto de doente como uma réstia de sol, bem alegre e bem dourada. Fiquei encantado por me ver assim carinhosamente lembrado por você. Obrigado, meu poeta, mil obrigados! Por um destes dias devo seguir para uma chácara fora de São Paulo. É um retiro doce, ensombrado de velhas árvores, muito voado e chilreado de pássaros. Irei com o seu livro, isto é, com o seu coração, oh minha infatigável cigarra cantadeira. E do bem que os seus versos certamente farão a essa alma cheia de tanta bruma, mandarei então uma palavrinha a você.*
Um apertado abraço de Paulo Setúbal."

Nos fins de abril, os amigos de Paulo já pressentiam a sua morte. Ele solicita a presença do padre amigo, a quem enviara o bilhete do dia 25 de outubro de 1936, para informar que havia queimado numa pequenina fogueira os originais do seu romance *O filho*. Mas o padre se encontra em local distante, não poderá chegar a tempo.

Setúbal quer morrer com dignidade e humildade. Recomenda: deseja um enterro pobre e ser amortalhado no hábito da Ordem do Carmo.

Pede a tabuazinha sobre a qual costumava escrever. Trazem a madeira e ele a beija, chorando.

Estamos na noite de 3 para 4 de maio. Dona Francisca, a "Chiquita" dos versos de *Alma cabocla*, junto de Paulo. Tranqüilo, o moribundo se despede:

– Diga aos meus amigos que eu morro feliz, porque tenho fé. Não quero viver ou morrer, seja o que Deus quiser. Deixo o mundo, que nada vale, para ir me encontrar com o Cristo. Não fiquem tristes. Que são vinte ou trinta anos de separação diante da eternidade, onde estaremos todos juntos? Morro feliz, muito feliz, vou enfim ver o meu Jesus!

Paulo promete, a uma pessoa que ali se achava, mandar do Alto, do outro plano, "bençãos para os seus trabalhos e frutos visíveis para os mesmos". Remata, em seguida:

– E de vez em quando, olhe lá para cima onde estarei.

Às quatro horas da madrugada do dia 4 de maio de 1937, após receber a extrema-unção, ele morre sem nenhuma queixa, placidamente, aos quarenta e quatro anos de idade.

* * *

O ataúde do escritor saiu da sua casa na rua Carlos Sampaio, da capital paulista. Centenas de pessoas o acompanharam até o cemitério São Paulo. No momento de ser dado o corpo à sepultura, falou em nome da Academia Paulista de Letras o poeta Cassiano Ricardo. Proferiu um belo discurso:

"Paulo, a morte apagou a tua alegria, que era muito maior do que ela. Pôs a mão de gelo no teu coração, que foi o mais efusivo de todos os corações humanos. Arrebatou-nos o teu espírito matinal como um canto de pássaro. Arrancou-nos a tua imagem física, como se arrancasse um tesouro que era nosso, exclusivamente nosso. Fez emudecer as tuas palavras, que foram sempre o encantamento, o estímulo generoso, o entusiasmo criador, o rumor comunicativo de tua festa interior e da tua riqueza incomparável de vida afetiva. Roubou-nos a tua bondade de amigo, que foi a mais perfeita de quantas virtudes pudessem florir na terra. Bondade que só se ajusta ao teu caso. E que só existiu no mundo porque existiu Paulo Setúbal. Antes de ti, e depois de ti, não posso crer que outro exemplo de bondade chegue a ser o milagre humano que ainda não conheciamos."

Cassiano depois sublinhou, com admirável eloqüência:

"Pois bem, a morte levou-nos tudo isso, para o seu prestígio e para o seu mistério. Não adiantaria qualquer cogitação sobre o problema e o valor da morte... Diga-se apenas que tudo o que era teu, bondade, espírito, glória, inteligência, alegria, teria realmente que ser cobiçado por aquela cuja missão foi sempre arrebatar, na sua luta milenar e quotidiana com a vida, as coisas mais belas da vida."

O orador prosseguiu, emocionadíssimo:

"Quando passa o vento, leva primeiro as flores... Quando a morte passa, são justamente as flores humanas que ela arrebata, de preferência para trazê-las a este jardim simétrico que é a sua terra fria e quieta."

Mas a morte não saíra vencedora, sustentou o poeta:

"Nossa saudade, aliada à imortalidade do teu nome, será também maior do que ela. As coisas bonitas que só tu soubeste criar, os amigos que só tu soubeste fazer, os livros que só tu soubeste escrever, poderão aceitar o desafio que a morte lhes lançou, na madrugada deste dia."

São Paulo, continuou Cassiano Ricardo, cuja história Setúbal soube fixar nos seus romances, e cujos feitos encontraram, na sua "pena ágil e nervosa, a expressão colorida e exata", São Paulo iria honrar-lhe a memória. Depois o poeta concluiu:

"E nós, que ora choramos a tua ausência irremediável – e que ficamos para viver este instante dramático do mundo imperfeito – diremos sempre: Paulo Setúbal, tu foste um homem perfeito."

René Thiollier falou em seguida. Enalteceu o coração de Paulo, "que era de uma magnanimidade inconfundível". Vertendo lágrimas, incapaz de refrear a sua forte emoção, dirigiu-se ao amigo, como se ele estivesse ali presente:

"Tu bem sabes de que modo eu te queria! Como se tu fosses meu irmão! E era assim, também, que tu me querias!"

Thiollier se referiu à "tranquilidade" e à "resignação" com as quais Paulo aguardava a chegada da morte. As últimas palavras do seu discurso foram estas:

"Descança, amigo querido! Tu elevaste como nenhum o nome da tua terra! Foste, pela palavra, um dos animadores de 32 [da Revolução Constitucionalista]. Um herói da nossa epopéia! Descansa, certo de que se há um 'imortal' cuja imortalidade jamais se desvanecerá, serás tu!"

Muitas homenagens foram prestadas a Setúbal, após o seu sepultamento. A Assembléia Legislativa de São Paulo promoveu uma sessão solene e a bandeira da Academia Brasileira de Letras, no período de três dias, ficou hasteada em funeral.

A alma ardente e sincera do Paulo, a sua ativa bondade, a sua inexaurível generosidade, marcaram indelevelmente os seus amigos, os seus admiradores. Sob este aspecto – é um fato impressionante – as opiniões são unânimes. Ao comentar a morte do romancista, o historiador Affonso de Esgragnolle Taunay declarou:

"Em Paulo Setúbal tão intimamente se fundiam a inteligência e a cordialidade que não consigo conceber haja alguém algum dia, tido contato com tão formosa individualidade superior, sem que desse encontro lhe não tenha ficado a mais grata e hoje a mais saudosa impressão."

Juízo do contista Valdomiro Silveira sobre Paulo, divulgado pelo *Diário da Noite*:

"Aparecia com ele a bondade quando ele aparecia."

Rubens do Amaral lhe fez este elogio, num artigo publicado na *Folha da Manhã* e depois na *Revista da Academia Paulista de Letras*:

"Não tinha ódios, nem inimigos. Na sombra dos companheiros, que se altearam, não via a escuridão; via frescura acolhedora e amiga. Nunca rilhou os dentes à notícia do sucesso dos seus êmulos. Nunca esmagou com o seu desdém de grande escritor os recrutas das letras. Nunca ninguém lhe sentiu as farpas de um despeito, de uma hostilidade, sequer de uma indiferença."

Um grande escritor lamentou muito a morte de Paulo. Foi Monteiro Lobato. As palavras deste, postas no papel no mesmo dia do seu falecimento, harmonizam-se com as opiniões acima reproduzidas e com elas nós encerramos esta biografia. Ei-las:

"E está morto Setúbal!... A morte sabe escolher; pega de preferência o que é bom – as pestes ficam por aqui até o finzinho. Morreu Setúbal e com isso nossa terra está podada de algo insubstituível. Onde, em quem, aquele fogo olímpico, aquela bondade gritante e extravasante como a champanha, aquele dar-se loucamente a todas as idéias nobres, ricas de beleza? Onde, em quem, a coisa maravilhosamente linda, e boa, e saudável, e reconfortante, que foi a breve passagem de Setúbal pela terra? Desse Paulo tão generoso, nobre e despreocupado no dar-se, que em quatro décadas queimou uma reserva de vida que para outro, mais calculista, daria para oitenta anos?"

BIBLIOGRAFIA

ABREU, Rodrigues de, *Casa destelhada*. Editorial Hélios, São Paulo, 1927.

ALENCAR, Edigar de, *O carnaval carioca através da música*. Livraria Francisco Alves Editora, Instituto Nacional do Livro, 3ª edição corrigida, ampliada e atualizada, Rio de Janeiro, 1979.

ALVES, Odair Rodrigues, *Os homens que governaram São Paulo*. Nobel, EDUSP, São Paulo, 1986.

AMARAL, Antonio Barreto do, *Dicionário de história de São Paulo*. Governo do Estado de São Paulo, 1980.

AMARAL, Rubens do, *Luzes do planalto*. Conselho Estadual de Cultura, São Paulo, 1962.

AMERICANO, Jorge. *São Paulo naquele tempo (1895-1915)*. Edição Saraiva, São Paulo, 1957.

São Paulo nesse tempo (1915-1935). Edições Melhoramentos, São Paulo, 1962.

ANDRADE, Mário de, *Cartas a Manuel Bandeira*. Organização Simões Editora, Rio de Janeiro, 1958.

Poesias completas. Livraria Martins Editora, São Paulo, 1955.

Taxi e crônicas no Diário Nacional. Livraria Duas Cidades, São Paulo, 1976.

Macunaíma, o herói sem nenhum caráter (edição Crítica de Telê Porto Ancona Lopez). LTC, Rio de Janeiro, 1978.

ANDRADE, Oswald de, *Marco Zero – A revolução melancólica*. Civilização Brasileira, 2ª edição, Rio de Janeiro, 1978.

Dicionário de bolso. Editora Globo, São Paulo, 1990.

Os dentes do dragão (entrevistas). Editora Globo, São Paulo, 1990.

ANGUERA, J. (e A. Ariol), *História de la tuberculosis*. Salvat, Barcelona, 1944.

ANJOS, Augusto dos, *Eu – Outras poesias – Poemas esquecidos*. Livraria São José, Rio de Janeiro, 31º edição, 1971.

ARANHA, Graça, *A viagem maravilhosa*. F. Briguiet & Cia, Editores, 3ª edição, Rio de Janeiro, 1944.

ASSIS, Machado de, *Crônicas* (1864-1867). W.M. Jackson Editores, 2º volume, Rio de Janeiro, 1959.

Memórias póstumas de Brás Cubas (edição comentada e anotada por Antônio Medina Rodrigues). Ateliê Editorial, São Paulo, 1998.

ÁVILA, Fernando Bastos de, *Pequena enciclopédia de moral e civismo*. FENAME, 3ª edição revista e atualizada, Rio de Janeiro, 1978.

AZEVEDO, Carmen Lucia de (e Marcia Camargos, Vladimir Sacchetta), *Monteiro Lobato – Furacão na Botocúndia*. Editora Senac, São Paulo, 1997.

AZEVEDO, Fernando de, *Máscaras e retratos – Estudos literários sobre escritores e poetas do Brasil*. Edições Melhoramentos, 2ª edição, revista e aumentada , São Paulo, 1962.

AZEVEDO, Maria Helena Castro, *Um senhor modernista – Biografia de Graça Aranha*. Academia Brasileira de Letras, Rio de Janeiro, 2002.

BANDECCHI, Pedro Brasil, *Breve notícia sobre a agitada vida dos irmãos Leme*. Departamento de Cultura, São Paulo, 1952.

BANDEIRA, Manuel, *Poesia e prosa*. Editora José Aguilar, volume I, Rio de Janeiro, 1958.

BARATA, Agildo, *Vida de um revolucionário (memórias)*. Editora Melso, Rio de Janeiro, sem data.

BARBOSA, Francisco de Assis, *Intelectuais na encruzilhada* (Correspondência de Alceu Amoroso Lima e Antonio de Alcântara Machado (1927-1933)). Academia Brasileira de Letras, Rio de Janeiro, 2001.

BARNARD, Leon, *La tuberculose pulmonaire – Études de phtisiologie clinique et sociale*. Masson & Cie, editeurs, Paris, 1925.

BARREIRINHAS, Yoshie Sakiyama, *Menotti del Picchia, o Gedeão do Modernismo: 1920-22*. Civilização Brasileira, Rio de Janeiro, 1983.

BARREIROS, Eduardo Canabrava, *Roteiro das esmeraldas – A bandeira de Fernão Dias Pais*. Livraria José Olympio Editora, Rio de Janeiro, 1979.

BILAC, Olavo (e Pardal Mallet), *O esqueleto – Mistério da Casa de Bragança*. Casa da Palavra, Rio de Janeiro, 2000.

BOAVENTURA, Maria Eugenia. *O salão e a selva – Uma biografia ilustrada de Oswald de Andrade*. Editora Ex-Libris, Editora da Unicamp, São Paulo, 1995.
22 por 22 – A Semana de Arte Moderna vista pelos seus contemporâneos (coletânea organizada pela autora) EDUSP. São Paulo, 2000.

BRAGA. Dulce Salles Cunha Braga, *Paulo Setúbal, vida e obra (Uma interpretação moderna)*. Editora Giordano, São Paulo, 1998.

BRÉZILLON, Michel, *Dictionnaire de la Préhistoire*. Librairie Larousse, Paris, 1969.

BROCA, Brito, *Memórias*. Livraria José Olympio Editora, Rio de Janeiro, 1968.
A vida literária no Brasil – 1900. Livraria José Olympio Editora, 3ª edição, Rio de Janeiro, 1975.

BRUNO, Ernani Silva Bruno, *História e tradições da cidade de São Paulo*. Editora Hucitec, volume III, 3ª edição, São Paulo, 1984.

BUENO, Silveira, *Estilística brasileira – O estilo e a sua técnica*. Edição Saraiva, São Paulo, 1964.
História da literatura luso-brasileira, Edição Saraiva, 5ª edição, São Paulo, 1965.
Vocabulário tupi-guarani-português. Editora Gráfica Nagy, 2ª edição, São Paulo, 1983.

CACCIAGLIA, Mário, *Pequena história do Teatro no Brasil* (tradução de Carla de Queiroz). T.A. Queiroz, Editor, Editora da Universidade de São Paulo, São Paulo, 1986.

CALADO, Manuel, *O valeroso Lucideno*. Editora Itatiaia, Editora da Universidade de São Paulo, Belo Horizonte, 1987.

CAMARGOS, Marcia, *Vila Kirial – Crônica da Bella Époque paulistana*. Editora Senac, São Paulo, 2001.

Semana de 22 – entre vaias e aplausos. Boitempo Editorial, São Paulo, 2002.

CAMPOS, Eduardo, *Medicina popular (superstições, crendices e meizinhas)*. Livraria – Editora da Casa do Estudante do Brasil, Rio de Janeiro, 1955.

CAMPOS, Humberto de, *Sombras que sofrem*. Livraria José Olympio Editora, Rio de Janeiro, 2ª edição, 1934.

Crítica. W.M. Jackson editores, terceira série, Rio de Janeiro, 1951.

Diário secreto. Edições O Cruzeiro, Rio de Janeiro, volume II, 1954.

CARIAS, Léon, *Anatole France*, Les Éditions Rieder, Paris, 1931.

CASTELLANI, José, *São Paulo na década de trinta*. Editora Policor, São Paulo, sem data.

CASTELLO, José Aderaldo, *Aspectos do romance brasileiro*. Ministério da Educação e Cultura, Rio de Janeiro, sem data.

CAVALHEIRO, Edgard, *Monteiro Lobato, vida e obra*. Companhia Editora Nacional, 2 volumes, 2ª edição revista e aumentada, São Paulo, 1956.

CELSO, Affonso, *Oito annos de parlamento – Reminiscências e notas*. Laemmert & C, Rio de Janeiro, 1901.

CINTRA, Assis, *O homem da Independência*. Companhia Melhoramentos, São Paulo, 1921.

Histórias que não vem na História. Companhia Editora Nacional, São Paulo, 1928.

COARACY, Vivaldo, *Encontros com a vida* (memórias). Livraria José Olympio Editora, Rio de Janeiro, 1962.

CORRÊA. Nereu, *Paulo Setúbal em Santa Catarina*. UDESC, Florianópolis, 1928.

DANAN, Alexis, *L'ennemie aux cent visages*. Fayard, Paris, 1935.

DANTAS, Arruda, *Ibrantina Cárdona*. Editora Pannartz, São Paulo, 1976.

DANTAS, Júlio, *Páginas de memórias*. Portugália Editora, Lisboa, 1968.

DECAUX, Alain (e André Castelot), *Dictionnaire illustré de l'histoire de France*, Perrin, Paris, 1989.

DE PAULA, Jeziel, *1932: imagens construindo a História*. Editora da Unicamp, Editora Unimep, Campinas e Piracicaba, 2ª tiragem, 1999.

DONATO, Hernâni, *A Revolução de 32*. Círculo do Livro, Livros Abril, São Paulo, 1982.

Breve história da Revolução Constitucionalista de 1932. Lerlisa Editora, São Paulo, 1997.

DOYLE, Plínio, *História de revistas e jornais literários*. Ministério da Educação e Cultura, Fundação Casa de Rui Barbosa, Rio de Janeiro, 1976.

DUARTE, Paulo, *Memórias – Ofício de trevas*. Editora Hucitec, volume VI, São Paulo, 1977.

DUQUE-ESTRADA, Osório, *Crítica e polêmica (1908-1924)*. Papelaria Vênus, Rio de Janeiro, 1924.

FABRIS, Annateresa, *O futurismo paulista – Hipóteses para o estudo da chegada da vanguarda ao Brasil*. Editora Perspectiva, São Paulo, 1994.

FERREIRA, Barros, *Meio século de São Paulo*. Edições Melhoramentos, São Paulo, 1954.

FERREIRA, Delson Gonçalves, *Língua e literatura luso-brasileira*. Editora Benardo Álvares S.A., 7ª edição, revista e aumentada, Belo Horizonte 1967.

FERREIRA, Gerusa Pires (organizadora), *Ênio Silveira*. Editora da Universidade de São Paulo, Com-Arte, São Paulo, 1992.

FERREIRA, Manoel Rodrigues, *História dos sistemas eleitorais brasileiros*. Livraria Nobel Editora, São Paulo, 1976.

FIGUEIREDO, Euclydes, *Contribuição para a história da Revolução Constitucionalista de 1932*. Livraria Martins Editora, 1954.

FLOREAL, Sylvio, *Ronda da meia-noite*. Typographia Cupolo, São Paulo, 1925.

FONTES, Martins, *Terras da fantasia*. Typ. do Inst. D. Escholastica Rosa, Santos, 1933.

    Paulistania. São Paulo, 1934 (sem o nome da editora).

FONTOURA, João Neves da, *Por S. Paulo e pelo Brasil* (com prefácio de Paulo Setúbal, São Paulo, 1932 (sem o nome da editora).

FRANCO, Francisco de Assis, *Dicionário de bandeirantes e sertanistas do Brasil*. Editora Itatiaia, Editora da Universidade de São Paulo, Belo Horizonte, 1989.

FREITAS, Affonso A. de, *Vocabulário nheengatú*. Companhia Editora Nacional, São Paulo, 1936.

FREITAS, Sônia Maria de, *Reminiscências*. Maltese, São Paulo, 1993.

GALVÃO, Francisco, *A Academia de Letras na intimidade*. A Noite Editora, Rio de Janeiro, 1937.

GOMES, Manoel, *Memória barriga-verde*. Editora Lunardelli, Florianópolis. 1990.

GONZAGA, Octavio, *Seara médica... (Literatura à margem da ciência)*. Empresa Gráfica da Revista dos Tribunais, São Paulo, 1941.

GOULART, Gastão, *Verdades da Revolução Paulista*. São Paulo, 1933 (sem o nome da editora).

GRIECO, Agrippino, *Evolução da prosa brasileira*. Livraria José Olympio Editora, Rio de Janeiro, 1947.

    Gente nova do Brasil. Livraria José Olympio Editora, Rio de Janeiro, 1948.

    Disparates de todos nós. Conquista, Rio de Janeiro, 2º volume, 1968.

    Memórias. Conquista, Rio de Janeiro, 2º volume, 1972.

GUIMARÃES. Luiz, *Sonetos e rimas*. Livraria Clássica. Editora, Lisboa, 1914.

HERICOURT, J., *Les maladies des societés: tuberculose, syphilis, alcoolisme et sterilité*. Ernest Flammarion & Cie. editeurs, Paris, 1918.

JAIME, Jorge, *História da filosofia no Brasil*. Centro Universitário Salesiano de São Paulo, Editora Vozes, volume 2, São Paulo, Petrópolis, 1999.

JUNQUEIRO, Guerra, *A velhice do Padre Eterno*. Livraria Lello & Irmãos, Editores, Porto, 1946.

KEHL, Renato (e Eduardo Monteiro), *O médico no lar – Diccionário popular de medicina de urgência*. Com. Melhoramentos, 3ª edição, São Paulo, São Paulo, sem data.

KOCH, Robert, *The etiology of tuberculosis* (tradução de Stanly Boyd). New Sydenham Society, London, 1886.

LACAZ, Carlos da Silva, *Vultos da medicina brasileira*. Editora Helicon, São Paulo, 1963.

LADEIRA, César, *Acabaram de ouvir...* Companhia Editora Nacional, São Paulo, 1933.

LAMBEA, Valdez, *Al servicio de la raza: tuberculosos y no tuberculosos*. Javier Morata, editor, Madrid, 1931.

LEITE, Aureliano, *Martírio e glória de São Paulo*. Empresa Gráfica da Revista dos Tribunais, São Paulo, 1934.

    Subsídios para a história da civilização paulista. Edição Saraiva, São Paulo, 1954.

    Páginas de uma longa vida. Livraria Martins Editora, São Paulo, 1966.

LEONEL FRANCA, *A Igreja, a Reforma e a civilização*. Livraria Catholica de Francisco Gonçalves, Rio de Janeiro, 1923.

LOBATO, Monteiro, *Geografia de dona Benta*. Companhia Editora Nacional, 3ª edição revista, São Paulo, 1942.

    A barca de Gleyre (Quarenta anos de correspondência literária entre Monteiro Lobato e Godofredo Rangel). Editora Brasiliense, 2º tomo, São Paulo, 1959.

    Mundo da lua – Miscelânea. Editora Brasiliense, São Paulo, 1959.

MACHADO, Luiz Geraldo Toledo, *História e ficção – Uma interpretação da vida e obra de Paulo Setúbal*. Secretaria do Estado da Cultura, Curitiba, 1999.

MAIA, Tércio R., *Tuberculose*. Tipografia Guarani, Recife, 1933.

MANN, Thomas, *A montanha mágica*. Editora Globo (tradução de Herbert Caro), Porto Alegre, 1952.

MARCIGAGLIA, L. *Férias de julho* (Aspectos da revolução militar de 1924 ao redor do Lyceu Salesiano de S. Paulo). Escolas Profissionaes do Lyceu Coração de Jesus, 2ª edição, São Paulo, 1927.

MARCONDES, Victruvio, *Fogos – fatuos* (últimos versos com prefácio de Silvio Romero). Typ. do Jornal do Commercio, Rio de Janeiro, 1910.

MARQUES, Cícero, *Tempos passados...* Moema Editora, São Paulo, 1942.

    De pastora a rainha. Gráfica Cruzeiro do Sul, São Paulo, 1944.

MARQUES, Manuel Eufrásio de Azevedo, *Apontamentos históricos, geográficos, biográficos, estatísticos e noticiosos da Província de São Paulo*. Editora Itatiaia, Editora da Universidade do São Paulo, dois tomos, Belo Horizonte, 1980.

MARTIN, Lealon E., *Conquest of disease*. Coward-McCann, New York, 1961.

MARTINS, Ana Luiza (e Heloisa Barbuy), *Arcadas* (História da Faculdade de Direito da Universidade de São Paulo). Melhoramentos – Alternativa, São Paulo, 1999.

MARTINS, Wilson, *História da inteligência brasileira*. Editora Cultrix, São Paulo, volume VIII, 1978.

MEIRA, Rubião, *Médicos de outrora* (Impressões pessoais), São Paulo, 1937, sem o nome da editora.

MELO, Clóvis, *Os ciclos econômicos do Brasil*. Laemmert, Rio de Janeiro, 1969.

MELO, Luís Correia de, *Dicionário de autores paulistas*. Editora Gráfica Irmãos Andriolis, São Paulo, 1954.

MENEZES, Raimundo de, *História pitoresca de quarenta cadeiras* (Anedotário da Academia Paulista de Letras). Editora Hucitec, Secretaria da Cultura, São Paulo, 1976.

    Dicionário literário brasileiro, LTC, 2ª edição, Rio de Janeiro, São Paulo, 1978.

MILLIET, Sérgio, *Diário crítico*, Livraria Martins Editora, Editora Universidade de São Paulo, volume VII, 1949, 2ª edição, São Paulo, 1982.

MOISÉS, Massaud (e José Paulo Paes, organizadores), *Pequeno dicionário da literatura brasileira*. Cultrix, São Paulo, 1980.

MONTEIRO, Tobias, *Funccionarios e doutores*. Livraria Francisco Alves, Rio de Janeiro, 1916.

MONTENEGRO, Tulo Hostilio, *Tuberculose e literatura*. A Casa do Livro, 2ª edição revista e aumentada, Rio de Janeiro, 1971.

MORAES, Aurino, *Minas na Aliança Liberal e na Revolução*. Edições Pindorama, 2ª edição, Belo Horizonte, 1933.

MORAES, Santos, *Heroínas do romance brasileiro*. Editora Expressão e Cultura, Instituto Nacional do Livro, Rio de Janeiro, 1971.

MORAIS, Fernando, *Chatô: o rei do Brasil*. Companhia das Letras, São Paulo, 1994.

MUNIZ JR., J., *Sambistas imortais* (dados biográficos de 50 figuras do mundo do samba). Impres, Cia Lithographica Ypiranga, São Paulo, sem data.

NEVES, Fernão, *A Academia Brasileira de Letras – Notas e documentos para a sua história (1896-1940)*. Publicações da Academia Brasileira, Rio de Janeiro, 1940.

NIETZSCHE, Frederico, *Assim falava Zaratustra (livro para toda a gente e para ninguém)*, tradução de Araújo Pereira. Guimarães & C.ª Editores, Lisboa, sem data.

NOBRE, Antonio, *Só*. Livrarias Aillaud e Bertrand, Paris, Lisboa, 1913.

NOBRE, Freitas, *História da imprensa de São Paulo*, Edições Leia, São Paulo, 1950.

NOGUEIRA FILHO, Paulo, *A guerra cívica – 1932*. Livraria José Olympio Editora, 1º e 2º tomos, terceiro volume, Rio de Janeiro, 1967.

OLIVEIRA, A.Bernardes de, *A evolução da medicina até o início do século XX*. Livraria Pioneira Editora, São Paulo, 1981.

ORICO, Osvaldo, *Da forja à Academia – Memórias dum filho de ferreiro*. Livraria José Olympio Editora, Rio de Janeiro, 1956.

PATI, Francisco, *O espírito das Arcadas*. Associação dos Antigos Alunos da Faculdade de Direito de São Paulo, São Paulo, 1950.

PAULA, Aloísio de, *Tuberculose*. Ministério da Educação e Saúde, 3ª edição, Rio de Janeiro, 1945.

PEIXOTO, Afrânio, *Um século de cultura sanitária*. Biblioteca d'*O Estado de S. Paulo*, São Paulo, 1923.

"Humour" – Ensaio de breviário nacional do humourismo. Companhia Editora Nacional, São Paulo, 1936.

PEIXOTO, Silveira, *Falam os escritores*. Conselho Estadual de Cultura, III volume, São Paulo, 1977.

PICCHIA, Menotti del, *A Revolução Paulista através de um testemunho do gabinete do governador*. Companhia Editora Nacional, São Paulo, 1932.

A longa viagem. Livraria Martins Editora, Conselho Estadual de Cultura, 2º volume, São Paulo, 1972.

A "semana" revolucionária. Pontes Editores, Campinas, 1992.

PIERY, M (e J. Roshem), *Histoire de la tuberculose*. G. Doin & Cie, editeurs, Paris, 1931.

PIMENTA, João Augusto de Matos, *A epopéia paulista*. Rio de Janeiro, 1933, (sem o nome da editora).

PRADO, Antônio de Almeida. *As doenças através dos séculos*. Editora Anhambi, São Paulo, 1961.

Crônica de outrora, Editora Brasiliense, São Paulo, 1963.

PRADO, Yan de Almeida, *A grande semana de arte moderna* (Depoimento e subsídios para a cultura brasileira). Edart, São Paulo, 1976.

QUEIRÓS, Dinah Silveira de, *Floradas na serra*. Livraria José Olympio Editora, Rio de Janeiro, 1939.

QUEIROZ, Eça de, *A cidade e as serras*. Lello & Irmão – editores, Porto, sem data.

Cartas familiares e bilhetes de Paris (1893-1897). Lello & Irmão – editores, Porto, sem data.

QUENTAL, Antero de, *Sonetos* (edição organizada, prefaciada e anotada por António Sérgio). Livraria Sá da Costa Editora, Lisboa, 1962.

RACHE, Pedro, *Outros homens de Minas*. Livraria José Olympio Editora, Rio de Janeiro, 1948.

RAMOS, Carolina (e Cláudio de Cápua), *Paulo Setúbal, uma vida, uma obra*. Editoração, São Paulo, 1994.

RANGEL, Alberto, *Textos e pretextos*. Typographia de Arrault e Comp, Tours – França, 1926.

Dom Pedro Primeiro e a Marquesa de Santos. Typographia de Arrault e Companhia, Tours – França, 2ª edição, 1928.

RÉGIO, José, *Poesia de ontem e de hoje*. Campanha Nacional de Educação de Adultos, Lisboa, sem data.

RIBEIRO, Darcy, *Aos trancos e barrancos – como o Brasil deu no que deu*. Editora Guanabara, Rio de Janeiro, 1985.

RIBEIRO, José A. Pereira, *O romance histórico na literatura brasileira*. Conselho Estadual de Cultura, São Paulo, 1976.

RIBEIRO, Júlio, *A carne*. Teixeira & Irmão – Editores, São Paulo, 1888.

RIBEIRO, Walter Fontenelle, *Samphona – Chronicas de um fedelho*. Empresa Editora J. Fagundes, São Paulo, 1937.

RICARDO, Cassiano, *Viagem no tempo e no espaço (memórias)*, Livraria José Olympio Editora, Rio de Janeiro, 1970.

ROSA, Júlio Oliveira, *Paulo Setúbal*. Edições Melhoramentos, São Paulo, sem data.

ROUJON, Jacques, *La vie et les opinions d'Anatole France*. Plon – Nourrit, Paris, 1925.

SALGADO, Plínio, *O Integralismo na vida brasileira*. Livraria Clássica Brasileira, Rio de Janeiro, sem data.

SALLES, Pedro, *História da medicina no Brasil*. Editora G. Holman, Belo Horizonte, 1971.

SAMIS, Alexandre, *Clevelândia – Anarquismo, sindicalismo e repressão política no Brasil*. Editora Imaginário, Achiamé, São Paulo, 2002.

SANDRONI, Paulo, *Novo dicionário de economia*. Círculo do Livro, Editora Best Seller, São Paulo, 1994.

SANTOS FILHO, Lycurgo de Castro, *Pequena história da medicina brasileira*. DESA, São Paulo, 1966.

SCANTIMBURGO, João de, *Memórias da Pensão Humaitá – Crônica nostálgica da legendária casa de Yan de Almeida Prado*. Companhia Editora Nacional, São Paulo, 1992.

SCHMIDT, Afonso, *São Paulo de meus amores*. Clube do Livro, São Paulo, 1954.

SESSO JR. Geraldo, *Retalhos da velha São Paulo*. OESP – Maltese, 2ª edição revisada, São Paulo, 1986.

SETÚBAL, Paulo, *O Príncipe de Nassau*. Companhia Editora Nacional, São Paulo, 1925.

Nos bastidores da História. Companhia Editora Nacional, São Paulo, 1928.

A bandeira de Fernão Dias. Companhia Editora Nacional, São Paulo, 1928.

Alma cabocla. Companhia Editora Nacional, 4ª edição, São Paulo, 1929.

Os irmãos Leme. Companhia Editora Nacional, São Paulo, 1933.

O ouro de Cuiabá. Companhia Editora Nacional, São Paulo, 1933.

El-Dorado. Companhia Editora Nacional, São Paulo, 1934.

As maluquices do imperador. Companhia Editora Nacional, 4ª edição, São Paulo, 1935.

O romance da prata. Companhia Editora Nacional, São Paulo, 1935.

O sonho das esmeraldas. Companhia Editora Nacional, São Paulo, 1935.

Confiteor. Companhia Editora Nacional, São Paulo, 1937.

A Marquesa de Santos. Edição Saraiva, 9ª edição, São Paulo, 1949.

Ensaios históricos. Edição Saraiva, São Paulo, 1956.

Um sarau no paço de São Cristóvão (edição comemorativa do centenário do autor). Banco Itaú, São Paulo, 1994.

SHAKESPEARE, William, *Tróilo e Créssida* (tradução de Henrique Braga). Lello & Irmão – editores, Porto, sem data.

SILVA, Innocencio Francisco da, *Diccionario bibliographico portuguez*. Imprensa Nacional, tomo I, Lisboa, 1858.

SILVA, Leila Salum Menezes da, *Biografia de Paulo Setúbal – Sua vida, seus motivos, sua técnica*. Tatuí, 1993, sem o nome da editora.

SILVA, Maria Beatriz Nizza da (coordenadora) *Dicionário da colonização portuguesa no Brasil*. Editorial Verbo, Lisboa, São Paulo, 1994.

SIMONSEN, Roberto C. *História econômica do Brasil (1500-1820)*. Companhia Editora Nacional, 4ª edição, São Paulo, 1962.

SOBRAL, Francisco Fernandes, *Crítica, crônicas, discursos literários*. Juiz de Fora, 1957, sem o nome da editora.

SODRÉ, Nelson Werneck, *História da imprensa no Brasil*. Civilização Brasileira, Rio de Janeiro, 1966.

SOUSA, Cruz e, *Broquéis*. Magalhães & Cia, Rio de Janeiro, 1893.

SOUSA, Octávio Tarquínio de, *José Bonifácio*. Livraria José Olympio Editora, Rio de Janeiro, 1972.

SOUZA, Bernardino José de, *Dicionário da terra e da gente do Brasil*. Companhia Editora Nacional , São Paulo, 1961.

TÁCITO, Hilário (pseudônimo de José Maria do Toledo Malta), *Madame Pommery*. Editora da UNICAMP, Fundação da Casa do Rui Barbosa, Campinas, Rio de Janeiro, 1992.

TARASANTCHI, Ruth Sprung, *Pintores e paisagistas* (São Paulo, 1890 a 1920). Edusp, Imprensa Oficial SP, São Paulo, 2002.

TAUNAY, Affonso de E., *A grande vida de Fernão Dias Pais*. Livraria José Olympio Editora, Rio de Janeiro, 1955.

TAUNAY, Alfredo de Escragnolle (Visconde de Taunay), *Reminiscências*. Livraria Francisco Alves, Rio de Janeiro, 1908.

THIOLLIER, René, *O homem da galeria – Echos de uma epoca*. Livraria Teixeira, São Paulo, 1927.

Episódios de minha vida. Editora Anhembi, São Paulo, 1956.

A Semana de Arte Moderna. Editora Cupolo, São Paulo, sem data.

TINHORÃO, José Ramos, *Os romances em folhetins no Brasil*. Livraria Duas Cidades, São Paulo, 1994.

TRAVASSOS, Nelson Palma, *No meu tempo de mocinho...* Editora Clube do Livro, São Paulo, 1974.

VALENTE, Décio, *Do medíocre ao ridículo* (lugares comuns, chavões ou frases feitas). L. Oren, São Paulo, 1979.

VAMPRÉ, Spencer, *Memórias para a história da Academia de São Paulo*. Saraiva & Cia. editores, volume II, São Paulo, 1924.

VIANA, António Manuel Couto (organizador), *Tesouros da poesia portuguesa*. Editorial Verbo, 2ª edição, Lisboa, São Paulo, 1984.

VIEIRA, Hermes, *Humberto de Campos e sua expressão literária*. Cultura Moderna, São Paulo, sem data.

VIEIRA NETO, Manuel Augusto, *Paulo Setúbal – O bom tatuiano*. Editora Gráfica Nagy, São Paulo, 1983.

VITOR, Manuel, *Ficção e realidade na obra de Paulo Setúbal*. Secretaria da Cultura, Ciência e Tecnologia, São Paulo, 1976.

DEPOIMENTOS ORAIS

Afonso Schmidt
Agrippino Grieco
Altino Arantes Marques
Aureliano Leite
Cassiano Ricardo Leite
Ernesto de Morais Leme
Ernesto de Sousa Campos
Francisco Pati
Galeão Coutinho
Guilherme de Almeida
Honório de Sylos
José Carlos Ataliba Nogueira
Júlio de Mesquita Filho
Leonel Vaz de Barros (Léo Vaz)
Manuel Vitor de Azevedo
Mário Graciotti
Menotti del Picchia
Nelson Palma Travassos
Paulo Duarte
Paulo Nogueira Filho
Réné Thiollier
Rubens Borba de Moraes
Waldemar M. Ferreira

AGRADECIMENTO

As seguintes pessoas da capital paulista nos ajudaram muito com os seus préstimos, durante a elaboração desta biografia:

Valéria Palma, pesquisadora da Agência Folha.

Cláudio Perez, Patrícia Laitaro e Eliana Maria de Almeida, pesquisadores do Banco de Dados do jornal *O Estado de S. Paulo*.

Fernando Braga e João Paulo Garrido Pimenta, pesquisadores do Arquivo Municipal de São Paulo.

Carlos Uchôa Cavalcante, diretor da OfficeGraphics.

Roberto L. Assis, operador de cópias da OfficeGraphics.

Aristóteles Alencar, diretor de "O Belo Artístico", firma especializada em livros raros e primeiras edições das obras de escritores famosos.

Eugênio César dos Anjos Mota, livreiro do Sebo Itaim.

Maria Luiza Pereira de Souza Lima, bibliotecária da Academia Paulista de Letras.

Márcia Cristina Cortez Mauro e Mária Fátima Lopes Thaumaturgo, bibliotecárias da Biblioteca Mário de Andrade.

Sandra Maria Souza Cruz, secretária administrativa do Instituto Histórico e Geográfico de São Paulo e Brás Ciro Gallotta, encarregado do acervo dessa agremiação.

Moacir Assunção, jornalista de *O Estado de S. Paulo*.

Carlos Angelo, escritor e jornalista.

AGRADECIMENTO ESPECIAL

Sim, um agradecimento especial ao meu caro amigo Sânzio de de Azevedo, que é um dos maiores valores da atual literatura brasileira. Dotado de vasta cultura, poeta de talento, notável ensaísta, membro da Academia Cearense de Letras, ele contribuiu muito para o aperfeiçoamento da segunda edição desta biografia, pois corrigiu vários erros da primeira edição.

ÍNDICE ONOMÁSTICO

–A–

Abdul, Hamid, 279.
Abreu, Capistrano de, 167, 173.
Abreu, Casimiro de, 61.
Abreu, Moacir de, 132.
Abreu, Rodrigues de, 226, 280, 281, 282.
Acuña, Cora, 372.
Adamov, Arthur, 208.
Adams, Sarah Flower, 420.
Adauto (professor de Paulo Setúbal), 27.
Addison, Joseph, 133.
Aderbal (capitão), 339.
Adorno, Antônio Dias, 377.
Agostinho, Santo, 33, 34.
Aguiar, Antônio Augusto de, 183.
Aguiar, Leonor, 303.
Aguiar, Marquesa de, 209, 211.
Aguiar, Rafael Tobias de, 17, 157.
Alair (pseudônimo de um amigo de Paulo Setúbal), 68.
Albuquerque, Júlio Prestes de, 229, 275, 292, 293.
Albuquerque, Matias de, 175.
Albuquerque, Medeiros e, 199, 263, 264, 381.
Alencar, José de, 156, 166, 168, 207, 208.
Almeida, Fialho de, 262.
Almeida, Guilherme de, 13, 132, 133, 180, 182, 193, 272, 277, 278, 315, 341, 342, 352, 365, 374, 376, 389, 400.
Almeida Júnior, José Ferraz de, 355.
Almeida, Mário Martins de, 311.
Almeida, Marta Assis de, 303.
Alvarus (caricaturista), 325.
Alves, Castro, 48, 61, 116, 142, 207.
Alves, Rodrigues, 87, 156, 214, 257.
Alves Filho, Rodrigues, 236.

Amado, Gilberto, 154.
Amaral, Amadeu, 76, 132, 181.
Amaral, Edmundo, 361.
Amaral, Rubens do, 219, 262, 365, 400, 419, 420, 425.
Amaral, Tarsila do, 360.
Ambrogi, Cesídio, 132.
Americano, Jorge, 52, 89, 317.
Anastácio (velhinho do Asilo São Vicente), 20.
Anchieta, José de, 75, 204, 354.
Andrada, Francisco Berenger de, 206.
Andrada, Martim Francisco Ribeiro de, 187, 188.
Andrade, Antônio Américo de Camargo, 311.
Andrade, Baby de, 56.
Andrade, Edmundo Navarro de, 145, 365, 389.
Andrade, Goulart de, 208.
Andrade, Joaquim de Sousa (Sousândrade), 238, 239.
Andrade, Mário de, 90, 117, 126, 129, 132, 166, 188, 189, 190, 192, 193, 194, 196, 233, 250, 265, 271, 277, 278, 305, 315, 333, 400, 401.
Andrade, Oswald de, 55, 117, 126, 127, 129, 132, 133, 182, 190, 191, 196, 250, 251, 252, 263, 271, 277, 278, 296, 360.
Andrade, Pais de, 294.
Anhanguera, 320.
Anjos, Augusto dos, 61, 284, 285.
Antonil, André João, 358.
Antônio (empregado de Monteiro Lobato), 115.
Apollinaire, Guillaume, 233.
Aquino, Santo Tomás de, 98.
Arago, Jacques, 185.

441

Aranha, Alfredo Egídio de Souza (cunhado de Paulo Setúbal), 300, 301, 373.

Aranha, Francisca de Souza (esposa de Paulo Setúbal, "Chiquita"), 138, 139, 140, 143, 144, 260, 280, 297, 298, 299, 374, 396, 413, 414, 419, 422, 423.

Aranha, Graça, 126, 188, 192, 193, 196, 277, 301, 302.

Aranha, Luiz, 252.

Aranha, Olavo Egídio de Sousa, 138, 145, 245, 298.

Aranha, Oswaldo, 293, 295, 308, 310.

Arantes, Altino, 236, 237, 365, 389.

Araripe Júnior, 227, 284.

Araújo, Jorge, 81.

Araújo, Wladimir, 13.

Arinos, Afonso, 208, 363.

Arrais, Frei Amador, 217.

Arroyo, Leonardo, 131.

Arzão, Antônio Rodrigues, 358, 359.

Assis, Machado de, 101, 141, 142, 166, 167, 207, 279, 302.

Assumpção, Paulo Alvaro de, 211.

Ataíde, Aníbal, 117.

Athayde, Tristão de (pseudônimo de Alceu Amoroso Lima), 116, 132, 254, 277, 278, 301.

Austregésilo, Antônio, 366.

Avery, Oswald Theodore, 203.

Ávila, Fernando Bastos de, 290.

Azevedo, Aluísio, 166.

Azevedo, Álvares de, 48, 61, 215.

Azevedo Filho, Domingos de, 30, 65.

Azevedo, Fernando de, 169, 170, 171, 186.

Azevedo, Manuel Vitor de, 13, 259, 260, 261, 272, 275, 280, 300, 374, 394.

Azevedo, Maria Helena Castro de, 188.

Azevedo, Miranda, 287.

Azevedo, Noé de, 322.

Azurara, Gomes Eanes de, 96.

Ayrosa, Plínio Marques da Silva, 241, 242.

–B–

Baccarat, Samuel, 232.

Baerle, Gaspar Van, 173, 180.

Balzac, Honoré de, 84.

Bananere, Juó (pseudônimo do engenheiro Alexandre Marcondes Machado), 55.

Bandeira, Manuel, 67, 117, 127, 287, 288, 305.

Bani, Lina, 52.

Barjo de Marshall, 158, 164, 210, 211.

Barão do Rio Branco, 376.

Barata, Agildo, 321.

Barata, Carlos Eduardo de Almeida, 18.

Barbacena, Marquês de, 158.

Barbosa (rapaz gaúcho, amigo de Paulo Setúbal), 70.

Barbosa, Agenor, 132.

Barbosa, Rui, 84, 98, 99, 100, 214, 218, 227, 235, 257, 295, 319, 353.

Barreto, Dantas (general), 156.

Barreto, João de Deus Mena, 294.

Barreto, Plínio, 181, 317, 400, 401.

Barros, Domingos Borges de (Visconde de Pedra Branca), 279, 280.

Barros, Hermann Morais de, 311.

Barros, João Alberto Lins de, 309.

Barros, Souza, 255, 256.

Barros, Tito Pais de, 81.

Barroso, Gustavo, 375.

Bartira (esposa de João Ramalho), 75, 250.

Bartolomeu, Floro, 296.

Bazin, René, 407, 408.

Beatriz (amada de Dante Alighieri), 41.

Beckett, Samuel, 208.

Bécquer, Gustavo Adolfo, 404.

Belarmino (velhinho do asilo São Vicente), 20.

Belmonte (caricaturista), 128, 155, 314, 317, 321, 402, 420.

Benedita, Maria, 167.

Bento, Antônio, 363.

Bergson, Henri, 100, 392.

Bernardes, Artur, 100, 125, 126, 146, 150, 152, 153, 154, 155, 213, 293, 296, 327, 338, 342.

Berni, Richard, 75.

Betim, Maria Garcia Rodrigues, 76, 244.

Bevilácqua, Clóvis, 420.

Bibiana, (esposa do lajiano Jesuino), 109.

Bilac, Olavo, 48, 77, 135, 156, 182, 246, 247, 263, 341.

Blanco, D. Rodrigo de Castel, 244.

Bocaiuva, Quintino, 216.

Boccanera (tenor), 59.

Boccioni, Umberto, 194.

Bohn, Joaquim, 334.

Bonifácio, Escolástica, 167.

Bonifácio, José, 157, 164, 171, 172, 208, 209, 219, 259, 268, 269, 270, 279, 319.

Bonifácio, José (O Moço), 233, 234, 235, 236.

Bopp, Raul, 360.

Borba, José Greff, 334.

Borgonha, Margarida de, 211.

Braga, Dulce Salles Cunha, 331, 342.

Braga, Ernani, 127.

Braga, Rubem, 360.

Branco, João Roiz de Castelo, 123.

Branco, Manuel João, 345.

Branco, Walmor Argemiro Ribeiro, 109.

Brant, Mário, 327.

Brasil, Assis, 296.

Braz, Wenceslau, 84, 85.

Brézillon, Michel, 248.

Brito, Laurindo de, 190.

Brito, Lemos, 268.

Broca, Brito, 96, 213, 232, 266.

Bueno, Antônio Dino da Costa, 229.

Bueno, Antônio Henrique da Cunha, 18.

Bueno, Francisco da Silveira, 25, 80, 160, 168, 214, 302, 391, 392.

Buffon, Georges Louis Leclerc de, 162.

–C–

Cabral, Pedro Álvares, 103, 244, 248.

Cacciaglia, Mário, 207.

Cacos, José dos, 269.

Caetano, João, 208.

Caiuby, Alarico, 115.

Caiuby, Armando, 132.

Calabar, Domingos Fernandes, 175.

Calado, Manuel (pseudônimo de Frei Manuel do Salvador), 173, 175.

Calígula, 152.

Calmette (bacteriologista francês), 391.

Calmon, Pedro, 354, 359.

Calógeras, Pandiá, 343, 357, 358.

Câmara, Jaime Adour da, 359, 360.

Camarão, (garçon), 59.

Camarão, Antônio Filipe, 177, 180.

Camargo, Arruda, 136.

Camargo, Laudo Ferreira de, 309.

Camargo, Maria Penteado de, 211.

Caminha, Adolfo, 166.

Caminha, Pero Vaz de, 102.

Camões, Luís Vaz de, 261, 279.

Campos, Américo de, 214.

Campos, Augusto de, 238.

Campos, Bernardino de, 216, 389.

Campos, Cantídio Moura, 317.

Campos, Carlos de, 147, 229.

Campos, Cleomenes, 132, 365.

Campos, Haroldo de, 238.

Campos, Humberto de, 129, 162, 238, 247, 248, 249, 250, 263, 264, 265, 369, 370, 371, 381, 408.

Campos, J.U. (desenhista), 307.

Campos, Pedro Dias, de, 314.

Campos, Sílvio de, 310.

Campos, Vinício Stein, 225, 226, 236, 280.

Cândido, Paula, 63.

Caneca, Frei Joaquim do Amor Divino Rabelo e, 268.

Constant, Benjamim, 324.

Cápua, Cláudio de, 329.

Caramuru, 189.

Cardim, Fernão, 358.

Cardona, Francisco, 298, 299.

Cardona, Ibrantina, 298, 299.

Cardoso, Augusto Inácio do Espírito Santo (general), 313, 314.

Cardoso, Luís, 301.

Cardoso, Luís (músico), 122.

Careca (pseudônimo do compositor Luiz Nunes Sampaio), 126.

Carias, Léon, 298.

Carlos, Antônio, 164, 292, 293.

Carlos, J. (caricaturista), 306.

Carlyle, Thomas, 99.

Carneiro, Antônio, 40.

Carreiro, Carlos Porto, 305.

Carneiro, Gomes (general), 354.

Carneiro, Levi, 400.

Carta, Mino, 419.

Caruso, Enrico, 211.

Carvalho, Bernardim de, 206.

Carvalho, José de (Barão de Monte Alegre), 17.

Carvalho, F,V, 81.

Carvalho, Ronald de, 126, 127, 130, 134.

Carvalho, Teodoro de, 143.

Carvalho, Vicente de, 48, 77, 92, 122, 190.

Cássio, Dion, 152.

Castro, João de, 163, 167.

Castro, Manuel Tiago de, 109.

Cavalcante, Antônio, 206.

Cavalcanti, Di, 188.

Cellini, Benvenuto, 135.

Celso, Afonso, 227, 228.

Cendrars, Blaise, 252, 360.

Chagas, Carlos, 64.

Chagas, Djalma Pinheiro, 336, 337.

Chagas, Pinheiro, 345.

Chalaça (apelido de Francisco Gomes da Silva, o favorito de D. Pedro I), 161, 164, 168, 171, 183, 184, 279.

Chassim, Diogo, 345, 354.

Chateaubriand, Assis, 372, 374, 375.

Chateaubriand, Oswaldo, 342.

Chaves, Eloy de Miranda, 52.

Chopin, Frédéric, 30, 107.

Cícero, Marco Túlio, 235.

Cícero, Padre, 296.

Cintra, Assis, 187, 361.

Claudino (fazendeiro de Tietê), 30.

Clotilde, Santa, 373.

Clóvis I, 373.

Coaracy, Vivaldo, 342.

Coelho, Érico, 256.

Coimbra, Cesário, 310.

Coimbra, Frei Henrique de, 204.

Coleridge, Samuel Taylor, 409.

Collor, Lindolfo, 295, 306.

Colonna, Marian (desenhista), 271.

Comte, Augusto, 98.

Conde de Périgny, 172.

Conde de Pombeiro, 193.

Conde de Sarzedas, 343.

Constant, Benjamim, 220.

Coolidge, Calvin, 154.

Corrêa, Nereu, 93, 94, 98, 100, 102, 108, 109, 118.

Correia, Carlos (padre), 319.

Correia, Dom Aquino, 375.

Correia, Raimundo, 48, 261.

Correia, Timóteo, 345.

Correia, Viriato, 361.

Corta-Orelha (assassino), 164, 269.

Costa, Ciro, 151, 315.

Costa, Iolanda, 103.

Costa, Miguel (major), 146, 294.

Costa Oswaldo (pseudônimo de Oswald de Andrade), 250.

Cotton, Nathaniel, 109.

Coutinho, Bento do Amaral, 333.

444

Coutinho, Galeão, 13, 75, 82, 83, 84, 85, 126, 155, 192, 194, 195, 243, 278.
Coutinho, Marcos de Azeredo, 377, 378.
Couto, Miguel, 381.
Couto, Ribeiro, 126, 131, 374.
Covello, Augusto, 215
Cristo, Jesus, 22, 23, 24, 26, 27, 33, 34, 37, 38, 39, 42, 43, 46, 50, 51, 62, 78, 80, 88, 94, 138, 344, 358, 393, 403, 404, 405, 408, 410, 411, 422, 423.
Cruz, Juan de la, 138.
Cunha, Antônio Geraldo da, 25.
Cunha, Euclides da, 158, 162, 217, 265.
Cunha, Félix da, 279.
Cunha, Flores da, 321, 327, 328.

–D–

d'ambrosio, Paulina, 127.
Dantas, Arruda, 298, 299.
Dantas, João, 292.
Dantas, Júlio, 193, 363.
Darwin, Charles Robert, 49.
Debret, Jean Baptiste, 378.
Debussy, 107, 108.
Delamare, Alcebíades, 54.
Derby, Orville, 358.
Deus, Frei Gaspar da Madre de, 248.
Dias, Gonçalves, 134, 207, 208.
Dias, Henrique, 177, 180.
Dickens, Charles, 172.
Donato, Hernâni, 314, 329.
Dostoiewski, Fiódor Mikhialovitch, 137.
Drummond, Roberto, 11.
Drummond, Vasconcelos, 158, 183.
Duarte, Paulo, 13, 306, 342, 352, 374, 375.
Dumas, Alexandre, 172, 209.
Dumont, Santos, 83, 151, 325, 326.
Duncan, Isadora, 211.
Duquesa do Ceará, 167.
Dutra, Eurico Gaspar, 331.

–E–

Eckhart, Hans, 138.
Eckout, Albert, 173.
Egas, Eugênio, 158.
Elias (personagem da *Bíblia*), 80.
Eliseu (personagem da *Bíblia*), 79.
Ellis Júnior Alfredo, 143, 215, 254, 255, 315, 343, 361, 365.
Ellis, Guilherme, 287.
Eluard, Paul, 288.
Emediato, Luiz Fernando, 11.
Emerson, Ralph Waldo, 374.
Erasmo de Rotterdam, 173.
Estrada, Osório Duque, 116, 199, 200.
Exuperâncio (religioso), 49, 50.

–F–

Farhat, Elias, 151.
Faria, Alberto, 199, 200.
Faria, Diogo de, 287.
Feijó, Diogo Antônio, 214, 242.
Feliciano, Antônio, 254, 255, 256.
Fénelon, François de Salignac de la Mothe, 418.
Ferdinando, Francisco, 73, 74.
Fernandes, Magali Oliveira, 303.
Ferrari, Alcides, 198.
Ferraz, Bento, 287.
Ferraz, Bueno, 311.
Ferreira, Clemente, 64.
Ferreira, Flamínio, 236.
Ferreira, Jerusa Pires, 303.
Ferreira, Octales Marcondes, 156.
Ferri, Enrico, 316.
Figueiredo, Antônio, 90.
Figueiredo, Cândido de, 118.
Figueiredo, Euclides, 313, 314, 339, 340, 341, 342.
Figueiredo, Guilherme, 369.
Filipe II, 173.

Flaubert, Gustave, 55, 178.
Fleming, Alexandre, 265.
Floreal, Sylvio (pseudônimo do jornalista Domingos Alexandre), 266.
Florençano, Paulo, 328, 329.
Foch, Ferdinand (general), 79.
Fonseca, Cristovam Prates da, 257.
Fonseca, Deodoro da, 219, 220, 221, 222.
Fonseca, Gregório da, 381.
Fonseca, Hermes da (marechal), 26, 55, 214, 310, 328.
Fontes, Antônio Cardoso, 64.
Fontes, Martins, 190, 217, 222, 223, 353, 354.
Fontoura, João Neves da, 217, 293, 325, 326, 327, 328, 329, 330.
Ford, Henry, 302.
Fort, Paul, 191.
Foucauld, Charles de, 407, 408.
Fragoso, Augusto Tasso, 294, 337, 338, 377.
Franca, Leonel (padre), 392, 393.
France, Anatole, 134, 298.
Francisco I (da Áustria), 210.
Francisco, Martim, 164.
Franco, Lacerda, 229.
Franco, Virgílio de Melo, 293.
Freire Jr. (compositor), 126.
Freire, Francisco José (Cândido Lusitano), 347.
Freitas, Afonso Antônio de, 241, 242.
Freitas, José Madeira de, 254.
Freitas, Senna (padre), 101.
Freitas, Sônia Maria de, 324.
Freud, Sigmund, 171.
Froés, Leopoldo, 213.
Frontin, Max Fernando de, 85.

–G–

Gabriac, Marquês de, 210.
Gabriac, Marquesa de, 211.

Galdino (dono de um pasto em Tatuí), 27, 49.
Gama, Fernandes, 173.
Gandavo, Pero de Magalhães, 358.
Garcia, Adalberto (juiz), 411.
Garnier, B.L. (editor), 141.
Garnier, M.J. (desenhista), 116, 134, 261, 264.
Garoa, Quinzinho, 76.
Gato, Manuel de Borba, 244, 245, 310.
Gautier, Théophile, 261.
Gerson, Jean le Charlier (teólogo), 138.
Gill, Ruben (caricaturista), 99.
Glicério, Francisco, 214.
Glória, Maria da, 208.
Goes, Eurico de, 151.
Goethe, Johann Wolfgang, 67, 77, 117.
Goitacases, Baronesa de, 208, 209, 210, 211.
Gomes, Carlos, 127.
Gomes, Eduardo, 152.
Gomes, João (general), 327.
Gomes, Paulo Emílio Salles, 132.
Gonçalves, Domingas, 346.
Gonçalves, Ricardo, 76.
Gonzaga, Octávio, 286.
Gounod, Charles, 59.
Graciotti, Mário, 251.
Graf, Arturo, 126.
Granato, Lourenço, 241.
Grieco, Agrippino, 13, 158, 183, 199, 263, 302, 303, 342, 349, 359, 363, 375.
Guastini, Mário, 194.
Guerin (bacteriologista francês), 391.
Guijarro, Antonio Aparisi y, 405.
Guilherme II (kaiser), 78, 79, 85.
Guilherme, o Taciturno, 173.
Guimarães, Bernardo, 166.
Guimarães Júnior, Luís, 261, 262, 383.
Gurgel, Rafael, 255.
Gusmão, Bartolomeu de, 362.

–H–

Haeckel, Ernst, 49.
Hargreaves, Raul, 250.
Haringue, Carlota, 177, 180.
Hartmann, Eduard von, 40.
Heidegger, Martin, 100.
Helena (de Tróia), 128.
Herculano, Alexandre, 164.
Herdler, Carlos, 152.
Hitler, Adolf, 133.
Hohenberg, Sofia von, 73, 74.
Homem, Sales Torres (Visconde de Inho-
mirim), 226, 227.
Houaise, Antônio, 291.
Hugo, Victor, 124.

–I–

Ionesco, Eugène, 208.
Iscariotes, Judas, 26, 38.
Itapetininga, Baronesa de, 143.

–J–

Jairo (personagem da *Bíblia*), 80.
Jardim, Luís, (desenhista), 263.
Jesuino (cidadão de Lajes), 108.
Jesus, Santa Teresa de, 138.
Jó, 48.
Joana D'Arc, Santa, 79, 162, 270, 271.
João IV, D., 206.
João V, D., 211, 243, 245.
João VI, D., 161, 183, 250, 266.
João da Áustria, D., 210, 211.
Joaquina, Carlota, 159, 266, 279.
Johnson, Samuel, 227.
José, Antônio (o Judeu), 207.
Júlia, Francisca, 48, 190.
Junqueiro, Guerra, 25, 35, 36, 37, 38, 39,
47, 48, 84, 123, 124, 203.

–K–

Kant, Immanuel, 31, 100.
Kehl, Renato, 287.
Kempis, Thomás de, 393.
Kepler, Johannes, 185.
Klinger, Bertoldo, 294, 313, 314, 317, 327,
328, 329, 330, 334, 339, 340.
Koch, Robert, 63, 285, 286, 390.
Kolata, Gina, 87.
Kreuger, Ivar, 273.
Kruse, Miguel (abade), 75.

–L–

Ladeira, César, 314, 315.
Laet, Carlos de, 195, 196.
Lafuente, 269.
Lamego, Alberto, 174, 379.
Lami, Eugène, 43.
Lara, Antônio de Almeida, 345.
Lara, Maria de, 345.
Laurens, Jean-Paul, 180.
Lavale, Cordiglia, 212.
Lázaro (personagem da *Bíblia*), 80.
Lean, Douglas Mac, 334.
Leão, Múcio Carneiro, 373, 374.
Ledo, Joaquim Gonçalves, 164, 269.
Lehar, Franz, 76.
Leite, Aureliano, 13, 87, 182, 311, 314,
321, 327, 329, 336, 337, 338, 342-352, 353,
379.
Leite, Manfredo, 365.
Leite, Solidônio, 256.
Leme (irmãos), 279, 310, 346, 347.
Leme, Dom Sebastião, 294.
Leme, Pascoal Moreira Cabral, 345.
Leme, Pedro Taques de Almeida Paes,
343, 358.
Leopoldina, Imperatriz, 157, 164, 171,
183, 185, 207, 208, 209, 210, 211, 279.
Léry, Jéan de, 82.

Leuchtenberg, Amélia de, 157, 183, 267, 279.

Levy, Alexandre, 77.

Líbero, Casper, 342.

Libório (velhinho do Asilo São Vicente), 20, 21, 22.

Lima, Ângelo Costa, 145.

Lima, Antônio Pereira, 182.

Lima, Augusto de, 381.

Lima, Eugênio de, 236.

Lima, Luís Costa, 238.

Lima, Waldomiro Castilho de, 334.

Lincoln, Abraham, 238.

Lins, Albuquerque, 26.

Lisboa, João Soares, 269.

Liszt, Franz, 30.

Lobato, Monteiro, 76, 90, 113, 114, 115, 132, 134, 135, 136, 145, 156, 160, 161, 162, 163, 165, 166, 179, 180, 187, 193, 194, 212, 213, 271, 302, 303, 306, 307, 315, 354, 400, 401, 425.

Lobo, Hélio, 376, 377, 399, 400.

Lombardi, Carlos, 14.

Lopes, Filinto, 182.

Lopes, Isidoro Dias, 146, 147, 148, 151, 153, 154, 213, 229, 296.

Lopes, Manequinho, 181.

Loreto, Domingos, 173.

Lourenço Filho, 365.

Ludendorff (general), 82, 85.

Luís XVI, 211.

Luís, Pedro, 383.

Luís, Washington, 156, 229, 289, 290, 291, 292, 294, 295, 309, 323, 343.

Luz, Ferreira da, 410

Luz, Hercílio, 100, 109.

Luzardo, Batista, 133, 293.

–M–

Macedo, Joaquim Manuel de, 166, 207.

Machado, Alcântara, 73, 155, 241, 278, 343, 353, 354, 365, 374, 380, 383, 384, 385, 386, 389, 400.

Machado, Anibal, 378.

Machado, Antônio de Alcântara, 250, 277, 278, 301, 302, 360, 383.

Machado, José Altino, 332.

Machado, Pinheiro, 99.

Maciel, Antunes, 320.

Maciel, Olegário, 322, 323, 327.

Magalhães, Basílio de, 357.

Magalhães, Domingos Gonçalves de, 207, 208.

Mallet, Pardal, 156.

Mann, Thomas, 289.

Marcgraf, Georg, 173.

Marcigaglia, Luiz, 150, 151.

Marcondes, Vitrúvio, 232.

Margarida (prostituta), 52.

Maria I (rainha de Portugal), 183.

Maria II, D., 267.

Maria, Isabel, 167.

Mariano, José, 421.

Mariano, Olegário, 421, 422.

Marinetti, Filippo Tommaso, 130, 135, 191, 192, 193, 194, 197, 236.

Marmo, Domingos, 11.

Marques, Cícero, 59, 76.

Marques, Manuel Eufrásio de Azevedo, 18, 346, 347.

Marquês de Abrantes, 354.

Marquês de Barbacena, 184.

Marquês de Marialva, 184, 210.

Marquês de Maricá, 210.

Marquês de Olinda, 269.

Marquês de Sapucaí, 269.

Marquesa de Santos (Domitila de Castro Canto e Melo), 17, 157, 158, 159, 161, 162, 163, 166, 167, 168, 171, 172, 189, 203, 270, 271, 279, 346, 385.

Marquini, Adriano, 334.

Marrey Júnior, José Adriano, 74, 75, 340.

Martines, Afonso, 81.

Martins, Oliveira, 345.

Martins, Paulo, 270.
Martins, Silveira, 227.
Martius, Carl Friedrich Philipp von, 185.
Mastrabuono, Miguel, 11.
Matos, Horácio de, 296.
Maul, Carlos, 361.
Maupassant, Guy de, 218.
Maximiano (padre), 49, 50.
May, Luis Augusto, 270.
Mazzini, Giuseppe, 299.
Medeiros, Antônio Augusto Borges de, 100, 133, 296, 311, 369.
Meira, Rubião, 287.
Melo, Bandeira de (delegado), 52, 53.
Melo, Dom Francisco Manuel de, 398.
Melo, José Soares de, 53.
Melo, Luís Correia de, 77.
Melo, Manuel Marcondes de Oliveira e (Barão de Pindamonhangaba), 266.
Melo, Mário, 261.
Melo Neto, Cardoso de, 327, 329.
Mendel, Gregor, 203.
Mendes, Otávio Teixeira, 317.
Mendez (caricaturista), 96.
Mendonça, Felício Muniz Pinto Coelho de, 157, 166.
Mendonça, Lúcio de, 375.
Menezes, Agrário de, 207.
Menezes, Eduardo de, 64.
Menezes, Rodrigo César de, 343.
Mennucci, Sud, 365.
Mesquita, Ester, 151.
Mesquita, Júlio, 13, 182, 215, 216, 217, 230.
Mesquita Filho, Júlio de, 13, 54, 181, 182, 183, 218, 258, 311, 342.
Michelet, Jules, 270, 271.
Miguel Ângelo (Michelangelo Buonarroti), 194.
Miller, Thomas, 273.
Milliet, Sérgio, 117, 126, 129, 271.
Milward (professor), 375.
Mineiro (caricaturista), 153.

Miquelino, 269.
Miragaia, Euclides Bueno, 311.
Miranda, Rodolfo, 214.
Miranda, Veiga, 132.
Miranda Júnior (desenhista), 220.
Moisés, Massaud, 131.
Mombeig, Pierre, 324, 325.
Moniz, Heitor, 361.
Monteiro, Eduardo, 287.
Monteiro, Góis, 293, 334.
Monteiro, Tobias, 159, 419.
Montet, Fison de (baronesa), 185.
Montherlant, Henry de, 75.
Morais, Alexandre José de Melo, 158, 159, 183, 269, 270, 358.
Morais, Prudente de, 214, 216.
Morais, Vinícius de, 262.
Morais Neto, Prudente de, 311, 321.
Moreira, Pascoal, 320.
Mota, Artur, 364.
Mota, Lourenço Dantas, 166.
Mota, Otoniel, 389.
Mota Filho, Cândido, 126, 130, 215, 263, 264, 277, 315, 365, 389.
Moura (caricaturista), 131, 421.
Moura, Hastínfilo de, 294.
Mozart, Wolfgang Amadeus, 30.
Musset, Alfred de, 35, 41, 43.
Mussolini, Benito, 192, 194, 402.

–N–

Nabuco, Joaquim, 157.
Napoleão, 49, 316, 340.
Nardini, José, 299.
Nássara (caricaturista), 303.
Nassau, Maurício de (o Príncipe de Nassau), 172, 173, 175, 180, 206, 271, 279.
Navarro, Aspilcueta, 377.
Nazaré, Carlos de Souza, 311.
Negreiros, André Vidal de, 177, 178, 180, 386.

Neiva, Artur, 145.
Nery, Castro (padre), 389.
Nery, Fernando, 398, 399.
Neto, Coelho, 77, 162, 166, 192, 217, 251, 254, 296, 381, 382.
Newton, Isaac, 185.
Nicolau II (tzar), 78.
Nietzsche, Friedrich, 32, 33, 46, 60, 72, 100, 202.
Nieuhoff, John, 174.
Nijinski, Vaslav, 56, 211.
Nobre, Antônio, 283, 284, 285.
Nobre, Ibrahim, 314, 318, 342.
Nobre, Maria Teresa de Almeida (dona Mariquinha, mãe de Paulo Setúbal), 18, 19, 24, 27, 29, 30, 45, 50, 53, 58, 60, 61, 64, 68, 69, 70, 71, 74, 136, 137, 259, 275, 288.
Nóbrega, Humberto, 285.
Nóbrega, Manoel da, 204.
Nogueira, Ataliba, 13.
Nogueira Filho, Paulo, 182, 311.
Norfini, A, (desenhista), 247.
Noronha, Isaías de, 294.
Novais, Guiomar, 107.
Nunes, Bernardo Botelho, 11

–O–

Oliveira, Armando Sales de, 399.
Oliveira, Cândido Batista de, 156.
Oliveira, José Félix de, 103.
Oliveira, Numa de, 309.
Olympio, Domingos, 166.
Orico, Osvaldo, 361, 399, 400.
Ortega y Gasset, José, 11.
Oswaldo Júnior (pseudônimo de Oswald de Andrade), 56.
Otávio, Rodrigo, 156, 374.
Oudste, Jan de, 173.
Ovidio (Públio Ovídio Nasão), 35.

–P–

Pacheco, (desenhista), 103, 113, 131, 301, 361, 377.
Paes, Ana, 177, 180.
Paim, Antônio (desenhista), 115.
Pais, Fernão Dias, 76, 243, 244, 246, 259, 263, 271, 310, 320, 345, 346, 378.
Pais, Garcia Rodrigues, 334.
Paiva, Ataulfo Napoles de, 375.
Paranaguá, Marquês de, 164.
Paranhos, Ulisses, 364, 365, 389.
Passaláqua, J., 81.
Pati, Francisco, 54, 389.
Patrocínio, José do, 156, 227, 233.
Paula, Jeziel de, 336, 351.
Peçanha, Nilo, 125, 126, 275.
Pedro I, D., 157, 158, 159, 161, 163, 164, 167, 168, 169, 171, 172, 185, 186, 203, 207, 210, 211, 266, 267, 268, 269, 271, 346, 354, 385.
Pedro II, D., 18, 169, 183, 268, 284.
Pedro (bedel da Faculdade de Direito do largo de São Francisco), 53.
Pega-Boi (velhinho do Asilo São Vicente), 20, 22.
Peixoto, Afrânio, 63, 64, 115, 162, 248, 373, 376.
Peixoto, Floriano, 216.
Peixoto, Luiz, 292.
Peixoto, Silveira, 300, 362.
Pena, Afonso, 275.
Penteado, Olívia Guedes, 396, 397.
Pereira, Armando de Arruda, 241.
Pereira, Chico (Francisco Evangelista Pereira de Almeida), 19, 20, 21, 22, 23, 25, 28, 29, 203.
Pereira, Delfim, 167.
Pereira, Edgar Batista, 311, 321.
Pereira, Eduardo Carlos, 392.
Pershing, John, 85.
Pessoa, Epitácio, 99, 125, 227, 296.

Pessoa, Fernando, 134.
Pessoa, João, 292.
Pestana, Nestor Rangel, 181, 182.
Petrarca, Francesco, 261.
Picasso, Pablo, 191.
Picchia, Menotti del, 13, 126, 127, 128, 129, 130, 132, 133, 188, 189, 214, 236, 237, 238, 272, 277, 315, 329, 354, 361, 365, 391, 399, 400.
Pilla, Raul, 311.
Pimenta, Gelásio, 77.
Pimenta, Matos, 316, 317.
Pimental, Alberto, 158, 345.
Pinheiro, Belchior, 266.
Pinheiro, Péricles da Silva, 157.
Pinheiro, Sebastião, 345.
Pinto, Frei Heitor, 118.
Pio X, 45.
Pirapingui (Barões de), 397.
Piratininga, Barão de, 156.
Pires, Cornélio, 132, 182.
Pirquet (cientista), 390.
Piso, Willem, 173.
Piza, Moacyr, 59.
Piza, Toledo, 319.
Piza, Wladmir de Toledo, 154.
Pombo, Rocha, 158.
Pompéia, Raul, 156, 166.
Porchat, Reynaldo, 49, 54, 55, 365.
Porchatzinho (estudante de Direito), 59.
Porto-Seguro, 269.
Portugal, D. Antônio de Almeida e, 334.
Post, Frans, 173.
Prado, Antônio, 55.
Prado, Armando da Silva, 214, 221, 222, 229, 231, 252.
Prado, Renata Crespi da Silva, 211.
Prado, Yan de Almeida, 233, 277, 278.
Preta, Catta, 81.
Procópio (historiador do século VI), 404.
Proust, Marcel, 333.
Pujol, Alfredo, 101.

–Q–

Quental, Antero de, 35, 39, 40, 41, 48.
Queiroz, Dinah Silveira de, 289.
Queiroz, Eça de, 84, 95, 96, 101, 118, 254, 270, 271.

–R–

Rabelo, Manuel, 309, 310.
Racine, Jean-Baptiste, 237.
Raffard, 183.
Ramalho, Barão de, 143.
Ramalho, João, 75, 250.
Ramos, Cândido de Oliveira, 109.
Ramos, Carolina, 329.
Ramos, Celso, 327.
Ramos, Nereu de Oliveira, 109, 327.
Ramos, Péricles Eugênio da Silva, 190.
Rangel, Alberto, 158, 159, 166, 171, 183.
Rangel, Godofredo, 90, 212, 213.
Rao, Vicente, 182.
Régnier, Henri de, 262.
Renan, Ernest, 134.
Rezende, Garcia de, 123.
Rezende, Pedro de, 287.
Rialto (caricaturista), 300.
Ribeiro, Bernardim, 141.
Ribeiro, João, 116, 117, 263, 264, 349, 350, 369, 371, 381, 382, 383, 386, 399.
Ribeiro, Júlio, 101, 156, 166, 266.
Ribeiro, Sílvio, 256.
Ribeiro, Tomás, 116.
Ribeiro, Walmor, 102.
Ricardo, Cassiano, 13, 130, 131, 133, 161, 185, 215, 277, 304, 315, 365, 391, 399, 400, 401, 402, 423, 424.
Richardson, Margareth, 172, 305.
Richtofen, Manfred von, 82.
Rigaud, George, 172.
Rio Branco, José Maria da Silva Paranhos, Barão de, 219.

Ritter, Marcelino, 181.
Rivarol, Antoine, 231.
Rocha, Dias da, 63.
Rocha, Lindolfo, 166.
Rocha, Pereira da, 287.
Rodin, Auguste, 129.
Rodrigues, Barbosa, 243.
Rodrigues, José Wasth, 180, 181, 182, 342, 343, 345, 346, 349, 356, 357, 359, 360, 377, 379.
Rodrigues, Lísias, 335, 339.
Rodrigues, Oscar, 335.
Romero, Sílvio, 159, 269.
Roosevelt, Franklin Delano, 272, 273.
Roosevelt, Theodore, 154.
Roquete-Pinto, Edgar, 271.
Rosa, Noel, 307, 308.
Rostand, Edmond, 305.
Rousseau, Jean-Jacques, 31, 288.
Ruivo, Zeca (velhinho do Asilo São Vicente), 20, 21, 22.

–S–

Saint-Beuve, 159.
Sales, Campos, 214, 228.
Salgado, Marcondes (general), 325, 326.
Salgado, Plínio, 125, 130, 132, 215, 241, 300, 365.
Salisbury, Marquês de, 83.
Salvador, Frei Vicente do, 358.
Sandroni, Paulo, 291.
Santalúcia, Amália A., 16.
Saraiva, Gumercindo, 146.
Sartre, Jean-Paul, 12.
Sauville, Valérie Guérin de, 298.
Schiller, Johann Christoph Friedrich, 79.
Schmidt, Afonso, 76, 168.
Schopenhauer, Arthur, 31, 32, 40.
Schreuder, R., 181.
Schubert, Franz, 30, 59.
Scott, Walter, 164.

Seabra, Alberto, 364.
Seabra, Bruno, 116.
Selsoff (tradutor de *A Marguesa de Santos* para o russo), 172.
Sena, Santa Catarina de, 138.
Seng, Walter, 143.
Senra, Mirian, 303.
Serejo, Regina S., 307
Serrano, Pepita, 172.
Setúbal, Ademar (irmão de Paulo Setúbal), 19.
Setúbal, Aleixo de, (dominicano), 204.
Setúbal, André de (beato), 204.
Setúbal, Antônio (irmão de Paulo Setúbal), l7, 18, 19.
Setúbal, Antônio de (religioso), 204.
Setúbal, Bernardina (irmã de Paulo Setúbal), 19.
Setúbal, Clarice (irmã de Paulo Setúbal), 19.
Setúbal, Eurídice (irmã de Paulo Setúbal), 19.
Setúbal, Francisca, (irmã de Paulo Setúbal), 19, 46, 47.
Setúbal, Francisco de Oliveira Leite, 17, 18.
Setúbal, João (irmão de Paulo Setúbal), 19, 91, 103.
Setúbal, Laerte (irmão de Paulo Setúbal), 19, 46, 47.
Setúbal, Olavo (filho de Paulo Setúbal), 13, 143, 144, 299, 374, 419.
Setúbal, Teresa, 299, 374.
Setúbal, Vicentina, 299, 374.
Shakespeare, William, 142, 212, 218, 289.
Sienkiewicz, Henryk, 164.
Silva, Antonieta Penteado da, 211.
Silva, Dom Duarte Leopoldo e, 50.
Silva, Leila Salum Menezes da, 66, 68, 74, 144.
Silva, Manuel Pereira da, 156.
Silva N., Diogo da, 81.
Silva, Pedro Leme da, 346.
Silva, Rosa e (senador), 99.

452

Silveira, Alarico, 215.

Silveira, Ênio, 303.

Silveira, Otavinho, 108, 109.

Silveira, Valdomiro, 132, 389, 400, 425.

Simonsen, Roberto, 205.

Slauerhoff, J., 181.

Soares, Antônio Joaquim de Macedo, 270.

Soares, José Carlos de Macedo, 213.

Soares, José Cássio de Macedo, 337.

Sócrates, 410.

Sócrates, Eduardo (general), 148.

Sodré, Eurico, 317, 327, 329.

Sodré, Lauro, 100.

Sodré, Nelson Werneck, 268.

Sousa, Cláudio de, 365, 374.

Sousa, Cruz e, 61, 190, 233, 284, 285.

Sousa, Martim Afonso de, 324, 358.

Sousa, Otávio Tarquínio de, 209.

Souza, Antônio Cândido de Melo e, 324, 325.

Souza, Bernardino José de, 248.

Souza, Dráusio Marcondes de, 311.

Souza, Gabriel Soares de, 358.

Southey, Robert, 173, 175.

Souto, Eduardo, 290, 291.

Spencer, Herbert, 31, 49.

Spengler, Albertina, 211.

Spinosa, Bruno, 377.

Spinoza, Baruch, 31, 181.

Spix, 185.

Stálin, Jossip, 274.

Sterne, Laurence, 197.

Stevens, Eugene M., 272.

Stevenson, Oscar, 241.

Storni (caricaturista), 339.

Strauss, Johann, 76.

–T–

Taba (caricaturista), 125.

Tácito, Hilário, 114.

Talleyrand – Périgord, Charles Maurice de, 316.

Taunay, Affonso de Escragnolle, 155, 156, 246, 247, 343, 357, 362, 363, 364, 365, 367, 374, 389, 401, 424, 425.

Taunay, Visconde de, 156, 166, 226.

Tavares, Heckel, 292.

Tavares, Sebastião Raposo Pinheiro, 378.

Távora, Juarez, 147, 149, 293, 305.

Teixeira, Maurício (monge beneditino), 75.

Teixeira, Múcio, 361.

Teles Júnior, Godofredo da Silva, 351.

Tell, Guilherme, 289.

Telles, Marcel da Silva, 211.

Tenório, D. João, 36.

Teófilo, Aníbal, 154.

Teresa (filha de Assis Chateaubriand), 372.

Teresa de Lisieux, Santa, 407.

Teresa, Maria (filha de Paulo Setúbal), 143.

Thiollier, René, 13, 363, 364, 366, 367, 389, 390, 395, 396, 397, 424.

Thompson, L., 183.

Thoreau, Henry David, 386.

Tibiriçá (cacique), 75, 244, 250.

Tibiriçá, Jorge, 216.

Tíbulo, Álbio, 404.

Tiburtina (dona), 292.

Tillotson (arcebispo anglicano), 35.

Tinhorão, José Ramos, 156.

Tiradentes, 129, 319.

Tisi Neto, 287, 288.

Toledo, Ademar, 81.

Toledo, Pedro Manuel de, 310, 338, 342.

Tolla, Bruno Di, 302, 303.

Torquemada, 36.

Torres, Antônio, 182.

Tourinho, Sebastião Fernandes, 377, 378.

Trad, Miguel, 151.

Travassos, Nelson Palma, 114, 214, 303.

Troyat, Henri, 137.
Tucídides, 152.

–U–

Uchoa, Iolanda Prado, 211.

–V–

Vailati Filho, Henrique, 11.
Vale, Freitas, 310.
Vale, Paulo A. do, 266.
Valente, Décio, 223.
Vampré, Danton, 342.
Vampré, Leven, 257, 317, 399.
Vampré, Spencer, 215, 232.
Varela, Fagundes, 48, 116.
Vargas, Darcy, 334.
Vargas, Getúlio Dorneles, 12, 146, 153, 273, 291, 292, 293, 294, 295, 305, 306, 309, 311, 314, 316, 322, 323, 334, 336, 337, 339, 344, 351, 356, 369, 372, 376, 377.
Varnhagen, Francisco Adolfo de, 174, 215.
Vasconcelos, Smith de (barão), 241.
Vasconcelos, Zacarias de Góis e, 233.
Vaz, Léo (pseudônimo do escritor Leonel Vaz de Barros), 13, 114, 132, 145, 146, 151, 181, 365.
Veiga, Evaristo da, 216.
Vellinho, Moyses, 356.
Veluda, 345, 354.
Veríssimo, José, 284.
Viana, Ferreira, 227.
Viana, Melo, 292.
Viana, Oliveira, 114.
Vicentina, Maria (filha de Paulo Setúbal), 143.
Vidal, Joaquim de Abreu Sampaio, 182, 311.
Vidigal, Edgard, 81.

Vieira, João Damasceno, 158, 183.
Vieira, João Fernandes, 177, 180, 206, 316, 386.
Vieira, José Geraldo, 360.
Vieira Neto, Manuel Augusto, 64, 65, 197, 198, 300, 301.
Vieira, Padre Antônio, 174.
Vieuzac, Barère de, 316.
Villa-Lobos, 127, 128.
Vilaboim, Manuel, 214.
Vilaça, Osmar, 81.
Vilela, Carneiro, 156.
Vilhena, Rui, 249, 250.
Vinci, Leonardo da, 190.
Virgílio (Publius Virgilius Maro), 381.
Visconde de Barbacena, 243.
Visconde de Ouro Preto, 235.
Visconde de Santarém, 345.
Viscondessa de Cachoeira, 211.
Viscondessa de Itaguaí, 211.
Vitor, Manuel, 30.
Vitória (rainha da Inglaterra), 238.
Voltaire, François Marie Arouet, 33, 34, 35, 37, 38, 43.
Voltolino (caricaturista, pseudônimo de Lemmo Lemmi), 55, 76, 77.
Voronoff, Serge, 254.

–W–

Wagener, Zacharias, 173.
Wagner, Richard, 129.
Wallace, Lewis, 164.
Wanderley, João Maurício (Barão de Cotegipe), 227.
Whitaker, Aguiar , 229.
Whitaker, José Maria, 306.
White, Joseph Blanco, 409, 410.
Wilde, Oscar, 81, 412.

–Z–

Zaitun, Nazir, 172.
Zola, Émile , 349.
Zweig, Stefan, 171, 399.

Impresso nas oficinas da
SERMOGRAF - ARTES GRÁFICAS E EDITORA LTDA.
Rua São Sebastião, 199 - Petrópolis - RJ
Tel.: (24)2237-3769